한산문화연구원 학술연구총서 ❷

노상추의 관직생활과 경제활동

박홍갑 외 지음

한산문화연구원

한산문화연구원 학술연구총서 ❷

노상추의 관직생활과 경제활동

지은이 | 박홍갑, 정해은, 하명준, 김수태,
　　　　이정수, 김성우, 정수환
펴낸이 | 최병식
펴낸날 | 2022년 3월 30일
펴낸곳 | 한산문화연구원
　　　　서울특별시 강남구 압구정로34길 14, 203호
　　　　TEL | 02-516-2224(대표전화)
　　　　FAX | 02-6442-6768(대표전화)
　　　　e-mail | hansanmunhwa@daum.net
값 22,000원
잘못된 책은 교환해 드립니다.
ISBN　979-11-976342-2-2　94910
　　　　979-11-976342-0-8　94910(세트)

한산문화연구원 학술연구총서 **2**

노상추의
관직생활과 경제활동

박홍갑 외 지음

한산문화연구원

간행에 부쳐

2003년 초여름 어느 날이었던 것으로 기억되니, 벌써 20년이란 세월이 흐른 것 같다. 휴가차 대구에 들른 날짜는 물론 계절조차 희미하지만, 서산와 노상추 일기와 처음 만난 순간만은 나의 뇌리에 또렷이 박혀있다.

인척으로 연결된 안강노문과의 인연으로 盧泳鎬(당시 77세, 노상추 8대손)옹께 잠시 인사를 드린 후 방을 나서던 순간, 벽면 뒤 책장에 놓인 고서가 눈에 들어왔다. 개인 문집이거나 흔하디흔한 경서류일 거라 생각하다가 순간적으로 왠지 돌아서고 싶었다. 가지런히 놓인 책 규격이 모두 같을 뿐만 아니라 분량 또한 적지 않다는 점이 호기심을 자극했기 때문이다.

발걸음을 멈추고 돌아선 것이야말로 행운의 서막이었다. 눈앞에 펼쳐 진 무려 52권의 고서 표지마다 간지를 붙인 생활일기는 그야말로 한 편의 파노라마 그 자체였다. 첫 책과 마지막 책을 비롯하여 드문드문 확인하고 보니, 60갑자가 되돌아 올 때까지도 붓을 내려놓지 않은 일기였음을 알려 주었다. 비바람에 헐거나 좀을 먹어 바스러지도록 훼손된 몇 권을 제외하고는 맨손으로 책장을 넘겨 볼 수 있는 완전체 자료이기도 했다. 내용을 자세하게 검토할 겨를도 없었지만, 그 즈음에 부각되고 있던 생활사 자료로는 압권이란 생각이 들었다.

남편이 하는 일에 평소 무심한 내자였건만, 그날따라 남다른 관심을 표해 주기도 했다. 많은 분량의 필사체 실물 자료를 처음 보았기 때문이리라.

솟아나는 흥분을 억누르는 순간 필자의 욕심이 머리를 스쳐갔다. 조선시대를 전공하는 사람이라면 누구나 탐낼만한 사료 발굴이란 점 때문이었다. 하지만 이 자료만큼은 먼저 공개하여 학계에 공유하는 길이 옳다는 것으로 정리했다. 이리하여 평생직장이던 국사편찬위원회 사료수집에 대한 전반적인 업무 내용을 설명 드린 후 흔쾌한 허락을 받아낸 가벼운 마음으로 귀경할 수 있었다. 출근하여 국내사료수집을 담당하던 문숙자 선생께 전후 사정을 전했더니, 큰 관심을 보인 것은 당연지사. 그로부터 얼마의 시간이 흘렀는지 기억나지 않지만, 장필기 선생과 함께 대구로 달려 간 장면은 아직도 생생하다.

차람(借覽) 형식으로 빌려 온 일기 자료를 훑어본 본 문 선생은 입을 다물지 못했다. 마이크로필름 작업과 동시에 탈초 작업 계획이 세워졌고, 이리하여 국사편찬위원회 한국사료총서 시리즈로 4권의 《노상추일기》가 간행되었으니, 그것이 2005년의 일이었다. 탈초 원문을 입력한 간행 사업이 얼마나 초스피드로 진행되었는지 가히 짐작되리라 믿는다. 그리고 분량이나 내용면에서 다른 일기 자료와 차원을 달리한다는 것은 그 동안 출판된 서적이나 학술지 논문으로 입증되고도 남는다. 뿐만 아니라 노상추일기 원문과 번역문이 국사편찬위원회 홈페이지뿐 아니라 한국역사정보통합시스템 온라인으로 쉽게 접근이 가능하다는 점에서 문화콘텐츠로서의 활용가치를 한 차원 높여 놓았다 할 것이다.

이를 계기로 필자 역시 학문적 차원에서 안강 노문에 대한 관심을 가지지 않을 수 없었다. 17살부터 일기를 쓰기 시작한 노상추가 평생토록 기록으로 남긴 것이니, 그의 관직 생활을 빼면 일기 주 무대는 경상도 선산이었다. 그리하여 안강 노씨들이 언제부터 선산에 터를 잡기 시작 했는가라는 자료를 모으기 시작했고, 그 결과물이 안강 노씨의 선산 정착 과정이란 논문이었다. 그 후 필자의 게으름이 이어지는 동안 노상추일기를 분석한 논문들이 쏟아져 나왔으니, 참으로 소중하고 반가운 일이 아닐 수 없다. 필자가 각 학술지에 흩어져 있는 논문들을 모아 책으로 간행하려는 계획을 세운 것도 이런 사정들이 담겨져 있다.

노상추의 관직 생활과 경제 활동 관련 부분을 한 권으로 묶고, 일상과 의례 부분에 대한 논고를 또 한권으로 담아내려는 뜻을 전해 들은 출판사에서도 선뜻 허락했다. 옥고 게재를 허락해 주신 필자들께 우선 감사를 드리고, 점점 쇠락해져 가는 학술서적 시장 속에서도 선뜻 간행을 맡아주신 한산문화연구원 원장 최병식 박사께도 감사를 말씀을 올린다.

이 책을 계기로 더욱 더 많은 연구 결과가 축적되기를 기원하고 싶다.

2022년 3월 16일

朴洪甲 삼가 씀

경주노씨 성립과 그 일파의
선산지역 정착과정

박홍갑(전 국사편찬위원회 상임위원)

Ⅰ
머리말

우리나라 성씨 기원은 삼국시대로 거슬러 올라가지만, 일반적으로 쓰인 것은 고려시대에 들어와서이다.[1] 우리의 전통적인 문물제도들이 거의 중국에서 들어왔는데, 성씨 또한 중국의 영향을 많이 받았던 것은 주지의 사실이다. 아울러 중국으로부터 도입된 문물제도라 할지라도 우리 정서와 실정에 맞는 형태로 변형시켜 사용해 왔듯이, 성씨 또한 예외는 아니어서 중국의 그것과는 상이한 점이 많다.[2]

성과 본관이 등장하는 시기는 신라중기나 후기부터인데, 본격적으로 사용된 것은 고려에 들어와서이다. 태조가 통일 위업을 달성한 후 전국에 산재한 호족을 아우르기 위해 성과 본관을 分定한 것에서

---

1) 우리 성씨에 대한 논고는 1920년대 후반부터 일인학자들에 의해 族譜와 親族 연구 일환으로 이루어진 이래 다양하게 전개되어 왔다. 최근의 성씨 관련 대표적 논고는 다음과 같다. 이수건, 1975, 「토성연구(其一)」『동양문화』 19, 2003, 『한국의 성씨와 족보』 서울대출판부 ; 이순근, 1980, 「신라시대 성씨 취득과 그 의미」『한국사론』 6 ; 김수태, 1981, 「고려 본관제의 성립」『진단학보』 52, 1999, 「고려초기 본관 연구」『한국중세사연구』 8 ; 채웅석, 1986, 「고려전기 사회구조와 본관제」『고려사의 제문제』 ; 이종서, 1997, 「나말려초 성씨 사용의 확대와 그 배경」『한국사론』 37 ; 박은경, 2003, 「고려시대 賜籍·賜貫 연구」『한국중세사연구』 15, 2004, 「고려시대 移籍 연구」『한국중세사연구』 17.
2) 송준호, 1986, 「한국의 氏族制에 있어서의 本貫 및 始祖의 문제 ; 한·중 양국의 전통사회를 비교하는 입장에서」『역사학보』 109.

출발한다는 시각이 있는 반면, 그 시기를 좀 더 늦춰 잡거나 성과 본관의 사회적 기능이 달랐다는 견해도 있는 실정이다.[3] 아무튼 거주지를 제한받았던 본관제도는 민의 통제 수단으로도 활용되었지만, 그 후 거주지 이동으로 인한 移籍이나 賜籍과 賜貫을 통한 본관 개변은 물론이고,[4] 본관지의 행정구역 변천과 함께 생성·소멸 과정 등을 거치기도 했다. 본고에서 살펴 볼 안강노씨 역시 경주의 속현이던 안강을 본관지로 삼았기 때문에, 안강이 폐현되고 나서 자연히 경주노씨로도 불려졌다.

이 때문에 근세의 성씨 관련 자료에서는 안강과 경주노씨에 대해 시조를 따로 설정할 정도였는데, 이는 우리 성씨에 관한 역사적 맥락을 잘못 이해한 것에서 출발한 오류였다고 본다. 적어도 임란 이전까지는 경주노씨라 불리지는 않았고, 거의 안강노씨로 통용되었던 것으로 보이기 때문이다. 본고 서술 과정에서도 부득이하게 양자가 뒤섞여 있는데, 동일한 씨족을 나타내는 의미로 사용되었음은 물론이다.

조선시대에 들어와 선산에 정착했던 경주(안강)노씨 가문은 이미 몇몇 학자에 의해 주목을 받은 적이 있다.[5] 그러나 앞에서 설명되었

---

3) 성과 본관에 대한 학계의 시각은 연구자에 따라 견해를 달리하고 있다. 이수건은 고려 태조 23년(940)에 토성을 分定하면서 이루어졌다고 보았고, 채웅석은 토성분정 시기가 그 보다 늦은 성종 14년(995)이었다고 하였다. 이에 반해 김수태는 토성분정설에 의문을 제기하면서 성과 본관이 연결하여 호칭된 것은 고려 중기 이후라 하였다. 특히 김수태는 籍과 관련시켜 본관제에 접근해야 한다고 하였지만, 적의 실체에 대한 해명도 분명하게 이루어지지 못하고 있는 실정이다. 이렇듯 다양한 견해에도 불구하고, 성과 본관이 본격적으로 사용된 것이 신라 말을 전후하였다는 것에는 큰 이견이 없는 듯하다.
4) 박은경, 2003, 「고려시대 賜籍·賜貫 연구」『한국중세사연구』 15, 2004, 「고려시대 移籍 연구」『한국중세사연구』 17.
5) 선산에 정착했던 경주노씨 가문은 조선전기에 몇 명의 문과급제자를 배출

듯이, 경주노씨에 대한 기존 설명들 중에는 역사적 사실과 부합하지 않는 면도 있어, 이런 문제들에 대해 새로이 조명해 볼 필요가 있다. 이를 위해서는 노씨의 가계기록인 족보부터 검토해야 할 것이다. 족보류의 가계기록 자체에 대한 신빙성을 크게 부여하는 의견도 있지만,[6] 실제에 있어서는 역사적 사실과 부합하지 못하는 면이 많았다. 우리 족보는 17세기 이후 始刊된 경우가 대부분인데, 당대의 인물들까지 시조와 질서정연하게 연결되어 있기는 하나 그 신빙성은 여전히 의문이 아닐 수 없다. 경주노씨 족보는 시조였던 光漢 이후부터 조선 초까지 연결할 계보 자료가 없어 공란으로 남겨 놓았다. 이것은 작위적인 왜곡은 없었다는 증거이다. 그렇다고 족보에 실린 모든 내용들이 역사적 사실과 부합되는 것만으로 채워졌다고 볼 수도 없는 형편이다.

따라서 우리 성씨에 관한 일반적인 상황을 개괄한 후 이를 바탕으로 경주노씨의 선계에 대한 세밀한 검증작업이 요구된다 하겠다. 이 작업에는 본관지 안강의 행정구역 변화 추이와 결부시켜 고찰되어야 할 것이다. 그런 후 조선조에 들어와서 본관지 안강을 떠나 선산으로 이동한 경위를 추적한 다음, 그 후예들의 정착과정 등을 살펴

하였으나 조선후기에는 무반가문으로 위상을 이어갔다. 이 가문이 학계에 주목을 받게 된 것은 전래된 고문서를 통한 최승희의 연구 때문이었다(최승희, 1988, 「조선후기 양반의 사환과 가세변동 -선산 무반가 노상추의 사례를 중심으로」『한국사론』 19). 그 후 조선후기 무과에 급제한 노상추(1746~1829)가 작성한 67년 분량의 일기가 국사편찬위원회에 의해 간행됨으로써 새로이 주목을 받게 되었다(문숙자, 2006, 「조선후기 양반의 일상과 가족내외의 남녀관계 -노상추의 일기(1763~1829)를 중심으로」『고문서연구』 28).
6) 송준호, 1980, 「한국에 있어서의 家系記錄의 역사와 그 해석」『역사학보』 87.

보고자 한다. 이는 조선후기 문중조직이 성립되기 이전, 특정 가문이 한 지역에 정착해 가는 과정을 살피기 위한 사례 연구인 동시에 선산 지역 경주노씨 문중을 종합적으로 이해하기 위한 선행 연구이기도 하다.[7]

II
우리나라 姓貫제도 형성과 발전

우리나라 성씨제도에 대한 기원을 명확하게 밝힐 수는 없지만 그 유래는 매우 깊다. 원래 인간을 호칭하는 고유명만 있었는데, 중국 식 한자 姓을 받아들이면서 성과 이름이 조합되었다. 가장 오래된 성 씨로는 신라 왕실을 구성했던 박·석·김이나 사로국 6촌 촌장이었 던 이·배·설·정·손·최씨 등 9성씨를 꼽을 수 있다. 『삼국사기』에 혁거세가 박처럼 생긴 알에서 나와 성을 朴이라 불렀다고 했고,[8] 경

---

7) 선산지역에 정착한 경주노씨는 영정조 이후의 문중활동이 돋보인다. 특히 이 시기 무반으로 활동했던 노상추(1746~1829)가 18세부터 생을 마감하는 84세까지 기록한 『노상추일기』를 남겼는데, 청년기와 말년기 기록은 고향 선산에서의 생활 일기적 성격을 띠지만, 장년기의 기록은 무과합격 후 관료 로서의 관직생활 중에 겪은 내용을 담은 것이 대부분이다. 따라서 양반의 일 생을 복원할 수 있는 사료적 가치가 매우 높은 책인데, 2005년 국사편찬위원 회에서 한국사료총서로 간행한 바가 있다(문숙자, 2005, 「해제-한 지방 양 반의 생애를 통해 본 조선후기 사회모습」 『노상추일기-한국사료총서 49』, 국사편찬위원회).

주김씨나 김해김씨 시조 또한 비슷한 신화를 갖고 있다. 이처럼 시조 때부터 성씨를 사용한 듯 기록은 되었으나, 실제는 후대에 와서 소급 추록한 것에 지나지 않는다. 현존하는 삼국시대 금석문에서는 성씨 사용에 대한 흔적을 찾을 수 없기 때문이다.[9] 따라서 씨족이 분화·발전해 갔던 것과 漢姓化 과정은 구분해야 한다.

우리 성씨가 본격적 사용되기 시작한 시기는 신라말~고려초였다. 당시 제작된 각종 금석문을 비롯하여 『삼국사기』나 『삼국유사』에 등장하는 인물들을 보면 고유 인명들이 많다. 이는 아직 중국식 한자 성을 받아들이는 초기단계였음을 말해준다. 간혹 漢姓 인명이 나오긴 하지만, 고구려와 백제 계통의 성은 그 계보가 후대에까지 연결되지도 않았고, 이는 후삼국 시기에도 마찬가지였다.[10] 현재 5대 대성인 김·이·박·최·정씨가 모두 신라에서 출발한 성이었고, 이들이 오늘날 전체 인구의 절반을 상회하고 있다.

우리 성씨는 중국 당나라 「氏族志」「郡望表」「通志略」에 나오는 유명 姓字를 모방하였는데, 신라의 9성씨 역시 박씨를 제외한다면 모두 중국에서 따온 것이다. 이는 신라하대 당나라 유학생이나 왕래하던 상인들이 중국의 유명 성을 대거 모방한 것으로 알려져 있다.[11]

---

8) 『삼국사기』권1 신라본기 1 시조 혁거세 거서간 즉위년조.
9) 이종서, 1997, 「나말려초 성씨 사용의 확대와 그 배경」『한국사론』 37 ; 이수건, 2003, 『한국의 성씨와 족보』 서울대출판부.
10) 태조 왕건을 도왔던 공신들 이름 중에서도 고유명이 많았다. 그리하여 弘述에게는 洪씨를, 白玉에게는 裵씨를, 三能山에게는 申씨를, 卜沙貴에게는 卜씨를 사성하여, 각각 홍유, 배현경, 신숭겸, 복지겸으로 개명하였는데, 이런 사실에서 후삼국 시기까지도 한성화가 안 된 저간의 사정을 짐작할 수 있다.
11) 이종서 앞의 논문.

盧氏 역시 최초의 得姓 과정에서 중국에 있던 姓字를 그대로 모방하였던 것은 물론이고, 조상의 유래 역시 그 기원을 중국에서 찾고 있다. 그러나 이는 모화사상에서 나온 것일 뿐, 실제 조상과는 전혀 무관한 것으로 알려져 있는데, 노씨뿐만 아니라 남양홍씨, 면천변씨, 연안이씨, 해주오씨 등이 그 대표적인 사례이다.[12]

우리 성씨는 부계 혈통을 밝혀주는 '姓'과 그 성이 딛고 일어선 지역을 나타내는 본관인 '氏'가 합쳐진 것이다. 이렇듯 우리 성씨는 혈연과 지연을 분리해서는 존재가치가 거의 없다. 이에 따라 일찍부터 '土姓'이란 용어가 사용되어 왔다. 지연적인 '土'와 혈연적인 '姓'의 조합이기에 단순히 한 지역의 토착 성씨란 의미를 뛰어 넘는다. '土'의 의미는 본관지를 떠나 다른 지역에 정착했다 할지라도 원래 성의 出自地인 본관을 뜻하기 때문이다. 고려시대 성이 없던 천민을 호적에 등재할 때도 본관만은 기입하였는데, 여기에서도 본관의 중요성을 가히 짐작할 수 있겠다.

토성이란 용어는 고려 말 조선 초기 문헌에 주로 쓰였는데, 이는 후삼국을 통일한 태조가 전국에 산재한 토착세력에 대한 우대책으로 姓과 氏를 分定하였던 것에서 비롯되었다.[13] 후삼국 통일 당시 영토였던 대동강에서 원산만 이남 지역에만 토성이 존재하는 것도 그런

---

12) 이수건, 1992, 「조선전기 姓貫체계와 족보의 편찬체제」『한국사학논총-박영석화갑기념논총』 상.

13) 토성분정에 대한 시기 문제는 태조 23년설(이수건)과 성종 14년설(채웅석)로 나누어져 있으며, 이는 본관과 성의 결합을 전제로 한 토성 개념이었다. 이에 비해 토성은 고려 후기 지방사회 변화와 연관하여 출현하였다는 의견(김수태)도 있는 실정이다. 본고에서는 일단 태조 때부터 토성이 분정되었다는 전제하에 논고를 정리한다.

이유 때문이다. 일종의 논공행상이란 의미와 골품제를 대체할 무엇이 필요했고, 또 효율적인 지방 통제를 위해 토성을 分定하였을 것이다.

이리하여 생겨난 토성들은 지역적인 이동은 물론이고, 그 자체가 분화·발전·소멸 과정을 거쳤다. 조선 초기에 와서 『세종실록지리지』 각 군현 성씨조에 亡姓과 來姓으로 표현된 것들이 이를 말해 준다. 또한 신생 고을이 생기면 고을 읍사를 돌보는 향리들이 필요했고, 각 고을별 향리 조정책으로 새로이 續姓이란 용어도 생겨났다. 이렇듯 고려시기 이래 전국 규모의 성씨 전모가 수록된 것이 『세종실록지리지』였다. 이는 우리나라 성씨 일람의 결정판이라 할 수 있는데, 성씨가 처음 사용된 이래 조선초기까지의 상황을 총정리 한 것이어서 그 의미가 크다. 이곳에는 약 250개의 성과 4,500개에 이르는 본관이 정리되어 있다.

고려 초기만 해도 성씨가 없는 사람들이 오히려 많았다. 성씨는 원래 중앙귀족부터 稱姓하기 시작하여 지방 유력층에게 파급되어 갔기 때문이다. 심지어는 조선조 16세기까지도 無姓層이 약 40%정도였다고 한다. 하여튼 당시 성관제도는 중앙권력의 지방지배 차원에서 운영된 면이 강하며, 이미 중국식 성을 가졌던 씨족은 그것이 바로 토성이 되었다. 간혹 賜姓을 받은 자가 있었지만, 그들 중에 이미 한자식 성을 사용했던 씨족은 기존 성을 토성으로 하여 지금까지 내려오고 있다.[14]

통일신라이후 군현 단위의 행정구역 편성은 대개 고대 성읍국가

---

14) 이수건, 2003, 『한국의 성씨와 족보』 서울대출판부.

이래의 國, 城, 村들이 따로 독립하거나 아니면 몇 개가 합쳐져 이루어졌다. 그런데 토성 수는 합쳐져 생긴 고을 숫자와 동일하게 나타나는 곳이 많다. 따라서 城이나 村을 대표하던 씨족들이 토성이 되었음을 알 수 있다. 이렇게 성립된 토성은 그 후 부단한 생성과 소멸을 거듭하였는데, 이는 본관지의 지방 행정구역 개편과 맥을 같이 하였음은 물론이다. 따라서 우리 성씨는 전통시대 지방 행정제도와 밀접한 관련을 가질 수밖에 없다. 안강노씨 역시 안강 지역 행정구역 편성과 연관됨은 물론이다.

전통시대 군현들의 고을 형태는 읍치(읍내), 수령이 직접 다스리는 직할지였던 直村, 이보다 멀리 떨어진 외곽촌, 속현이나 향·소·부곡과 같이 군현 단위에 병렬적으로 존재했던 任內(管內와 같은 뜻) 등 4단계로 구성된다. 임내는 수령이 파견되지 않은 속현이나 향·소·부곡·역·장·처와 같은 행정구역을 가리키는 말이다. 따라서 임내는 독자적인 행정체계를 갖고는 있지만, 큰 고을에 예속되어 있었다. 경주, 상주, 남원처럼 큰 고을일수록 많은 임내를 보유한 것은 당연하다.[15] 안강 역시 경주 임내로 존속해 왔는데, 이와 관련하여 유의할 점은 읍치와 직촌·외곽촌·임내 각각에 토착한 성씨들이 있었다는 점이다. 그리고 임내의 성씨 중에는 주읍의 토성과 같은 姓字가 많았다. 이는 주읍 토성들이 임내(관내)로 이주한 결과였다. 안강에도 노씨를 비롯한 토착 5개 성씨 외에 주읍이던 경주에서 이주해 온 최씨와 이씨들이 있었다.[16]

---

15) 이수건, 1984, 『한국 중세사회사 연구』 일조각.
16) 『세종실록지리지』 경상도 경주부 조항.

이상에서 보았듯이, 우리나라 성씨는 지방 행정구역과 밀접한 관련을 가졌음을 알 수 있다. 즉, 군현제도를 정비하면서 그 곳의 토착세력들에게 본관과 성을 동시에 공인해 주었기 때문이다. 그리고 각 행정구역마다 성씨 명칭들이 달리 사용되고 있었던 점도 주의해야 한다. 토성은 來姓, 續姓, 賜姓을 제외한 성씨인데, 읍치(내)를 장악한 人吏姓, 직할촌의 百姓姓, 외곽촌의 (外)村姓으로 구분되기도 하고, 주읍인가 아니면 속현이나 향·소·부곡인가에 따라 주·부·군·현성, 속현성, 향·소·부곡성으로 불리기도 했다.[17] 속현성이나 부곡성 등은 바로 임내성이다. 주읍에 예속된 속현 이하를 임내(관내)라 불렀기 때문이다.

위의 분류는 읍격에 따라 姓勢 역시 좌우되었다는 것을 암시한다. 안강노씨의 경우 토성이자 임내성이었고, 임내성 중에서도 속현성으로 분류할 수 있겠다. 이렇듯 토성은 행정구역 체계에 따라 다양하게 분류되었는데, 성 자체가 격을 나타내는 것이 아니라 같은 성이라도 본관에 따라 격에 차이가 있었다. 즉, 본관지 고을 대소에 따라, 혹은 그 아래 놓여 있는 속현인가 향소부곡인가에 따라 성씨의 격이 결정되었다.

고려이후 지방행정 구역 개편에 따라 토성 역시 변화과정을 겪을 수밖에 없었다.[18] 고려 태조가 대대적인 토성 분정을 한 것은 성씨

---

17) 이수건, 1984, 『한국 중세사회사 연구』 일조각.
18) 원래 토성이 있던 지역에 시기적으로 늦게 편제된 토성은 次姓으로 표기된 것이 그 단적인 예다. 또한 『세종실록지리지』보다 7년 정도 앞서는 『경상도지리지』에는 임내성까지 토성으로 표기하기도 했다. 『세종실록지리지』에 와서 토성을 보다 세분한 것은 신분 재편성을 비롯한 국가통치의 목적

를 국가적 편제 하에 두어 호구파악이나 세금 부과 등을 용인하게 하겠다는 의도였다. 고려 지방제도에 있어 군현을 유지하는 3대 요소는 행정구역·주민·향리이다. 원활한 지방행정을 위해서는 향리 공급이 우선되어야 한다. 『세종실록지리지』 소재 각 고을별 토성은 그 고을 邑司를 구성하는 향리 성씨를 대상으로 기재한 것이다.[19] 그렇다면 토성이 생성된 이래 그 역할은 분명하다. 지방 단위의 읍사를 장악하면서 꾸준하게 중앙관료를 배출하는 모집단으로서의 기능이 바로 그것이다. 안강노씨 역시 고려시기에는 안강현 읍사를 장악한 토착 향리집단이었던 것이다.

각 지역을 대표하는 토성 중에서 상경 從仕한 부류도 있고, 토착했던 지역에 남아있던 재지세력도 있었다. 재지세력이 남아 있는 한 亡姓은 되질 않았다. 재지세력은 각 군현의 邑司를 담당하는 향리들이었다. 고려시대 고급 관인들을 분석하면 거의가 토성 출신이고, 그 나머지는 중국이나 발해에서 귀화한 인물과 그 후손들이었다.[20] 재경관인들이 낙향을 할 때는 원래의 고향으로 갈 수도 있었지만, 처가나 외가 쪽을 낙향지로 택하는 수가 많았다. 재지세력들 또한 처향 혹은 외향을 따라 이주하는 경우도 흔하였다. 당시 자녀 균분상속제 하에서 재산이 분산되어 있었기 때문이다. 이 경우 고려시기에는 새로운 정착지로 본관을 개변하는 사례가 많았다.[21] 그러나 조선 초기

이었던 것으로 추측된다.

19) 이수건, 2003, 『한국의 성씨와 족보』 서울대출판부.
20) 이수건, 1984, 『한국 중세사회사 연구』 일조각.
21) 박은경, 2004, 「고려시대 移籍 연구」 『한국중세사연구』 17.

경주노씨 성립과 그 일파의 선산지역 정착과정   **19**

에 이주한 가문을 보면 본관지를 떠나도 移籍하는 사례는 잘 나타나지 않는다. 안강에 토착했던 노씨가 선산으로 이주한 것도 후자의 경우이기에 안강이란 본관을 그대로 유지하고 있었음은 물론이다.

한편 15세기 말부터 종래에 세분되었던 본관이 主邑 중심으로 통합되어가는 추세였다. 그것은 조선건국 후 지방제도를 개편하는 가운데 임내가 주읍에 통합되는 시대적 추세를 반영한 것이었다. 이런 추세에 편승하여 기존 속현성과 향·소·부곡성은 기존 본관을 버리고 통합되었던 주읍을 본관지로 선택한 씨족이 많았다. 그럼에도 불구하고 임내성에서 출발하여 이미 명문으로 성장했던 가문은 기존 본관을 그대로 쓰는 경우도 많았다.[22] 아울러 조선시대에는 본관을 개변하는 사례도 많았다. 이는 군현 통폐합으로 개변한 경우도 있었지만, 동성은 동본이라는 관념 하에 顯祖를 받들지 못한 가문들이 본관을 바꾸는 사례가 많았기 때문이다.[23] 아무튼 이런 시대적 분위기 속에서 조선후기에 들어와 안강이 폐현되자 안강노씨 역시 경주노씨

---

22) 전라도 남원 속현이던 장수현의 續姓 장수황씨(황희 가문)가 그 대표적인 사례이다. 또한 경기 해풍군 속현이던 덕수현은 혁파 통합되었지만 덕수이 씨는 본관을 그대로 사용하였고, 반남은 남원에 통합되었지만 반남박씨 역시 본관을 그대로 썼다. 이런 사례는 기계유씨, 해평윤씨, 풍산유씨 경우도 마찬가지였다. 이미 명문으로 성장했기 때문에 본관을 바꿀 필요가 없었던 것이다(이수건, 1984, 『한국 중세사회사 연구』 일조각).

23) 가령 경상도를 한정하여 본다 할지라도 曺氏의 경우 『세종실록지리지』에는 본관 수가 15여 개로 나타나지만, 오늘날은 거의 창령을 본관으로 하는 성씨만이 남아 있다. 이는 金·尹·吳氏 등 다른 성씨들에서도 공통적으로 나타나는 현상이다. 대개 현조를 모시는 유명 본관지 성씨만 남아 있는데, 전씨는 옥천과 천안, 윤씨는 파평과 해평, 오씨는 해주를 본관으로 개변하는 경우가 많았기 때문이다. 조선초기 4,500에 달하던 본관이 오늘날에는 3,400개 정도밖에 되지 않는 것이 이를 잘 말해 준다. 한편 조선초기 약 250개의 성은 그 숫자에 있어 지금까지 큰 변화가 없다. 이는 약 절반에 이르던 無姓層들이 得姓 과정에서 기존에 있던 성을 그대로 사용하였음을 말하는 것이다.

로 불리기도 했는데, 그러한 연유로 근세의 성씨관련 자료에는 안강노씨와 경주노씨 시조가 각기 다른 사람으로 기술되기 시작했다.[24] 그러나 이는 착오인 것으로 판단되며, 자세한 사항은 다음 장에서 상술하기로 한다.

III
경주노씨 기원과 시조를 전후한 世系 검토

우리 문헌에 世譜 혹은 族譜라는 용어는 고려시기에도 간혹 보인다. 그러나 이를 조선후기에 집중적으로 편찬된 족보류와 동일한 것으로 오인해서는 안 된다. 대개 내·외손 4대 정도를 기록한 가첩이나 家乘 형식으로 만들어진 것이기 때문이다. 내·외손을 함께 기록한 것은 당시의 결혼풍속과 상속제도가 남녀를 구분하지 않았던 시대적 상황을 나타내 주는 것이기도 하다. 우리나라 역사상 수많은 족보 중에서 시기적으로 가장 빠른 것이 1476년(성종 7)에 편찬된 『안동권씨성화보』였는데, 이 역시 내·외손이 함께 수록되어 있다. 권씨의 외손이었던 서거정이 쓴 서문에서 "아무리 명문이라도 몇 대만 지나면 고조·증조의 이름조차 모른다"고 한 내용에서, 당시의 시대

---

24) 1908년에 간행된 『증보문헌비고』에서 각기 시조를 달리 기술한 이래 『전고대방』(1924)과 『조선씨족통보』(1924) 등에서도 이를 답습하고 있다.

적 상황을 짐작할 수 있다.

16세기를 지나 17세기 이후가 되면 가히 보학의 시대라 할 만큼 족보 편찬이 많아졌다. 그런데, 가첩과 가승을 비롯한 족보류의 초안 작업이 있었던 가문은 별 문제가 없었지만, 先代世系를 정리하여 연결할 자료조차 없는 경우가 많았다. 그렇다 할지라도 이 시기에는 의도적인 왜곡은 많지 않았다. 그러다가 18세기 이후 발간된 족보들은 명문이었다는 것을 강조하기 위해 조상 이력에 대한 과장이 심하게 자행되었고, 지나치게 世系를 소급하여 꿰맞추기를 기도 했다. 또 중국에 같은 姓字가 있다는 것을 빌미로 많은 가문에서 자신의 조상을 중국 인물과 연결하기도 했다. 조선후기의 만연한 중화사상 때문이었고, 오늘날 족보류를 인용할 때에 매우 신중을 기해야 하는 이유도 여기에 있다.

조선 초기를 전후한 성씨 상황은 『세종실록지리지』가 기본 자료가 되고, 16세기 성씨를 판단하는 데는 『大東韻府群玉』의 성씨조항들이 믿을 만하다. 그러나 전자는 편찬된 후 비장되어 열람이 금지되었기에 족보편찬 당시에는 참고할 수가 없었다. 다행히 『대동운부군옥』이 간행된 후 조선후기 보첩 간행의 준거로도 활용될 수 있었는데, 이 역시 세세한 世系를 확인해 주는 자료는 아니었다. 그렇다 할지라도 보첩류가 심하게 왜곡하기 이전의 자료이기 때문에 성씨 관련 연구에는 크게 도움이 된다.

따라서 안강 노씨의 기원을 살피는 작업도 보첩류보다는 우선 『세종실록지리지』에 나타난 내용부터 파악할 필요가 있다. 『세종실록지리지』 경상도 경주부 편에서 필요한 부분을 발췌하면 다음과 같다.

속현이 넷이니, 안강현은 본래 신라 비화현인데, 경덕왕이 지금의 이름으로 고쳐서 의창군 領縣으로 삼았다가, 고려 현종 9년 무오에 주·부·군·현의 관할을 정하매 경주부의 임내로 붙였고, 공양왕 2년 경오에 비로소 감무를 두었으며, 본조 태조 3년 갑술에 다시 본부의 임내로 하였다. 【신라 파사왕이 음집벌국을 취하여 음집화현을 두었는데, 뒤에 그 땅을 안강현에 합속 시켰다.】 …… 본부의 토성이 6이니, 이·최·정·손·배·설이다. 天降姓이 3이니, 박·석·김이다. 來姓이 1이니, 康이요, 【洞州에서 왔다.】 賜姓이 1이니, 偰이며, 【원나라 崇文監丞 偰遜은 고창국 사람인데, 원나라 말기에 난리를 피하여 동방으로 와서, 그 맏아들 판삼사사 설장수가 관향 주기를 청하니, 태조가 계림으로 본관을 삼기를 명하였다.】 續姓이 1이니, 楊이다. 【기계에서 왔는데, 이때에 향리가 되었다.】 안강현의 성이 5이니, 안·노·김·황·염이요, 중국에서 온 성[唐來姓]이 2이니, 邵·邊이며, 續姓이 3이니, 윤【송생에서 왔다.】·최·이【本府에서 왔다. 모두 향리가 되었다.】이다. ……[25]

위의 자료에서 보듯이, 안강현은 본래 신라 비화현으로 출발하였다. 그러다가 신라가 통일된 후 경덕왕이 안강으로 이름을 고쳐서 의창군이 관할하도록 하였다. 의창군은 홍해의 옛 이름이다. 그 후 고려 현종 9년(1018)에 지방제도 개편을 하면서 주·부·군·현의 관할을 정할 때 경주부의 임내로 붙였다고 한다. 따라서 태조 23년 즈음 각 지방의 토착세력을 대상으로 토성을 분정할 당시에는 경주 관

---

25) 『세종실록지리지』 경상도 경주부 조항.

할이 아니라 흥해 소속이었음을 알 수 있겠다.

아무튼 고려 태조 때부터 안강 지역에 토착하고 있던 노씨를 포함한 다섯 유력 씨족들이 토성으로 分定되어 안강현의 邑司를 장악하였을 것으로 추정되며, 경주에 예속된 후에도 이들 다섯 토성들이 독립적으로 안강현의 향직을 이어갔을 것이다. 안강이 경주의 속현이었기에 단지 현령이 파견되지 않았다는 것이지, 읍사를 운영하는 향리는 지속적으로 공급이 되어야 하기 때문이다. 대개 속현에도 주현과 마찬가지로 독립적인 읍사를 구성하는 姓團이 있었는데, 이들이 바로 속현의 토성이었다. 따라서 안강 읍사를 장악하며 향직을 이어갔던 안·노·김·황·염씨들이 경주부윤의 통제 하에 안강현의 백성들을 다스리고 있었던 것이다.

안강현이 이렇게 내려오다 공양왕 2년(1390)에 경주 속현에서 독립되어 비로소 감무를 둔 적이 있다. 이때에는 독자적으로 현령이 파견되어 안강을 다스렸다. 그러나 5년 후인 조선조 태조 3년(1394)에 다시 경주부 임내로 붙였기에 속현으로 강등되어 버렸다.[26] 이리하여 조선 초기 안강은 기계, 신광 등과 함께 경주 속현으로 존재했다. 그런데 안강이라는 지역의 행정구역 변천과는 상관없이 이곳을 본관으로 한 성씨들은 안강현 읍사를 구성하는 성단에 포함되어 있었고, 이것은 위의 『세종실록지리지』 자료에서도 확인된다. 그런데도 불구하고 근세에 편찬된 성씨관련 자료에는 경주노씨와 안강노씨가 서로 다른 시조를 두고 있는 양 기록하고 있다.

---

26) 『태조실록』 권5, 3년 3월 병오조.

안강현에는 노씨를 비롯한 5개의 토성 외에도 중국에서 건너 온 성씨 2개와 다른 곳에서 이주해 온 속성 3성씨가 공존하고 있었다. 안강에 속성이 존재했던 것은 고려말에서 조선초기에 이르는 시기에 현이 독립적인 행정업무를 수행하는 과정에서의 향리 조정책 때문으로 풀이된다. 즉, 인구이동이나 감무 파견 등에 따라 안강현 읍사를 이끌어 갈 향리층이 부족해지자 경주에 있던 최씨나 이씨, 청송 송생의 윤씨를 안강으로 이주시켜 읍사 운영을 맡겼던 것으로 보인다.

경주노씨와 안강노씨에 대한 문제에 대해 논의를 좀 더 진행하기 위해 『세종실록지리지』 소재 노씨 관련 자료를 모두 뽑아보기로 하자.

〈표〉『세종실록지리지』 소재 각 군현별 성종별 노씨 일람표

	土 姓	亡 姓 亡入姓	續 姓	部曲姓	來 姓 入鎭姓	亡來姓	村姓 기타
경기	교하 포천 동성(통진)	적성(양주) 철원 임강(철원)					加屬姓; 광주
충청		천안 석성 홍성		감내 (충주)		청주 (포천)	村姓: 신창 次吏: 홍성
경상	안강(경주) 송생(청송)	일직(안동)					촌성: 의성
전라	만경(전주) 철야(남평) 돌산(순천) 복성(보성) 무진	해제(함평)	무장현		두원(장흥)		
황해	황주 곡산 장연 백령(해주) 풍천	토산 문화		옹진 해안 (풍천)		서흥 장명(풍천)	

강원	우계(강릉) 주천(원주) 금성	남곡(회양) 김화					
평안					상원 삼화 덕천 영유 의주 정주		
함경	영흥 안변 문산(안변)	영흥 정변(영흥) 용진 요덕(영흥) 문천(2) 예원(4)			함흥 정평 예원 부령		
계	23	19	3	1	13	1	3

위의 표에서 살펴 본 바와 같이, 조선 초기 노씨의 토성 수는 대략 23개 정도였다. 그밖에 속성과 촌성·인리성 등을 합치면 본관 수는 30개 안팎으로 추산된다.[27] 앞에서도 설명이 되었지만, 경주부 토성으로는 노씨가 존재하지 않았고 안강에만 토착하고 있었다. 그런데 경주노씨가 처음으로 보이는 자료는 『대동운부군옥』이다. 이 책 上平聲 "盧" 조항 성씨조에 의하면, 노씨 본관에 대해 교하, 광주, 경주, 풍천 등 4곳만 예시하고 있다.[28] 이 4곳 중 경주 외에는 『세종

---

27) 『인구 및 주택센서스 보고 -한국인의 성씨 및 본관 조사보고-』(1985, 경제기획원)에 의하면, 1980년대 중반기 우리나라 노씨 전체 규모는 47,252가구에 196,285명이었다. 그 중에서 교하노씨가 11,182가구에 45,812명, 광주 9,481가구에 38,073명, 광산 8,201가구에 34,281명, 풍천 7,978가구에 33,300명, 장연 1,865가구에 7,456명, 곡산 1,704가구에 7,453명, 만경 1,360가구에 5,862명, 안동 1,020가구에 4,531명, 경주 928가구에 3885명, 해주 795가구에 3359명, 신창 474가구에 1979명, 강화 342가구에 1399명, 안강 188가구에 739명, 나주 166가구에 675명, 창녕 141가구에 580명, 연일 118가구에 528명, 전주 90가구, 함평 67가구, 함양 65, 진주 43, 서하 42, 남원(용성) 36, 선산 35, 고성 35, 청주 31, 광진 31, 재현 22, 김해 19, 장인 15, 광성 20, 조행 18, 충주 18, 서해 21, 수원 17, 한양 7, 청도 12, 서산 10, 신평 9, 달성 5, 영광 7, 대전 2, 동성(통진) 2, 기타 585, 미상 45가구로 조사 정리되어 있다. 이곳에서도 경주노씨와 안강노씨가 따로 정리되어 있다.

실록지리지』에 모두 해당 지역 토성으로 나타난 지역이다.[29]

『대동운부군옥』은 권문해가 선조 22년(1589)에 20권 20책으로 편찬을 완료하였으나 임란으로 바로 간행되지 못하다가 후에 간행되었다. 따라서 16세기 후반의 상황을 잘 담고 있다고 판단되는데, 앞에서 제시된 교하·광주·경주·풍천을 본관으로 한 노씨가 조선 전시기를 통하여 가장 두각을 나타낸 명문들이다. 문제는 안강이 경주로 표기되었다는 것인데, 16세기 중반까지도 안강은 경주의 속현으로 있었다.[30] 그러다가 조선후기 면리제가 정착해 가는 과정에서 경주 소속의 면으로 변해 갔다.[31] 이 과정에서 안강노씨는 자연히 경주노씨로도 불려졌을 것으로 추정되는데, 이런 사정을 권문해가 『대동운부군옥』을 편찬할 당시 그대로 반영한 것이 아닌가 한다. 즉, 이 책의 경주노씨에 대한 주석에서 "其先出於安康縣 麗初盧光漢之後"라 하여, 그 선계가 안강현 출신이라 밝히고 있는데, 이는 안강현이 이미 폐현되었음을 시사해 주는 사례라 추정된다.

그런데, 근대에 편찬된 성씨관련 자료에서는 안강노씨와 경주노씨를 따로 소개하고 있어 혼란을 부추기고 있다. 1908년에 간행된

---

28) 『대동운부군옥』 권3, 上平聲 盧조항 성씨조에 의하면, "交河(始祖 新羅末 太子太師盧康弼), 光州(始祖 大護軍盧恕), 慶州(其先出於安康縣 麗初盧光漢之後), 豊川(進士盧裕之後)"으로 소개하고 있다.

29) 광주의 경우 세종 12년에 그 곳 백성 노흥준의 목사 구타사건이 일어나 무진군으로 강등되었는데, 『세종실록지리지』 편찬 당시까지 무진군이었다.

30) 중종 25년(1530)에 간행된 『신증동국여지승람』(권21, 경상도 경주부조)에서도 안강은 속현으로 존재했었다.

31) 『대동지지』에 보이는 경주 강동면 강서면 일대가 안강현이었을 것으로 추정된다. 면리제가 정착되는 과정에서 경주 속현 중에서 규모가 크고 지리적으로 떨어져 있던 자인은 독립적인 현으로 승격되었고, 기계와 신광은 『대동지지』 편찬 당시까지도 명칭은 그대로 존속되었다.

『증보문헌비고』에서는 안강노씨 시조를 고려조에 직장동정을 역임한 仁景으로 표기하였고, 경주노씨 시조에 대해서는 고려 초기 인물이었던 江漢이었음을 전제한 후 "其先出於安康"이라는 주석을 붙이고 있다.[32] 이렇듯 안강과 경주노씨 시조를 각각 달리 기술하고 있는데, 후자는 앞에서 예시한 『대동운부군옥』 내용을 그대로 인용한 것이다. 안강노씨 시조 노인경이란 인물이 직장동정을 역임했다면 고려 중기 이후의 인물로 추정된다. 이에 비해 노광한은 고려 초의 인물로 묘사되어 있다. 따라서 광한 후손의 한 갈래가 안강노씨가 되었다는 의미로 봐야 하지만, "其先出於安康"라는 주석 때문에 모순이 생긴다. 이는 후대 성씨관련 자료 편찬과정에서 안강노씨와 경주노씨가 따로 존재했던 것으로 오인하여 생긴 결과가 아닌가 한다.

조선전기 문과 급제자 명단인 『문과방목』에서 노씨 합격자를 조사하면 모두 6명 정도가 찾아진다. 이곳에서는 모두 안강노씨로 표기되어 있는데, 특히 인조 때에도 여전히 안강으로 표기하고 있었다.[33] 이를 통해서 본다면, 권문해가 경주노씨라는 명칭을 사용하긴 했어도, 안강 폐현 후에도 여전히 이를 본관지로 애용했음이 분명하다. 1727년에 李栽가 지은 경암공 노경임(1569~1620) 행장이나 죽월

---

32) 『증보문헌비고』 권51, 帝系考 12에 의하면, 光漢을 江漢으로 표기하였다. 이는 『대동운부군옥』에서 보이는 光漢이란 인물의 誤記일 확률이 높다.

33) 『문과방목』에는 조선초기 일부를 제외하고는 급제자의 본관을 기록하고 있는데, 盧浩(세종 1), 盧尙志(세종 5년), 盧晋諧(세종 17), 盧麒(명종 11), 盧景任(선조 24), 盧協(인조 15) 등 6명이 안강노씨로 기록되어 있다. 이호의 본관은 선산으로 나와 있지만, 노진해의 아버지이기에 안강노씨로 보인다. 그리고 인조 15년에 급제한 노협의 본관을 안강으로 표시한 것으로 미루어 이 시기에도 여전히 본관을 안강으로 사용하였음을 알 수 있다.

헌 노계정(1695~1755)이 직접 남긴 선조 묘지명, 그의 행장 및 묘갈명 (채제공 찬) 등에서도 반드시 "경주 안강"으로 표기하고 있는 것이[34] 그 단적인 예다. 이처럼 조선후기 노씨 문중에서 "경주 안강"으로 본 관을 표기하였는데, 이것이 오히려 혼란을 가중한 원인이 아닌가 생 각된다.

앞에서 소개한 『증보문헌비고』에는 노씨 본관을 모두 137개로 나 타내고 있다. 이에 비해 1924년에 간행된 『전고대방』에서는 총 15 개 본관지만 소개하고 있다. 여기에서의 안강과 경주노씨에 대한 주 석 역시 『증보문헌비고』처럼 그 시조를 달리 기술하고 있다.[35] 따라 서 『전고대방』은 『증보문헌비고』 내용을 단순 참고한 것이라 여겨 진다. 159개 노씨 본관을 소개한 『조선씨족통보』(1924) 역시 『증보문 헌비고』 내용을 답습하여 안강과 경주노씨 시조를 달리 기술하고 있 다. 다만 경주노씨 난에 "慶州盧氏 一云府使盧協之後"라는 주석을 첨가하고 있어[36] 주목을 끈다. 노협은 인조 15년에 문과에 합격하여 부사를 지낸 인물인데, 『국조문과방목』에는 그의 본관을 안강으로 표시하고 있다.[37] 여기에서도 안강과 경주노씨가 분리될 수 없음을 알 수가 있다.

그렇다면 『증보문헌비고』에서 안강노씨 시조에 대해 직장동정을 역임한 仁景으로 표기한 까닭은 무엇인가? 현재의 경주노씨 족보상

---

34) 『경주노씨족보』 병자보(1996) 권1 소재.
35) 『전고대방』에서도 光漢을 江漢으로 표기하였는데, 이는 증보문헌비고를 단순 참고하였기 때문으로 보인다.
36) 윤창현, 1924, 『조선씨족통보』, 著書山房.
37) 『국조문과방목』 인조 15년 庭試.

仁景이라는 고려시대 인물이 찾아지긴 한다. 인경은 판서공파 1세인 倫의 아들인데, 대체로 고려 중기쯤의 인물에 해당한다.[38] 여기에 보이는 노인경이 직장동정을 역임하였다면 안강노씨 시조로 지목된 인경과 동일인물일 확률이 높지만, 자료부족으로 더 이상의 논의를 진척시키기는 어렵다. 선산지역에 세거하였던 종선 계열은 고려 초 대광정승을 지낸 광한을 시조로 하지만, 그로부터 조선초기까지 계보를 메우지 못하고 있다. 그런데 비해 倫을 파시조로 하는 판서공파는 비록 단선이지만 계보가 연결되었다는 점으로 미루어[39] 일찍부터 가첩 정도의 계보가 정리되어 내려 온 것이 아닌가 여겨진다.

그리고 오늘날 노씨 족보에는 본관에 상관없이 당나라 말 중국에서 신라로 건너왔다는 穗를 시조로 하는 동시에 그의 아들 9형제가 분봉 받아 각각의 본관 시조가 되었다는 것이다. 조선중기에 편찬된 『대동운부군옥』에서는 이런 사실이 전혀 소개되어 있지 않지만, 근세에 편찬된 『증보문헌비고』 등에서는 4형제 분봉에 대한 기록이 보인다. 垓가 광주백으로, 塢가 교하백으로, 坵가 장연백으로, 址가 풍천백으로 각각 봉읍을 받아 본관을 삼았다는 것이 그것이다.

그런데 초기 보첩류 기록에는 중국과의 관련성이나 분봉에 대한 내용은 전혀 보이지 않는다. 홍문관 교리를 역임한 노경임이 선조 34년(1601)에 지었다는 「舊家牒序」에는 적어도 그러하다. 그러다가 시간이 흐르면서 본관에 상관없이 모두 동일시조 아래 9형제가 분봉되

---

38) 오늘날 족보에 의하면, 경주노씨 주류를 이루는 從善·喜善 계열과는 別系인 판서공파를 함께 수록하고 있다. 이전에는 別譜로 되어 있었으나, 1996년에 간행된 『경주노씨족보(병자보)』부터 합보 성격으로 간행하였다.

39) 倫-仁景-禮-山壽-洪紀-成柏-峯-衡-尙志(세종 5년 문과합격)

었다는 내용으로 채워졌다. 마치 수많은 본관을 가진 박씨가 모두 혁거세 자손으로 연결하였던 것과 같은 맥락이다. 18세기 중반이후에는 같은 성씨이면 동일자손이란 미명아래 대동보가 유행하였는데, 그런 시대적 분위기에 편승된 것이라 여겨진다. 그러나 본관이 다르면 혈연적으로 연결되지 않는다는 것이 현재 학계의 시각이고, 이 점에 대해서는 이미 앞 장에서도 설명이 있었다.

성균관 생원 노규태가 지은 경주노씨 乙未譜(1835년) 서문에 의하면, 중국 范陽盧氏의 한 갈래가 동쪽으로 와서 정착했다는 동래설과 함께 신라 말 고려 초 9아들에게 분봉하였다는 사실을 기록하고 있다.[40] 그러나 누가 동래하였다거나 분봉 받은 이가 누군가에 대해 구체적으로 거명하는 단계는 아니었다. 그럼에도 그 서문에서는 광주·교하·풍천노씨 인물들을 거론함으로써 노씨는 모두 한 뿌리라는 대동보적인 성격을 내 보였다.

이미 살펴보았듯이, 『대동운부군옥』에서 경주노씨에 대해 "其先出於安康縣 麗初盧光漢之後"라고 표기한 것은 당시 대체로 통용되

---

40) 고려시기에 만들어 진 금석문이나 『고려사』 열전 소재 인물들을 분석해 보면, 모화사상과 문벌 숭상 풍조로 중국 唐代의 姓望과 군현 명칭을 우리 姓貫에 차용해 오는 경향을 뚜렷이 보이고 있다. 이씨는 隴西, 최씨는 淸河, 劉氏는 彭城, 왕씨는 太原, 정씨는 滎陽, 柳氏는 河東, 윤씨와 강씨는 天水 등으로 차용해 온 것이 그것이다. 아울러 국내 기성 벌족과 연결시키기 어려운 성관들은 그 시조 유래를 중국에서 구하는 풍조가 조선 초기 이후부터 만연하기 시작했는데, 연안이씨, 남양홍씨, 면천변씨, 해주오씨, 노씨 등이 대표적인 사례에 해당한다(이수건, 1992, 「조선전기 姓貫체계와 족보의 편찬체제」 『한국사학논총-박영석화갑기념논총』 상, 753쪽). 문벌이 크게 발달하였던 수·당 시대 范陽(현 북경지역) 노씨들은 최, 이, 정, 왕씨와 함께 하북과 하남을 포함하는 산동 지역의 대표적인 귀족으로 성장하였는데, 이런 연유로 범양노씨와 그 계보를 연결한 것이었다.

던 상황을 옮겼을 것이다. 이 책은 권문해가 선조 22년(1589)에 20권 20책으로 편찬을 완료하였으나 임란으로 간행은 그 후에 이루어졌고, 발문은 김응조(1587~1667)가 찬했다. 이 책에서는 노씨가 중국에서 건너왔다는 내용은 전혀 찾아볼 수가 없다.[41] 또한 경주노씨 문중 자료 중에서 비교적 초기에 해당하는 것에서도 큰 변화는 없다. 즉, 노경임이 신축년(1601) 경에 쓴 것으로 보이는 「松菴公(노수함)遺事」에는 조상 내력에 대한 내용은 전혀 보이지 않고, 영조 3년(1727)에 이재(1657~1730)가 찬한 「敬菴公(노경임) 行狀」에도 "그 선조로 신라 대광정승 광한이란 분이 있어 비로소 族姓書에 오르게 되었다" 라고만 언급하여 『대동운부군옥』 수준에 머물고 있는 한편, 그가 지은 묘지명에도 더 이상의 언급은 없다. 또한 이보다 시기가 다소 앞서는 것으로 보이는 노경임 묘갈명에도 신라 대광정승 광한의 후예라고만 언급하고 있다. 이 묘갈명은 『대동운부군옥』 발문을 쓴 김응조 (1587~1667)가 지은 것이다.

죽월헌 노계정(1695~1755)이나 서산와 노상추(1746~1829) 등 무반으로써 현달한 인물이 등장한 시기에 기록한 글에서도 시조 광한에 대한 언급만 보일 뿐, 중국에서 건너왔다거나 9아들이 각각 분봉 받았다는 내용은 찾아볼 수가 없다. 그런데 중국 동래설이 처음 등장하는 것이 노경필 행장이다. 영조 21년(1745)에 이광정이(1674~1756) 지은 「선무랑행안기도찰방樆亭公(노경필)行狀」에는 "노씨는 중국에서 건너와 우리나라에서 9개 관향으로 나뉘었는데, 안강을 본관으로 하

---

41) 권문해의 손녀가 노경임 며느리였을 정도의 인척이었다는 점으로 미루어 서로의 가문에 대해 잘 아는 사이였음을 확인할 수 있다.

는 갈래는 신라 대광정승 광한을 중시조로 한다"라고 하였다. 그러다가 순조 8년(1808)에 金𡐛이 지은 「성균진사 松菴公(노수함) 행장」에는 "본관이 안강으로 신라 대광정승 광한이 비조이다"라고 소개하고 있다. 이어 순조 11년(1811) 鄭玧이 지은 「將仕郞 亦樂齋公(노경륜) 行狀」에는 "시조인 坤이 경주 안강에 봉해져 본관으로 삼았다"는 사실을 기록하고 있다. 소위 안강백으로 봉해졌다는 盧坤이 노경륜 행장에서 비로소 등장한 것이다. 이는 乙未譜(1835년)가 만들어지기 바로 전이다. 을미보에는 중국 范陽盧氏의 한 갈래가 건너왔다는 동래설과 9子 분봉설이 함께 실렸는데, 아마 18세기 중엽 이후부터 새로운 사실들을 추가하였던 것으로 판단된다.

그러나 노씨 조상이 중국에서 건너왔다는 근거는 매우 희박하며, 아홉 아들 분봉 사실 또한 그대로 믿기는 곤란한 면이 많다. 이러한 사례는 비단 노씨 문중만이 아니라 다른 성씨도 거의 대동소이하다.

IV
조선전기 인물 배출과 선산지역 정착과정

조선전기만 하더라도 "봉제사 접빈객"이라는 유가의 도리가 그 사회에 정착된 것은 아니었다. 대다수의 가문들에서 조선 초기 인물에 대한 失墓가 흔한 것도 바로 그 때문이었다. 조상숭배 사상이 조선전기에도 만연하였다면 묘지까지 잃어버릴 까닭이 없기 때문이다.[42] 이렇듯이 우리는 조선후기의 관념으로 조선전기를 재단해서는 안 된다는 점에 깊이 유념할 필요가 있다. 족보 역시 마찬가지였다. 임란 이후 족보가 유행하기 시작하자 이를 始刊할 즈음에는 체계적인 계보를 연결할 자료를 갖지 못하는 가문이 태반이었다.

경주(안강)노씨 역시 족보를 시간할 즈음에 시조로 알려진 노광한과 연결할 자료는 거의 없었다고 보여진다.[43] 그리하여 조선 세종조에 태어난 從善과 禧善 형제를 1세로 하여 보첩을 만들 수밖에 없었다. 이것은 종선 형제를 낳아 준 아버지와 할아버지조차 연결할 자료를 갖고 있지 못했음을 의미한다. 안강노씨는 고려 이래 안강의 토성으로 자리 잡았고, 조선 초기에 이르게 되면 여러 갈래의 계파가 생겼음이 분명하다. 그럼에도 불구하고 종선 형제를 1세로 하는 보첩을 만들 수밖에 없을 정도로 자료가 부족하였던 것이다.

문과 급제자 명단인 『국조문과방목』에 의하면, 조선전기에 6명 정도의 안강노씨 인물이 찾아진다. 그런데 이 인물들은 현재의 보첩에 확인되지 않는 경우가 있다. 조선시대 문과에 합격할 정도의 인물임에도 불구하고 보첩에서 확인되지 않는다는 것은 그만큼의 불완전함을 나타내 주는 지표이기도 하다.

---

42) 조선후기에 와서 전국에 걸쳐 묘지를 둘러 싼 山訟이 만연한 것도 그런 시대적 상황을 말해주고 있다. 즉, 17세기 이후가 되면 족보와 문중 조직이 만들어지면서 조상을 찾는 분위기로 변하였다. 따라서 이 시기 관점에서 조선 초기 사회를 재단해서는 안 된다.
43) 안강(경주)노씨 시조 광한(또는 강한)의 산소가 있던 곳이 경주시 안강읍에 있는 어래산이라 하나, 이는 문중에서 추정할 뿐이다.

〈표〉조선전기 안강노씨 문과급제자 현황(『국조문과방목』에서 발췌)

성명	급제년	전력	부	조부	증조	외조/처부	직력	거주	비고
盧浩	세종 1	생원	盧仁度			徐選(利川)	長興庫使	선산	
盧尙志	세종 5	생원	盧衡	盧峯	盧成伯	周公沼(草溪)	司諫	상주	판서공파
盧晉諧	세종 17	생원	盧浩	(盧仁度)			繕工 主簿	선산	
盧麒	명종 11	생원	盧禹弼	盧景仁			院正	상주	판서공파
盧景任	선조 24	유학	盧守誠	盧希軾	盧綰	張烈(仁同) 柳雲龍(豊山)	校理 玉堂	선산	경암공파
盧協	인조 5	참봉	盧八元	盧銓		宋希祿(恩津)	府使	京	

〈경주노씨 가계도〉

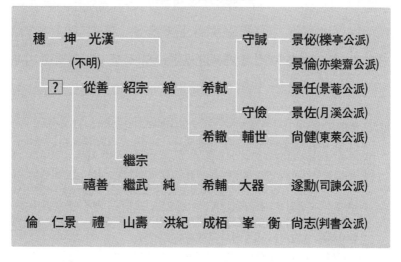

오늘날 경주(안강)노씨 계보에서 1세인 從善은 첨정공파, 아우 禧善은 사간공파 기세조로 받들어지고 있다. 그리고 이와는 별도로 고려 중기 인물인 倫의 아들 仁景을 기세조로 하는 同正公派(혹은 판서

공파)가 있는데, 이들은 종선·희선 계열과는 연결되지 않는 別系이다. 동정공파 중에서 세종 5년에 문과에 급제한 노상지는 倫으로부터 9세가 되는 인물인데, 첨정공파 1세인 종선보다 생존 연대가 앞선다. 따라서 선산에 정착한 종선 형제보다 그 계보를 훨씬 전 시기까지 소급할 수 있는 가문이다.[44] 아무튼 앞에서 살펴 본 3계파가 오늘날 경주노씨의 주류를 이루고 있다.

여기에서 우리가 살펴 볼 내용은 첨정공파를 이끄는 종선의 선산지역 정착과정이다. 노종선은 한 때 선산출신으로 영남사림파를 이끌던 김종직 문하에서 글을 배웠고, 한훤당 김굉필과도 교류하였다고 전한다. 그는 세조와 성종조에 利原縣監과 군기시 첨정(종4품)을 지낸 바 있는데,[45] 역임한 관직으로 미루어 무과 출신일 확률이 높다. 비록 문반직을 지냈다고는 하나 문과 출신이 아닌데다 문음으로 진출했다고 보기도 어렵기 때문이다.[46] 그의 선산 정착과정은 자세

---

44) 入遷祖(입향조)가 시조가 되고, 그 정착지를 본관으로 하는 중국에서는 시조가 꼭 顯祖·名祖가 아니어도 상관없다. 그런데 우리의 경우는 거주지를 옮겨도 본관이 변하지 않을 뿐 아니라 현조·명조라야만 시조가 되었다. 따라서 고려시기부터 안강지역에 노씨들이 많이 살았던 것은 당연하지만, 그들이 모두 시조가 될 수 없었다. 계보를 연결할 수 없는 別系의 파들이 다수 존재하는 원인은 다양하겠지만, 이런 것도 그 이유 중에 하나이다(송준호, 1986, 「한국의 氏族制에 있어서의 本貫 및 始祖의 문제 ; 한·중 양국의 전통사회를 비교하는 입장에서」『역사학보』109).

45) 「선무랑행안기도찰방樗亭公(노경필)行狀」 이광정(1674~1756) 撰

46) 崔晛(1563~1640)이 광해군조에 찬한 것으로 보이는 『일선지』에는 노종선의 인물 품성에 대해 "性恬靜多陰德(성품이 조용하고 음덕이 많다)"이라 표현하고 있다. 그리고 선산에서 이름난 鄭仲處의 시문집에서 盧利城이란 인물과 자주 시를 수창하였음에도 그 이름을 밝히지 않았는데, 공이 武弁으로서 시에 능했으니, 利城이란 인물이 바로 공이 아닌가 하는 것이 전한다고 표기하고 있다.

하진 않으나, 벼슬에서 물러난 뒤 조선의 추로지향으로 일컬어지는 선산으로 거주지를 옮긴 것으로 알려져 있다. 그런데 그의 묘소가 금오산을 마주하고 있는 봉곡리와 성남리 사이에 있는 것으로 미루어 이 지역에 정착하였음을 짐작할 수 있다.

조선 초기 거주지 이동 상황을 추적하면 대개 처가 혹은 외가 마을을 택하는 경우가 많다. 당시는 균분상속이 이루어졌기 때문에 혼인으로 인한 이주가 많을 수밖에 없었다. 따라서 노종선의 선산지역 정착 역시 그런 면과 무관하지는 않았을 것으로 추측된다. 선산 성남 일원에 처가나 외가로부터 상속받은 농지가 이미 확보되어 있어야만 이주가 가능했기 때문이다. 노종선이 평소에 야은 길재의 충절과 학덕을 추모하고 농암 김주의 충정을 흠모하여 선산으로 옮겼다는 것은[47] 후손들에게 널리 알려진 것이긴 하지만, 부차적인 것일 수밖에 없다. 그런데 현재로서는 노종선의 혼인관계를 확인할 방법이 없다. 그의 처 김씨는 본관조차 알려져 있지 않기 때문이다.[48]

그런데 선산의 입향조로 알려져 있는 인물이 노종선이지만, 그보다 이른 시기에 선산에 살았던 안강노씨 인물도 보이고 있다. 세종 1년 문과에 급제한 盧浩가 바로 그다. 선산 읍지 중에서 비교적 이른 시기에 간행되었던 『일선지』에 따르면[49] 노호에 대해 남면

---

47) 「朝奉大夫軍器寺僉正公墓碣銘」 1959년 李基允 撰
48) 노종선과 계파를 달리하는 노상지의 증조 盧成栢은 고려말 봉익대부로 판도판서를 역임하였는데, 그의 가계가 안강에서 상주로 이동한 과정은 혼인관계를 통해서도 확인된다. 즉, 노성백의 부인이 상산김씨였기 때문이다.
49) 崔晛(1563~1640)의 필사본으로 전래된 『일선지』는 우리나라 대표적인 사찬읍지 중의 하나인데, 그 성격에 대해서는 다음 논문이 참고가 된다(박홍갑, 2005, 「청도 사찬읍지 『鰲山志』(1673)의 編目과 특징」『중앙사학』 21,

에 거주했다고 하였고, 그 보다 시기가 늦은 『선산읍지』桂榜조에서는[50] 그에 대해 "안강인"이라 기록하고 있다. 문과 급제자 명단인 『문과방목』에서는 본관지를 선산이라 표기하였으나,[51] 이는 거주지를 잘못 기록한 것이라 여겨진다. 그의 아들 노진해 역시 세종 17년에 문과에 합격하였는데, 그의 본관지를 안강이라 하였기 때문이다.[52] 따라서 노종선 이전에 노씨가 이미 안강에서 선산으로 이주하여 살고 있었음이 분명하다. 그러나 현재 족보상으로는 노종선을 상한선으로 하여 그 윗대까지 연결되어 있지 않으니, 확인할 방법이 없다.

『일선지』에는 선산 출신의 다양한 인물들이 등재되어 있는데, 경주노씨로는 노호 외에도 노종선, 노수함, 노경필, 노경임 등 모두 5명이 올라있다. 따라서 안강에서 선산으로 정착했던 시기에 대해서는 분명하게 밝힐 수는 없으나, 현재 알려진 것보다 더 이른 시기였음이 분명하다 하겠다. 그리고 위의 『일선지』에 등재된 인물로 추측컨대, 선산지역으로 이주한 안강 노씨는 이 지역 양반 사회에서 일정한 지분을 확보한 것만은 틀림없다 하겠다.

노종선의 아들 소종은 충무위 사직을 지냈다. 충무위는 조선 초

한국중앙사학회).

50) 『선산읍지』(한국근대읍지 17-경상도, 한국인문과학원 편, 1991). 이 읍지는 예전부터 전하는 舊誌를 바탕으로 편찬하였다는 丁圭三의 발문(1926)이 붙어 있는데, 순조 3년(1803)부터 6년까지 선산부사로 재임하던 김기헌이 續編하였던 것이 저본이 되었다. 김기헌의 속편 역시 그 이전부터 一善誌 一善邑誌 善山邑誌 등의 이름으로 전래된 여러 개의 필사본이 참고 되었을 것으로 보인다.

51) 『국조문과방목』 세종 1년 己亥 增廣試.

52) 『국조문과방목』 세종 17년 乙卯 式年試.

기 군사조직의 근간을 이루었던 5위의 후위를 이루는 군사조직이었다. 사직은 종5품의 무관직이다. 노소종은 무반직으로 있다가 연산군의 폭정과 무오·갑자 등 사화가 연이어 일어나자 향리에 되돌아온 것으로 보인다.[53] 소종의 아들 관 역시 部將을 역임했다는 점에서 본다면, 무반직을 대대로 이어간 것으로 보인다. 이때 선산 문동으로 이주하였다고 전해지는데, 그 경위에 대해서는 알 수가 없다. 그러나 노관은 사림파의 거두 김굉필에게 수업하여 재행으로 천거되었으며, 그의 아들 희식은 정붕 문하에 종유했고, 동래교수를 지냈다. 노관의 손자 노수함은 진사시에 합격하여 문명을 떨치기 시작하였는데, 당시 선산지역의 거유이던 송당 박영에게서 배웠다고 전한다. 그는 중종 35년(1540)에 진사시에 합격하여 비로소 두각을 나타내기 시작하였는데, 이를 바탕으로 인근의 명문 출신 옥산장씨를 부인으로 맞을 수 있었다. 장씨부인은 증 이조판서 장열의 딸이니, 여헌 장현광의 손위 누이였다.[54]

송암공 노수함의 아들은 여섯인데, 전 부인 전의이씨와 후취 옥산장씨가 각각 3명씩을 두었던 것으로 전해진다.[55] 그 중에서 장자

---

53) 「進義副尉忠武衛司直公墓碣銘」(1969년 鄭華植 撰)
54) 「成均進士松菴公行狀」(1808년 金㙲 撰)
55) 광해군 때 쓴 것으로 추측되는 『一善誌』(崔晛 撰)에는 노수함이 "송당 박영의 문인으로 경자년에 진사시에 합격하였고, 아들이 6명인데 景俊, 景仁, 景佖, 景健, 景倫, 景任이라 하였다. 그리고 이광정(1674~1756) 撰한 「선무랑행안기도찰방檪亭公(노경필)行狀」에는 노수함의 두 부인이 각각 셋을 두어 아들이 모두 6명이라고 소개하고 있다. 그러나 그 이후 순조 8년(1808)에 金㙲이 지은 「성균진사松菴公(노수함) 행장」이나 순조 11년(1811)에 鄭瀾이 지은 「亦樂齋行狀」에는 8명의 아들이 있었다고 하였는데, 제7남 景全과 제8남 景수이 추가된 두 아들이다. 이는 후대에 와서 2명을 추가하였음이 분명하나, 그 연유에 대해서는 알 수가 없다. 위 6명의 아들 이름을 보면

와 차자는 후사가 없었고, 셋째인 경필과 다섯째인 경윤, 여섯째인 경임이 두각을 나타내는 인물이었다. 경필은 여헌 장현광과 동갑의 나이였는데, 어려서부터 아버지 송암공으로부터 함께 글을 배웠다. 그리고 한때 朴演·呂大老·申之悌·張悌元·崔睍 등 인근의 명망 있던 선비들과 교유하였으며, 한강 정구 문하에 드나들면서도 학문을 익혔다. 20세에 사마시에 합격하였고, 23세에 장현광·박수일 등과 함께 향천을 받았다. 향천으로 능참봉에 제수되었으나 벼슬에 나가지 않았고, 임란이 일어나자 막내 동생 경임과 함께 의병을 일으켜 상주일대에서 싸웠다. 그 후 선조 27년(1594)에 안기도 찰방으로 임명되어 쇠잔한 驛을 소생시키는 데 공을 세웠으며, 향년 42세의 일기로 그의 임소인 안기역에서 생을 마쳤다.[56] 그리고 그의 아우 경임 역시 얼마 떨어지지 않은 해평 숭암으로 거주지를 옮겼는데, 이는 이들 가문의 경제적 기반이 더욱 확대되었음을 뜻한다.

옥산장씨 소생 경륜은 명종 21년(1566)에 문동에서 태어나 8세 되던 해에 부친의 상을 당하였고, 장성하자 한강 정구에게 사사하였으며, 고빙운·김진호와 도의로 사귀었다. 26세에 향시에 입격하였으나 대과에는 오르지 못했다. 왜란이 일어나자 모부인과 가솔들을 거느리고 선산 동쪽 청화산으로 피하였다가 의성을 거쳐 상주 백화산으로 옮기는 등 노고를 아끼지 않았다. 그러나 아우가 전란으로 죽고 그의 형들도 세상을 떠난 이가 많았다. 따라서 그는 노씨 가문

뒤 글자가 모두 '亻' 변으로 된 글자를 따랐으나, 나머지 두 아들의 이름은 그렇지 않은 것으로 미루어 庶出일 가능성이 높다.
56) 「선무랑행안기도찰방 櫟亭公(노경필)行狀」(1745년 이광정 찬) 및 『일선지』 권4, 인물조.

을 지키는 일에 보다 적극적이었으며, 안동 임하에서 도심촌에 옮겨 살 때 유성룡의 형 유운룡이 마침 한 동리에 우거하였던 인연으로 이들 가문과 인연을 맺기도 했다. 그의 동생 경임이 유운룡의 딸과 혼인했던 것이 그것이다. 그의 아들은 모두 여섯인데, 둘째 아들이 형 경필의 양자로 입적되었다.[57] 그리고 그의 동생 경임은 그 보다 일찍 죽었으니, 그 이후 노씨 가문을 실질적으로 이끌어 갔던 사람이 그였다고 생각된다.

그러나 이 시기 노씨 가문에서 가장 뛰어난 인물은 노경임이었다. 선조 2년(1569) 선산 문동리에서 태어난 노경임은 5세 되던 해에 아버지 상을 당하였고, 어려서부터 그의 중씨 경필의 賢行을 본받는 한편 외숙인 여헌 장현광에게서 학문을 배웠다. 또한 서애 유성룡 문하에서도 학문을 익혔는데, 임란이 일어나기 직전인 선조 24년(1591)에 문과에 급제한 후 승문원에 분관되었다. 그러다가 왜란이 일어나자 형 경필을 도와 향병을 모집하여 상주에 방어선을 치고 적을 막아냈다. 이듬해 봄에 승문원 정자(정9품)를 거쳐 차례대로 승진하여 저작(정8품)과 박사(정7품)를 역임했다. 그런 후 선조 27년(1594)에 陞六[出六] 되어 공조좌랑으로 승진하였다가 그해 겨울 병조좌랑으로 자리를 옮겼고, 얼마 뒤 사간원 정언, 사헌부 지평 등을 역임한 후 관동순무어사로 나가면서 10가지 시무책에 대한 상소를 올리기도 했다. 다시 사헌부 지평으로 돌아왔다가 곧 사직을 청하여 향리로 돌아왔다. 그 이듬해 봄에 예조정랑에 임명된 후 이어 홍문관으로

---

57) 「將仕郎 亦樂齋公(노경륜) 行狀」 순조 11년(1811) 鄭玩 撰.

옮겨 수찬과 교리 등을 차례로 역임했고, 이후에는 예천군수, 풍기군수, 성주목사 등 외직을 두루 거쳤다. 고향으로 돌아온 뒤 낙동강 가에 詠歸亭이란 조그만 정자를 짓고 학문으로 소일하며 지냈다. 만년에 선산군 남쪽 모로실에 터를 잡아 거처를 옮기려 했으나 뜻을 이루지 못한 채 1620년 향년 52세의 일기로 세상을 떠났다.[58] 그는 사후 승정원 도승지로 추증되었는데, 선산에 거주하는 노씨 일문에서 가장 현달한 인물로 칭송되었다.

위에서 설명한 노경필 3형제가 오늘날 경주노씨 주류를 이루는 역정공파, 역락재공파, 경암공파의 시조인데, 모두 수함의 아들이다. 그리고 이들과 종형제인 수검의 아들 경좌는 선산에서 문경 호계로 이주하여 터를 잡았으며, 그 후손들은 이곳을 세거지로 하여 오늘에 이르고 있다. 경주노씨 월계공파가 바로 그 후손들이다. 또한 종선의 현손이자 동래부사를 역임한 보세는 중종 때 의성군 사곡 화전으로 이주하였다고 전해지며, 그 후손들인 동래공파들은 줄곧 그곳에서 살아 왔다. 따라서 선산 문동에서 출발하여 몇 대 내려오게 되면 선산 관내의 인근지역은 물론이고, 이웃 고을인 상주나 의성 등지로 각자 별업을 마련하여 흩어졌음을 알 수 있다. 그리고 조선후기에 가면 선산에 세거한 역정공 후손들 가운데 노계정과 노상추 등 무반으로 입신하여 가문을 중흥시킨 인물들이 연달아 배출되었는데, 이때가 경주노씨 제2의 전성기를 맞이한 시기였다.

그러나 노상추 당대까지도 한 곳에 정착하지 못한 채 두 차례나

---

58) 「敬菴公行狀」 영조 3년(1727) 李栽 撰.

이주를 할 정도였다. 즉, 그가 29세 되던 1774년 호구단자에 의하면 선산 禿同洞面 第一禿同洞里 6統의 新戶 호주로 표시된 것으로 미루어 다른 지역에서 이곳으로 이주하였던 것으로 보인다. 禿同洞里는 안강노씨 원래 세거지였으니, 다른 가족들과의 합류하였을 가능성이 높다. 그리고 그가 35세 되던 1780년에 다시 선산 도개면 第10華林里 1統의 新1戶로 이주하였는데, 이후로는 이곳에 정착했던 것으로 나타난다. 이렇듯 잦은 이주는 이때까지도 사회·경제적으로 확고한 기반을 다지지 못했음을 보여주는 것이기도 하다.[59]

한편 기세조 종선의 아우 희선은 군위군 오천거매로 이거하여 그의 후손들이 140여 년간 살았고, 희선의 현손 대기는 팔공산 아래 금매동으로 이주 하였다가 재차 타지로 이주한 것으로 보인다. 희선의 10세손인 세표는 1700년경에 선산 산동면 봉산으로 옮겨 살았고, 그의 아들 계문이 다시 군위군 산성 봉림으로 이주하여 오늘에 이르고 있다.

이들과 계보 상 연결되지 않는 盧倫 후손들은 상주에 대대로 세거하였는데, 그 입향 경위에 대해 고증할 문적이 남아 있지 않다. 다만 고려말 판도판서를 역임한 노성백이 상주 출신인걸로 보아 그 당대 이전에 안강에서 상주로 이주한 것으로 추측된다. 따라서 선산에 정착했던 계파보다 더 이른 시기에 본관지인 안강을 떠났던 것으로 보인다. 노성백의 부인이 상주 김씨인 것으로 미루어 처가에서 분재받은 상속분의 토지와 노비들이 적지 않았을 것으로 추정되며, 그 재

---

59) 최승희, 1988, 「조선후기 양반의 사환과 가세변동 -선산 무반가 노상추의 사례를 중심으로」 『한국사론』 19, 359~360쪽.

산들은 주로 상주 일원에 산재하였을 것이다. 이런 것들이 그가 상주에 정착하는데 큰 도움이 되었음을 물론이다. 명종 때 문과에 급제한 노기가 바로 그 후손이다.[60] 노성백 후손들은 1750년경 노이겸 대에 이르러 상주 청리청하에서 의성군 단밀 생송으로 이주하여 오늘에 이르고 있다.

V
맺음말

일반적으로 알려져 있는 보첩류는 해당 성씨를 이해하는 데 반드시 필요한 것이긴 하지만, 그렇다고 객관적인 사실을 있는 그대로 보여주는 것이 아님은 물론이다. 안강현(경주 속현) 토성으로 정착했던 안강노씨가 조선후기에 와서 경주노씨로 불려 지면서 조선전기 인물에 대한 추숭작업에 매달리는 한편 보첩도 간행하기 시작했다. 현재 남아있는 각종 묘갈명이나 행장 등이 이 시기에 집중적으로 만들어졌는데, 이는 다른 문중도 예외는 아니다. 조선시대 문중조직이란 게 17세기 이후에야 나타났고, 문중의 구심점이 되는 조상모시기에 대한 풍속 역시 조선후기에 와서 진작되었기 때문이다. 그러한 형편이

---

60) 『국조문과방목』 명종 11년 丙辰別試.

다 보니 경주(안강)노씨 또한 족보를 처음 만들 때 시조로 알려진 노광한이나 그와 연결된 조상에 대한 자료가 남아 있을 리 없었고, 이리하여 세종 때에 태어난 從善과 禧善 형제를 1세로 하는 족보를 편찬할 수밖에 없었다.

선조 24년(1591) 문과에 급제하여 홍문관 교리를 역임한 노경임이 노씨 문중에서 가장 현달한 인물이었는데, 그가 지었다는 「舊家牒序(1601)」에서도 조상에 대한 내용을 알 길이 없어 안타깝다는 식으로 표현될 수밖에 없는 것이 현실이었다.[61] 노경임에 의해 비로소 만들어진 간단한 가첩이 후대 족보 편찬에 근거가 되었을 것이다. 노경임이 신축년(1601) 경에 쓴 것으로 보이는 「松菴公(노수함)遺事」에도 조상 내력에 관한 내용은 전혀 나타내지 못하였고, 영조 3년(1727)에 이재(1657~1730)가 찬한 「敬菴公(노경임) 行狀」에서 신라 대광정승 광한을 시조로 내세우고 있을 정도다. 그러니 그 이후 간행된 족보에서 보이는, 예컨대 조상의 기원을 중국에 연결한 것이나 아홉 아들이 분봉되어 노씨(교하, 광주, 경주, 풍천 등)가 모두 한 뿌리에서 나왔다는 식의 대동보적 성격을 드러낸 것은 조선후기 족보의 한 전형을 이룬다고 할 수 있다.

족보상 경주노씨 1세 인물로 추앙되는 종선 형제가 세조 이후 안강에서 선산으로 이주하였다고 알려져 있지만, 실제로는 그 이전에 안강노씨가 선산에 정착하고 있었음이 분명하다. 세종 1년 문과에 급제한 盧浩가 바로 안강출신이자 선산 남면 거주자였기 때문이다.

---

61) 『경주노씨족보』 丙子譜(1996) 권1.

이와는 별도로 상주에 정착했던 경주노씨 계파가 있었는데, 이들은 이미 고려 말 이전에 안강을 떠나 상주에 정착한 것으로 보인다.

광해군대에 편찬된 것으로 보이는 선산 사찬읍지 『일선지』에는 노호를 비롯하여 노종선, 노수함, 노경필, 노경임 등 모두 5명의 안강 노씨 인물들이 올라있다. 따라서 선산지역에 이주한 안강노씨가 이 지역 양반 사회에서 일정한 지분을 확보한 것만은 틀림없다 하겠다. 이들 후예들은 문·무반직을 가리지 않고 적극적으로 仕宦하는 동시에 인근 사족들과도 끈끈한 연을 맺음으로써 그 위상을 이어갔다. 특히 선산 거유 송당 박영에게서 배워 중종 35년(1540) 진사시에 합격한 노수함의 경우 증 이조판서 장열(장현광의 부)의 딸이 그의 부인이었다. 그의 아들 여섯 중에서 장자와 차자는 후사가 없었고, 셋째인 경필과 다섯째인 경윤, 여섯째인 경임이 두각을 나타내 가문을 크게 일으켰다. 이들 3계파가 오늘날 경주노씨의 주류를 이루는 것도 그 때문인데, 대개가 선산을 중심으로 인근에 정착하여 오늘에 이른다. 이들 가문은 임진왜란을 겪고 난 후 한 때 쇠락의 길을 걷기도 했으나, 영조 이후 노경필 후손 중에서 노계정, 노상추와 같은 무반 고위직을 연달아 배출하면서 가문을 다시 일으키는 계기가 되었다.

박홍갑, 『역사와 실학』 31집 (역사실학회, 2006) 게재 논문

조선후기 무신의
중앙 관료 생활 연구

- 『노상추일기』를 중심으로 -

정해은(한국학중앙연구원 책임연구원)

I
서론

본 연구는 양반 가운데에서도 무신의 중앙 관료 생활에 대한 사회·문화사적 고찰이다. 나아가 하급 무신 관리의 중앙 관료 생활을 통하여 양반 문화를 새롭게 바라보려는 시도이기도 하다. 그동안 관료제에 대한 연구는 제도사의 시각에서 체제나 운용에 초점을 맞추다 보니 그 안에서 살아 움직이는 사람들의 '숨소리'를 간과한 채 외형만을 밝히는 연구에 치중하였다.

이런 측면에서 관료제 운용에서 그 안 속한 사람들이 그 체제를 어떻게 받아들이고 이해했으며, 어떤 지향 의식이나 문제점들을 느끼고 있었는지에 대한 연구 즉 관료 생활에 대한 연구는 관료제의 실상을 파악하기 위한 선결 과제라고 할 수 있다. 무엇보다도 중앙 관료제란 한 국가의 국정 시스템이나 지향성이 그대로 구현되는 장(場)으로서 이에 대한 이해는 조선의 국가체제를 이해하는 연결 고리가 된다.

지금까지 양반 관료에 대한 연구는 문신을 중심으로 하여 관직의 구성 체계나 운용을 둘러싼 주제를 중심으로 이루어져 왔다. 특히 조선 후기 양반 관료에 대한 연구는 당쟁과 권력의 향방에 초점을 맞추어 문반 청요직의 구성이나 운용에 집중되어 있는 편이다. 이에 비해 양반의 또 다른 축이라 할 수 있는 무신에 대한 연구는 문신 관료에 대한 조명 속에서 부분적으로 진행되었을 뿐 무신 관료를 독자적으로 분석한 연구는 드물다.

이런 가운데 본 연구에서 관심을 갖는 노상추(盧尙樞, 1746~1829)의 사환(仕宦)에 대한 연구가 나왔으나, 호구단자를 주요 자료로 이용하다 보니 조선 후기 신분 변동에 초점이 맞추어져 있다. 따라서 현재 양반 관료에 대한 연구는 아직도 지배 엘리트인 문신에 대한 관심이 과도하게 집중된 반쪽의 역사라 할 수 있으며, 무신에 대한 독자적인 이해를 추구하기 위한 연구시각의 확대가 절실하다.[1]

본고에서 분석 대상으로 삼은 노상추는 1780년 35세의 나이로 무과에 급제하여 1793년 삭주 부사로 나가기 전까지 10여 년 이상을 중앙에서 금군, 무신겸선전관, 훈련원 주부 등 하급 무관을 거쳐 오위장을 지낸 인물이다. 무신이자 하급 관료라는 노상추의 처지와 위상은 권력의 핵심에서 멀어져 있는 만큼이나 현장에서 온갖 상황에 노출된 채 관료제 운용의 실상을 몸소 체험하면서 어려움과 갈등도 그만큼 크고 깊었음을 말해준다.[2]

---

1) 노상추 및 『노상추일기』에 관한 연구로는 최승희, 「조선후기 양반의 사환과 가세변동-선산 무반가 노상추의 사례를 중심으로」, 『한국사론』 19, 서울대학교 국사학과, 1988; 문숙자, 「조선후기 양반의 일상과 家族內外의 남녀관계-노상추〈일기:1763~1829〉를 중심으로」, 『고문서연구』 28, 한국고문서학회, 2006; 박홍갑, 「경주노씨 성립과 그 일파의 선산지역 정착과정」, 『한국전통사회의 재인식(학고이상태박사정년기념논총)』, 경세원, 2006; 김경숙, 「조선후기 산송과 상언, 격쟁-노상추가와 박춘노가의 소송을 중심으로」, 『고문서연구』 33, 2008 참조.
2) 본고에서 이용한 『노상추일기』는 국사편찬위원회 탈초 영인본이다(한국사료총서 49[총4권], 2005~2006). 현재 남아있는 일기는 총 52책으로 18세인 1763년 1월 1일부터 시작하여 84세인 1829년 9월 10일까지 총 53년의 일기

이 연구는 무신 노상추의 눈에 포착된 중앙 관료 생활을 크게 두 가지 방향으로 나누어 살펴보았다. 첫째, 노상추가 35세(1780년)의 나이로 무과에 급제하기까지의 과정을 상세히 조사하여 어떤 동기로 무과에 급제하여 무관으로 진출했는지를 다루었다. 둘째, 노상추가 무과 급제 이후 10여 년 이상 금군 및 하급 무관직을 역임하면서 체험한 관료 생활의 구체적 실상을 추적하였다. 이를 위해 노상추가 17세부터 84세까지 기록한 『노상추일기(盧尙樞日記)』(1763~1829)를 이용하였다. 일기에는 개인에 의해 걸러진 만큼의 현실이 반영되어 있다. 그래서 이 연구에서는 일기가 갖는 자료로서의 특성과 한계를 전제하면서 그 이면에 놓여진 관료 생활의 실상에 접근할 수 있는 실마리를 찾고자 한다.[3]

어느 한 무신의 사유의식과 경험을 드러내는 작업은 무신도 이렇게 살았다는 것을 보여주기 위한 목적만을 담고 있지 않다. 이 연구는 조선시대에 공적(公的) 공간에서 문신에 비해 아웃사이더였으나 양반의 한 축에 서 있던 무신의 역할을 풍부하고 구체적으로 드러내는 데에 한몫을 할 것이다. 그것은 무신의 생활방식이나 경험만을 의미하지 않는다. 그동안 수면 위로 드러나지 않던 수많은 사람이 처한

다. 15년 치의 일기는 남아있지 않은데, 처음 일기를 시작한 17세를 비롯하여 24세, 30세, 38세, 52세, 59세~62세, 68세, 72세~76세의 일기가 없다. 이 일기에 대한 소개는 문숙자, 위의 논문, 212~214쪽 참조.
3) 일기나 고문서를 이용한 조선시대 생활사 연구 현황은 우인수, 「조선시대 생활사 연구의 현황과 과제」, 『역사교육논집』 23·24, 역사교육학회, 1999; 김경숙, 「고문서를 활용한 생활사 연구의 현황과 과제」, 『영남학』 10, 경북대학교 영남문화연구원, 2006 참조. 생활사 개념에 대해서는 곽차섭, 「'새로운 역사학'의 입장에서 본 생활사의 개념과 방향」, 『역사와 경계』 45, 부산경남사학회, 2002 참조.

현실을 구체적으로 형상화함으로써 무신이 속한 사회의 생존 전략, 나아가 조선 후기 양반 전체의 삶에 대한 탐구다.

Ⅱ
무과 급제의 과정

1. 양반으로서의 정체성

경상도 선산(善山)에 거주하던 노상추가 무과에 급제한 해는 1780년(정조 4)이다. 이로부터 노상추 집안은 노상추를 포함해 증손까지 4대 연속 무과 급제자를 배출하였다. 이 때문에 노상추를 다룬 대부분의 논문에서는 이 집안을 무반가문으로 단정하였다. 그러나 이 집안은 노상추가 무과에 급제하기 이전까지 무반 집안이라고 할 수 없다. 오히려 전형적인 영남 남인의 가풍을 지닌 사족(士族) 집안이었다.

선산은 '호학(好學)'의 향풍을 지닌 곳으로 예로부터 '인재향'이라고 일컬어지면서 걸출한 인물을 다수 배출하였다. 안강 노씨가 선산에 첫발을 디딘 시기는 분명하지 않으나 오늘날 입향조로 알려진 사람은 김종직·김굉필의 문인이자 학자로서 명망이 난 노종선(盧從善, 1430~?)이다. 그뒤 노종선의 후손들이 정착한 곳은 고남평이 펼쳐져 있는 독동동리의 문동이었다.[4]

『일선지(一善志)』(1618년)에는 노호(문과)를 비롯해 노종선(무과)·

노수함(생원진사시, 부인: 장현광의 손윗누이)·노경필(생원진사시)·노경임(문과, 부인: 류성룡의 형 류운룡의 딸) 등 5명의 안강 노씨 인물들이 올라 있다. 이중 노상추는 늑정(櫟亭) 노경필(盧景佖)을 중시조로 하여 형성된 늑정공파(櫟亭公派)에 속한다. 노상추의 6대조인 노경필은 한강 정구(鄭逑)의 문하에서 학문을 익혔고 장현광·박수일과 함께 향천(鄕薦)을 받은 인물이다.[5] 따라서 노상추가 속한 노씨 일문은 선산의 양반 사회에서 어느 정도 위상을 확보했다고 볼 수 있다.

하지만 노경필 이후로 노상추의 선조 중에는 눈에 띨만한 벼슬을 했거나 사마시나 문과에 합격한 사람이 나오지 않았다. 오직 무과로 발신한 조부 노계정(盧啓禎, 1695~1755)이 있을 뿐이었다. 노계정은 족숙 노성여(盧聖與)에게 글을 배우다가 집안 살림이 너무 어려워지자 31세인 1725년에 증광 무과에 급제하였다. 노계정의 표현에 따르면 "부득이한 일이었다." 노계정은 1728년 '무신란(戊申亂)' 때에 별군관으로 활약하다가 수문장으로 발탁된 이후로 군수 및 수군절도사 등을 거쳐 경상좌도 병마절도사까지 올랐다.[6]

이러한 집안 배경 속에서 노상추는 향촌에서 반상(班常) 개념을 분명히 가진 양반으로 처신하였다. 노상추가 조부의 뜻을 받들어 노경필의 문집 간행에 노력을 경주한 것도 본인 집안이 학문적으로 연

---

4) 김성우, 「15, 16세기 사족층의 고향 인식과 거주지 선택 전략-경상도 선산을 중심으로」, 『역사학보』 198, 역사학회, 2008, 78쪽.
5) 박홍갑, 「경주노씨 성립과 그 일파의 선산지역 정착과정」, 『한국전통사회의 재인식(학고이상태박사정년기념논총)』, 경세원, 2006, 323~327쪽.
6) 류규, 『臨汝齋先生文集』 권8, 行狀, 「節度使盧公行狀」. 참고로 류규는 류성룡의 6대손이다.

원이 있음을 드러내고자 했기 때문이며, 그만큼 양반가로서의 자부심을 지니고 있었다.[7] 노상추는 양반을 욕보이는 상한(常漢)들을 방치하는 수령에 대해서 강한 불신을 드러냈고, 남자종이 갑자기 죽은 소를 욕심내어 먹다가 급사하자 "상한과 무식배들은 의리로서 깨우칠 수가 없다."라는 반응을 보였다. 또 상한 조취견과 김원대가 오래 알던 사이로서 함께 활쏘기 연습을 하다가 다툼이 생겨 돌아가 버리자 노상추는 "상한배들은 이익을 가까이 할 뿐 오래도록 좋게 지내는 경우가 드물다."라고 평하였다.[8]

또한 노상추는 서얼이 점차 목소리를 높여가는 현실에 대해서도 유감을 숨기지 않았다. 1772년에 서얼 허통 조치가 있고 나서 선산에서도 청금안(靑衿案)에 이름을 올리려는 서얼들 때문에 홍역을 치렀다. 이 소식을 들은 노상추는 강상(綱常)이 앞으로 어떻게 될지 모르겠다고 하면서 우려를 표명하였다. 이뿐만이 아니었다. 문중에서 족보를 수정하면서 서파(庶派)들의 '서(庶)'자를 빼려 하자 불쾌감과 통분을 이기지 못하고 있다.[9] 여기에는 재산을 모은 뒤에 거드름을 피우는 11촌 서숙(庶叔) 때문에 마음고생을 겪은 노상추의 개인감정도 섞여 있었다.

그리고 이러한 분노의 이면에는 양반의 권위가 점차 위축되어 가

---

7) 盧柱稷, 『櫟亭逸稿』「識」. 여기에 『櫟亭逸稿』의 발간 과정이 자세하게 정리되었다.
8) 『노상추일기』 1768년 2월 22일, 1772년 2월 7일·9일·22일, 1779년 3월 5일, 6월 15일.
9) 『노상추일기』 1772년 9월 2일, 1773년 3월 18일·20일, 윤3월 3일, 4월 7일·17일, 8월 8일.

는 현실에 대한 두려움도 있었다고 보여진다. 노상추 일가의 경제력을 구체적으로 구명할 수 없으나 조부 노계정이 "나의 가난이 심하여 스스로 버틸 수가 없다."라고 탄식했듯이 확고한 경제 기반을 갖지 못한 듯하다. 노상추는 29세와 35세 되던 해에 선산에서 두 차례나 이사했는데, 이 점은 그가 사회·경제적으로 확고한 기반을 갖지 못했음을 전해주는 것으로 판단된다.[10]

이러한 추정은 다음의 몇 가지 정황을 통해서도 뒷받침된다. 노상추는 계속되는 아내의 죽음으로 1774년에 세 번째 혼인을 했는데, 그해 12월 29일에 쓴 일기에서 "아내를 잃은 후 파산하지 않고 지금에 이른 것은 다시 장가들 계획이 있었기 때문이다.…(현재) 조(租) 3석(石) 외에는 아무것도 없으니 한심하다."라고 적고 있다.[11]

여기에다가 10년 이상 지속된 무과 응시도 노상추의 재정 위기를 부채질하였다. 노상추는 분가하면서 받은 논 1석 9두락과 밭 90여 두락을 무과를 보러 가는 노잣돈으로 상당수 충당하였다. 1780년에도 목화밭 12두(斗)를 팔아 과거시험의 노잣돈을 마련하면서 "비참한 회포를 차마 다 말로 못하겠다."라고 토로하였다. 그 결과 1782년 무렵의 재산 현황이 살고 있는 땅 5두락과 논 8두락뿐이라고 밝히고 있다.[12]

노상추는 1768년에 족형(族兄)으로부터 향교에서 새로 고친 읍지(邑誌)에 6대조 늑정(櫟亭) 노경필과 조부 노계정이 누락되었다는 소

---

10) 최승희, 「조선후기 양반의 사환과 가세변동-선산 무반가 노상추의 사례를 중심으로」, 『한국사론』 19, 서울대학교 국사학과, 1988, 360쪽.
11) 문숙자, 「조선후기 양반의 일상과 家族內外의 남녀관계-노상추〈일기: 1763~1829〉를 중심으로」, 『고문서연구』 28, 한국고문서학회, 2006, 221~222쪽.
12) 『노상추일기』 1780년 1월 17일, 1782년 5월 7일.

식을 듣자 분통을 터트렸다. 그리고 이 일이 있고 난 지 몇 개월이 지나지 않아 "마침내 붓을 던져버리기로 뜻을 정하고 무예를 시작하였다."[13] 어쩌면 노상추는 향교 사건을 통해 향촌에서 영향력을 제대로 행사하지 못하는 집안의 위상을 깨달았는지도 모른다. 그러므로 우연의 일치일지는 몰라도 노상추가 이 무렵 무과로 진로를 굳힌 데에는 점차 궁핍해져가는 경제 사정이 신분 하강을 가속화시킬 수도 있다는 위기감이 작동했다고 여겨진다.

한편, 노상추의 선택에서 한 가지 간과하지 말아야 할 사항이 노상추의 사회 교류망이다. 고남과 신당포에 거주하던 해주 정씨들의 존재는 노상추의 진로에 큰 영향을 미쳤을 뿐만 아니라, 무과에 급제하기까지 오랜 기간을 견딜 수 있게 한 버팀목이었다는 점이다. 노상추는 고남과 신당포에 사는 해주 정씨들을 지칭할 때에 '척(戚)'이라는 용어를 사용하였다. 두 집안의 관계가 불분명하나 '척'이라는 용어로 보아 인척 관계로 추정된다.

선산에 세거하던 해주 정씨들은 학식으로 문명을 떨친 정붕(鄭鵬, 1469~1512)의 후손이었다. 정붕은 신당포에 터전을 마련했으며, 당대 성리학자로 이름을 떨친 박영(朴英, 1471~1540)이 정붕의 문인이었다. 그런데 이 집안은 정붕의 6대손 정영(鄭韺, 무과, 병마절도사)부터 정동망(鄭東望, 무과, 수군절도사)-정위세(鄭緯世)-정찬(鄭巑, 무과, 부사)-정지신(鄭趾新, 무과, 영장)·정필신(鄭必新, 무과, 영장)-정유관(鄭惟寬, 무과)까지 정위세를 제외하고 모두 무과로 발신하였다.[14] 그래

---

13) 『노상추일기』 1768년 4월 20일, 7월 27일, "余果定投筆之志, 始武藝焉."
14) 『嶠南誌』 권10, 善山, 人物 文科·武科; 『海州鄭氏大同譜』 권13, 新堂公派(回

서인지 해주 정씨 주변에는 활쏘기를 배우려는 사람들의 방문이 끊이지 않았고, 해주 정씨 역시 활을 잘 쏘는 사람을 초빙해 자손들에게 활쏘기를 가르쳤다.[15]

노상추는 청년기부터 정지신·정주신(鄭胄新) 등 해주 정씨들이 무과에 급제해 관직에 나가는 모습을 가까이서 지켜보았다.[16] 또 그들 중에는 노상추에게 무과를 권한 사람도 있었다. 노상추가 무과로 마음을 굳히기 얼마 전에 정순(鄭峋)은 상주에 사는 거사(居士)에게 노상추의 점을 쳐서 "무(武)로 현달한다."라는 점괘를 얻었다고 알려왔다. 그러자 노상추는 "주부 정순 어른께서 내가 무(武)로 돌아갈 뜻[反武之志]이 있음을 알고서 권면하기 위해 보내신 것이다."라고 하였다.[17] 이로 보아 노상추가 진로 문제를 두고 해주 정씨 일가에게 속내를 털어놓고 자주 상의했음을 짐작할 수 있다.

노상추는 향촌에서 양반으로 처신하면서 반상(班常)의 차이를 뚜렷이 인식했고 무과를 선택하였다. 이 무렵 경제력의 약화는 정치·사회적인 실세(失勢)로 이어졌고 노상추도 예외가 아니었다. 노상추는 재정이 미약해지면서 양반으로서의 정체성을 위협받음은 물론 집안의 위상마저 약화되어가는 현실을 목도하였다. 이즈음에 해주 정씨들이 무과로 발신하는 모습은 노상추에게 역할 모델이 되었고, 그들의 근거지는 교육 장소로 활용되었다. 바로 이러한 견지에서 노상

想社, 1985).
15) 『노상추일기』 1777년 4월 13일, 1782년 5월 4일.
16) 『노상추일기』 1766년 4월 19일, 1771년 5월 19일.
17) 『노상추일기』 1768년 7월 7일.

추의 선택은 개인의 의지인 동시에 사회적 관계망 속에서 형성되었다고 할 수 있다.

2. 무과 급제

노상추가 "붓을 던져버리고" 무과에 뜻을 품은 때가 23세(1768년)였고, 그 꿈을 이룬 해가 35세였다.[18] 무과에 급제하기까지 무려 12년이라는 세월이 걸렸으니 그 사이에 노상추가 겪었을 좌절과 실망은 짐작하고도 남음이 있다. 17세에 큰 형이 죽으면서 장남 역할을 해야 했고 27세에 아버지가 돌아가신 정황까지 고려해보면 입신양명은 피해갈 수 없는 과제였을 것이다.

노상추는 무과에 뜻을 정한 날부터 바로 고남에서 활쏘기 연습에 들어갔다. 임금을 모시는 꿈을 꿀 정도로 관직 진출에 대한 염원이 컸다.[19] 그런 그가 연습과 중단을 반복하다가 심기일전하여 활쏘기를 시작한 때는 1770년(영조 36) 봄이었다. 고남을 떠나 신당포로 장소를 옮긴 노상추는 정식으로 신사례(新射禮)를 하고 활쏘기 연습에 들어갔다. 신사례란 일종의 통과의례로서 활쏘기에 처음 입문한 사람이 술과 음식을 마련해 선배들을 대접하는 일이었다.[20] 이후 노상추는 주로 신당포의 사정(射亭)에서 해주 정씨 사람들과 활쏘기를 익혀나갔다.

---

18) 『노상추일기』 1780년 3월 21일.
19) 『노상추일기』 1770년 윤5월 18일.
20) 『노상추일기』 1770년 7월 6일.

노상추가 처음 과거를 치른 해는 1771년이었다. 노상추는 정시 (庭試) 무과가 열린다는 소식을 들을 때만 하더라도 자신이 없었던지 근력만 낭비할 뿐이라면서 포기하였다. 그런데 갑자기 생각을 바꾸어 친구들과 함께 서울행을 감행해 무과에 응시했고 결과는 낙방이었다. 이때 처음 한양 땅을 밟아본 노상추로서는 경험을 쌓는다는 의미가 컸을 것이다.[21]

〈표 1〉 노상추가 응시한 무과 시험

시기		무과종류	결과	근거(『노상추일기』)
1771년(영조 47)	2월	정시	초시 낙방	1771년 2월 9일
	10월	정시	초시 낙방	1771년 10월 11일
1776년(영조 52)	3월	정시	과거 미시행	1776년 3월 1일
1777년(정조 1)	8월	식년시	초시 합격	1777년 8월 2일
	9월		복시 불합격	1777년 9월 19일
1778년(정조 2)	7월	알성시	초시 낙방	1778년 7월 14일
	8월	정시	초시 낙방	1778년 8월 3일
1779년(정조 3)	9월		초시 합격	1779년 9월 22일
1780년(정조 4)	2월	식년시	복시 합격(무과 급제)	1780년 2월 25일
	3월		전시(등수 결정)	1780년 3월 16일/17일

※ 참고사항 : 1775년도 일기 없음

노상추가 과거에 급제하기까지 응시한 시험은 총 여섯 번이었다. 노상추가 처음 과거를 치른 1771년 2월부터 급제한 해인 1780년 3월

---

21) 『노상추일기』 1770년 11월 8일·9일, 1771년 1월 20일·21일, 2월 2일·9일.

사이에 실시된 무과는 총 29회였다. 이 중 노상추가 응시할 수 있는 시험은 식년시·증광시·정시 등 20회였고,[22] 노상추는 일곱 번의 시험에 도전하였다. 이 중 1776년 정시(庭試)의 경우 서울까지 갔으나 시험이 실시되지 않았으므로 실제로는 여섯 번이 된다. 과거 시험 정보는 주로 함께 활쏘기를 하는 친구들, 향교 하첩(下帖), 조지(朝紙), 서울의 친인척 및 주변 친지 등을 통해 획득하였다.

그러면 노상추가 과거에 급제하기까지 오랜 시간이 걸린 이유는 무엇일까? 노상추의 말대로 운수일 수도 있고 실력이 부족했기 때문일 수도 있다. 또 1772년 아버지의 죽음도 급제를 지체하는 요인이 되었을 것이다. 그러나 여기에는 몇 가지 구조적인 문제가 도사리고 있음을 간과할 수 없다.

첫째, 지방민들은 정보 획득 면에서 불리한 점이 많았다. 예컨대, 1777년에 선배들로부터 식년시에는 『오자(吳子)』가 출제된다는 말을 듣고 준비했다가 막상 서울에 오니 영조의 수교(受敎)로 『오자』를 쓰지 않는다는 사실을 알게 되었다. 그래서 복시(覆試)가 있기 전날 밤에 『삼략(三略)』을 두 차례에 걸쳐 읽었으나 해당 과목에서 '불(不)'을 받아 낙방하고 말았다.[23]

둘째, 조선 후기 무과 운영이 노상추처럼 지방민이나 정치적 영향력이 없는 사람들에게 불리했다는 점이다. 노상추가 급제한 무과는 1780년에 실시된 식년시였다. 총 225명이 합격했는데 그 중 직부

---

22) 『國朝文科榜目(2)』(태학사, 1988) 참조. 29회의 무과 중 耆老科, 重試, 登俊科, 평안도/함경도 별시, 求賢科, 新舊製追 등은 노상추가 응시할 수 없는 시험이었다.
23) 『노상추일기』 1776년 1월 4일·11일, 1777년 9월 19일.

전시(直赴殿試)로 올라온 사람만 197명(87.6%)이었다.[24] 노상추처럼 단계를 밟아 급제한 사람은 28명에 불과하였다. 직부전시로 올라온 사람들은 대부분 군영에 소속된 상태에서 각종 시사(試射)에서 우수한 성적을 거두었거나, 내승·남항선전관(南行宣傳官)·별군직 등 무반 청요직에 일찌감치 문음으로 진출한 양반가 자손이었다. 노상추의 경우 권력에서 멀어져 있던 탓에 무반 청요직에 접근할 기회를 얻지 못했고 그만큼 급제하기까지 오랜 시간을 소요해야 하였다.

무과에 급제한 노상추가 고향으로 돌아온 때는 3월 말경이었다. 노상추는 가묘에 제사를 올린 뒤 집안 어른들은 물론 선산 부사를 비롯한 마을 어른들께도 인사를 올렸다. 노상추는 악공(樂工)을 동원하여 잔치를 벌였는데 당시 몰려든 인원이 "거의 5~6천 명이나 되어서 뒷사람의 어깨가 서로 닿았고 들답에 무리지어 벌려있었다. 음악을 연주하고 창(唱)을 하니 빈 곳이 드물 지경"이었다고 한다.[25] 노상추의 말대로 실제로 5~6천 명이었는지 알 수 없으나, 주변 사람들의 폭발적인 반응을 통해서 노상추의 무과 급제가 큰 경사였음을 짐작할 수 있다.

이날 이후 노상추는 5월까지 2개월 동안이나 악공을 동반한 채 인근 지역의 친지나 지인들을 방문하였다. 방문하는 곳마다 크고 작은 잔치가 벌어졌고, 주변 사람들의 권유로 춤까지 춘 적도 있다. 이처럼 노상추가 무과 급제 후 벌이는 유가(遊街)와 뒤풀이는 18세기 후반 지역사회에서 차지하는 무과의 위상이 결코 낮지 않았음을 보

---

24) 『武科總要』卷2, 正宗4年 庚子式年(아세아문화사, 1974, 391쪽).
25) 『노상추일기』 1780년 4월 1일.

여준다. 이 점은 외할머니가 "너의 과명(科名)을 들었다. 기쁘기가 이루 말할 수가 없다."라고 축하해주거나, 어떤 친지가 "지금 자네의 과거 급제는 내가 생각하지 못한 바이나, 지금의 무변(武弁)이란 옛날과 같지 않으니 기쁘고 위로된다."라는 말에서도 확인할 수 있다.[26]

노상추는 입신양명을 위해 무과 급제에 대한 강한 집념을 드러냈고 그 꿈을 성취하였다. 주변인들이 노상추에 거는 기대에서 엿볼 수 있듯이 18세기 후반 향촌사회에서 과거시험이란 관직 등용문이었다. 더구나 점차 관직 경쟁이 치열해지면서 양반 가문의 특권을 유지하려면 중앙 정치와 지속적인 연결망이 필요했고 그것은 곧 가문의 많은 구성원이 관직에 진출하는 일이었다. 무과 급제 뒤에 노상추 및 주변인의 반응을 통해서 관직 진출을 위한 통로로서 무과가 유용했던 사실을 알 수 있다.

III
중앙 관료 생활

1. 초사직의 진출

1780년(정조 4) 봄에 무과에 급제한 노상추는 한동안 향촌에 머물

---

26) 『노상추일기』 1780년 4월 10일·14일.

렀다. 노상추는 6월 도목정에서 이렇다 할 기별이 없자 12월 도목정을 앞두고 11월에 상경하였다. 노상추 스스로 무과 급제를 '공명(功名)'이라고 표현했을 만큼 관직에 대한 기대도 컸기에 초초감도 컸을 것이다. 서울에 온 노상추는 12월에 있을 선천(宣薦)에서 좋은 결과를 고대했지만 탈락하고 말았다. 결국 도목정이 끝나자 허탈한 마음을 안고 서둘러 귀향하였다.[27]

이듬해 노상추는 6월 도목정이 다가오자 4월 말경에 다시 상경하였다. 서울에 도착한 그는 병조참의 정지검, 대장 이방일, 수군절도사 조학신 등 관리들을 부지런히 찾아다녔다.[28] 노상추는 6월 도목정에서 본인이 영남사람으로 선천 후보에 올랐다는 소식을 듣지만 결과는 탈락이었다. 이해 12월에도 노상추는 선천의 후보에 올랐지만 또 떨어지고 말았다.[29]

그렇다면 노상추가 도목정이 있을 때마다 비상한 관심을 보인 선천이란 무엇일까? 선천은 선전관천거(宣傳官薦擧) 또는 선전천(宣傳薦)의 약칭으로, 무과 급제자와 한량 가운데 가문이 뛰어난 사람을 대상으로 장차 선전관이 될 만한 사람을 미리 천거해두는 제도였다. 그리고 선전관에 궐원이 생기면 이 중에서 적임자를 선발해 임명하였다. 광해군 대 이후로 실시된 선천은 선전관의 모집단을 선발한다는 의미를 넘어서, 청요직 및 고급 무반으로 승진하기 위해서 반드시 거쳐야 하는 시천(始薦)이자 필수 코스였다. 그리고 함경도·평안도

---

27) 『노상추일기』 1780년 11월 16일·28일, 12월 11일·26일.
28) 『노상추일기』 1781년 4월 26일·27일, 5월 3일·8일·14일. 윤5월 27일·28일.
29) 『노상추일기』 1781년 6월 8일·9일, 12월 15일.

사람은 아무리 문벌이 좋아도 선발 대상에서 아예 제외되었다.[30]

　문과급제자의 경우 분관(分館)이 시천의 역할을 하였다. 조선 후기에 분관이 문벌과 당파에 따라 교서관→성균관→승문원→홍문관의 순서로 우열이 생기면서 홍문관의 도당록(都堂錄)에 들기 위한 경쟁이 치열해졌다. 이러한 현상이 나타난 이유는 청요직으로 가는 관직 경로가 형성되면서 초임 발탁이 중요해졌기 때문이었다. 처음부터 초임 선발에서 탈락하면 청요직에 임용될 기회를 좀처럼 갖기 어려웠던 것이다.[31] 선천 역시 도당록에 비유되면서 모든 무과급제자가 선망하는 천거였고 노상추도 예외가 아니었다.

　노상추는 계속 선천에 탈락하면서 심리적으로 크게 위축되었다. 그의 주변에는 선천에 들고도 관직에 나가지 못한 척형(戚兄) 정달신(鄭達新, 1734~?)이 있었다. 정달신은 1763년(30세)에 증광 무과에 급제한 뒤에 바로 그해 12월에 선천에 올랐다.[32] 무과에 합격하자마자 선천에 오른 정달신의 앞날은 확고해보였으나 펼쳐진 현실은 녹녹하지 않았다. 선천에 선발된 뒤에 다시 그 안에서 집안의 고하에 따라 적체가 발생했기 때문이다. 온갖 고생 끝에 정달신이 동도 참군(東道參軍, 정7품)으로 초사직에 진출한 해는 1780년 12월로써 무과에 급제한 지 17년 만이었다.[33]

---

30) 선천에 대해서는 정해은, 「조선후기 宣薦의 운영과 선천인의 서반직 진출 양상」, 『역사와 현실』 39, 한국역사연구회, 2001 참조.
31) 이성무, 『한국의 과거제도』, 집문당, 1994, 255~256쪽.
32) 『癸未大增廣別試文武科榜目』(1763년, 국립중앙도서관); 『宣傳官廳薦案』 癸未(1763년) 12月日 將鬼薦(규장각).
33) 『노상추일기』 1768년 7월 19일, 1774년 5월 26일.

이처럼 척형 정달신이 어렵게 초사직을 구하는 것을 옆에서 오랫동안 지켜본 노상추는 선천에도 들지 못한 자신의 처지를 크게 우려했을 것이다. 게다가 경제 사정도 노상추를 옥죄는 고통이었다. 10년 동안 무과 시험을 위해 서울을 오가면서 많은 재산을 써버렸는데 관직에 임용될 기미조차 없는 상황은 그의 표현대로 "이름을 떨친 이즈음에 진실로 웃음만 나오는"[34] 견디기 쉽지 않은 현실이었다.

노상추가 선천에 든 것은 무과에 급제한 지 1년 8개월여 만인 1782년 12월이었다. 일기에는 "천거로 뽑힌 자가 5명인데 내 이름이 두 번째에 있었다."라고 되어있다.[35] 노상추가 선천에 뽑힌 것이 얼마나 대단한 일인지는 다음의 표를 보면 쉽게 납득할 수 있다.

〈표 2〉 1780년 식년시 급제자 225명 중 선천(宣薦)에 발탁된 인원(단위: 명)

연도 \ 월	6월 천거	12월 천거	합계
1780년	16	7	23
1781년	4	4	8
1782년	1	1	2
1783년	·	2	2
1784년	·	·	·
1785~1789년	·	1	1
합 계			36

※ 자료 : 『선전관청천안(宣傳官廳薦案)』 제7책

---

34) 『노상추일기』 1782년 5월 7일.
35) 『노상추일기』 1782년 12월 10일; 『宣傳官廳薦案』 壬寅(1782년) 12月日 將鬼薦.

〈표 2〉는 1780년에 노상추와 함께 무과에 합격한 225명 중 선천에 발탁된 인원을 조사한 결과다. 조사 방법은 선천안(宣薦案)에서 1780년 6월부터 1789년 12월까지 10년 동안 해당 시험의 급제자를 추적하였다. 조사 결과 225명 가운데 36명(16%)이 선발되었다. 이 결과는 두 가지 측면에서 주목된다. 첫째, 무과급제자 가운데 16%만이 선천에 뽑혔다는 것은 선천이 갖는 특권적 지위와 상징성을 잘 보여준다. 둘째, 선천의 선발이 1780년에 집중된 점은 무과에 합격한 지 1~2년이 지나면 선천에 들 가망성이 희박하다는 사실을 알려주며, 그만큼 노상추가 겪었을 마음고생을 짐작하게 한다.

오늘날 아쉽게도 1783년 일기가 남아있지 않아 노상추가 선천에 뽑힌 이후 어떻게 지냈는지 자세하지 않으나, 1784년 일기를 검토해 보면 선천내금위(宣薦內禁衛)[36] 제도에 따라 내금위 1번(番)에 소속된 금군으로 복무하고 있었다. 노상추가 언제 내금위에 소속되었는지 알 수 없으나 선천이 된 시점을 고려하면 1783년 6월 또는 12월로 추정된다. 그러다가 1784년 12월 도목정에서 금군 별취재에서 3등을 차지해서 무겸(武兼) 자리에 낙점을 받았다.[37] 이로써 노상추는 무과에 급제한 지 4년 만에 초사직을 획득할 수 있었다.

무겸은 무신겸선전관(武臣兼宣傳官)의 준말이다. 노상추가 1785년에 정조(正祖)에게 올린 글에서 본인을 '효력부위 무신겸선전관'이

---

36) 선천내금위란 1777년에 정조가 선천에 오른 사람들의 적체를 해소하기 위해 마련한 제도로서, 내금위 3番 중 1番(100명)을 선천 자리로 만들어 宣薦人을 취재한 후 낙점을 받아 소속시키고 6개월간 근무하면 초사직에 의망하는 제도였다(「宣薦內禁衛事目」:『정조실록』 권4, 1년 7월 무자).
37) 『노상추일기』 1784년 12월 18일·26일.

라고 밝혔듯이 종9품직으로 판단된다.[38] 선전관은 '근시지임(近侍之任)'을 수행하는 '서반 승지'로 불렸으며, 한림이나 옥당에 비유될 정도로 서반 청요직으로 꼽혔다. 주로 시위·입직, 군사업무에 관한 왕명 출납 등을 담당했는데, 승진에서 각종 특혜가 주어졌고 고위 무관으로 나가기 위한 필수 코스였다.[39]

노상추는 35세에 과거에 급제한 후 1년 8개월 만에 초임 발탁에 해당하는 선천에 가까스로 올랐다. 지방 출신으로서 선천에 올랐다는 사실 자체가 다른 무과급제자에 비해 안정된 출세 코스에 진입한 셈이며, 그의 집안이 양반가임을 입증하고 있다. 선천에 오른 노상추가 금군을 거쳐 처음 진출한 관직은 서반 청요직으로 꼽히는 무신겸선전관이었다. 비록 종9품의 하위직이나 근시직으로서 왕을 가까이에서 접할 수 있었으므로 앞으로서의 가능성이 기대되는 관직이라 할 수 있다.

2. 하급 무관의 일상

노상추가 관료생활을 시작하면서 맡은 임무는 입직(入直)이었다. 처음에 내금위에 소속된 금군(禁軍)으로 있으면서 수행한 업무 역시 입직이었다. 당시 규정에 따르면 내금위 1번은 인정전에 번을 들었

---

38) 1786년 노상추의 호구단자에 직역이 '效力副尉武臣兼□□□'로 되어있다. 기존 연구에서는 이 세 개의 빈칸을 '무신겸수문장'으로 이해했으나, 노상추 본인이 '효력부위무신겸선전관'이라고 썼듯이 '무신겸'이란 '무신겸선전관'을 말한다.

39) 장필기, 『조선후기 무반벌족가문 연구』, 집문당, 2004, 91~100쪽.

고, 이 밖에도 도성 8문, 목멱산 봉수, 오간수문, 금군청, 조방(朝房) 등에도 입직하였다.[40] 노상추가 주로 입직한 곳은 궐내(闕內) 및 광희문·혜화문이었다. 노상추는 1784년 한 해에만 한 달 평균 9일을 입직했고, 남을 대신하거나 특별한 일로 추가 입직이 배정될 때에는 12일까지 번을 섰다. 한번 들어가면 연달아 3일을 지내고 그 다음 날 출직(出直)하는 형태였다.

노상추에게 입직 업무는 꽤 고단한 일이었던 듯하다. 여기에 무과 급제 후에 금군에 속해있는 본인의 처지에 만족하지 못하는 마음이 더해지면서 더욱 힘들어하였다. 노상추는 무과 급제 이후에도 여전히 양반으로서의 자긍심을 유지하였다. 1780년 무과에 합격한 노상추는 문·무과 급제자들을 위한 행사인 알성례(謁聖禮)에 참가했는데, "무과의 경우 중인과 상한배(常漢輩)들은 처음부터 들어오지 못했다."라고 하면서 본인이 양반임을 드러내었다.[41] 또 무과 급제 후 고향으로 돌아가서 일가들을 방문했을 때에 어떤 친척이 접대가 소홀하자 "촌중의 접대가 반촌(班村)이라고 할 수 없다."라고 말했던 것도 비슷한 맥락에서 이해할 수 있다.[42] 그러므로 노상추가 입직을 서면서 "소위 공명이라는 것이 진실로 가소롭다."라고 한탄한 것도 양반으로서의 자존감에 상처를 입었기 때문이 아니었을까 싶다.[43]

노상추는 무신겸선전관이 된 이후에도 입직 업무를 담당했으며

40) 『萬機要覽』軍政篇 2, 龍虎營 各處入直.
41) 『노상추일기』 1780년 3월 23일.
42) 『노상추일기』 1780년 4월 18일.
43) 『노상추일기』 1784년 1월 15일, 10월 12일·18일·19일, 12월 1일.

여기에 국왕 시위의 업무가 보태졌다. 선전관의 주요 임무는 시위·입직, 군사업무에 관한 왕명 출납, 부신과 군령에 관한 일이었는데, 하급 선전관에게는 왕명 출납이나 부신 및 군령 등 비중 있는 일보다는 시위와 입직 업무가 우선적으로 주어졌다.

노상추가 주로 입직한 곳은 금군청이었다. 그나마 금군 때와 달리 이틀을 입직하고 그 다음날 나오는 방식이었다. 또한 노상추는 왕이 궁궐 안팎으로 전좌(殿座)하거나 거둥할 때면 국왕의 신변 보호를 위해 시위대에 참여하였다. 예컨대, 새해에 정조가 사직단에 친림하면 시위군으로 참여하였다. 조참이 있는 날이면 백관(百官)과 함께 궐에 나아가 시위에 참여하였다. 이밖에도 무과의 시관으로 차출되어 훈련원에서 시험을 감독하는 일도 담당하였다.

무겸이 된 이후로 노상추를 괴롭힌 업무는 국왕 시위였다. 여기에는 당시 국왕인 정조의 성향도 한 몫을 하였다. 정조는 그 어떤 국왕보다도 궁궐 안팎이나 교외로 거둥을 많이 했으며, 재숙(齋宿)도 잦은 편이어서 밤을 지내는 경우가 다반사였다. 노상추는 수시로 경모궁으로 나가거나 교외에 거둥하는 정조를 좇아서 시위에 참여했으며, 이 때문에 국왕의 호위를 담당하던 노상추의 업무는 격무일 수밖에 없었다.

하나의 사례로 1785년 3월에 정조가 야간에 친국(親鞫)을 하자 노상추는 시위에 참가했다가 파루가 되어서야 돌아왔다. 그런데 그 다음날 정조가 영화당에 재숙하기 위해 거둥하자 노상추는 아침부터 밤 3경까지 시위 업무를 수행하였다. 다다음날에도 정조가 숙장문에 거둥하여 죄인을 친국하자 다시 시위에 참가하여 초경 5점까지 근무를 섰다.[44] 거의 3일 이상을 계속해서 시위 업무에 참여했던 것이다.

그렇다면 무겸으로 임명된 이후 노상추의 승진은 순탄했을까? 이에 대한 대답은 노상추의 바람처럼 순탄하지 않았다는 점이다. 무겸에 임명되고 난 뒤 노상추가 고단한 입직과 시위 업무를 견딜 수 있었던 것은 출륙(出六)에 대한 바람이었다. 그러나 1786년 12월 도목정에서 한 군데도 추천되지 못하자 실망을 금치 못하였다. 그나마 이듬해에 다시 무겸의 수망에 올라 복직되자 안도의 한숨을 내쉬고 있다.[45]

도목정마다 마음을 졸이던 노상추에게 1787년 6월 도목정은 무척이나 실망스러운 결과를 안겨주었다. 함경도 변장(邊將)인 갑산 진관(甲山鎭管)의 진동(鎭東) 만호(萬戶, 종4품)로 임명된 것이다. 변장은 첨사(종4품)·만호(종4품)·권관(종9품) 등 변방에 파견한 무관의 통칭이다. 그런데 변장은 1556년(명종 11)에 변장을 기피한 자는 충군(充軍)하라는 수교가 내렸고, 이 규정이 『속대전』에 명문화될 정도로 지위나 처우가 좋은 자리가 아니었다.[46] 노상추의 충격은 이만저만이 아니었다. 스스로 세력이 없어 밀려났다고 여길 정도였다.[47] 그러나 신자(臣子)로서 어찌 관직의 우열을 가릴 수 있겠느냐면서 숙배 후 임용지로 떠났다.

---

44) 『노상추일기』 1785년 3월 9일·10일·12일.
45) 『노상추일기』 1786년 12월 28일, 1787년 1월 8일.
46) 『銓注纂要』 권1, 外官職(아세아문화사, 1984, 132쪽); 『續大典』 권4, 兵典 雜令.
47) 『大典通編』 卷4, 병전 외관직, "未挈家僉節制使萬戶, 則九百乃遞."; 『노상추일기』 1787년 6월 22일.

〈표 3〉 노상추가 무과 급제 이후 역임한 관직(1785~1792년)

시기			관직	참고사항
1780년	2월	35세	무과 급제	
1782년	12월	37세	선천(宣薦)	
1783년	-	38세	금군	해당 연도 일기 없음
1784년	12월	39세	무겸선전관	초사직
1787년	1월	42세	무겸선전관 연임	
	6월		갑산부 진동 만호	1789년 12월까지 근무
1788년	12월	43세	훈련원 주부	
1791년	1월	46세	오위장	
1792년	6월	47세	오위장 복귀	
	11월		당상선전관	특별 구전(口傳) 차출

　노상추가 함경도에서 만호로 근무하다가 다시 서울로 돌아온 때
는 2년 9개월만인 1790년 3월 말이었다. 1789년 12월 도목정에서 드
디어 출륙(出六)을 하여 훈련원 주부가 되었으나, 몸이 아파서 움직
이지 못하다가 이때야 서울로 왔기 때문이다. 만호의 근무 일수는
30개월(900일)인데, 노상추는 그 기간을 다 채우고 왔다. 다행히 서
울에 오자마자 품계가 절충장군(折衝將軍)으로 올라 당상관(堂上官)
이 되었으므로 큰 위안이 되었다.[48]

　노상추가 관료생활을 하면서 가장 큰 관심을 보인 사항은 오로지
승진뿐이었다. 서울로 온 노상추의 꿈은 이제 바뀌어져 있었다. 출

---

48) 『노상추일기』 1790년 1월 4일, 4월 9일.

륙이 되었으므로 하루 속히 외임(外任) 곧 수령으로 나가는 일이었다. 1791년 1월에 오위장이 된 이후로 노상추는 오매불망 도목정을 기대하면서 외임을 바랐으나 뜻대로 이루어지지 않았고, 설상가상으로 6월에는 오위장직마저 해임되었다.[49] 1년 동안 실직 상태로 있던 노상추는 1792년 6월 도목정에서 다시 오위장으로 발령을 받자 "외임이 될 수 없으니 사세(事勢) 상 어찌하겠는가? 그저 스스로를 가여워할 뿐이다."[50]라고 하면서 자신을 추스르고 있다.

이상에서 검토한 대로 노상추는 선천으로 뽑힌 이후에 금군을 거쳐 무신겸선전관으로 첫 관직 생활을 시작하였다. 고단한 시위 및 입직 업무 속에서 노상추의 버팀목이 된 것은 하루속히 출륙하여 수령으로 부임하는 일이었다. 그러나 이런 바람과 달리 노상추는 함경도에서 만호로 2년 6개월을 근무했고, 결국 7년 만에 훈련원 주부로서 참상관이 될 수 있었다. 노상추가 서울에서 무관으로 근무하면서 가장 공을 들인 부분은 오로지 승진이었다. 본인의 늦은 출세를 세력이 없기 때문이라고 치부했으나 서울로 다시 돌아오자 승진을 향한 집념을 늦추지 않았다. 다음 장에서는 이 문제에 대해 알아보기로 하겠다.

---

49) 『노상추일기』 1791년 1월 7일, 6월 7일.
50) 『노상추일기』 1791년 1월 7일, 1792년 6월 22일.

IV
승진을 향한 노력들

1. 활쏘기 연습과 각종 시사의 참가

　노상추가 중앙에서 무관으로 재직하면서 보낸 서울 생활은 매우 단순하였다. 노상추가 금군을 거쳐 무겸 및 오위장을 지내면서 담당한 업무는 주로 입직과 시위 그리고 야순(夜巡)이었다. 이 업무들은 2~3일씩 연이어서 밤을 지새우는 경우가 다반사였고 국왕의 일정에 따라 각종 행사에 참여해야 했으므로 늘 대기 상태였다. 그나마 출직(出直)하는 날에 고향 친구들이나 친지 및 동료들을 찾아가 안부를 확인하면서 이야기를 나누거나 술을 마시는 일이 고단한 심신을 위로하는 낙이었다.

　노상추는 금군으로 있던 1784년(정조 8)에 1월과 7월에 두 번 휴가를 내어 고향을 다녀온 적이 있다.[51] 한 번 다녀올 때마다 약 2개월 정도가 소요되었다. 그러나 이해 12월에 무겸으로 공식적인 첫 관료 생활을 시작한 이후로는 한동안 휴가를 내지 않았다. 그러다가 노상추가 고향을 다시 찾은 것이 1787년 3월이었고, 그 후 또다시 휴가를 내어 귀향한 때가 1790년 5월이었다. 두 번 모두 본인의 표현대로 햇수로 "4년 만의 고향길"이었다.[52]

　노상추가 갑산진관에서 변장으로 근무한 30개월을 감안한다 하

---

51) 『노상추일기』 1784년 1월 14일·15일, 7월 27일.
52) 『노상추일기』 1787년 3월 12일·17일, 1790년 5월 5일·9일.

더라도 귀향 휴가를 상당히 자제했음을 알 수 있다. 고향에 못가는 대신에 가족과는 서신으로 소식을 주고받았으며, 서울에 온 동생이나 친지 또는 친구들과 상봉하는 것으로 향수를 달래었다. 그렇다면 노상추는 무겸이 된 이후로 왜 이처럼 고향에 가는 일을 자제했을까? 여기에는 여러 가지 이유가 있겠지만 무엇보다도 승진 때문에 노심초사하던 노상추의 심리 상태가 서울을 떠날 수 없게 만들었다고 생각한다.

17세기 이후 무신에게는 능마아강(能麼兒講)을 비롯하여 빈청강(賓廳講)과 무경강(武經講)이 새롭게 부과되었고, 『대전통편』에서는 전경전강(傳經殿講)이 추가되었다. 국가에서 무신들에게 새로운 강서 시험을 부과했다는 것은 그만큼 무신들에게 요구한 기대나 역할이 달라졌음을 의미한다.[53] 이러한 사정에도 불구하고 무신들의 고과나 승진에 결정적인 영향을 미친 것은 활쏘기 실력이었다. 일정 이상의 성적을 획득하지 못하면 인사상 각종 불이익을 당하거나 심지어 도태되었으므로 활쏘기 평가에 대한 부담이 만만치 않았다.[54] 예컨대, 무겸로 시작한 윤시룡이 삭시사(朔試射)에서 번번이 성적이 나오지 않아 오랫동안 적체되었다가 62세에 출륙을 하여 훈련원 주부에 복직되고 이어서 선전관에 임명된 사례에서 알 수 있듯이 시사(試射)에서 낮은 점수를 받으면 고과에서 감점이 되었다.[55]

---

53) 『대전통편』 권4, 병전 시취; 노영구, 『조선후기 병서와 전법의 연구』, 서울 대학교 박사학위논문, 2002, 129~130쪽.
54) 『노상추일기』 1785년 4월 28일, 9월 1일, 1791년 3월 15일.
55) 『노상추일기』 1793년 6월 28일.

그래서 노상추는 출직하는 날이면 자주 활터로 나가 활쏘기 연습을 하였다.[56] "사예(射藝)가 매우 필요하다."[57]라는 그의 말처럼 무과를 준비할 때 못지않게 활쏘기 실력을 높이기 위해 연습에 매진하면서 고향에 갈 엄두를 내지 못했을 것이다. 실제로 노상추는 1787년에 휴가를 다녀온 직후 참가한 삭시사에서 좋은 성적을 내지 못하였다. 다른 동료들도 대부분 성적이 좋지 못했으므로 다행히 처벌은 없었으나, 앞으로는 법대로 거행할 터이니 열심히 연습하라는 정조의 엄교(嚴敎)가 있었다. 이에 노상추는 바로 그날 오후부터 연습장에 나가 활쏘기 연습에 들어갔다.[58]

한편, 앞서 검토했듯이 조선 후기에는 무과에 급제했다고 하여 누구나 다 관직에 진출하는 것은 아니었다. 출신 가문에 따라 입사하는 길이 달랐으며 이 때문에 무과급제자의 적체가 늘 골칫거리였다. 무과 출신들이 관직에 임용되거나 승진하는 통로 가운데 하나가 각종 시재(試才)에서 우수한 성적을 거두는 일이었다. 관무재(觀武才)를 비롯하여 도시(都試)·시재·내시사(內試射)·중일(中日)·중순(中旬) 등의 시험에서 1등이나 몰기(沒技: 한 과목 만점)를 받으면 여러 가지 상전이 주어졌다. 무과급제자가 각종 시험에서 받은 상은 가자(加資)가 제일 많으며 다음으로 변장 제수였다. 그리고 드물게 군문의 초관(哨官)이나 수령 제수의 상도 있었다.[59]

---

56) 『노상추일기』 1785년 3월 20일·25일·30일, 4월 18일, 5월 18일, 7월 10일·12일·18일·19일·26일, 9월 6일·10일, 1786년 1월 11일·18일·25일·27일.
57) 『노상추일기』 1784년 윤3월 26일.
58) 『노상추일기』 1787년 4월 22일·25일·26일.
59) 정해은, 『조선후기 무과급제자 연구』, 한국학중앙연구원 한국학대학원 박

앞서 소개한 노상추의 척형 정달신이 '선달(先達)'이라는 호칭을 벗어던지고 초사직을 얻을 수 있던 것도 특별 시사 때문이었다. 정달신은 1780년 12월에 금군 별취재에서 1등을 차지하였다. 당시 선천(宣薦) 문제로 서울에 있던 노상추는 "초사직을 기대할 수 있으니 축하하고 또 축하한다."라고 적고 있다. 노상추의 예상대로 정달신은 이 해 12월 도목정에서 동도 참군(東道參軍, 정7품)으로 임용되었다. 노상추 또한 금군 별취재에서 3등을 차지하면서 무겸으로 첫 관직을 얻을 수 있었다. 이처럼 본인과 주변의 경험을 통해서 시사의 중요성을 알고 있던 노상추는 활쏘기를 게을리할 수 없었던 것이다.

노상추가 자주 응시한 시험은 중일(中日)이었고, 춘당대 내시사나 사등시사(四等試射)에도 참가하였다. 중일이란 자(子)·오(午)·묘(卯)·유(酉)가 들어간 날에 입직한 금군이나 지방군을 대상으로 실시한 시험으로서 입직한 사람들을 위무하는 수단으로 활용되었다. 노상추 역시 입직에 대한 반대급부로서 중일시험에 참가할 자격을 얻었으며, 금군으로 근무 중일 때 가장 많이 참여하였다.

노상추의 기록에 따르면, 금군으로 있던 1784년과 1785년에 참가한 중일 시험을 보면 1784년에 윤3월 12일, 4월 19일, 7월 11일, 1785년에 1월 26일, 2월 2일, 4월 27일, 9월 18일, 10월 27일, 11월 18일, 12월 25일에 참가하였다. 무겸으로 있던 1786년에도 4월 22일, 7월 23일, 윤7월 29일, 10월 10일에 참가했으며, 오위장으로 있을 때에도 중일에 참가하였다. 기록이 일정하지 않고 국가에 일이 있으면 중일이

사학위논문, 2002, 224~225쪽.

정지되곤 했으므로 평균 규모를 산출하기가 쉽지 않으나, 적어도 노상추가 중일에 꾸준히 참가했음을 볼 수 있다.

중일에 참가한 노상추가 어떤 성적을 받았는지에 대해서는 일기에 기록이 없어 자세하지 않다. 춘당대 시사에서 상현궁(上弦弓) 1장을 받은 적이 있으나 더 이상의 기록이 없다.[60] 그 대신에 다른 사람의 성적과 상전을 기록하고 있는 것으로 보아 본인은 그다지 좋은 성적을 거두지 못한 듯하다.[61] 또 중일 시험이 몰기나 우등을 했을 경우에만 상전이 주어지므로 상을 받지 못한 본인의 성적을 기록하지 않은 것이 아닐까 추측된다. 이러한 추측은 노상추가 1786년(41세)에도 여전히 '효력부위무신겸'[62]으로서 가자를 받지 못한 것으로 보아 사실로 여겨진다.

노상추가 시사에서 좋지 못한 성적으로 불이익을 당하진 않았으나, 주변의 사례를 통해 활쏘기 성적에 대한 심리적 압박을 받았다고 여겨진다.[63] 이런 측면에서 활쏘기 실력은 관료 생활을 유지하고 버티기 위한 근본이자 승진할 수 있는 디딤돌이었다. 노상추의 서울 생활은 겉으로 볼 때 상당히 단조로웠으나 그 안에는 승진을 향한 고군분투와 도태당하지 않으려는 치열한 노력으로 가득 차 있었다. 한동안 고향에 내려가지 못할 정도로 관료 생활에 진력하면서 활쏘기 연습에 매진한 이면에는 지방 출신의 하급 무관으로서 승진의 기회

---

60) 『노상추일기』 1785년 4월 6일.
61) 『노상추일기』 1785년 4월 28일, 9월 1일, 1787년 3월 10일.
62) 최승희, 앞의 논문, 362쪽; 『日省錄』 1786년 12월 14일.
63) 『노상추일기』 1786년 10월 18일.

를 잡기위한 절실한 바람이 숨겨져 있던 것이다.

2. 인적 교류망과 정조와의 만남

노상추는 관직 생활을 한 지 10년이 넘어서면서부터 스스로에 대한 연민에 빠져들곤 하였다. 본인이 원하던 승진의 기회가 기대한 만큼 빨리 찾아오지 않았기 때문이다. 그래서 노상추는 도목정을 앞둔 시점에는 어김없이 병조 판서를 방문하였다.

여기서 일일이 거론할 수 없지만 노상추가 무과에 급제한 이후로 방문한 중앙 관료의 숫자는 헤아릴 수조차 없다. 병조 판서나 오군영 대장을 비롯해 문관 계통의 고위 인사도 찾아다녔다. 이 시기 중앙의 실력자들과의 연결 고리는 관직 획득에 지대한 영향력을 미쳤으며, 지방 출신자에게 이 요소는 상당히 중요했기 때문이었다.

예컨대, 노상추가 '정주부척장(鄭主簿戚丈)'으로 부르는 정순(鄭峋)은 1742년(영조 18)에 무과에 급제한 뒤에 1755년에 주부를 끝으로 관직 생활을 마감한 인물이다. 정순 역시 낙향한 뒤에도 구직 활동을 위해 다방면으로 노력했고, 1774년에 환갑의 나이로 구직을 위해 세 번째 서울행을 작심하였다. 일가 사람이 이번 병조 판서가 본인과 매우 친하다면서 찾아가 보라고 권유했기 때문이다.

이전에도 정순은 병조 판서가 남인(南人)으로 임명될 때마다 두 차례나 구직을 위해 서울로 갔으나, 두 사람 모두 정순이 서울에 도착하기 전날에 그만두는 바람에 헛되이 돌아온 경험이 있었다. 불행하게도 이번에도 용인에 도착하자 이미 물러났다고 소식을 듣고 한

강도 건너지 않은 채 바로 고향으로 돌아오고 말았다.[64] 이렇듯 지방 출신이 관직을 얻기 위해서는 본인을 적극 알릴 필요가 있었으며 중앙의 실력자나 당색(黨色)이 같은 관리들과의 연결 고리가 결정적으로 영향을 미치고 있었다.

노상추는 1791년(정조 15) 6월 말에 6개월간 근무하던 오위장에서 물러났다. 노상추는 얼마 뒤에 낙향하여 실업 상태로 4개월을 지낸 뒤에 이해 11월에 상경해서 본격적으로 복직 운동에 들어갔다. 노상추의 구직 활동은 인사(人事) 관련 관리들을 부지런히 찾아다니는 일이었다. 특히 무신 인사를 담당한 병조 판서를 몇 번씩 방문했으며 이조 판서를 비롯해 이조 참의도 찾아다녔다. 그리고 본인과 친분이 있는 사람들도 자주 방문하였다. 필사적으로 노력한 결과 1792년 6월 도목정에서 다시 오위직에 복귀할 수 있었다.[65]

어렵게 오위장에 복귀한 노상추가 담당한 업무는 예전과 마찬가지로 입직하여 야간 순찰을 하는 일이었다. 그리고 오위장이 된 뒤에도 활쏘기 연습과 시재 참가를 게을리 하지 않았다. 이전과 비교하여 관료생활에 별다른 변화가 없던 노상추에게 그토록 소망하던 외임으로 나갈 기회가 찾아온 때는 1793년 11월이었다. 오위장으로 복귀할 때만 하더라도 외임으로 나갈 희망이 보이지 않던 그가 도목정이 아님에도 불구하고 삭주 부사로 발탁된 배경은 무엇일이었을까? 그것은 바로 정조와의 만남이었다.

---

64) 『노상추일기』 1774년 5월 10일·26일; 『海州鄭氏大同譜』 권13, 新堂公波(回想社, 1985, 81쪽).
65) 『노상추일기』 1791년 11월 7일, 1792년 1월 3일·7일·14일·27일, 3월 11일·19일, 4월 8일, 윤4월 13일, 6월 4일·7일·17일·22일.

1785년 12월 무렵으로 있던 노상추는 정조가 신하들에게 내린 명을 받고 건의서 하나를 준비하였다. 이 내용은 『정조병오소회등록(正祖丙午所懷謄錄)』에 실렸으며, 일기에는 1785년도 마지막에 수록되었다. 당시 노상추가 올린 글의 제목은 '병오정월조참시소회(丙午正月朝參時所懷)'였다. 노상추는 이 글에서 경상도에서 산전(山田) 개간으로 인해 비만 오면 산이 무너지면서 토사가 쌓여 농지가 점차 모래밭으로 변하는 문제점과 부민토부(富民土富)들의 피역(避役) 문제를 조목조목 지적하였다.[66] 당시 노상추의 글은 정조에게 주목을 받지 못한 채 사장되고 말았다. 그러다가 노상추가 정조의 눈에 띈 것은 1792년 겨울이었다. 다음은 조선왕조실록에 나와 있는 관련 내용 중 일부다.

"어제 중일 시험 기록에서 오위장 노상추가 눈에 띄어 일찍이 병조 판서를 지낸 자에게 물었더니 바로 병마절도사 노계정(盧啓禎)의 손자라고 하였다. 그의 할아버지 사적은 비록 알고 있었으나 그 손자가 누구인지 아직 몰라 찾아 등용했으면 하는 생각은 늘 있으면서도 그리 못했는데 그의 이름이 오늘 시기(試記)에 올라 있었다. 그에게 있어서는 운이 있다고 할 만하다.... 그러나 그의 인품과 모든 것이 어떠한지 아직 보지 못했으니 병조 판서가 불러서 만나본 뒤에 과연 감당할 만하거든 당상 선전관 자리를 더 늘려 추천하도록 하라."[67]

---

66) 『正祖丙午所懷謄錄』「무신겸선전관 노상추」(奎章閣編, 1971, 230쪽) ; 『노상추일기』1786년 1월 22일.
67) 『정조실록』 권36, 16년 11월 무술.

정조의 말대로 노상추가 정조의 눈에 띈 것은 천운이라 할 만한 일이었다. 노상추는 정조의 명이 있던 바로 그날 밤 삼경(三更, 밤11~새벽 1시) 무렵에 구전(口傳)으로 당상 선전관에 임명되었다. 정조의 관심은 여기서 그치지 않았다. 이듬해 1월에도 다시 노상추를 불러 노상추 집안의 문적(文蹟)을 갖고 오라고 명하였다. 노상추의 표현에 따르면 "성은이 망극"한 일이었다. 정조가 노상추에게 보여준 관심은 대단히 파격적인 일이었기에 노상추는 주변 사람의 질시를 받았고 온갖 비방과 음해에 시달려야 하였다.[68]

그럼에도 노상추의 행운은 여기서 그치지 않았다. 노상추가 당상 선전관이 된 이후로 가장 신경을 쓴 부분이 예전과 마찬가지로 활쏘기였다. 당상선전관을 대상으로 한 사회(射會)가 빈번히 열렸으며 한 해의 성적을 합산해 상전이 내리거나 승진상의 불이익이 가해졌기 때문이다. 1793년 겨울에 정조가 춘당대에 전좌하여 선전관들을 대상으로 시험을 치렀다. 이때 노상추는 활쏘기에서 선전관 중 1등을 했으나, 진도(陣圖)의 성적은 좋지 못해 불통(不通)에 해당하였다.

정조는 노상추가 활쏘기에서 1등을 했으나 응강(應講)에서 불통했다는 보고를 받자 노상추를 불러들여 직접 강서시험을 치르고 난 뒤 순통(純通)을 주었다. 그리고 바로 그날 변지 수령으로 임명하여 발령을 내도록 조치하였다. 노상추는 정조의 특별한 배려 속에 당상 선전관에 임용된 지 1년 만에 삭주 부사로 임명될 수 있었고, 주변으로부터 "명조(名祖)의 후손"이라는 축하를 받았다.[69] 그의 나이 48세

---

68) 『노상추일기』 1792년 11월 2일·3일, 1793년 1월 28일, 6월 8일.
69) 『노상추일기』 1793년 11월 11일·18일·24일.

였다.

이상으로 검토했듯이 노상추가 무과에 급제한 지 13년 만에 삭주부사로 나갈 수 있던 데에는 여러 가지 요인이 작용하였다. 그럼에도 이 장에서 다룬 정조와의 만남은 노상추의 출세를 도운 결정적인 요소라고 할 수 있다. 그렇다면 이 사실은 무엇을 의미할까? 노상추가 정조의 이례적인 조치를 통해 부사로 진출할 수 있던 점은 한마디로 가문 및 인적 네트워크의 중요성을 다시 한번 일깨우는 사례라고 여겨진다. 여기에는 새로운 인물 발굴에 공을 들인 정조의 성향도 기인하겠지만 특별한 인연을 강조하면서 노상추에게 보여준 배려는 지지부던하던 한 무신의 출세를 이끈 가장 큰 동력이 되었다고 평할 수 있다.

V
결론

이 연구는 조선시대 문치주의 사회에서 양반의 한 축이었던 무신의 관료 생활에 대한 사회 문화사적 고찰이다. 지금까지 조선시대 관료제에 대한 많은 연구가 이루어졌으나 정작 관료의 한 축인 무신에 대한 관심은 매우 저조하였다. 여기에는 조선시대 문신 우월의 양상이 오늘날 연구자들에게도 그대로 영향을 미쳐 무신에 대한 관심을 저하시킨 배경으로 작용했다고 여겨진다.

　이러한 문제의식에서 시작한 이 연구는 18세기 말부터 19세기 초에 무신으로서 중앙 및 지방에서 근무한 노상추(1746~1829)에 주목하였다. 노상추는 무신으로서 17세부터 84세까지 꾸준히 일기를 기록한 결과 오늘날 『노상추일기』(1763~1829)라는 자료를 남겨놓았다. 최근 발굴된 조선시대 양반들의 일기가 대부분 문신들이 작성한 일기라는 점을 감안할 때 『노상추일기』가 자료로서 갖는 희소가치는 대단히 높다. 한 연구자는 노상추의 일기에는 개인이 없다고 평하기도 했지만 필자의 생각은 다르다. 노상추는 관찰자로서 본인을 비롯해 본인 주변의 사람들과 사회 환경에 대하여 소상하게 기록을 남겼고 거기에는 노상추의 시선으로 걸러진 만큼의 진실이 담겨 있다. 이미 일기에 기록된 사안 자체가 노상추라는 개인을 드러내고 있다고 여겨진다.

　따라서 이 연구에서는 무신 노상추의 눈에 포착된 중앙 관료 생활을 크게 두 가지 방향으로 나누어 살펴보았다. 첫째, 노상추가 35세(1780년)의 나이로 무과시험에 급제하기까지의 과정을 상세히 추적하여 어떤 동기로 무과에 급제하여 무관으로 진출했는지를 다루었다. 여기에는 노상추가 무신으로 입신양명하기까지 겪은 몇 년간의 과정을 통하여 향촌사회에서 노상추가 무과에 급제하기 위하여 쏟아부은 열정적인 노력에 초점을 맞추었다.

　노상추는 경제적 빈곤에 시달리면서 입신양명을 위해 과거 합격에 대한 강한 집념을 드러냈고 그 꿈을 성취하였다. 주변인들이 노상추에 거는 기대에서 엿볼 수 있듯이 18세기 후반 향촌사회에서 과거

시험이란 관직 등용문이자 상층 지배 신분이 되는 길이었다. 더구나 점차 관직 경쟁이 치열해지면서 양반 가문의 특권을 유지하려면 중앙 정치와 지속적인 연결망이 필요했고 그것은 곧 가문의 많은 구성원이 관직에 진출하는 일이었다. 그리고 무과 급제 후 노상추 및 주변인의 폭발적인 반응을 통해서 관직 진출을 위한 통로에서 '무과'는 여전히 큰 힘을 발휘하고 있었음을 알 수 있었다.

두 번째, 노상추가 무과 급제 이후 10년간 하급 무관으로 보내면서 체험한 관료 생활의 실상을 구체적으로 추적하였다. 노상추가 작성한 일기에는 금군, 무신겸선전관, 훈련원주부, 오위장 등에 있으면서 겪은 업무(입직·시위 등)의 어려움, 여러 시사·시재 및 강서 시험에 대한 정보 및 이러한 시험을 치른 당사자 경험과 심정, 무반 청요직이라 할 수 있는 선전관과 선전관 모집단을 뽑아두는 선천(宣薦)에 대한 지대한 관심, 병조의 도목정과 포폄(襃貶), 중앙 서반직에 대한 다양한 관찰 결과 등 관료생활의 모습이 다양하게 반영되어 있다.

노상추가 관료 생활을 하면서 겪은 심리 상태나 갈등을 이해하기 위해서는 무엇보다도 노상추 본인이 견지한 정체성에 대한 이해가 선결되어야 한다고 본다. 노상추는 무과 급제 이전이나 이후에도 스스로 양반가의 후예라는 사실을 잊어본 적이 없다. '상한(常漢)', '범민(凡民)'이라는 표현에서 엿볼 수 있듯이 문무(文武)에 대한 차별적 이해보다는 반상(班常)의 구분이 훨씬 강한 인물이었다. 그래서 노상추가 장기간 담당하던 고단한 입직 업무는 노상추의 정체성과 '공명'을 훼손하는 일이었다. 그럼에도 불구하고 노상추는 출륙(出六) 및 외임(外任) 발령을 위해 집념을 늦추지 않았고, 한동안 고향에 내려가지 못할 정도로 관료 생활에 진력하면서 활쏘기 연습에 매진하였다.

이런 가운데 노상추에게도 무과에 급제한 지 13년 만에 삭주 부사로 나갈 수 있는 기회가 찾아왔다. 바로 정조와의 만남이었다. 노상추가 정조의 이례적인 조치를 통해 부사로 진출할 수 있던 점은 한마디로 가문 및 인적 네트워크의 중요성을 다시 한번 일깨우는 사례라고 여겨진다. 여기에는 새로운 인물 발굴에 공을 들인 정조의 성향도 기인하겠지만 특별한 인연을 강조하면서 노상추에게 보여준 배려는 지지부진하던 한 무신의 출세를 이끈 가장 큰 동력이 되었다고 할 수 있다.

현재 조선 후기 사회를 어떻게 이해할 것인가 하는 문제를 놓고 여러 방면에서 다양한 연구가 시도되고 있다. 본고는 무신의 중앙관료 생활이라는 렌즈를 통하여 18세기 조선사회를 조명해보고자 하였다. 하급 무신들의 고단한 입직 활동, 각종 시재에 통과하기 위한 끊임없는 활쏘기 연습, 그리고 인적 교류망을 형성하기 위한 사교 활동, 문신들 사이에서 자기 목소리를 내려고 했던 무신들의 행동 양태를 통하여 무신의 일상을 파악해보려고 하였다. 이는 곧 조선 사회를 비주류의 시선으로 이해하는 방식이며, 기존 연구에서 논의되지 않은 문제들을 적극 끄집어내는 작업이기도 하였다. 그러다 보니 논의가 다소 거칠게 진행된 부분도 있었다. 향후 연구를 통해 보완할 것을 기약한다.

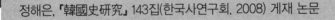

정해은, 「韓國史硏究」 143집(한국사연구회, 2008) 게재 논문

정조대 영남 무관 노상추의
지역 정체성과 북방 관직활동

하명준(국사편찬위원회 편사연구사)

I
머리말

　숙종 이래로 조선은 정치, 경제, 학술, 문예 등의 여러 부면에서 서울의 독주와 지방의 낙후라는 이른바 경향분기의 현상이 심화되고 있었다. 특히 성리학의 본고장으로 자부하던 영남 지역 출신의 정치적 소외가 심각하게 진행되는 상황이었다. 이에 대해 正祖는 강력한 왕권을 구축하여 국정 운영의 주도권을 장악함으로써 서울 노론에 편중된 권력을 조정하고자 하였다. 이러한 조치에 힘입어 영남 출신 인사들의 관직 진출이 종전에 비해 활기를 띨 수 있었다. 이 글에서 집중적으로 다루고자 하는 남인계 영남 무관 盧尙樞(1746~1829)의 지역 정체성과 관직 활동도 바로 그러한 정조대의 정국 운영에 지대한 영향을 받고 있었다.

　노상추는 慶尙道 善山에서 태어나 생을 마감할 때까지 명망 있는 士族의 위상과 풍모를 계승하여 영남 남인으로서의 정체성을 오롯이 간직했던 무관이었다. 그가 무관에 종사하게 된 데에는 黨禍에 휩쓸린 집안 내력과 함께 구조적인 문제가 내재하고 있었다. 노상추 집안의 사람들은 남인이 정계에서 축출된 갑술환국(1694)을 거치는 과정에서 집권 노론에게 배척을 받아 문과로 입신하는 것이 용이하지 않왔던 것이다. 게다가 영조 연간에 남인 일부가 가담한 '戊申亂'(1704)이 진압되어 영남 지역이 '叛逆鄕'으로 낙인된 뒤로는 文士로 현달하는 것이 한층 곤란하게 되었다. 이렇듯 노상추가 문과를 포기하고 무관으로 진로를 결정하게 된 데에는 영남 남인에 대한 정치적·지역적인 홀대가 배경으로 작용하였다.

정조대에 무과에 급제한 노상추는 그 뒤로 30여 년간 내·외직을 오가며 생애의 대부분을 관료로 복무하였다. 외직으로는 함경도 갑산, 평안도 삭주, 충청도 홍주, 경상도 가덕에서 근무하였다. 이 중에서 특히 정조대에 근무한 갑산과 삭주는 변지 이력을 적용받을 만큼 변방으로 손꼽혔던 곳으로, 이 지역에 노상추가 부임하게 된 것은 그가 영남 남인이라는 사실과 깊은 관련이 있었다. 그렇지만 갑산과 삭주에 부임하게 된 경위는 전혀 달랐고, 본인 스스로도 그렇게 인식하고 있었다. 즉 전자는 노론 주도의 정국에서 자신이 기댈 수 있는 '세력이 없어' 서울에서 쫓겨나듯이 차출된 것이었다면, 후자는 탕평 정치의 기조 아래 노론을 견제하고 남인을 북돋우려는 정조의 후원을 받아 당상관의 직함을 띠고 나아간 것이었기 때문이었다. 따라서 갑산과 삭주에 대한 인상과 그 곳에서 수행한 관직 활동은 범주와 역할 면에서 질적인 차이가 있었고, 자신의 심정과 처지에 따라 양상을 달리하기도 하였다.

그동안 노상추 집안에서 남긴 방대한 양의 일기와 고문서를 검토하여 다양한 방면에서 관련 연구가 진행되었다. 그 중 노상추의 仕宦과 연계해서는 家勢의 변동,[1] 재산과 농업경영의 변화,[2] 가족구조[3]에 초점을 맞추었다. 그리고 노상추의 관료 생활에 대해서는 공간적인 관심이 주로 중앙에서의 복무 활동에 집중되어 있었다.[4] 그렇지만 노상추의 官路에 심대한 영향을 끼친 지역과 당파의 문제는 본격적으로 다루지 못하였으므로 이를 염두에 둔 면밀한 검토가 요구된다. 아울러 노상추가 영남 남인의 기준과 처지에서 관직 생활을 수행한 북방 변지의 활동에 이르기까지 시야를 확장해서 조망할 필요가 있다고 생각한다. 이를 통해서 남인계 영남 출신의 노상추가 견지한 지역적 자의식과 정체성이 형성·발현된 내역을 추적하고, 또 그것이 북방 변지에서의 관직 활동에 이르기까지 어떻게 투영되어 전개되었는지를 파악할 수 있을 것으로 기대한다.

II
노상추의 가문 배경과 지역 정체성

1. 노상추 집안의 내력과 黨禍

노상추는 영조 22년(1746) 경상도 善山에서 태어났다. 본관은 安

---

1) 崔承熙, 「朝鮮後期 兩班의 仕宦과 家勢變動-善山 武班家 盧尙樞의 事例를 中心으로-」『한국사론』19, 1988.
2) 이정수, 「조선후기 盧尙樞家의 재산변동과 농업경영」『지역과 역사』29, 2011.
3) 李成妊, 「조선후기 경상도 한 武班家의 가족구조 재구성-호구단자와 일기의 비교검토-」『대동문화연구』83, 2013.
4) 정해은, 「조선후기 무신의 중앙 관료생활 연구-『盧尙樞日記』를 중심으로-」『한국사연구』143, 2008.

康(慶州), 자는 用謙, 호는 西山窩이다. 貫鄕의 시조는 신라때 大匡 政丞을 지냈다고 전해지는 盧光漢이며, 朝鮮朝에서는 入鄕祖로 알 려진 盧從善으로부터 12世에 해당한다.[5] 먼저 노상추 집안의 家系를 입향조 이래 주요 인물들을 중심으로 개괄하면 〈그림 1〉과 같다.

〈그림 1〉 노상추 집안의 주요 인물 가계도

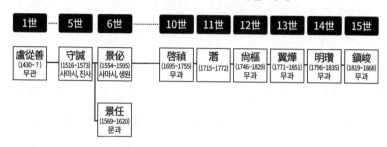

여기에서 입향조인 盧從善은 軍器寺僉正에 올랐던 무관인 동시 에 영남사림의 종조로 추앙받는 김종직의 문인이자 학자로도 명망이 높은 인물이었다.[6] 노상추의 7대조 盧守誠은 사마시에 합격하여 진 사가 되었고, 학문적인 능력을 인정받아 선산에 자리한 文山書院에 봉향되었다. 6대조 櫟亭 盧景佖은 노상추의 중시조가 되는 인물이 다. 寒岡 鄭逑의 문하에서 학문을 익혔고, 旅軒 張顯光과 어울려 공 부하면서 함께 鄕薦을 받았다. 사마시에 합격하여 생원이 되었으며, 학문적으로 두각을 나타내어 그 역시 문산서원에 입향되었다. 노경 필의 아우 盧景任은 외숙인 장현광에게 배우고 또 西厓 柳成龍의 문

---

5) 盧翼燁, 『西山窩公家狀』(1846)[『慶州盧氏族譜(丙子譜)』1, 1996, pp.268~278 수 록, 이하 『慶州盧氏族譜』로 약칭함].
6) 『一善志』2, 「人物」(1618), 勳烈‧文武‧蔭仕‧應薦, '盧從善'.

하에서도 학문을 익혔다. 그는 문과에 급제하여 三司의 요직을 두루 거쳤으며, 사후에 승정원 도승지로 추증될 만큼 文班으로 현달한 인물이었다.[7] 이렇듯 노상추의 집안은 선산 일대에 정착한 이래 영남학파 사족으로서의 위상과 학문적인 권위를 갖춘 상태에 있었다.

그런데 노경임 이후 노상추 집안에서는 더 이상 문과 계통에서 두드러진 인물이 나오지 못했다. 오히려 노상추의 조부 盧啓禎이 애초에 뜻을 품었던 문과를 포기하고 무관으로 出仕한 뒤로 집안에서 잇달아 무과 급제자를 배출하게 되면서 전형적인 무반가문을 형성하게 되었다.[8] 당시 노계정이 '붓을 던지고' 무과로 전향한 것은 "몹시 가난하여 생활해 갈 길이 없었다"고 하는 생활고가 저변에 자리하고 있었다.[9] 하지만 단순히 생계를 해결하기 위한 것만은 아니었다. 노씨 문중에 전해오는 기록에 따르면 당쟁에 의한 집안의 재앙, 곧 '黨禍'를 '反武'의 이유로 보다 비중 있게 거론하고 있기 때문이다. 다시 말해 숙종조에 노상추 가문은 서인(노론)과 남인 사이에 치열하게 전개된 당쟁에 연루되면서 집안이 禁錮에 처해지는 등 정치적으로 심대한 타격을 받았던 것이다. 이는 노경임의 아들 盧以益(1641~1695)이 노론 세력을 비판하면서 올린 상소가 발단이 되었다. 이와 관련

---

7) 『慶州盧氏族譜』, 「西山窩公家狀」, p.268 ; 박홍갑, 「경주노씨 성립과 그 일파의 선산지역 정착과정」 『역사와 실학』 31, 2006, pp.107~112.

8) 노상추 집안은 시조로부터 10세에 해당하는 노계정을 비롯해서 15세손인 노진교에 이르기까지 6대 동안 10여 명의 무과급제자를 배출함으로써 명실 공히 무반가문으로서의 입지를 굳건히 하였다(문숙자, 『68년의 나날들, 조선의 일상사-무관 노상추의 일기와 조선후기의 삶-』, 너머북스, 2009, p.89 수정 보완).

9) 盧啓禎, 『竹月軒文集』 4, 「附錄」, 行狀. "吾貧甚無以自資…遂投筆學射."

해서 사건의 전말을 간단히 소개하면 다음과 같다.

숙종 3년(1677) 남인계 사관 尹義濟가 적상산 사고에 보관된 『仁祖實錄』의 내용 중에서 孝宗이 뇌물을 써서 세자 자리를 도모하였다는 기사를 보고 그 내용을 아버지 尹鑴에게 전달하였다. 그러자 윤휴는 실록을 작성했던 서인들이 효종을 모함한 것으로 인식하여 상소를 통해 문제를 제기하고자 하였으나 남인 대신들의 만류로 중단하였다. 하지만 이미 윤의제가 보았다는 실록의 내용이 누설되어 민간에까지 널리 유포된 상태에 있었다. 이런 상황에서 경신환국(1680)을 기화로 정권을 잡은 서인 세력은 실록의 내용을 발설한 윤의제에게 책임을 물어 유배에 처하도록 하였다.[10]

그런데 기사환국(1689)을 거치면서 정국의 주도권이 서인에서 남인으로 넘어가게 되었다. 이 무렵 남인계 유생 노이익은 실록에서의 효종 폄훼가 효종을 적통으로 인정하지 않는 서인의 정치적 입장에서 기인하는 것으로 보고 '奸孽'의 처벌을 촉구하였다.[11] 잘 알려져 있듯이 남인은 현종조의 예송논쟁 과정에서 왕권 중심의 '王者禮不同士庶'를 주장하며 효종의 정통성을 보위하고자 했던 반면에 서인은 신권 중심의 '天下同禮'에 입각해서 사실상 효종의 宗統을 부정하는 입장에 있었다. 이렇게 붕당 사이에 전개된 예송은 정권의 향배와 직접 연계되고 있던 터였다.[12] 따라서 노이익이 올린 상소는 숙종조 서인(노론)과 남인의 대결 구도에서 중요한 변수가 될 수 있었다.

---

10) 盧以益, 『己甲錄略上』, pp.1~2.
11) 盧以益, 『己甲錄略上』, p.3 ; 『숙종실록』 21, 숙종 15년 10월 10일(계유).
12) 『한국사32-조선후기의 정치』, 국사편찬위원회, 1997, pp.32~34.

이런 까닭에 숙종 16년(1690) 조정에서는 실록을 열람해서 확인하는 사안을 놓고 논의가 분분하였으나, 숙종은 거짓된 내용이 있다면 속히 밝히고 거짓이 없다면 사람들의 의혹을 푸는 것이 중요하다는 하교를 내림으로써 마침내 秘藏된 실록을 열어보게 되었다.[13]

그렇지만 막상 춘추관의 실록을 확인한 결과 무성했던 소문과는 달리 실록에는 효종을 誣筆한 글이 실려 있지 않다고 보고되었다. 그 결과 노이익은 잘못된 상소를 올린 죄로 귀양을 가게 되었다.[14] 그리고 갑술환국(1694)으로 서인이 정권을 잡은 해에 혹독한 국문을 받은 뒤에 처형되고 말았다.[15] 실상은 『인조실록』의 효종 관련 기사를 조사할 때 40여 자가 칼로 도려진 채 발견되어 의혹이 해소되지 않은 상태였으나, 노이익의 상소로 촉발된 실록 내용의 진상 규명은 더이상 진척되지 못하였다.

이 사건을 겪은 후 노상추 집안은 정치적으로 탄압을 받아 한동안 재기 불능의 상태에 처해졌다. 이를테면 노이익의 再從姪 盧聖與와 再從曾孫 盧澮은 삭방을 당해 사마시의 합격이 무효로 처리되었다. 또한 三從孫 노계정은 노론 세력의 저지를 받아 문과를 단념하고 그보다는 견제가 덜하면서도 사족의 한 축을 형성할 수 있는 武人의 길을 택하게 되었다. 이에 대해 안강 노씨 족보에서는 노계정 이후로 온 집안 사람들이 무관의 일을 익혀 왔다고 지적하면서 이상

---

13) 盧以益, 『己甲錄略上』, pp.9~11 ; 『숙종실록』 22, 숙종 16년 1월 9일(신축).
14) 盧以益, 『己甲錄略上』, pp.12~13 ; 『숙종실록』 22, 숙종 16년 4월 14일(을해).
15) 『숙종실록』 28, 숙종 20년 12월 24일(정사) ; 『숙종실록』 28, 숙종 21년 1월 17일(기묘).

과 같은 사실을 두고 "차마 다 말할 수 없는 甲戌年의 禍"로 기억하였다.[16] 바로 이와 같은 정치적 환경과 집안 내력으로 노계정의 후손들은 초기에는 학문에 종사하였으나 이내 무과로 궤도를 수정하는 경우가 많았다. 노상추의 아버지 盧酒 같은 경우에는 향리에 살면서 아예 붕당이라는 말 자체를 입에 담지 않았으며,[17] 노상추에게는 무예를 배우도록 명하였다.[18] 주변의 친척들 역시 노상추에게 무과 응시를 권유하였다.[19] 이런 속에서 노상추는 그의 나이 스물셋 되던 영조 44년(1768)에 마침내 붓을 던지기로 결심하고 새롭게 武人의 꿈을 키워 나갔다.[20]

2. 노상추의 영남인 의식과 出仕

노상추는 무예를 연마한 지 12년이 지난 정조 4년(1780)에 이르러서야 마침내 무과 방목에 이름을 올릴 수 있었다.[21] 이처럼 과거에 급제하기까지 오랜 시간이 요구되었던 까닭은 개인의 능력보다 家勢의 유무에 따라 결과가 좌우되던 시험 풍토에도 원인이 있었다. 일례로 노상추는 자신이 급제했던 시험에서조차 다음과 같이 불만을

---

16) 『慶州盧氏族譜』, 「處士月波公行狀」, p.160.
17) 『慶州盧氏族譜』, 「贈嘉善大夫戶曹參判兼同知義禁府事五衛都摠府副摠管養失堂公行狀」, p.232.
18) 『慶州盧氏族譜』, 「贈嘉善大夫兵曹參判兼同知義禁府事訓鍊院都正行嘉善大夫同知中樞府事西山窩公行狀」, p.244.
19) 『노상추일기』, 1768년 7월 7일.
20) 『노상추일기』, 1768년 7월 27일.
21) 『노상추일기』, 1780년 2월 25일.

제기하고 있었다.

　무릇 講書는 스스로 계산할 때에는 4책이 純通이었으나 결국 純粗를
받았으니 세력이 있고 없고는 이것을 말하는 것이다.[22]

　여기서 언급한 것처럼 노상추는 강서 과목마다 通, 略, 粗, 不通
의 순서로 매겨지는 점수에서 純通, 즉 모든 과목의 최고 성적을 예
상하였다. 그러나 純粗에 불과한 점수를 받게 된 것은 세력의 있고
없음에서 판가름이 난다고 진단하였다. 이렇듯 과거 운영의 부조리
가 만연한 속에서 영남 남인 계열로 정치적 영향력이 없는 노상추
가 무과에 급제하는 것은 결코 쉬운 일이 아니었다. 때문에 그는 급
제가 확정된 순간 쌓인 울분을 토해내면서도 한편으로는 '天幸'이라
고 환호하였다. 아울러 본인을 포함해서 영남 출신 급제자가 5명이
나 된다는 사실을 특기하고 이러한 경사는 근래에 보기 드문 일이었
음을 환기시켰다.[23] 실제로 몇 년 뒤에 실시된 식년 무과를 보면 수

---

22) 『노상추일기』, 1780년 2월 24일. "大抵應講自量 則四冊純通 而竟受純粗 有勢
　　無勢 此之謂也."
23) 『노상추일기』, 1780년 2월 25일. 노상추의 급제 소식이 알려진 후 고향집
　　에서는 잔치가 열렸는데, 거의 5~6천명의 손님들이 뒷산까지 빽빽하게 모
　　여 들었다고 한다. 당시 동네에서 과거 합격으로 풍악을 울리고 창을 하며
　　노는 일이 대단히 드물었기 때문이다(『노상추일기』, 1780년 4월 1일). 본래
　　경상도 善山은 국초부터 김종직을 비롯해서 전국적으로 주목을 받은 관료
　　와 학자들을 대거 배출하여 인재의 산실로 불리는 지역이었다(金盛祐, 「15,
　　16세기 士族層의 고향 인식과 거주지 선택 전략-慶尙道 善山을 중심으로」,
　　『역사학보』 198, 2008, p.48). 이를 감안하면 정조대 노상추의 무과 급제로
　　축하 손님이 문전성시를 이룬 광경은 상당히 격세지감을 느끼게 하는 대
　　목이라고 할 수 있겠다.

백 명의 응시자 중에서 영남인으로 參榜한 사람은 고작 2명에 불과하였다.[24]

비록 각고의 노력 끝에 무과에 급제하였지만 노상추는 다시 宣薦에 뽑히기 위해 마음을 졸여야 했다. 선천은 국왕의 친위무관인 宣傳官의 후보자로 천거되는 것을 의미하였으므로 선발이 매우 엄격하였고 지역적으로도 일정한 제한이 있었다. 즉 조선후기에 선천은 주로 서울을 중심으로 하는 근기 지역의 사족을 대상으로 선발되었고, 평안도와 함경도 출신은 아예 배제되었으며, 영조대 이후에는 영남 사람조차 薦望에 오르는 경우가 극히 드문 실정이었다.[25] 노상추의 조부인 노계정도 여러 사람에게 저지를 당해 선천에 들어가지 못하고 副薦에 머무른 전력이 있었다.[26]

이런 사정에서 노상추의 선천 선발은 수월하지 않았다. 그 역시 천거 과정에서 수많은 반대에 부딪혔으며,[27] 심지어 같은 영남 출신으로 인근 고을에 사는 인물이 노상추의 선천을 방해하기도 하였다.[28] 그는 선천을 위한 모임에서 물망에 오르기만 할 뿐 거듭해서 탈락의 고배를 마셔야 했다.[29] 그러다가 마침내 급제한 지 2년여 만인 정조 6년(1782) 12월에 고위직 진출의 관문이 되는 선천에 이름을

---

24) 『노상추일기』, 1789년 4월 9일.
25) 吳洙彰, 『朝鮮後期 平安道 社會發展 硏究』, 일조각, 2002, pp.30~36 ; 張弼基, 『朝鮮後期 武班閥族家門 硏究』, 집문당, 2004, pp.94~102.
26) 『慶州盧氏族譜』, 「嘉義大夫慶尙左道兵馬節度使竹月軒公行狀」, p.186.
27) 『노상추일기』, 1781년 6월 8일, 10월 17일, 12월 15일.
28) 『노상추일기』, 1781년 6월 7일.
29) 『노상추일기』, 1780년 12월 11일, 1781년 6월 9일, 10월 17일, 12월 15일.

올리게 되었다.[30]

그런데 이번에는 또 벼슬을 얻는 일이 녹록치 않았다. 갑술환국 (1694)으로 노론에게 정권을 내어준 뒤로 남인계 영남 사람들은 정계에서 밀려나 '100년 동안 불우한 처지'에 있다고 말해지는 형국이었다.[31] 특히 영조 4년(1728)에 남인 일부가 가담한 戊申亂이 진압당한 것을 계기로 영남이 '反逆鄕'으로 낙인되면서 이 지역 양반들의 중앙 진출 기회는 거의 봉쇄되고 있었다.[32] 정조 8년(1784) 12월, 노상추가 武兼에 낙점되어 처음 벼슬을 하게 되자 "감사하고 기쁘기 그지없다"는 소감을 밝히면서 안도하였던 것은 영남 출신을 소외시키던 저와 같은 사정이 더해졌기 때문이었다.[33]

노상추는 영남인의 정체성을 뚜렷하게 지닌 인물이었다. 그는 『明義錄』을 읽으면서 사도세자를 핍박하고 정조의 대리청정을 반대한 노론 대신의 賜死를 다룬 내용을 가슴에 새겼다.[34] 매번 도목정사가 열릴 때에는 영남인의 관직 획득과 변동에 촉각을 곤두세우고 관련 사항을 빠짐없이 기술하였다. 여기에서 그가 출신 지역과 出仕의 문제를 긴밀하게 연계시키고 있음을 간취할 수 있다. 가령 노상추는 정조 4년 12월에 개최된 도목정사를 지켜보면서 "영남 사람으로 수

---

30) 『노상추일기』, 1782년 12월 16일.
31) 李承延(1720~1806), 『剛齋遺稿』, 「嶺對」. "嶺人之不遇也 殆將百禩矣."(『鹽州世稿』 8, 1972, p.190에 수록) ; 金周富, 「이승연의 생애와 〈嶺對〉에 나타난 영남인식」, 『大東漢文學』 37, 2012, p.255, 275.
32) 李泰鎭, 「18세기 南人의 정치적 쇠퇴와 嶺南地方」, 『民族文化論叢』 11, 1990, p.202 ; 李樹健, 『嶺南學派의 形成과 展開』, 일조각, 1995, pp.428~430.
33) 『노상추일기』, 1784년 12월 26일. "是日 都政畢 余以武兼末望蒙天點 感祝不已."
34) 『노상추일기』, 1781년 윤5월 23일, 1785년 4월 27일.

령에 제수된 사람은 서천군수가 된 명천부사 권흡과 낙안군수가 된 사천현감 최익대 뿐이다"[35]라고 적어 두었다. 이와 같은 영남인의 진출 부진과 한직 등용을 적시한 기사들은 그의 일기 곳곳에서 산견된다.[36] 어느덧 30대 후반이 된 노상추는 "벼슬에 나아가려는 욕심이 과거에 합격하려던 시절의 욕심보다 갑절은 더하다"[37]고 하면서 초조한 나날들을 보내야만 하였다.

이런 가운데 정조 8년 12월, 노상추는 드디어 武臣兼宣傳官에 낙점을 받아 첫 벼슬을 시작할 수 있었다.[38] 그가 맡은 禁軍職은 입직과 시위 등의 업무가 가중하였으므로 고단한 생활이 이어졌다.[39] 그럴 때마다 노상추는 榮轉에 대한 소망을 품고 열악한 환경을 견뎌나갔다. 우선 당장의 목표는 出六을 해서 종6품 이상의 參上官이 되는 것이었던 듯하다. 정조 9년(1785) 1월 4일, 노상추는 첫 근무일에 자신과 같이 처음 출근한 사람 중에서 陞六한 사람의 이력을 별도로 기록하였으며,[40] 그 뒤에도 禁軍이나 權管 등에서 참상관이 된 자들을 꾸준히 特記하고 있기 때문이다.[41] 그러다가 정조 10년(1786) 12월, 노상추는 정6품에 승급되어 陞六에 도달할 수 있었다. 하지만 이 때 발령받은 虛司果는 직함만 있고 실무는 있지 않은 대우직이어서 만

---

35) 『노상추일기』, 1780년 12월 21일. "嶺人得外任者 權明川熻爲舒川郡守 崔泗川益大爲樂安郡守而已."
36) 『노상추일기』, 1782년 1월 24일, 6월 29일, 1783년 12월 29일.
37) 『노상추일기』, 1782년 11월 1일. "官欲亦倍科欲者."
38) 『慶州盧氏族譜』, 「西山窩公家狀」, p.270 ; 『노상추일기』, 1784년 12월 26일.
39) 정해은, 앞의 논문, 2008, pp.307~309.
40) 『노상추일기』, 1785년 1월 4일.
41) 『노상추일기』, 1785년 1월 9일·15일, 3월 26일, 4월 4일.

족스런 벼슬자리라고는 할 수 없었다.[42]

III
북방에서의 현지 인식과 관직 활동

1. 함경도 진동만호 시절의 지역 인식과 邊將 활동

한양에서 금군으로 활동하던 노상추는 정조 11년(1787) 6월의 都
政에서 비로소 참상관의 實職에 임명되었다. 그런데 정작 이 소식을
접한 노상추는 크게 낙심하여 다음과 같이 거친 언사들을 쏟아내
었다.

이날 도목정사를 하였다. … 척형 정달신은 이성수령이 되었고, 그 밖
의 영남 사람은 거론된 자가 없다. 나는 甲山鎭管 鎭東邊將이 되었는데
兵批에도 달리 거론된 자가 없다. 나의 변방 임명은 곧 쫓겨나는 것이다.
세력 없는 사람의 관례지만 이 또한 벼슬이니 어찌 죽음보다 낫지 않겠
는가. 진실로 분하고 통탄스럽지만, 병조에서 나를 쫓아낸 것은 형세가
그러한 것이다. 신하된 자가 충성을 다함에 어찌 관직의 우열이 있겠는
가. 스스로 달랠 뿐이다.[43]

---

42) 『慶州盧氏族譜』, 「西山窩公家狀」, p.270.
43) 『노상추일기』, 1787년 6월 22일. "是日行都目政事 … 鄭戚兄達新甫爲利城 其

여기서 노상추가 임명된 함경도 갑산진관의 진동변장은 품계상
으로 종4품의 진동만호를 가리킨다.[44] 그럼에도 '세력이 없어' 쫓겨
났다고 분통을 터뜨렸던 까닭은 단지 관품의 높고 낮음에서 연유하
는 것이 아니라 함경도 갑산에 파견되었다는 사실 자체에 있었다.
한반도 최북단의 변경 지대인 갑산은 성리학적 관점에서 볼 때 '夷
州' 즉 오랑캐의 땅으로 별칭될 만큼 이질적인 지역이었기 때문이
다.[45] 변방 오지에 속하는 갑산으로의 부임은 관료들에게 중앙정부
와 멀어진다는 인식을 갖게 하였고, 王化가 미치기 힘들었던 까닭에
다스리기 어려운 '難治邑'으로 간주되었다. 더욱이 열악한 자연 조건
과 국방상의 요지라는 부담감도 적지 않아서 여러모로 기피의 대상
이 되었던 것이다.[46]

그렇지만 노상추는 신하된 자의 본분을 되새기면서 분한 마음을
추스리고 갑산을 향해 길을 떠났다. 이때 노상추가 마주친 풍광과 인
물에 대한 묘사를 통해 당시 그의 부정적인 심사를 가늠할 수 있다.

外嶺人無學論者 余則爲甲山鎭管鎭東邊將 而兵批亦無他擧論 余之邊任乃見逐
也 無勢之例 而是亦官也 豈不愈於死乎 良可憤贖歎 然兵曹之逐我勢也 爲臣子
盡忠 豈有官職之優劣乎 自寬而已."

44) 『大典通編』 4, 「兵典」, 外官職, 咸境道. "萬戶十八員 從四品…甲山鎭管 雲龍·
鎭東."기존 연구에서는 노상추가 임명된 진동변장이 종9품의 權管인 것으
로 파악하여 그의 불만이 낮은 품계에서 비롯되었다고 설명하는 경우가
많았다. 하지만 『승정원일기』의 기록에 따르면, 노상추는 참상관에 해당하
는 종4품의 만호에 제수되었으므로 다른 측면에서 그의 실망감을 살필 필
요가 있다(『승정원일기』, 정조 11년 6월 22일. "盧尙樞爲鎭東萬戶.").
45) 정우봉, 「조선후기 풍속지리 문헌에 나타난 關北 지역과 그 인식의 차이」,
『고전과 해석』, 2015, p.11.
46) 『갑산군지』, 갑산군지편찬위원회, 1999, p.168 ; 구완회, 「조선후기 '難治邑'
의 여러 유형과 처방」, 『역사와 경계』 70, 2009, p.14.

이를테면 그에게 "경치는 보기에 좋은 것이 없이 답답하기만 할 뿐"
이었다.[47] 관찰사에게 인사차 들른 장면에서는 범절과 하인이 三南
과 달라 용렬함과 교활함이 막심하다고 지적하였다.[48] 갑산의 從浦
驛에 도착했을 때는 역마를 대령해 놓은 토졸이 한 명도 없는 것을
보고 자신을 곧 유배된 사람의 처지에 비유하였다.[49] 도중에 들른 呼
猍驛에서는 "역졸의 간악함이 천리를 가는 동안 처음 보는 것이었
다"면서 장탄식을 늘어놓았다.[50] 이러한 노상추의 푸념과 불만은 진
동만호로 근무하는 내내 되풀이 되고 있었다. 갑산의 기후는 한 여름
인데도 동풍이 불어 뼈 속까지 寒氣가 스며들었고,[51] 바람소리는 평
지보다 심해서 가을바람에 '殺氣'를 느낄 정도였다.[52] 그는 "이 곳에
앉아서 멀리 서울과 삼남을 생각하니 지형이 서로 상반되어서 정착
할 수가 없다"고 하소연하였는데,[53] 그러한 생각에 잠길수록 깊이 고
향을 그리워하며 자신이 마치 미친 사람 같고 술에 취한 사람처럼 되
었다고 독백하였다.[54]

기별조차 쉽지 않은 변방의 땅 갑산은 노상추에게 '먼 이역의 땅'
과 같았다.[55] 이는 지형만이 아니라 갑산의 풍속이 서울과 삼남의 그

---

47) 『노상추일기』, 1787년 7월 1일. "山水則所見無奇勝 但鬱鬱而已."
48) 『노상추일기』, 1787년 7월 10일.
49) 『노상추일기』, 1787년 7월 16일.
50) 『노상추일기』, 1787년 7월 16일. "到呼猍驛 驛卒之奸惡 千里一見."
51) 『노상추일기』, 1788년 6월 10일.
52) 『노상추일기』, 1787년 8월 9일.
53) 『노상추일기』, 1787년 8월 26일. "坐此遙想京都與三南 地形相背 不能定着矣."
54) 『노상추일기』, 1788년 12월 7일.
55) 『노상추일기』, 1787년 8월 23일.

것과 전혀 상반된다고 여기는 지역인식에서 기인하였다. 노상추가 보기에 예악문물과 교화는 8道에 균질적으로 이루어지지 않은 상태에 있었다. 그는 갑산 지역에서 행해지는 풍속의 태반이 오랑캐와 같다고 조소하였다. 그에 따르면 갑산에서는 기제사를 지낼 때 현손이 부친, 조부, 증조부, 고조부를 아울러 모시고, 고조부의 기일에도 역시 아들과 손자·증손·현손이 한꺼번에 제사지냈다. 보편적인 제사의 격식과 법도를 잃어버린 모습을 보며 노상추는 마치 '宗會'와 같다고 일축하였다. 혼인에 대해서는 新行을 할 때 상하의 구별이 없이 가마를 탄다고 비판하였다. 처자와 과부의 난잡한 풍습도 심각하였다. 소를 도살하는 일에도 거리낌이 없었다. 그리하여 노상추는 "이곳 역시 우리나라 땅의 백성인데 예의범절이 비로 쓸어버린 듯이 하나도 없다"고 질책하면서 갑산의 풍속은 변화시키기 어렵다고 잘라 말했다.[56] 간혹 성리학적 예법에 맞게 시묘살이를 이행하는 선비를 본 경우에도 이는 '먼 땅'의 인물로서 특이한 행실을 가진 것이라 하여 예외적인 현상으로 치부하였다.[57]

이렇듯 노상추는 갑산의 풍속을 저속하게 여기고 진동만호에 제수된 것에 낙담했지만 마냥 비관만 하고 있지는 않았다. 그는 고을의 내력이 소상하게 기재된 읍지를 활용하여 지역 사정을 파악해 갔다.[58] 그리고 당면한 현안에 따라 여러 사안들을 처리하였는데, 그

---

56) 『노상추일기』, 1788년 12월 7일. "此處亦我國土地人民 而所謂禮法等節 掃地無之."
57) 『노상추일기』, 1787년 8월 20일.
58) 『노상추일기』, 1797년 9월 5일.

의 전반적인 관직 수행 상황은 鎭東鎭에서 수령한 關文을 통해 대강을 파악할 수 있다. 〈표 1〉은 그 주요 내용을 정리한 것이다.

〈표 1〉 진동진에서 수령한 주요 關文의 현황

수령 일자	발신 기관	내용
1787.8.2		군사 훈련을 정지할 것
1787.9.26	병영	군병이 죽으면 情債를 혁파할 것
1787.9.27		信蔘을 봉진하기 전에 潛商을 엄금함
1787.9.28		병영의 耗穀을 發賣할 것
1787.9.29	갑산부	군병이 죽으면 情債를 혁파할 것
1787.10.11		중궁전의 출산을 앞두고 형 집행을 정지할 것
1787.10.20	갑산부	邊將의 이력단자를 수정해서 올려 보낼 것
1787.10.22		비록 罷防했더라도 행동거지가 황당한 사람이나 공문, 호패 등이 없으면 기찰해서 체포할 것
1787.10.26		신삼의 봉진을 재촉하고, 군병의 사고 및 무기를 신칙함
1787.10.28	병영	환곡을 신칙하고 전례대로 토산물을 바칠 것
1787.10.29		노비 추쇄와 부채 징수의 기한을 내년 가을까지로 연기할 것
1787.11.4		환곡을 거두고 封庫하는 일을 재촉함
1787.11.7	순영	수령·변장이 청렴하지 않아 백성을 편안하게 하지 않은 사람을 적발하라는 관찰사의 칙교가 있어서 읍·진·도호부에 관문을 보냄
1787.11.10	도호부	신삼의 처리와 가격에 대해 지시한 순영의 관문에 의거해서 도호부에서 관문을 보냄
1787.11.22. / 11.24	병영/ 갑산부	각 鎭에서 蔘을 봉해서 올려 보낼 때 土卒의 왕래하는 경비가 적지 않으므로 각각 해당 主官이 모두 받아들인 다음에 와서 납부하여 폐단을 줄이도록 할 것

1788.5.14		삼을 캐러 산에 들어간 인원수를 책으로 만들어서 보고할 것
1788.8.22		무과 試官 預差로 임명함
1788.9.14		신삼의 납부를 다음 해로 연기함
1788.9.28	병영	갑산부 관방의 형편을 항목별로 작성해서 성책하여 보낼 것
1788.10.4	순영	환곡을 받아들이라고 독촉하지만 지체되고 있음을 걱정함
1788.10.17		재해 정도에 따라 秋穀의 납부 기한을 연기해줌
1788.11.1	병영	토저피와 산양피 등의 공물을 병영에 와서 바치는 폐단을 혁파할 것
1788.11.16	순영	전교로 인하여 재해 정도에 따라 환곡과 전세·대동미포의 납부 기한을 연기해 줌
1789.2.22		병영으로 耗穀을 실어 보낼 것
1789.4.4	慰諭御史	각 진의 폐막을 바로잡아 어사에게 올리라고 함
1789.8.20		永祐園의 移葬과 관련해서 변경의 각 고을에서는 變服을 하지 말 것. 가을 훈련과 관문에 모아놓고 점고하는 일을 정지할 것. 親騎衛 都試는 馬兵 都試와 함께 시험을 실시할 것.
1789.8.30	병영	친기위 도시의 試所를 左都廳官에서 거행함

〈표 1〉을 중심으로 노상추가 진동진에서 수행한 관직 활동 내역을 몇 가지로 정리하면 다음과 같다. 첫째, 군사 및 국방과 관련된 일이다. 진동만호 노상추는 국경일대에 포진한 진보의 방어를 주된 임무로 하고 있었다. 그는 기본적으로 병영이나 갑산부 등의 상급 관부에서 보낸 關文에 의거하여 군사에 관한 지시와 명령을 이행하였다. 그것은 군사 훈련을 정지시키는 일,[59] 병사가 죽었을 때 情債를 혁파시키는 일,[60] 罷防을 했더라도 거동이 수상한 자를 기찰해서 체

포하는 일,[61] 군병의 사고[有頉]와 무기를 신칙하는 일,[62] 무과 시험을 실시하거나 시험관의 임무를 수행하는 일,[63] 갑산부의 關防 현황을 성책해서 보내는 일[64] 등이었다.

특히 노상추는 "오직 관방을 위주로 했다[惟關防爲主]"고 평가받을 만큼 변방 방어에 남다른 관심과 식견을 갖고 있었다. 한 예로 정조 12년(1788) 6월, 禹禎圭가 상소로 진술한 『經濟野言』에서 삼수·갑산의 鎭들이 쇠잔하여 감당하기 어렵다는 이유로 12鎭을 6鎭으로 줄이자는 견해를 피력하자 정조는 묘당에서 검토하고 그 결과를 보고할 것을 지시하였다.[65] 그리하여 비변사는 함경도 감영과 병영에 관문을 보내 삼수와 갑산의 관방 형편, 鎭의 현황과 폐단 등을 문의하였다. 이에 대해 삼수와 갑산의 鎭들은 의견을 제대로 진술하지 못하고 있었다. 그렇지만 노상추는 관방의 긴요와 지형의 편의에 대한 견해를 갖추어 상부에 보고함으로써 군사적인 안목을 보여주었다.[66] 그 밖에 慰諭御史가 각 鎭의 폐막을 바로잡기 위한 계책을 요구했을 때 토졸 내외를 모두 해당 堡에 소속시킴으로써 군사를 늘리는 방편으로 삼자는 내용으로 成冊하여 첩보한 이도 노상추였다.[67] 또한 그

---

59) 『노상추일기』, 1787년 8월 2일, 1789년 8월 20일.
60) 『노상추일기』, 1787년 9월 26일·29일.
61) 『노상추일기』, 1787년 10월 22일.
62) 『노상추일기』, 1787년 10월 26일.
63) 『노상추일기』, 1788년 8월 22일, 1789년 8월 20일·30일.
64) 『노상추일기』, 1788년 9월 28일.
65) 『정조실록』, 1788년 6월 12일(계묘) ; 『승정원일기』, 1788년 6월 12일.
66) 『노상추일기』, 1788년 9월 15일~9월 28일 ; 『慶州盧氏族譜』, 「西山窩公家狀」, p.270.
67) 『노상추일기』, 1789년 4월 4일.

는 갑산부 일대의 관방 실태를 점검하는 가운데 청나라 기병의 습격에 대비한 鎭東鎭의 방어를 강조하는 동시에 嶺阨의 수호는 산림을 베지 못하게 함으로써 저절로 木柵을 이루게 해야 한다는 방책을 제시하기도 하였다.[68] 노상추가 진동변장이 되어 처음 시행한 포폄에서 "잔약한 堡를 믿을 만하다"고 평가받은 것을 볼 때 그의 군사적인 능력에 대한 상부의 신뢰를 엿볼 수 있다.[69]

둘째, 환곡의 수납과 信蔘 등의 貢物을 처리한 일이다. 노상추는 처음 鎭東鎭에 부임한지 2개월 동안 관아에 公務가 없고 還政만 있을 뿐이라고 지적할 만큼 고을에서 환곡이 비중 있게 취급되었다.[70] 그 중 상급 관청의 지시에 따라 發賣한 耗穀을 적시에 거두어들이는 일이 관건이었다. 당시 환곡은 부세의 일환이 되어 민인의 부담을 가중시키고 있었지만, 갑산에서는 환곡을 나누어 줄 때 한 사람도 받지 않은 사람이 없었다고 할 만큼 주민들의 형편이 열악하였다.[71] 이런 속에서 환곡을 기한 내에 거두는 일이 자꾸 지체되곤 하자 巡營에서는 관할 고을에 환곡의 수납을 독촉하였다.[72] 그런데 노상추가 만호로 있던 진동진에서는 환곡으로 고전하던 여타 고을이나 鎭들과 사뭇 다른 양상이 전개되었다. 가령 갑산부는 15,000石의 환곡 중에 고작 5,000섬을 거두었으나, 진동진에서는 나누어준 1,500섬을 거

---

68) 『노상추일기』, 1788년 8월 21일.
69) 『노상추일기』, 1787년 12월 19일. "是日冬等貶題來到 題余云 質而且詳 殘堡可恃."
70) 『노상추일기』, 1787년 8월 24일.
71) 『노상추일기』, 1788년 12월 24일.
72) 『노상추일기』, 1788년 10월 4일.

의 다 회수하여 사람들이 크게 놀랐다는 것이다.[73] 노상추가 기한에 맞추어 환곡을 납부하려고 하자 갑산부에 소속된 각 진에서 진동진만 홀로 끝내는 것을 꺼린다는 말이 회자되기도 하였다.[74] 노상추가 포폄에서 환곡을 주고 받아들이는 일로 칭송이 높다고 하여 '上'의 평가를 받은 것을 볼 때 還政에서도 역시 탁월한 역량을 발휘했다고 할 수 있겠다.[75]

한편, 진동진에서는 환곡 못지않게 통신사를 파견할 때 예단으로 보내는 信蔘이나 혹은 山羊皮·土猪皮와 같은 가죽 제품의 납부가 중시되었다. 지역 특성상 이들 공물의 납부와 관련해서는 犯越의 폐단이 심각하였는데, 그 이면에는 함경도 상인의 영리활동이 배경으로 작용하고 있었다. 노상추가 예시한 三水의 고을 사정에 따르면, 함경도 상인들이 蔘과 담비[貂鼠]를 사들이는 통에 鎭의 백성들은 농사를 짓지 않고 국경을 넘어가 채집과 사냥에만 몰두하였다. 그런데 이 과정에서 오히려 토졸과 社民이 모두 상인에게 빚을 지게 되었으며,[76] 아울러 상부에 바치도록 되어 있는 공물도 구할 수가 없게 되었다는 것이다.[77] 이에 대한 대책으로 상부에서는 潛商을 엄금하는 관문을 내렸다.[78] 노상추도 역시 백성들의 越境에 깊은 우려를 표명하였지만,[79] 현장에서는 감색과 좌수 등이 상인들을 비호하였으

---

73) 『노상추일기』, 1789년 10월 24일, 11월 17일.
74) 『노상추일기』, 1789년 12월 25일.
75) 『노상추일기』, 1788년 12월 18일.
76) 『노상추일기』, 1788년 1월 12일.
77) 『노상추일기』, 1787년 11월 29일.
78) 『노상추일기』, 1787년 9월 27일.

므로 본질적인 근절은 이루어질 수 없었다.[80]

셋째, 재임 기간 중에 鎭舍와 성곽을 수리한 일이다. 노상추가 부임하였을 때 鎭의 관사는 금방이라도 무너질 것처럼 퇴락하였고 잡초 또한 무성해서 하나의 푸른 언덕과 같았다. 동헌도 반쯤 무너진 데다 벌레가 들어와서 도저히 거처할 수 없는 지경이었다.[81] 관아의 면모를 일신하기 위해 옛 건물을 허물어 보니 동헌의 상량에는 '강희 50년(1711) 3월 26일'이라는 날짜가 적혀 있었다. 무려 78년 만의 중건인 셈이었다.[82] 이 공사에는 군인은 물론이고 還民과 인근 지역의 民人들까지 거의 매일 동원되다시피 하였다.[83] 土卒의 경우에는 通引을 제외하고 노소와 상관없이 9인으로 1패를 만들어 총 9패로 구성하였는데, 날마다 1패씩 교대로 役에 종사하게 했다.[84] 토목공사에 성실하게 참여하는 여부를 하급 군관과 色吏의 직임을 차정하는 평가의 기준으로 삼기도 했다. 가령 군향 감관 金聲三은 관아 건립을 회피하는 일이 많았다는 이유로 직임이 교체되었다. 반면 관아 건립에 성실하게 참여한 朴德只는 병방 군관으로 승진시켜 차임하였다.[85] 이렇듯 공사에 진력한 결과 노상추는 두 달이 조금 못되어

---

79) 『노상추일기』, 1788년 1월 12일.
80) 『노상추일기』, 1789년 3월 4일.
81) 『노상추일기』, 1787년 7월 17일, 7월 18일.
82) 『노상추일기』, 1788년 2월 17일.
83) 『노상추일기』, 1788년 3월 2일~3월 21일 등. 갑산진의 관사 중건에 동원된 민인의 거주지를 열거하면 蘆坪의 桃花洞, 虛川, 城後里, 叟毛老里, 細洞 上下里, 地景坪 細洞, 地坪 등이다. 洞·里 단위까지 언급된 것으로 보아 갑산진 부근의 마을 주민들이 대부분 役事에 동원되었을 것으로 여겨진다.
84) 『노상추일기』, 1788년 3월 7일.
85) 『노상추일기』, 1788년 6월 24일.

내외의 관아 건물을 다시 세울 수 있었다.[86] 그리고 연이어 門樓를 세우고, 倉舍를 건설했으며, 동헌의 지붕과 성곽 등을 개량하였다. 그 결과 동문을 제외하고 전체적으로 110여 칸에 이르는 대규모의 토목 공사가 마무리되었다.[87] 이로 인해 노상추는 쇠잔한 鎭을 수리하였다는 명목으로 네 차례의 포폄에서 연달아 '상'을 받았는데,[88] 이는 감사 李秉模가 국왕에게 포상을 건의할 만큼 뚜렷한 성과로 인정되는 것이기도 하였다.[89]

이상과 같이 노상추가 수행한 진동만호 시절의 변장 활동은 상부에서 내려온 관문을 중심으로 착실하게 추진되었다. 그렇지만 근무 과정에서 여러 가지 갈등이 빚어졌던 사실도 확인된다. 예컨대 官門에서 소란을 일으킨 죄인을 두둔한 土卒을 내쫓았더니 所志를 올려 노상추를 무고하였다.[90] 노상추가 갑산부의 관아에 출입하였을 때 좌수 이하 여러 읍의 장교들이 능욕하고 핍박하자 부사에게 尊卑와 貴賤이 서로 침범하지 말아야 한다는 취지로 논벌을 청한 일도 있었다.[91] 營門에서 진동진의 관아를 수리한 일로 포상을 청하는 啓를 올리려고 했을 때는 담당 色吏가 근거가 되는 文跡을 모두 잃어버렸다고 하여 석연치 않다고 말하기도 했는데 이 역시 下吏와 노상추

---

86) 『노상추일기』, 1788년 3월 17일.
87) 문숙자, 앞의 책, 2009, p.235 ; 『노상추일기』, 1789년 5월 9일, 윤5월 12일.
88) 『노상추일기』, 1789년 12월 19일.
89) 『慶州盧氏族譜』, 「贈嘉善大夫兵曹參判兼同知義禁府事訓鍊院都正行嘉善大夫同知中樞府事西山窩公行狀」, pp.244~245.
90) 『노상추일기』, 1789년 11월 28일.
91) 『노상추일기』, 1789년 4월 16일.

의 관계가 원만하지 않았음을 시사한다고 하겠다.[92] 심지어 鎭卒들이 노상추에게 불만을 품고 관청을 조성하는 등의 일을 과장하여 갑산부사와 병영·감영에 疏狀을 올리는 사태가 발생하기도 하였다.[93] 이러한 현상에 대해 노상추는 "여기에 도착하여 형벌을 사용하지 않은지 1년이 되니 백성과 아랫사람들의 습속이 날로 예전과 달라졌다. 이처럼 하면서 또 반년이 지나자 관리가 관리답지 못하고 백성이 백성답지 못하게 되었으니 걱정스런 마음이 끝이 없다."고 총평하였다.[94] 노상추는 "형벌을 시행하는 정사는 말단이며, 다스림의 근본은 正學에 힘쓰는 것"이라는 신념을 지닌 인물이었다.[95] 그럼에도 文藝에 바탕한 교화가 아닌 형벌에 의한 다스림을 긍정했던 것은 함경도 갑산의 진동진에 부임하기 전부터 지녔던 이 지역에 대한 비판적인 인식이 영향을 미쳤던 것으로 생각된다. 이렇게 노상추가 기후, 풍속, 현지인과의 관계에서 상당히 이질감을 느끼며 복무했던 진동진에서의 관직 생활은 정조 14년(1790) 1월에 훈련원 주부로 內遷함으로써 마감될 수 있었다.[96]

---

92) 『노상추일기』, 1789년 10월 5일.
93) 『노상추일기』, 1789년 윤5월 6일·7일, 1789년 윤5월 13일.
94) 『노상추일기』, 1788년 12월 1일. "到此藏刑周年民習與下習 日異時不同若此 而又過半年 則官不官民不民矣 悶念不已."
95) 『노상추일기』, 1795년 7월 25일. "刑政雖曰治亂之藥石 此是末也 其本則務正學."
96) 『노상추일기』, 1790년 1월 1일.

2. 평안도 삭주부사로의 임명과 목민 활동

함경도에서 3년여의 진동만호 생활을 청산하고 한양에 당도한 노상추는 정조 14년(1790) 4월 9일 대궐에 나아가 국왕 정조에게 謝恩肅拜를 올렸다.[97] 그리하여 고대하던 한양에서의 관직 생활이 재개되었지만 노론이 장악하고 있던 중앙 정계에서는 당쟁과 영남인 배척이라는 현실이 노상추를 기다리고 있었다.

조정에서 당쟁의 폐단은 고질화된 상태였다. 사은숙배를 한 지 며칠 후 병조판서를 찾아간 자리에서 노상추는 "(진동만호로 있을 때) 무슨 재물이 있어서 그렇게 많은 관아를 수리할 수 있었는가"라는 조롱 섞인 질문을 받아야 했다.[98] 또는 어떤 노론 재상이 노상추의 집안 내력을 지목하면서 송시열에 대해 상소를 올려 배척한 사람의 6촌 종손이며, 그로 인해 할아버지 노계정이 宣薦에 오르지 못했다고 하는 말을 듣기도 했다. 이에 대해 노상추는 당시 노계정은 8촌 종손으로서 결국 배척을 당해 천거를 받지 못하였는데, 지금에 와서는 자신을 6촌 종손이라고 되돌리니 사람을 모함하는 참상이 심하다고 분노하였다.[99] 노론 세력은 선천을 할 때 당색을 구별해서 남인을 한 명도 거론하지 않는다거나, 지역별로 안배된 영남 출신의 인재 등용에 대해 영남에 거주하는 非영남 출신을 천거해서 임금의 눈과 귀를

---

97) 『노상추일기』, 1790년 4월 9일.
98) 『노상추일기』, 1790년 4월 19일. "往見兵判李大監 問余曰 有何財物 能修繕公廨之甚多也 不言爲國盡心 有若憑笑者 可怪可怪."
99) 『노상추일기』, 1790년 12월 24일.

가리는 잘못을 꼬집기도 하였다.[100] 노상추의 상사인 禁軍別將이 내금위에게 전령을 내리면서, "서울[京華]의 세력 있는 금군이 지방 출신의 세력 없는 금군으로서 祿을 잃을까봐 걱정하는 무리들과 함께 어깨를 나란히 하는 것이 부끄럽다"고 한 것처럼 영남 남인에 대해서 공공연하게 모욕이 가해지는 실정이었다.[101]

영남인 배척이 노골화된 현실에서 노상추의 정치적 불신은 팽배하였다. 그는 영남 사람이 인사에서 거론조차 되지 않는 실태를 목도하면서 "병조가 공정하지 못하니 진실로 한심스럽다"고 하거나,[102] "대개 영남 사람이 모두 탈락한 것은 이때보다 심한 적이 없다"는 등의 말로 불편한 속내를 토로하였다.[103] 다른 한편에서는 "옛날부터 嶺西에서는 남인이라고 하면서 영남 사람을 배척하고 권세를 쫓는 것을 주로 하였다"고 하였는데, 이는 같은 남인 내에서도 지역별 분화와 반목이 존재하였음을 시사한다.[104] 정조 16년(1792) 6월, 노상추는 도목정사에서 기대와는 다르게 五衛將에 제수되자 "수령직을 얻지 못했으니 형세상 어떤 것인가. 지금 생각해보니 나 자신을 불쌍히 여길 뿐이다"라고 세태를 한탄한 것은 당시 남인계 영남 무관의 처지를 여실히 드러내는 말이라고 하겠다.[105]

---

100) 『노상추일기』, 1790년 12월 29일.
101) 『노상추일기』, 1791년 3월 12일. "聞禁軍別將申大謙 傳令一內禁軍曰 京華有勢禁軍 與鄕曲無勢 猶恐失祿之類 恥與比肩."
102) 『노상추일기』, 1791년 6월 24일. "兵銓之不公 良可寒心."
103) 『노상추일기』, 1791년 6월 27일. "大抵嶺人之全屈 未有甚於此時."
104) 『노상추일기』, 1792년 3월 28일. "自古嶺西 所謂南人 排斥嶺外 趨勢爲主."
105) 『노상추일기』, 1792년 6월 22일. "余復爲五衛將 不得爲外任 其於勢何 到今思之 自憐吾身而已."

훈련원 주부로 내천된 뒤 이렇다 할 관직을 얻지 못한 채 세상을 원망하던 노상추는 서울에 있는 영남 사람들의 모임을 통해서 응어리진 회포를 풀며 기회를 도모하였다.[106] 이런 가운데 그의 관료 생활을 바꾸어 놓은 결정적인 사건이 일어났다. 바로 국왕 정조와의 만남이었다. 정조 16년 11월 2일, 대궐 밖에 입시하라는 전갈을 받고 나아간 노상추는 노계정과 어떤 관계이며 노계정이 수문장으로서 활약한 일화를 알고 있는 지를 묻는 정조의 하교를 받았다. 노상추는 자신이 노계정의 손자임을 밝히고 집안에서 전해지던 조부의 이야기를 상세히 아뢰었다. 이를 간단히 소개하면, 英祖 초기에 수문장이던 노계정은 중궁전 하인이 '內殿의 분부'를 칭하면서 입궐이 금지된 巫女를 대궐에 들이려 하자 그 하인의 모자를 칼로 내리치면서까지 출입을 저지시킨 적이 있었다. 또 하루는 상급자인 어느 선전관이 거짓 標信을 제출하고 궁궐을 출입하려 하자 칼을 빼들고 선전관을 쫓아갔더니 司謁이 나와 왕명을 받고 수문장을 시험한 것이었다고 만류하여 칼을 거둔 적이 있기도 하였다. 이러한 노계정의 복무 태도는 궐문 출입의 禁制를 바로하고 절의를 세웠다고 하여 궁중에서 널리 칭송되었는데, 선대에 그러한 사실이 있음을 인지하고 있던 정조가 노상추를 불러 재차 그 내용을 확인했던 것이다.[107]

이후 노상추는 정조의 각별한 관심과 총애를 받았다. 그것은 수문장으로 공을 세운 노계정이 職마다 품계를 뛰어넘으면서 병마절

---

106) 『노상추일기』, 1790년 7월 21일, 1792년 8월 29일.
107) 『臨汝齋先生文集』 8, 行狀, 節度使盧公行狀, pp.23~24 ; 『노상추일기』, 1792년 11월 2일.

도사의 자리에까지 올랐던 파격적인 행보와 흡사하였다. 예컨대 노상추가 노계정의 손자임을 확인한 정조는 하루가 지나지 않아 노상추를 당상 선전관으로 낙점하였다.[108] 이와 같은 정조의 비호는 노상추가 세상에서 행세를 하고 벼슬을 한 뒤로 처음 주변 사람들의 질시와 비방을 받아보았다고 할 만큼 이례적인 것이었다.[109] 뿐만 아니라 정조는 활쏘기에서 1등을 했지만 應講에서 不通을 받은 노상추를 불러들여 講을 다시 시험한 후 純通으로 점수를 매기고, 이것으로 법전에 규정된 변지의 근무 일수를 채운 것으로 처리해서 정3품의 朔州府使로 임명하는 특전을 베풀었다.[110] 게다가 노상추가 입시한 자리에서 정조는 고을을 잘 다스려 치적을 세운다면 마땅히 방어사로 삼겠다는 優渥한 하교를 내리기도 하였다. 이 모든 상황에 대해서 노상추는 "감격하여 죽을 곳을 알지 못하겠다"는 말로 벅찬 심정을 갈음하고 있었다.[111]

물론 정조의 노상추에 대한 특별한 우대와 당부는 개인적인 차원에서 이루어진 것이 아니었다. 정조는 다음과 같은 말로 노상추를 중용한 까닭을 밝히고 있는 것이다.

지금 세상에 어떻게 하면 이런 사람(노계정)을 얻을 수 있을까? 그의 손자 노상추를 직에 임명함은 세상 사람들로 하여금 모두 나의 好尙하는

---

108) 『노상추일기』, 1792년 11월 3일.
109) 『노상추일기』, 1793년 6월 8일.
110) 『노상추일기』, 1793년 11월 18일.
111) 『노상추일기』, 1793년 11월 25일. "感不知死所矣."

바를 알게 하기 위함이다.[112]

즉 정조는 노계정의 절의와 충성을 가상히 여겨 그것을 표창하는 의미로 노상추를 삭주부사로 임명했던 것이다. 이 무렵 정조는 노론 세력의 독주를 막고 당쟁의 폐단을 타파하기 위하여 강력한 왕권에 바탕을 둔 탕평정치를 모색하고 있었으므로 그러한 정국 운영을 도모하기 위해서는 국왕의 정책에 호응하는 인적 자원의 구축이 긴요하였다.[113] 당시의 정국 구도에서 정조의 왕권 강화책에 힘을 실어줄 수 있는 세력은 영남 남인계가 적임이었으므로 과거 노계정의 충절이 이때에 이르러 노상추를 통해 다시금 '시대정신'으로 호명되고 있었던 것이다.

노상추는 이러한 정조의 뜻을 충심으로 받들고자 했다. 그에게 정조는 의리상 아버지와 다름없는 존재로 인식되고 있었다.[114] 서둘러 길을 떠난 노상추는 정조 17년(1793) 12월 9일 전임 삭주부사와 印信을 인수인계하는 것으로 업무를 시작하였다.[115] 우선 그가 삭주부사로 있으면서 시행한 주요 업무들을 제시하면 〈표 2〉와 같다.

---

112) 『弘齋全書』 173, 日得錄13. "今世顧安得如此人 其孫尙樞之除職 欲使世人咸知予好尙."
113) 金文植, 「嶠南賓興錄」을 통해 본 정조의 대영남정책」, 『退溪學報』 110, 2001, pp.427~428.
114) 『노상추일기』, 1792년 12월 30일.
115) 『노상추일기』, 1793년 12월 9일.

〈표 2〉 삭주부사 재직시의 주요 업무 현황

수령 7사	일자	내용
農桑盛	1794. 5. 6	종일 산천과 밭과 들을 둘러보니 진황지가 없고 새로 개간한 곳이 많았음
	1794. 7. 7	농사의 시기를 빼앗지 않음
戶口增	1794. 1. 5	민인이 달아나 유리하는 자가 점차 증가하므로 순영에 의견을 첨부해서 보고함
學校興	1793. 12. 15	향교에서 알성례를 거행하고, 훈장 이하 여러 유자들에게 『小學』을 공부하도록 권면함
	1794. 2. 8	향교에 들어가 재계함
	1794. 3. 13	향교의 거접생을 불러 『소학』의 講을 받음
	1794. 4. 1	백일장을 시행함
	1794. 7. 7	학교에서는 암송하고 독서하는 것이 잠시라도 끊어지는 때가 없었음
軍政修	1794. 3. 27	養武 및 百一院의 武都會 試射를 거행함
	1794. 4. 24	嶺阨의 禁養 상태를 살피고, 봉수에 탈이 있는지를 적간함
	1794. 4. 25	장교들에게 활쏘기와 講書를 시험하고 상을 내림
	1794. 5. 25	大館의 城을 지키는 장교의 무용함을 들어 兩營에 혁파를 건의해서 허락을 받음. 鐵箭武士, 柳葉箭·片箭 閑散武士, 振武士, 武經, 兵學 등 모두 25자리를 설치하여 매달 시험을 보아 급료를 주기로 정하고 절목을 만들어 시행함
	1794. 5. 26	고을 백성과 무반을 대상으로 미곡을 덜어내어 호궤를 성대하게 갖추고 試射하여 상을 내림. 유생으로 행세하는 사람을 振武士로 지정해서 무예를 추구하도록 함
	1794. 7. 3	고을 백성과 무반을 대상으로 미곡을 덜어내어 호궤를 성대하게 갖추고 試射하여 상을 내림. 유생으로 행세하는 사람을 振武士로 지정해서 무예를 추구하도록 함
賦役均	1794. 1. 9	읍의 公債를 돈으로 이식하였는데 해마다 족징을 해서 민폐가 극심해짐. 돈이 아닌 미곡으로 바꾸고 이를 환곡에다 붙여서 이자 곡식을 받는 데에 사용함으로써 민폐를 줄임

	1794.1.17	백성에게 환곡을 나누어 주는 것을 감독함
	1794.7.7	매 戶마다 땔나무와 싸리나무 1束씩을 줄여 주고, 無依戶는 닭 1마리를 줄여줌
	1794.2.27	檢屍를 마침. 죽은 사람의 부모에게 공초를 받고, 正犯과 각 사람 등 여러 사람들에게 받은 공초를 살펴봄
詞訟簡	1794.2.29	獄案을 작성해서 파발로 부치고 창성부에 문서를 보내 覆檢을 요청함
	1794.7.7	옥송을 번거롭게 하지 않아서 백성들이 소장을 올리는 일이 드물었음
奸猾息	1794.6.19	법을 어긴 채금꾼[採金軍] 무리를 잡아 가둠

※ 비고: 중복되는 내용은 한번만 기재함.

〈표 2〉에서 알 수 있듯이 노상추가 삭주부사로 있을 때 수행한 목민 활동은 수령 7사의 범주에 속하는 것들이다. 그 중에서 특히 노상추는 상무정책을 구사하여 군사적인 역량을 배가시키는데 힘썼음을 확인할 수 있다. 노상추가 병마를 조련시키고 활쏘기에 우수한 자를 포상한 결과 삭주에서는 1년이 지나지 않아 활을 잡는 무사가 400~500명으로 증가되었다. 또 團束에도 일정한 제도가 있어 闕額이 없게 되었고, 기계를 수선하되 친히 보살핌으로써 軍備가 충실해질 수 있었다. 이에 비해 '學校興'으로 표상되는 문예의 진작은 상대적으로 저조하였다. 그것은 대체로 향교의 거접생에게 『소학』을 권면하여 講試를 하거나 유생을 대상으로 백일장을 개최하는 정도에 국한되었다.[116]

그런데 '軍政修'를 중시한 노상추의 목민 활동은 평안도에서 尙

---

116) 『慶州盧氏族譜』, 「西山窩公家狀」, p.272.

武를 조장하고 文治를 억제하려 했던 정조의 정책 방향에 부합하는 것이기도 하였다. 당시 평안도는 사회경제적 성장에 기반하여 고을마다 文風이 확산되고 있었다. 평안도 지역 내에서 전개되는 이런 추세와 관련하여 정조는 전국적으로 文을 장려하고 武를 분발시켜야 하는 지역을 구분하면서, '武鄕'인 평안도에 대해서는 무예를 숭상하는 동시에 문풍의 확산을 경계하고 차단하는 정책을 구사하였다.[117] 노상추가 부사로 있던 삭주도 역시 그러한 정책의 연장선상에 있었다. 가령 조정에서는 振武士를 양성하기 위해 고을의 유생들을 모두 다 참여시키라고 신칙하였다. 이와 관련해서 노상추는 "武를 추구하게 할 계획[隨武爲計]"을 담아 진무사의 절목을 제정하였다. 하지만 향교 훈장이 절목에 서명할 수 없다고 거부하여 규칙을 새롭게 정하게 되었다. 이로 볼 때 상무에 치중한 노상추의 목민 활동은 문치를 바라는 지역민의 기대와 다소 어긋났을 것으로 생각되지만 상무를 기조로 하는 노상추의 목민 활동은 재임기간 내내 지속적으로 추진되었다.[118]

또 하나 노상추는 목민 활동에서 여느 수령들처럼 농본 위주의 정책을 전개하였다. 사실 그는 관직에 들어서기 전부터 노년에 이르기까지 한평생 농업경영에 지대한 관심을 쏟았다.[119] 삭주에 있을 때도 마찬가지였다. 노상추의 일기에는 농사의 형편과 상황을 세심히

---

117) 오수창, 「18세기 영조·정조의 평안도에 대한 정책」, 『역사와 현실』 17, 1995, pp.157~175 ; 하명준, 『조선의 근대전환과 평안도 연구-평안도인의 정치·문화 운동-』, 경인문화사, 2017, pp.75~92.
118) 『노상추일기』, 1794년 5월 26일.
119) 이정수, 앞의 논문, 2011, pp.238~249.

관찰하고 소회를 적은 기록들이 이루 열거할 수 없을 만큼 수두룩하다. 가령 새해 첫날에 노상추는 온화한 날씨를 보고 풍년들 조짐을 기대하며 미리 기뻐하였다.[120] 여름철에는 농민들이 날마다 旱災를 호소하는 것으로 번민하였고,[121] 또 어떤 날은 충분한 강우량에 흡족해 하며 매우 다행이라고 안도하는 모습[122] 등에서 농사에 대한 노상추의 관심 정도를 넉넉히 살필 수 있다.

그런데 노상추가 보기에 당시 삭주에서는 상인들이 금광 채굴에 깊숙이 관여하여 영리를 추구함으로써 농민을 동요시키는 등 고을에 커다란 폐단을 야기하고 있었다. 국법에서도 함부로 금을 채취하는 행위는 사형에 처할 만큼 엄중히 단속하는 실정이었다.[123] 그리하여 노상추는 삭주에서 금의 채굴에 관계된 상인, 물주, 덕대, 채금꾼 등을 대대적으로 체포하려 했다. 이 때 채금꾼의 우두머리격인 사람이 이웃한 泰川에 살고 있어 태천수령에게 협조를 구하였다. 하지만 번번이 태천수령의 방해로 저들의 체포에 실패하게 되자 그 경위를 감영에 호소함으로써 두 고을이 다투는 지경에까지 이르렀다. 결국 태천수령이 노상추에게 전갈을 보내고 서로 만나서 힐난했던 말을 거두기로 하고서야 사태가 겨우 진정될 수 있었다.[124]

비록 태천수령과의 갈등은 봉합되었지만 이와 같은 다툼은 언제든지 재발할 소지가 있었다. 이는 단순히 목민 활동 과정에서 발생한

---

120) 『노상추일기』, 1794년 1월 1일.
121) 『노상추일기』, 1794년 6월 29일.
122) 『노상추일기』, 1794년 7월 11일.
123) 『노상추일기』, 1794년 7월 25일.
124) 『노상추일기』, 1794년 6월 4일~9월 1일.

고을 간의 알력 다툼이 아니라 노상추가 견지한 '영남인 무관'으로서
의 지역 인식과 정체성에서 비롯된 측면이 있기 때문이다. 실제로 노
상추는 몇 차례나 채금꾼의 체포에 비협조적인 상황에 직면하게 되
자 "태천수령은 세력이 있는 음관으로 무관 수령을 멸시하여서 나라
의 금법을 살피지 않는다"라고 단정하였다.[125] 이와 관련해서 다음
에 제시된 글은 노상추가 지닌 지역에 대한 인식과 무신으로서의 자
기 정체성이 어떠했는지를 선명하게 보여준다.

　지금 나라의 풍속을 보면, 유학을 숭상하는 道는 영남이 최고이고, 호
서와 호남은 사족이 단지 벼슬살이만 알고 유림을 알지 못하여 헛된 이
름만 있고 실제가 없다. 이런 까닭에 다른 道에서 서원을 세우고 선현을
배향하는 것은 오로지 권세와 이익 때문이며, 五常을 위한다는 것은 과
장인 것 같다. … 그러나 영남에서 태어나 자라면서 집안의 교육을 배우
고 익혔으면서도 몸은 武夫가 되었으니, 입이 있어도 할 말이 없으며 실
로 개탄스러운 바이다.[126]

　이처럼 노상추는 '영남인'으로서의 자긍심이 강한 인물이었다.
동시에 유학의 본고장인 영남에서 태어났고 학문을 하는 집안에서
성장했음에도 불구하고 무신으로 행세하고 있는 자신의 처지를 개탄

---

125) 『노상추일기』, 1794년 6월 23일. "泰倅以有勢南行 蔑視武倅 不顧國禁."
126) 『노상추일기』, 1795년 7월 25일. "然以今國俗觀之 崇儒之道 嶺南爲最 兩湖
　　則士族徒知仕宦 不知儒林 而虛名無實矣 以故他道之建學 宇享先賢者 專以
　　勢利 而爲之五常 有若虛張矣…然生長嶺處 習聞家庭 而身爲武夫 有口無言
　　實所慨然."

하였다. 세상에서는 武夫에 대해 천하고 비루한 무리 곧 鄙類라고 칭하고 있었다. 무인들은 염치가 없고, 부끄러움을 모르며, 주색만 좋아하고, 名敎를 알지 못한다는 이유에서였다. 그리하여 노상추는 본디 士類를 꿈꾸었으나 鄙類로 손가락질 받는 무인이 된 것을 자괴하였다. 하지만 그럴수록 예의염치를 굳건히 지켜서 바르게 나아간다면 무인들을 폄하할 수 없을 것이라고 마음을 다잡기도 하였다.[127]

노상추가 법도에 맞는 무인의 길을 걷고자 했던 만큼 체통과 의리에서 벗어나는 일에는 타협하지 않으려 했다. 그것이 앞서 언급한 태천수령과 갈등을 빚게 된 근본적인 원인이었다. 그리고 이는 다시 창성부사와 심각하게 대결하는 요인이 되기도 하였다. 정조 18년 (1794) 1월, 노상추가 삭주부사로 부임한지 얼마 되지 않아 평소 알고 지내던 창성부사를 방문하였는데, 아문에 도착하니 창성이 삭주의 별무사를 관장하는 체통이 있다는 구실로 정문을 열어주지 않고 협문으로 안내하였다. 노상추가 버티고 들어가지 않자 비로소 정문으로 출입하게 되었지만, 이를 계기로 두 사람은 체통과 의리가 손상되었다고 여겨 두고두고 불화를 일으켰다.[128] 이러한 창성수령과의 마찰과 충돌로 삭주부의 행정과 군사 운영은 심대한 타격을 입었다.[129] 이런 가운데 감영에서는 삭주부사에게 이웃 고을끼리 공경을 하지 않았다는 처분을 내렸고, 창성부사에게는 스스로 당치 않은 지

---

127) 『노상추일기』, 1808년 10월 18일.
128) 『노상추일기』, 1794년 1월 10일.
129) 『노상추일기』, 1794년 3월 1일·2일, 5월 29일, 6월 4일, 7월 12일, 8월 16일·17일·18일.

위를 칭해서 사체를 손상시켰다고 판별하였다.[130] 급기야 이 해 12월의 포폄에서 노상추는 창성부사와 더불어 '中'을 맞아 파직되고 말았다.[131]

이렇게 해서 서울로 돌아간 노상추는 정조와의 대화에서 언급되었던 방어사에 끝내 오르지 못하였다. 즉 노상추는 정조 20년(1796) 12월에 오위장에 재임용되었고,[132] 정조 22년(1798)에는 羽林衛將과 內將(禁軍將)에 제수되었다.[133] 다시 그 2년 뒤인 정조 24년(1800) 3월에는 千摠에 임명되었다.[134] 이것이 정조 임금에게서 받은 노상추의 마지막 관직이었다. 이 무렵까지도 吏曹 인사에서 무신 자리의 수령은 남인에게 한사람도 의망되지 않았고, 병조 인사에서는 노상추만이 거의 유일하게 內職에 등용되고 있었다. 노상추의 표현을 빌리자면 "남인은 온 세상에서 용납되지 못하고 오직 임금께서 굽어봐 살펴주시기만을 바랄 뿐"이었다.[135] 그러나 영남 남인과 자신의 功名이 오직 임금에게 달려 있다는 절박함을 뒤로 하고 정조 24년(1800) 6월 '主上'이 갑작스레 승하하여 정조에게 품었던 노상추의 모든 기대는 물거품이 된 채 사라지고 말았다.[136]

---

130) 『노상추일기』, 1794년 8월 26일.
131) 『노상추일기』, 1794년 12월 17일.
132) 『노상추일기』, 1796년 12월 21일.
133) 『노상추일기』, 1798년 6월 21일, 11월 19일.
134) 『노상추일기』, 1800년 3월 7일.
135) 『노상추일기』, 1798년 6월 21일. "南人者卽一世之所不容 惟恃天日之俯燭而已 奈何奈何."
136) 『노상추일기』, 1800년 6월 28일.

IV
맺음말

지금까지 정조대 남인계 영남 무관 노상추의 지역 정체성과 북방에서의 관직 활동을 살펴보았다. 이 시기는 서울을 근거지로 한 노론 중심의 경화사족이 득세하던 때로서 지역과 당색이 벼슬살이에 커다란 영향을 미치고 있었다. 노상추는 명망 있는 영남 남인의 사족 출신으로 초창기에는 조선시대 여느 양반들이 열망했던 것처럼 문관으로의 출사를 도모하였다. 그렇지만 숙종대 환국 과정에서 노론에게 黨禍를 입은 뒤로 조부 노계정이 무관의 길을 걸었던 전력에 따라 결국 노상추도 20대 초반에 문과를 포기하고 무과 공부로 돌아서게 되었다. 이후 노상추 집안은 대대로 무과 급제자를 배출하는 전형적인 무반가문으로 자리매김하였다.

노상추는 35세가 되던 정조 4년(1780)에 마침내 무과에 급제하였다. 이처럼 과거 급제에 십수년의 세월이 요구되었던 까닭은 개인의 능력보다 家勢와 지역 출신 등을 따지는 과거 운영의 부조리에도 원인이 있었다. 급제 뒤에는 다시 선천과 벼슬을 얻기 위해 노심초사하는 나날들을 보내야 했다. 노론이 정권을 잡은 갑술환국(1694) 이후 영남 남인은 정치적으로 소외되었을 뿐더러 남인 일부가 가담한 戊申亂(1728)이 진압되면서 중앙 진출의 기회가 거의 상실되었기 때문이다.

이런 가운데 노상추는 정조 8년(1784), 무과에 급제한지 4년이 지나서야 종9품의 武兼에 낙점되어 첫 벼슬을 시작할 수 있었다. 그리고 다시 3년이 지난 정조 11년(1787)에 함경도 갑산의 진동만호로 발령받았다. 이를 두고 노상추는 세력이 없어 변방으로 쫓겨나는 것이라고 세태를 한탄하였는데, 그 저변에는 변방 갑산을 오랑캐의 땅으로 여긴 지역인식이 자리하고 있었다. 진동진에서의 복무를 마치고 서울로 복귀한 노상추는 노론이 장악하고 있던 중앙 정계에서 고질화된 당쟁과 영남인 배척이라는 현실을 마주해야 했다. 그러던 중 노상추는 정조와의 만남을 통해 관료 생활의 획기적인 전기를 맞이하였다. 정조는 노상추가 충성과 절의로 명성이 높던 노계정의 손자임을 확인하고 노상추를 당상관의 반열인 정3품의 평안도 삭주부사로 임명했던 것이다. 이와 같은 영남 남인계의 발탁과 중용은 노론의 독주를 막고 당쟁의 폐단을 제거하기 위해 추진되었던 정조의 탕평책과 맥을 같이 하는 것이기도 하였다.

노상추는 삭주에서 정조의 평안도 정책에 부응하는 목민 활동을 전개하였다. 그것은 문치보다는 상무에 기반해서 지역의 군사 역량을 진작시키는 양상을 보였다. 아울러 금광 개발이 치성했던 분위기를 누르고 농본을 위주로 하는 정책을 시행하였다. 그런데 목민 활동을 수행하는 과정에서 이웃한 고을의 수령들과 갈등이 초래되기도 하였다. 이는 단순히 고을 간의 알력 다툼이 아니라 노상추가 견지한 '영남인 무관'으로서의 지역 인식과 정체성에서 연유한 측면이 있었다. 그는 영남이 전국에서 유학을 숭상하는 최고의 지역이라고 자부하였으나, 동시에 자신이 세상에서 멸시하는 '武夫'라는 사실을 자괴하였다. 그렇지만 법도에 맞도록 행동한다면 무인이라고 해서 폄

하될 이유가 없다는 신념을 갖고 체통과 의리에서 벗어나는 일에 타협하지 않으려 했다. 이 과정에서 다른 목민관들과 불화가 발생하여 결국 삭주부사에서 파직되는 지경에까지 이르게 되었다. 이후 노상추는 서울에서 몇몇 관직에 제수되었으나 영남 남인의 버팀목이던 정조의 갑작스런 죽음으로 功名을 이루고자 했던 그의 노력도 결실을 맺지 못한 채 끝이 나고 말았다.

하명준, 『嶺南學』 66집(경북대 영남문화연구원, 2018) 게재 논문수정·보완

『노상추일기』의
신유박해 기록 검토

김수태(충남대학교 교수)

│
머리말

필자가 『노상추일기(盧尙樞日記)』를 만나게 된 것은 문숙자, 『68
년의 나날들, 조선의 일상사-무관 노상추의 일기와 조선후기의 삶』
(2009)이란 책을 통해서였다. 책의 서문을 읽으면서 무관이었던 노상
추(1746~1829)가 신유박해(辛酉迫害)가 일어난 1801년 당시 천주교
신자가 많았던 내포지역의 홍주(洪州)에서 영장(營將)을 역임하였으
며, 『노상추일기』에 천주교 신자인 황사영이 언급되고 있다는 사실
이 흥미롭게 다가왔던 것이다. 황사영에 대한 기록이 어떠하며, 『노
상추일기』에 그 이외의 또 다른 천주교 관련 사료들이 얼마큼 있는
가 하는 점이 궁금해졌다. 즉시 『노상추일기』를 빌려서 천주교 관련
사료들을 확인하였는데, 많은 내용이 있음을 알게 되어 놀랐다.

이에 필자는 『노상추일기』의 천주교 관련 사료들을 분석해보고
싶었으며, 다른 교회사연구자들에게도 조선후기의 천주교회사를 이
해하는 데에 매우 중요한 사료임을 알리려고 노력하였다. 『노상추일
기』는 교회측 자료나, 『조선왕조실록』과 같은 관찬 자료도 아닌 천주
교를 박해했던 한 개인의 일기자료라는 점에서 더욱 주목할 필요가
있었던 것이다. 『노상추일기』는 한국천주교회사 연구를 위해서 연

구자들이 이용할 수 있는 자료의 범위를 더욱 확대시켜 주었기 때문이었다. 이와 같은 새로운 자료의 발굴은 이후 1790년대 초반 충청도 관찰사를 지낸 박종악이 정조에게 보낸 편지인 『수기(隨記)』로 이어졌다. 따라서 천주교 사료에 대해 보다 시야를 넓히는 작업은 앞으로도 더욱 계속해서 이루어져야 할 것으로 생각된다. 그러한 가운데 『노상추일기』를 통해서 홍주를 포함한 내포지역의 천주교회사가 새로운 모습으로 정리되기에 이르렀다.[1]

그러나 신유박해가 일어난 1801년에 집중되고 있는 『노상추일기』의 천주교 관련 기록들은 다시 검토될 필요가 있을 것 같다. 우선 경상도 선산 출신의 양반으로, 영남 남인이라는 당파를 가지면서 천주교에 비판적이었던 노상추의 인식이 제대로 다루어지지 못하였던 점을 들 수 있다. 최근에 들어와서 영남 남인들의 천주교 인식에 대한 관심이 높아지고 있다는 점에서 이러한 부분에 대한 설명이 필요하다고 여겨진다.[2] 뿐만 아니라 『노상추일기』에서 서술되고 있는 서

---

1) 방상근, 「18세기말 내포 천주교회의 형성과 발전에 관한 시론」, 『한국 천주교회사의 빛과 그림자』, 2000과 「『수기』와 『노상추일기』를 통해 본 18세기 말 충청도 교회」, 『한국천주교사 연구의 성찰과 전망』, 2014. 차기진, 「당진 원머리 순교사와 교회사의 의의」, 『내포 천주교의 역사와 문화』, 2012와 「조선후기 홍주지역의 천주교사 연구」, 『한국천주교사 연구의 성찰과 전망』을 또한 들 수 있다.

2) 조선후기 영남 남인의 천주교 인식에 대한 기존의 연구는 안동 출신의 류건휴(柳健休, 1768~1834), 『이학집변(異學集辨)』(1833)에 쏠리고 있다. 그러나 류건휴의 천주교 인식은 노상추의 활동보다 늦은 시기에 나온 것이라 할 수 있다. 이에 대해서는 김순미, 「대야 류건휴의 『이학집변』에 나타난 천주학 비판에 관한 연구」, 『교회사연구』 45, 2014와 김선희, 「19세기 영남 남인의 서학비판과 지식권력 : 류건휴의 『이학집변』을 중심으로」, 『한국사상사학』 51, 2015 및 박종천, 「조선후기 영남 유학자들의 벽이단론-온건한 포용주의에 대한 재평가」, 『철학연구』 138, 2016 등이 참고가 된다. 노상추가 집중적으로 서술한 신유박해에 대해서는 1806년 안동 하회의 류의목(柳懿睦,

울에서의 신유박해에 대한 정보들에 대한 분석이 거의 언급되지 못하였다는 점도 지적해야 할 것이다. 서울의 천주교 상황을 통해서 노상추라는 영남 남인이 이해하였던 초기 한국천주교회사 속의 박해사를 새롭게 볼 수 있기 때문이다. 마지막으로 노상추가 내포라는 지역에서 경험하였던 천주교와 관련된 내용에 대해서도 새롭게 살펴볼 필요가 있을 것이다. 기존의 연구에서 대상으로 삼았던 주제인 내포 지역의 천주교 신자들의 존재 양태만을 단순하게 서술하고 있지 않았다는 점에서이다. 여러 다른 내용까지를 알려주고 있는데, 이는 서울과 내포가 함께 맞물려서 천주교에 대한 박해가 진행되고 있음을 보여주고 있다는 점에서도 그러하다. 따라서 『노상추일기』에서 이러한 부분에까지 검토된다면 영남 남인의 천주교 비판이 어떠한 변화를 보여주었으며, 박해사와 관련해서 서울과 지방의 천주교 신자들의 움직임에서 어떠한 차이점이 있는가 등을 다양하게 파악해볼 수 있을 것이다.

이 글에서는 영남 남인의 천주교 인식과 대응이라는 관점에서 『노상추일기』 가운데 '신유일기(辛酉日記)'를 중심으로 서울과 홍주의 신유박해 기록들을 구체적으로 다루어보고자 한다. 이러한 검토를 통해서 『노상추일기』에 보이는 신유박해 기록들이 가지는 역사적 의미를 올바르게 파악할 수 있게 되기를 기대해본다.

1785~1833)이 1796년부터 1802년)까지 7년에 걸쳐 쓴 『하와일록(河窩日錄)』(1806)을 통해서도 엿볼 수가 있다(박종천, 앞의 논문, pp.120~121). 이 경우 그 내용은 노상추의 그것과 비교할 때 매우 간략하고, 풍부하지도 않다. 그러나 영남 남인으로서 노상추처럼 신유박해에 대해서 깊은 관심을 가진 기록으로서는 일정한 의미를 가지고 있다.

II
노상추의 천주교 인식

노상추의 천주교에 대한 인식은 주문모 신부의 입국 이후 일어난 1795년의 을묘박해 시기에서부터 집중적으로 찾아진다. 노상추는 그 몇 해 전에 만난 일이 있었던 족숙 억(漉)씨의 말을 빌어서 자신의 천주교 이해를 드러내고 있다.[3]

노상추의 인척은 천주교 서적을 구해서 읽어 본 사람이었다. 그는 천주교를 사학이라고 하지 않고, 천주학이라고 표현하고 있다. 물론 천주학을 오랑캐의 말이라고 한다. 인륜의 대의를 모르는 조잡한 말이라고 설명하면서, 전생과 후생의 이치를 논의한 내용이 특히 그러하다고 말한다. 그는 천주교를 노자와 불교와도 비교하고 있다. 천주학이 노자나 불교의 허무함보다 더욱 심하여서 사군자(士君子)가 구해 보아서는 안 된다고 한다. 천주교의 가르침에는 이치에 맞지 않는 내용들이 있다는 것이다. 간혹 간간이 이치에 맞는 부분도 있지만, 그 대강(大綱)이 그러하다는 것이다. 때문에 그 자신도 나라의 금령

---

3) 『노상추일기』, 1795년 7월 10일자 일기. 이하의 내용에서 번역문은 국사편찬위원회에서 펴낸 정해은 외역, 『국역 노상추 일기』 6권, 2018과 8권, 2019을 인용하였음을 밝혀둔다.

이 있고 나서 관부의 뜰에서 그 책을 불태워서 시비를 초래할 여지를 없애버린 일을 밝히고 있다. 이에 대해서 노상추는 훌륭한 견해라고 소개하면서 오래도록 감탄했다고 말한다.

노상추는 정조의 말을 빌어서 천주교에 대해서 계속해서 언급하고 있다.[4] 정조가 천주학이라는 용어 대신에 서학(西學)이라는 표현을 사용하고 있음을 알려주고 있는 것이다. 이는 그 역시 서학에 서양의 종교인 천주교와 서양의 과학기술을 모두 포함시키고 있음을 의미한다. 또한 도교가 서양의 나라에 다녀온 듯하다고 말하였던 그가 천주교를 서양의 것이라고 하면서, 형성된 시기나, 사람들이 이 종교를 본 지도 오래되었다고 한 사실을 덧붙여주고 있다. 이에 노상추는 천주학을 잡문(雜文)에 속하는 것으로 이해한다. 재주 있는 선비들이 과거시험을 준비하면서 유교 경전은 공부하지 않고, 제가(諸家)의 잡문만을 숭상하고 이것을 대단하게 생각한다는 점도 언급한다. 그 결과 거기에 들어있는 사악하고 편벽된 글이 사람들이 일반적으로 보는 책 사이에 섞이게 되었으며, 서로 전해 읽으면서 기이하게 여기게 되었다고 한다.

그러나 노상추는 천주교를 사설(邪說)로 파악하였다. 그는 당시 도의(道義)가 사라진 상황을 한탄하면서 정학(正學)인 유교가 천주교와 같은 사설 사이에서 황량하게 존재하게 되었다는 것이다.[5] 서학을 하는 자들이 흉악한 역적의 죄목으로 죽임을 당하게 되면서, 오늘날에는 그 시비가 이미 판가름이 났다는 것이다. 그는 천주교 서

---

4) 『노상추일기』, 1795년 7월 26일자 일기.
5) 『노상추일기』, 1795년 7월 25일자 일기.

적을 본 사람들이 모두 사학의 무리로 규정되었다고 하면서, 천주학 혹은 서학이 이에 사학(邪學)이 되었다는 것이다.[6] 그는 "두 흉적은 호남의 윤(尹)과 경기의 권(權)에서 나왔지만"이라고 하여,[7] 그것이 1791년에 유교적 조상제사를 거부한 진산사건에서 비롯된 결과임을 밝히고 있다. 이들이 역적의 죄목으로 죽임을 당하게 되었기 때문에 천주교가 사학으로 규정되었다는 것이다.

노상추의 천주교에 대한 인식은 정학과 이단 및 사학에 대한 견해와 밀접한 관련이 있었다. 1798년의 일이다. 그는 홍백순과 대화를 할 때,

> 홍백순(洪百順) 생(生)이 와서 이야기를 하였다. 내가 말하기를, "이번 상소문에서 사학(邪學)에 대해 논한 말은 사도(邪道)와 정도(正道)를 제대로 분석하지 못한 것이네. 저들이 말하는 천주학(天主學)은 묵씨(墨氏)의 학문과 같으니 이단(異端)임이 분명하다. 사도는 정도와 비슷하지만 정도는 아니다. 정인홍(鄭仁弘)·송덕상(宋德相)·홍계능(洪啓能) 등의 역적 무리들이 정도의 면모를 갖추고서 고관직을 차지했지만, 마침내 그 자신들이 역적으로서 주륙을 당했으니, 이것이 이른바 사학이 바로 역적의 학문이라는 단서이네."라고 하였다. 홍 생이 이에 크게 탄복하였다.[8]

라고 하여, 정학과 정도, 이단과 사학 및 사도에 대해서 설명하였다

---

6) 『노상추일기』, 1795년 7월 26일자 일기.
7) 『노상추일기』, 1795년 7월 25일자 일기.
8) 『노상추일기』, 1798년 8월 16일자 일기

고 한다. 그는 사람들이 천주학을 논의할 때 정도와 사도를 제대로 분석하지 못함을 비판하고 있다. 천주교가 묵씨(墨氏)의 학문과 같은 이단(異端)이 분명하다는 것이다.[9] 그리고 정도와 사도의 차이점을 설명하면서, 천주학이 이단을 넘어서, 사도로, 다시 말해서 역적의 학문이 되었다고 한다. 이러한 내용은 그의 천주교에 대한 인식이 어떠한 계기를 거쳐서 이단에서 사학으로 전환되었는가 하는 변화의 과정을 설명해주고 있다.[10]

노상추는 "하지만 지난날에 그런 책을 본 사람을 모두 사학의 무리로 규정하는 것으로 말하자면, 이는 실로 흑과 백을 가리기 어려운 것이다. 이것은 형수를 몰래 데려다가 음란하게 간음했다는 무고가 있더라도 하루아침에 판별하기 어려운 것과 같으니, 참으로 우습고 한탄스럽다."라고 하여,[11] 서학 관련 서적을 읽었다고 해서 그 사람들 모두를 사학의 무리로 파악하는 것은 문제가 된다고 비판하였다. 흑과 백처럼 분명하게 구별하기 어렵다는 것이다. 이것은 그가 서학에서의 천주교와, 서학에서의 과학기술을 구분해서 이해하고 있음을 말해주는 것으로 받아들여진다.

한편 노상추가 당시에 유행하고 있는 천주교에 대한 대책을 함께 언급하고 있어 주목된다.

---

9) 노상추는 천주교 신자의 모습이 불교를 공부하는 거사의 태도와 비슷하다고 보기도 하였다(『노상추일기』, 1801년 2월 18일자 일기).
10) 정학과 이단과 사학의 상호관계에 대해서는 박종천, 「조선후기 유교적 벽이단론의 스펙트럼」, 『종교연구』, 76-3, 2016이 참고가 된다.
11) 『노상추일기』, 1795년 7월 26일자 일기.

사설(邪說)을 물리치는 방법이 어찌 사설을 하는 사람들을 죽여서 금지시키는 데에 있겠는가. 형정(刑政)은 어지러움을 다스리는 데에 강력하고 효과적인 방법이긴 하지만 이것은 말단의 방법이니, 그 근본은 정학에 힘쓰는 것이다. 정학에 힘쓰는 방법은 인륜을 밝히는 것이고, 인륜을 밝히는 방법은 『소학(小學)』의 도리를 강구하여 밝히는 것이다. 사대부가 되어 『소학』을 읽고 외우지 못한다면 부끄러운 일이니, 주부자(朱夫子)가 '아마도 조금이라도 도움이 될 것이다.'라고 한 말이 어찌 지당하지 않겠는가. 하지만 영남에서 태어나고 자라서 집안에서 도학(道學)을 배우고 익혔으면서도 무신(武臣)의 신분이 되었으니, 입이 있어도 할 말이 없으며 실로 개탄스럽다.[12]

그는 사설을 물리치는 방법이 어찌 사설을 하는 사람들을 죽여서 금지시키는 데에 있겠는가 하고 반문하다. 그는 형정은 어지러움을 다스리는 데에 강력하고 효과적인 방법이기는 하지만, 교화보다는 말단의 방법이라고 보았다. 그보다 더 근본적인 대책이 필요한데, 정학에 힘쓰는 것이라고 강조한다. 그는 정학에 힘쓰는 방법은 인륜을 밝히는 것이며, 인륜을 밝히는 방법은 『소학』의 도리를 강구하여 밝히는 것이라고 설명한다. 다시 말해서 주자의 가르침을 제대로 실천해야 한다는 것이다. 이때 그는 영남에서 태어나고 자라면서 도학(道學)을 익혔음에도 불구하고, 무관의 신분이 되었기 때문에 더 이상할 말이 없다고까지 한다.

---

12) 『노상추일기』, 175년 7월 26일자 일기.

1801년 홍주의 영장으로 부임한 이후에도 그의 천주교에 대한 발언은 더욱 구체적으로 나온다.

　　지금의 사학은 양주(楊朱)·묵적(墨翟)·노자(老子)·석가(釋迦)와는 다른데, 모든 대상을 평등하게 대하는 것에서 양주·묵적·노자·석가보다도 더 평등하게 대한다. 참으로 크게 걱정스러운 것은 윤리와 기강을 모르고 형벌과 죽음도 두려워하지 않는다는 것이다. 여기에 빠져서 믿는 사람들은 남녀에 차이가 없으며 상놈이 대부분인데, 믿음을 법으로 삼고 있으니 말세의 폐단이 어느 지경에 이를지 모르겠다. 형벌과 죽음을 두려워하는 것으로 말하자면 이적(夷狄)도 꺼리는 것이고 금수(禽獸)도 겁내는 것인데, 사학에 미혹된 이 무리들은 형벌도 겁내지 않으며 죽음을 당해도 후회하지 않는다.

　　천주학이 처음 전해진 뒤에 우리나라 사람들이 이처럼 빠졌다. 그러므로 정학(正學)이 떨쳐 일어나지 못하는 것이 여기에서 극도에 이르렀으니 통탄스럽기 그지없다. 하지만 문정공(文正公) 조광조(趙光祖) 같은 사람이 다시 일어나서 대사헌(大司憲)이 된다면 사학을 물리치고 정학을 세우는 것을 어찌 크게 걱정하겠는가. 우리 조정은 세종조 이후로 정학이 크게 밝혀져서 사림(士林)이 미혹되어 믿는 것에 대해 죽어도 두려워하지 않았다. 무오사화(戊午史禍)와 갑자년(1504)·기묘년(1519)·을사년(1545)의 변고가 계속 이어졌지만, 사대부들은 부끄러워하거나 두려워하지 않았다. 선조(宣祖) 대에 나라를 중흥(中興)한 업적은 전적으로 정학의 창명(倡明)에 힘입은 것이다. 오늘날에 이르러서는 저 천주의 학설이 사학으로 명명되었는데, 우리나라의 백성이 빠져서 믿는다고 하니 어찌 만세의 수치가 아니겠는가. 뼈에 사무치도록 통탄스럽기 그지없다.[13]

그는 천주교를 사학이라고 바로 표현하면서 양주(楊朱)·묵적(墨翟)·노자(老子)·석가(釋迦)와 다시 비교한다. 이때 그는 천주교의 평등사상에 크게 주목하고 있다. 천주교가 모든 대상을 가장 평등하게 대한다는 것이다. 천주교에는 남녀의 차이도 없으며, 신자들도 상놈이 대부분이라고 하며, 이들이 믿음을 법으로 삼고 있다고 말한다. 그러나 그는 천주교 신자들이 윤리와 기강을 모르는 것도 문제이지만, 형벌과 죽음까지를 두려워하지 않는 사실을 더욱 우려하였다. 이적도, 금수도 형벌과 죽음을 겁내는데 천주교 신자들은 전혀 그렇지 않다는 것이다.

때문에 노상추는 우리나라 사람들이 이러한 천주교에 빠져서 믿는다는 사실이 만세의 수치이며, 뼈에 사무칠 정도로 통탄스럽다고 말한다. 그 이유로 그는 정학이 올바르게 떨쳐 일어나지 못하고 있음이 극도에 이르렀다는 사실을 들고 있다. 이에 그는 무너진 정학을 다시 일으켜 세워 일으켜야 한다고 역설한다. 이를 위해서 조광조 같은 사람의 등장이나 선조대와 같은 정학의 번창이 있어야 한다는 것이다. 즉 그는 정학인 유교의 새로운 부흥을 도모함으로써 사학인 천주교를 물리칠 수 있다고 보았다.

이러한 노상추의 천주교에 대한 인식은 영남 유학자들의 이해와

---

13) 『노상추일기』, 1801년 2월 13일자 일기.

의 공통점과 차이점을 찾아볼 수 있게 해준다. 조선후기 영남지역의 벽이단론(關異端論)은 대체로 근본주의로 설명되어 왔다. 그러나 최근에 들어와서는 그것은 신유박해 이후의 현상으로, 그보다 이른 초기에는 온건한 포용주의의 가능성이 지속적으로 선보였다는 사실을 새롭게 강조하며 보다 풍부한 이해를 보여주고 있다.[14] 조선 중기까지 퇴계 이황과 한강 정구 등 영남을 대표하는 유학자들이 대체로 불교나 무속의 문제점을 비판하면서도 급진적이고 폭력적으로 그들의 존재를 말살하는 근본주의적 배타주의 방식이 아니라, 유교적 규범을 유지하는 일정한 한계 내에서 이단의 사회적 존재를 규제하는 포용주의적 교화를 추진하였다는 것이다. 그리고 그것은 여헌 장현광(1554~1637)의 문인이었던 경상도 성주 출신의 학가재 이주(1564~1636)에게도 이어졌다는 것이다. 이단의 종류에 대해서 섬세한 구별을 시도했던 그가 이단을 철저히 제거해야 할 '악'이 아니라 치유해야 할 사상적·사회적 '병'으로 보았다는 것이다.

이때 경북 영양의 주실마을 출신인 조술도(趙述道, 1729~1803)의 천주교 인식이 크게 참고가 된다.[15] 유교의 천주교에 대한 비판을 담은 「운교문답(雲敎問答)」을 저술한 그는 1785년에 일어난 을사추조적발사건 당시에는 정조의 교화와 형벌의 균형을 통한 포용적 정책에 따라 '그 책은 불사르고 그 학문만 금하되', 사람은 상하지 않게 하여 효과를 거두었다고 칭찬하면서도, 온정적으로 지엽적인 사안

---

14) 박종천, 「조선후기 영남 유학자들의 벽이단론-온건한 포용주의에 대한 재평가」, pp.133~134.
15) 박종천, 위의 논문, p.119 및 pp.130~133.

만 따지고 근본적인 발원색원을 하지 않았기 때문에 문제를 남겨두었다고 비판하였다고 한다. 그를 통해서 엿볼 수 있듯이, 천주교 문제에 대한 초기 영남 지식인들의 반응은 교화의 대상에게 물리적 폭력을 가하는 강압적이고 배타적인 근본주의가 아니라, 먼저 교화의 주체가 반성하고 내실을 배양하겠다는 포용주의를 내포하고 있었다는 것이다. 이와 같이 당시 영남 남인의 벽이단론은 모범적 실천을 통한 교화를 지향하였기 때문에, 처음부터 유교라는 사상적 권위에 기댄 정치적 폭력을 행사하는 단계로 바로 전락하지는 않았다는 것이다. 그렇다고 해서 사상적 공간에서 천주교를 용인하는 것은 물론 아니었다.

영남 남인의 이러한 입장은 유교적 조상제사를 거부한 1791년의 진산사건 이후에는 크게 달라졌을 것으로 보고 있다. 왜냐하면 조술도의 경우처럼 천주교를 교화시켜야 할 이단이 아니라, 철저하게 제거되어야 할 사도(邪道)로 재인식하고 있기 때문이다. 여기에는 정학과 이단과 사학을 구별하는 그의 이해가 구체적으로 반영되고 있었다. 이단의 경우에는 교화의 대상이라는 포용주의가 논의될 수가 있었지만, 사도의 경우에는 형정의 대상이라는 배타주의만이 선택될 수 밖에 없다고 보았기 때문이다. 이러한 견해는 신유박해 이후의 시기인 1833년에 나온 류건휴의 『이학집변』으로 이어졌는데, 그가 사학에 대해서 더욱 강경한 근본주의적 배타주의를 보여주고 있다는 것이다. 그것은 순조대인 1801년에 있은 정순왕후의 사학금지령에서나, 헌종대인 1839년에 나온 『척사윤음(斥邪綸音)』에서도 같은 내용을 찾아볼 수 있다는 것이다.

이와 함께 영남 남인들이 서양의 과학기술과 학문에 대해서도 태도의 변화를 보여주었다고 한다. 그들 역시 서양의 그것들이 뛰어나다는 점에서는 대체로 같은 의견을 가지고 있었다. 그러나 그 내용의 신기함에 취해 오히려 서학에 빠져들지 모른다는 경계심 때문에 그것조차도 수용하지 말자는 입장을 취하게 되었다는 것이다.[16] 이에 이들은 정학인 유교 이외의 학문, 특히 천주교를 체제를 위협하는 사상으로 이해하였다고 한다. 따라서 이러한 영남 남인의 천주교 인식에 대한 변화를 고려할 때 노상추가 영남 남인으로서 천주교를 이단에서 그리고 더 나아가 사학으로까지 인식하였음에도 불구하고 포용주의적 입장을 가진 인물임을 알 수 있게 해준다고 하겠다.

III
서울에서의 신유박해 정보 기록

노상추는 일기를 통해서 서울에서의 한국천주교회사 흐름을 서술하고 있다. 우선 한국천주교회의 성립과 관련되는 주요 인물인 이벽에 대한 기록을 남기고 있다.

---

16) 김선희, 앞의 논문, pp.172~173.

이벽(李蘗)의 아우 이격은 사학(邪學)을 하는 사람의 동기(同氣)인데도 아직까지 숙위(宿衛)의 반열에 있으므로, 직소(直所)의 군사들이 그와 함께 있는 것을 부끄럽게 여긴다고 합니다. (중략) 이격은 이벽의 동기로서 진실로 깨끗이 씻고 벗어나 스스로 달라진 자취가 사람들의 이목에 드러나는 것이 없으니, 엄숙한 대궐에 어떻게 이런 무리가 거리낌 없이 출입할 수 있겠습니까. 대간(臺諫)이 상소한 대로 시행하소서.[17]

비변사에서 아뢰기를, "집의 류경(柳耕)이 상소하여 '향리로 쫓아낸 죄인 이격(李格)을 원지(遠地)로 유배하고, 도배한 죄인 오석충에게 다시 엄한 추국을 가하소서.'라고 하였습니다. 이격은 스스로 사학을 했지만 드러난 자취가 없어서 향리로 쫓아내는 법을 시행하였습니다.[18]

이벽이 천주교 신자였다는 사실을 말하고 있는 것이다. 그의 동생 이격도 드러난 자취가 없지만, 역시 천주교 신자라고 한다. 이에 노상추는 이격이 숙위(宿衛)의 반열에 있을 수 없다고 하면서, 향리로 쫓겨나는 과정을 서술해주고 있다.

노상추는 1791년에 일어난 진산사건으로 불리는 신해박해에 대해서 간단한 기록을 남기고 있다.

남인(南人) 중에서 윤(尹)과 권(權) 두 흉적이 이미 처형되었는데도 (중략) 그리고 두 흉적은 호남의 윤(尹)과 경기의 권(權)에서 나왔지만,

---

17) 『노상추일기』, 1801년 3월 17일자 일기.
18) 『노상추일기』, 1801년 4월 1일자 일기.

남인의 명색이니, 어찌 부끄럽지 않겠는가.[19]

유교적 조상제사 거부와 관련하여 윤지충과 권일신의 죽음을 언급하였다. 두 사람의 당파가 남인임을 말하고 있다. 이들을 흉적이라고 하면서, 남인이라는 사실이 부끄럽다고 밝힌다.

이때 노상추는 천주교와 관련해서 남인들의 움직임에 깊은 관심을 가지고 기록하고 있다. 남인 천주교 신자들에 대한 노상추의 관심은 이승훈과, 이가환, 정약용 등에 대한 내용에서 살펴볼 수가 있다. 이승훈에 대한 기록은 1792년 3월 15일 일기에서 찾아진다.

서얼 권위(權瑋)라는 사람이 평택 현령 이승훈(李承薰)을 무함하여 사학의 거두이며 사문난적이므로 문묘에 배알하지 않다고 하였다. 임금께서 특별히 엄한 교지를 내려서 안핵어사 김희채(金熙采)를 보내서 조사하게 했는데, 정말 무고였다. 권위(權瑋)를 잡아다가 심문하니, 그의 공초에 진사 김중순(金重淳)이 사주하여 무고하게 고소했다고 하였다. 김중순은 김문순과 같은 집안사람이므로 형조의 당상관들이 잘못 처리했다고 한다. 이승훈은 남인이고, 김중순은 서인이다.

이승훈과 관련된 내용은 3월 24일자 일기에서도 계속해서 다루어지고 있다. 이때 노상추는 당파와 신분에 크게 주목하고 있다. 평택의 서얼이 서울의 서인과 함께 모의하여, 남인인 평택 현령 이승훈

---

19) 『노상추일기』, 1795년 7월 25일자 일기

을 천주교 신자라고 모함했다는 것이다. 천주교에 대한 박해가 당쟁의 산물임을 시사해주고 있는 것이다. 때문에 이승훈의 동생은 형의 무고를 밝혀달라고 했다고 설명하고 있다. 이는 노상추 역시 같은 남인인 이승훈이 천주교 신자가 아니라고 보고 있음을 알려주는 것이다. 그의 무고함을 옹호하고 있는 것이다.

노상추는 주문모 신부의 입국 이후에 일어난 1795년 을묘박해에 대해서도 계속해서 기록하고 있다.

> 대체로 근래에 또다시 저 사학(邪學)에 들어간 무리로 양근(楊根)의 중서(中庶) □□ 세 사람이 있었는데, 또 임금께서 은밀하게 포도청에 하교하여 하룻밤 사이에 체포하여 장(杖)을 때려죽였다고 한다. 대사간(大司諫) 권유(權裕)가 상소를 올려서 우의정 대감을 지목하여 배척하면서 "은밀히 포도청에 사주하여 사학 무리 세 사람을 장을 쳐서 죽여서 입을 막았다."라고 하였다. 그러자 대신이 차자(箚子)를 올려서 아뢰기를, "이미 연석에서 아뢴 뒤에 포도대장에게 분부했지만, 내부의 실상을 알지 못하는 대사간이 이런 말을 하는 것도 괴이할 것은 없습니다."라고 하였다.[20]

경기도 양근 출신이라고 하면서 이름을 밝히지 않고 있지만, 천주교 신자인 지황, 윤유일, 최인길의 세 사람의 죽음을 말하고 있다. 정조가 이들의 입을 막기 위해서 처형하도록 사주한 것으로 기록하고 있는데, 그것은 사실과 다르다.

---

20) 『노상추일기』, 1795년 7월 10일자 일기.

을묘박해 직후에 쓰여진 『노상추일기』에 이가환이 등장하고 있다.

아침에 승지 이지영(李趾永)에게 가서 이야기하고 돌아왔다. 들으니, 전임 승지 박장설(朴長卨)이 상소를 올려서 경기 관찰사 서유방(徐有防)을 정동준(鄭東俊)의 혈당(血黨)이라고 하면서 배척하고, 판서 이가환(李家煥)을 사학(邪學)의 우두머리로 논척했는데, 그 상소에서 스스로 '신은 이현(도李顯道)처럼 본래 타향에서 벼슬살이 하는 신하입니다.'라고 말했다고 한다. 임금께서 전교하시기를, "저들은 유구국(琉球國)이나 일본국(日本國)에서 귀화한 사람이나 다름없는 사람들이니 말할 가치가 있겠는가. 서유방에 대해서는 그가 어떤 마음을 가졌는지를 내가 잘 알고 있다. 이가환은 근래에 연석(筵席)에서 말하면서 그가 남보다 수십 배나 공부하고 있다는 사실을 알았다. 그런데 일 만들기를 좋아하는 어떤 무리가 지휘하여 이 지경에 이르렀단 말인가."라고 하셨다고 한다.[21]

들으니, 반촌(泮村)의 유생(儒生)들이 상소를 올려서 판서 이가환(李家煥) 대감을 사학(邪學) 소굴의 주인으로 논척했다고 한다. 대체로 그 일이 사실인가 거짓인가 논란이 되고 있는 와중에 남인(南人) 중에서 윤(尹)과 권(權) 두 흉적이 이미 처형되었는데도 뒷말이 아직도 있으니, 이는 크게 한심한 일이다.[22]

---

21) 『노상추일기』, 1795년 7월 10일자 일기.
22) 『노상추일기』, 1795년 7월 25일자 일기.

박장설의 상소와 반촌의 유생들의 상소을 전해주고 있다. 남인 공서파(攻西波)인 박장설 등이 남인 신서파(信西派)인 이가환을 천주교 신자라고 비난한 내용이다. 이가환이 천주교의 우두머리라는 것이다. 이에 대해서 노상추는 이가환이 남보다 수십 배나 공부를 한 사람이라고 하며 일 만들기를 좋아하는 사람의 견해라고 비판한 정조의 말을 들려주고 있다. 또한 이가환이 사학 소굴의 주인인가 하는 문제는 사실인가 거짓인가의 여부에 대한 논란이 있다고 하면서 그런 뒷말이 있다는 것이 한심하다고까지 말한다. 역시 이승훈과 마찬가지로 이가환에 대한 노상추의 우호적인 입장을 드러내고 있다.

그러나 그다음 날인 7월 26일자 일기에 의하면

이날 판서 이가환(李家煥)이 충주(忠州) 목사로 좌천되었고, 승지 정약용(丁若鏞)은 금정(金井) 찰방으로 좌천되었으며, 평택 수령 이승훈은 예산현(禮山縣)에 정배(定配)되었다. (중략) 오늘날에는 서학을 하는 자들이 흉악한 역적의 죄목으로 죽임을 당하게 되었으니, 시비가 이미 판가름이 났다. 하지만 지난날에 그런 책을 본 사람을 모두 사학(邪學)의 무리로 규정하는 것으로 말하자면, 이는 실로 흑과 백을 가리기 어려운 것이다.

라고 하여, 이가환과 정약용의 좌천과, 이승훈의 유배 소식을 전해주고 있다. 정약용이 처음 등장하고 있다. 이에 대해서도 노상추는 여전히 천주교 관련 서적을 본 사람을 모두 사학의 무리로 규정하는 것은 문제가 있다고 하면서 역시 우습고 한탄스럽다고 주장하였다.

노상추의 이러한 서술은 신유박해 이후 영남 남인들이 보여준 태도와는 다른 이해라고 할 수가 있다.[23] 당시 영남 남인들은 기호 남인들과 천주교를 이해하는 데에 있어서 생각이 크게 다르다는 사실을 강조하고자 했던 것이다. 이에 이들은 공서파라고 할 수 있는 기호 남인들의 천주교 비판 보다도 더욱 강경한 입장을 취하였던 것이다. 여기에는 노론들이 신유박해를 일으켜 기호 남인들을 대거 축출시키자, 영남 남인들은 그들의 표적이 되지 않기 위하여 방도를 찾는 가운데 나온 것으로 이해하고 있다. 무엇보다 그들에게는 집권하고 있는 노론으로부터 영남 남인들을 보위해야 한다는 절박감이 영향을 주었다는 것이다.

이런 가운데 1801년에 이르러 홍주의 영장으로 부임한 노상추는 서울에서 전개되고 있는 신유박해에 대해서 자세히 기록하고 있다. 여기에는 새롭게 전개된 상황이 커다란 영향을 주었을 것이다. 그가 부임한 이후 조선 정부의 천주교에 대한 정책이 완전히 바뀌었던 것이다. 1801년 1월 10일에 이르러 수렴청정하고 있던 정순왕후가 하교를 통해서 천주교가 서울에서부터 기호(畿湖)에 이르기까지 날로 더욱 치성해지고 있다고 하면서 이를 엄금시켰기 때문이다.[24] 이제 집권 노론 세력이 천주교에 대해서 교화를 통한 종식이 아니라, 형벌을 통한 박멸을 선언한 것이었다.

이러한 까닭에 그동안 노상추가 깊은 관심을 가졌던 근기 남인 천주교 신자들의 동향이 궁금해졌을 것임은 분명하다.

---

23) 김순미, 앞의 논문, p.192.
24) 『순조실록』 2, 순조 1년.

오늘 들으니 사학이 서울에서 다시 일어나서 죄수가 좌포도청, 우포도청, 형조에 가득찼다고 한다. 또 천안군의 사학 우두머리 이존창을 포도청에서 잡아갔다고 한다.[25]

그가 서울로부터 전해 들은 사실을 기록하고 있다. 천주교가 서울에서 다시 일어나서 감옥에 천주교 신자들로 가득 찼다는 것이다. 이러한 소식에 이어서 자신이 일하고 있는 내포지역의 여사울 출신인 이존창의 체포도 함께 전하고 있다. 이러한 소식들은 그에게 서울의 상황과 홍주를 비롯한 내포지역의 상황이 분리된 것이 아니라 서로 맞물려서 움직여가고 있음을 알게 해주었을 것이다. 이에 그는 다시 서울의 천주교 동향에 대해서 깊은 관심을 가지고서 2월 13일부터 그가 파직되어 그만두는 7월 말까지 관련된 내용들을 지속적으로 기록하였던 것으로 보인다.

당시 노상추가 서울에서의 신유박해 상황을 파악하는데 참고한 자료란 그가 직접 들은 내용도 포함되고 있지만, 관문(關文)이나, 비변사의 초기(草記)도 있지만, 그 대부분은 홍주목에 도착한 조보(朝報)를 통해서였다. 조보란 승정원에서 매일 발행되어 지방 관아를 포함한 각급 관청과 관료들에게 배포된 자료들이다. 지방 관아로의 배송은 5일분을 묶어서 역로를 통해 보내어졌다고 한다.[26] 따라서 노

---

25) 『노상추일기』, 1801년 2월 13일자 일기.
26) 조보에 대해서는 유영옥, 「『이재난고』를 통해 본 '조보'의 유통과 함의」, 『동양한문학연구』 33, 2011과 김덕헌, 「19세기 후반 당파정치와 당파기록물의 이중성-승정원일기(초)와 조보(초)의 사례분석을 중심으로」, 『대동문화연구』 105, 2019를 참고할 것.

상추는 서울에서 매일 발행되는 조보를 접하면서, 당시 권력층의 정국 동향이나 천주교 신자들에 대한 처리 등에 대한 정보들을 정확하게 파악할 수 있었다. 따라서 『노상추일기』의 신유박해 기록에서 참고된 조보 기록에 대해서는 새로운 관심이 필요하지 않을까 싶다. 조보에 『노상추일기』에 서술되지 못한 어떤 천주교 관련 내용이 있으며, 그러한 내용들이 다른 관변 자료와는 어떠한 차이가 나는 것에 대해서 검토할 필요가 있을 것이다.

서울에서의 신유박해 정보를 기술하면서 그가 가장 주목한 내용은 채제공과 남인 신서파에 대한 부분이다.

> 초9일 조보. 삼사(三司)가 합계(合啓)하여 고(故) 영부사(領府事) 채제공(蔡濟恭)에게 관작을 추탈하는 법을 시행할 것을 요청하였다. 사헌부에서 새로 올린 계사에 "이가환·이승훈·정약용이 사학의 본거지가 되었습니다. 이가환은 악한 마음을 품고 끝내 뉘우치지 않았으며, 이승훈은 구입한 요사스러운 책을 그 아버지에게 전하고 기꺼운 마음으로 그 법을 수호했으며, 정약용은 상소를 올려 실상을 자백한 뒤에 몰래 요사스러운 짓을 하는 것이 도리어 전보다 심해졌습니다. 전임 판서 이가환, 전임 현감 이승훈, 전임 승지 정약용을 속히 의금부로 하여금 먼저 엄하게 국문하여 실상을 알아내게 하소서."라고 하였다. 또 아뢰기를, "사학을 느슨하게 다스린 좌포도 대장과 우포도 대장에게 현고(現告)를 받고서 모두 책임을 물어 파직하는 법을 시행하소서."라고 하였다.[27]

---

27) 『노상추일기』, 1801년 2월 22일자 일기.

노상추는 채제공에 대해서 먼저 언급하고 있다. 채제공의 관직을 추탈하고자 하는 시도가 있었다는 것이다. 이때 그가 채제공을 언급한 이유는 "옥천군 수령과 서로 말을 주고받는 동안에 그가 채제공 재상 역시 사학을 옹호했기 때문에 사학이 만연하게 되었다고 언급하였다. 이 말의 뜻을 들어보니 이 무리들이 채 재상과 당론이 다르므로 사학을 가지고 공격하여 모욕할 의도였다. 그 마음이 음험하므로 오랫동안 대화할 수가 없었다."라는 한[28] 내용이 잘 설명해주고 있다. 그것은 노론 벽파가 채제공을 천주교와 남인 신서파를 옹호한 인물로 지목했기 때문에 일어났다는 것이다. 서로 당파가 다르다는 이유로 채제공을 오해하고 비난한다는 것이다. 다름 아니라 천주교를 명분으로 채제공을 공격하고 모욕할 의도에서 나온 것으로 보았던 것이다.

그러나 노상추는 채제공이 그러한 인물이 아니라고 계속해서 주장하였다. 그와 천주교와는 전혀 무관하다는 것이었다. 이것은 당시 영남 남인들의 입장과 같은 것이라고 할 수 있다. 역시 신유박해의 상황을 기록하고 있는 『하와일록』이 말해주고 있듯이, 당시 집권 노론 세력들이 그들의 세도(勢道)를 위해서 채제공을 그와 같이 역적으로 몰아가고 있다고 하면서 받아들이지 않고 있기 때문이다.[29] 『노상추일기』는 빈번하게 채제공이 서술되고 있을 정도로 그와 채제공은 오래전부터 밀접한 관계를 유지하고 있었음을 알려주고 있다. 그것은 채제공이 노상추가 조부인 노계정의 사적을 적은 '죽월헌 유

---

28) 『노상추일기』, 1801년 8월 3일자 일기.
29) 『하와일록』, 1801년의 3월 18일자 일기 및 5월 30일자 일기.

적'의 서문을 부탁하자 흔쾌히 허락하였다는 사실에서도 엿볼 수 있다.[30] 이에 노상추는 일기에서 정조가 채제공에게 내린 금령을 상기시키면서 그것이 순조대에도 받아들여지지 않았다는 것과, 이후에도 계속해서 관직 추탈에 대한 시도가 끊이지 않았음을 기록하는 등 그에 대한 논란을 지켜보았다.[31]

노상추는 채제공에 이어서 바로 이가환, 이승훈, 정약용을 계속해서 서술하고 있다. 역시 남인 신서파에 대한 그의 관심에서 비롯된 것으로 보아야 할 것이다. 이들은 순조대 사학금지령이 내려진 이후 가장 먼저 탄핵된 인물이었다. 당시 노론세력은 정약종-정약용-이가환-채제공으로 연결되는 고리를 확인하고자 했기 때문이었다. 이들에 대한 엄격한 조사를 통해서 실상을 알게 해달라고 요구하였던 것이다. 이에 사학의 본거지라고 비난을 받고 있는 이들에 대한 새로운 조사가 시작됨을 알려주고 있다. 이후 최창현, 최필공, 권철남, 정약종, 임대인, 조동섬, 홍낙민, 김백순, 오석충, 홍치영, 이학규, 유이환, 이준신, 홍교만, 이존창 등에 대한 조사를 함께 알려주고 있다.[32] 이때 노상추는 신유박해 이전과 달리 이들에 대한 조사에 대해서 별다른 주장을 드러내고 있지 않다. 조사과정만을 소개하고 있을 뿐 이전과 그들이 달리 무고하다든지의 자기 의견을 밝히지

---

30) 정해은, 「조선후기 무관 노상추의 중앙 관직생활과 그 의미-오위장과 금군장을 중심으로」, 『민족문화논총』 73, 2019, pp.208~209.

31) 『노상추일기』, 1801년 2월 22일자 일기 및 4월 8일자 일기.

32) 이승훈에 대해서는 동생 이익운이 1801년 5월 9일자 일기에서 다시 언급되고 있다. 이승훈이 사형을 당한 뒤에도 조금도 두려워하는 마음이 없이, 당파를 두둔하고, 나라를 원망한다는 소문이 낭자하므로, 삭직하고, 문초하여 죄목을 정하라.

않았다. 그 역시 이제는 이들이 천주교 신자라는 사실을 받아들이게 된 것으로 보인다.

노상추는 정약종, 최창현, 최필공, 홍낙민, 이승훈 등이 서소문밖에서 참수형을 당했고, 같은 날 이가환이 고문을 이기지 못하고 감옥에서 죽은 내용을 일기에서 기록하고 있지는 않았다. 이존창의 경우만 공주에서 참수될 것임을 언급하고 있을 뿐이다. 1801년 4월 1일자 일기를 통해서 정약전이 신지도로, 정약용과 김백순이 장기현으로, 오석충이 임자도로, 이기양이 단천부에 유배된 사실과 함께, 양사(兩司)에서 이들에 대한 조사가 새롭게 실시될 것임을 알려주고 있는 것이다.[33]

그런데 노상추가 그의 일기를 통해서 오래전부터 관심을 가졌던 남인 신서파에 대한 동향만이 아니라, 황사영과 주문모 신부를 크게 부각시키고 있다는 사실이 주목된다. 남인 신서파에 대한 공격은 신유박해의 시작을 알려주는 것이라고 한다면 3월 12일에 자수한 주문모 신부의 등장은 신유박해의 확대를 알려주는 것이기 때문이다. 노상추는 주문모 신부와 관련된 인물들에 대한 광범위한 조사가 이루어지고 있음을 새롭게 서술하고 있는 것이다. 이것은 노상추의 서울에서의 신유박해 기록 가운데 매우 큰 비중을 차지하는 부분이라고 할 수 있다.

1801년 3월 6일자 일기에 의하면 포도청으로부터 주문모 신부와

---

33) 『노상추일기』, 1801년 4월 6일자 일기에 "형조에서 사학(邪學) 죄인으로 32세의 최필제(崔必濟), 30세의 정인혁(鄭仁爀), 25세의 운혜(雲惠), 23세의 정철상(丁哲詳), 32세의 이합규(李鴿逵), 54세의 복혜(福惠)를 당일에 서소문에서 참수할 것을 아뢰었다고 한다."는 내용이 이어지고 있다.

황사영을 체포하는 것에 대한 관문이 순영에 도착했음을 알려주고 있다. 그는 이들에 대해서 다음과 같이 소개하고 있다.

일전에 서울에서 온 사람의 말을 들으니, 죄인 주문모(周文謨)는 바로 서양 사람으로서 머리를 기르고 역관에게 우리말을 배운 다음에 몰래 우리나라에 와서 도당(徒黨)과 결탁하여 사학을 가르치면서 안동방동(安東坊洞)에 거처했는데, 그 일당들이 3천 금의 큰 집을 사서 그를 높여서 스승으로 삼았기 때문이라고 한다. 황사영(黃嗣永)은 서울 서부(西部)의 성(城) 밖에 사는 사족(士族)으로 16세에 성균관 생원에 오른 자인데, 올해 나이 27세로 망명(亡命)하였다고 한다. (중략) 그들로 하여금 면과 리마다 샅샅이 조사하여 망명한 죄인을 찾아내도록 하였다. 만약 다른 진(鎭)에서 또한 이러한 규정을 쓴다면 바다를 건넜으면 어쩔 수 없어도 우리 경내에 있다면 어찌 붙잡지 못할 리가 있겠는가.[34]

주문모 신부를 서양 사람으로 이해하고 있는 것이다. 그리고 그는 황사영의 경우 바다를 건너 망명할 가능성까지 언급하고 있다.

이것은 노상추가 이제 천주교를 국내 정치세력 사이의 대립만이 아니라, 외국과의 관련 문제까지 일으키는 사상으로 이해하고 있음을 말해주는 것이다. 대왕대비인 정순왕후의 새로운 전교를 전하고 있는 1801년의 4월 1일자 일기를 통해서 그러한 사정을 구체적으로 파악할 수가 있다. 다름 아니라 천주교 신자의 섬 유배와 관련된 것

---

34) 『노상추일기』, 1801년 4월 8일자 일기

이었다. 천주교 신자들을 섬으로 유배를 보내게 되면 앞으로 또 다른 문제가 일어난다는 것이다. 죽음을 두려워하지 않는 이들이 섬으로 보내지면 한마음으로 힘을 합쳐서 장차 연해의 끝없는 근심이 될 것이라고 보았던 것이다. 그리고 지방의 섬은 뜬 소문이 나오는 곳인데, 천주교 신자들이 나라를 원망하는 마음을 가지고 지어내는 근거 없는 말이 틀림없이 이르지 않는 곳이 없게 되어 민심이 안정될 날이 없을 것이라고 말한다. 특히 섬 사이에는 다른 나라의 상선이 표류하여 정박할 때가 많은데, 천주교 신자들이 반드시 외국과 서로 통할 염려가 있음을 지적하고 있다. 따라서 천주교 신자들을 섬으로 유배 보내는 것은 장차 바깥에서 강한 적을 오히려 모두 섬에 모이게 만든다고 이해하였다. 이에 이들을 따로 흩어 놓아서 한 고을에 각각 한 명씩 유배시키게 하라는 조치를 내리고 있다.

이에 노상추는 4월 1일자 일기에서는 은언군 이인의 처 마리아와 그의 며느리 신마리아가 주문모 신부와 왕래하여 서로 만났기 때문에 사사(賜死)된 사실을 알려주고 있다. 역시 주문모 신부를 외국인으로, 흉추(凶醜)라고 부르고 있다. 이인과 그의 아들에 대한 사사는 받아들여지지 않았지만, 5월 7일자 일기에서는 대왕대비가 이인과 그의 아들을 다른 집으로 옮겨 안치하고 천극(栫棘)의 형율을 추가하였음을 알려주고 있다. 같은 날의 일기부터 김렴, 김건순, 김이백, 이희영, 이상영 등에 대한 조사를, 4월 5일자 일기에서는 강이천과 김려, 김선에 대한 조사를 전해주고 있다. 그리고서 「이희영 결안」과 「김백순 결안」의 내용과 함께, 이들이 서소문 밖에서 참수된 사실을 기록하고 있다. 이희영은 황사영과 주문모 신부와 연결된다는 것이다. 2월에 남인 신서파의 인물들과 함께 체포된 김상용의 자손인 김백순을 조상제사를 거부하였으며, 천주교를 사학으로 인정하지 않았다는 이유로 처형했다고 한다.

4월 6일자 일기에는 강이천이 의금부에서 사망했음을, 4월 8일자 일기에서는 이술범에 대한 조사를, 4월 28일자 일기에서는 강이문, 김종억, 김정신, 최우문, 김선, 이정, 김종억 등이 조사를 받았음을 기록하고 있다. 이와 함께 주문모 신부에 대한 정부의 처분결정을 알려주고 있다. "주문모를 효시하기 위해 어영청으로 내보냈는데, 어영청에서 주문모는 서울과 지방의 군병과 방민(坊民)을 모래밭에 대대적으로 모아놓고 효시하여 사람들을 경계시키겠다는 내용의 초기가 올렸다."라고 하여, 주문모 신부에 대한 효수 소식을 전해주고 있는 것이다.

같은 날에 「김이백 결안」과 「김건순 결안」을 소개하면서, 서소문 밖에서의 참수 사실을 기록하고 있다.

〈죄인 김이백, 나이 28세, 결안(結案)〉 "(중략)흉악한 짓을 저지른 전말은, 저는 김건순의 서족(庶族)으로서 강이천(姜彛天)을 소개받았는데, 그는 평생의 기량이 오직 허황된 말을 하는 것이어서 도처에 전파하는 말이 모두 세상을 소란스럽게 하는 것이었습니다. 심지어 바다 속에 어떤 섬이 있고 섬에는 도주(島主)가 있는데 병마(兵馬)가 힘이 세고 건장하다고 하며, 등불 아래에서 그림을 그리면서 강이천을 가리켰습니다. 또 김건순이 주문모에게 가서 만나본 뒤에 사학(邪學)에 들어가서 강이

천과 함께 살았습니다. 그리고 바다 사람인 곽남옹(郭南翁)을 데리고 다니면서 은밀하고 요사스런 말을 많이 했는데, 서로 마음을 같이 하여 사람들의 마음을 속이고 현혹시켰습니다. 죄상은 연전에 조사한 문서에서 이미 드러났고, 정황은 이번 추국 진술에서 더욱 뚜렷해졌습니다. 그 죄악을 논한다면 죽이는 것도 오히려 가볍습니다. 요사스런 말로 사람들을 현혹시킨 것이 확실합니다."라고 지만(遲晩)하였습니다. 당일에 서소문(西小門) 밖에서 부대시(不待時)로 참수하소서.

〈죄인 김건순, 나이 26세, 결안〉 "(중략) 흉악한 짓을 저지른 전말은, 정사년(1797) 8월에 정광수(鄭光受)라는 자가 여주로 저를 찾아와서, 저에게 서울의 어떤 사인(士人)이 저와 만나기를 간절히 원한다고 하였습니다. 제가 과거를 보러 갈 때, 정광수 등이 양근(楊根)의 나루에서 기다리고 있어서 함께 배를 탔습니다. 상경한 뒤에 그가 또다시 저를 찾아와서 함께 한 사람을 방문할 것을 요청했는데, 지난번에 말했던 어떤 사인은 바로 주문모였습니다. 함께 예를 행하고 이어서 사학의 원류를 물었습니다. 그 뒤에는 홍익만(洪翼萬)이라는 자가 와서 주문모의 편지를 전해주었습니다. 그래서 제가 또 그 뒤에 몇 해 동안 가서 만난 것이 두 차례입니다. 제가 있는 곳에서 주문모에서 가서 만나 두세 번 사학에 대해 토론하게 되었는데 그에게 미혹되어 마음을 돌이키지 못하였습니다. 김이백이 강이천에게 전파하고 강이천이 시골 사람들을 속이고 현혹시켰습니다. 바다 사람이라고 하는 여자도(呂字島)의 곽남옹 등은 수많은 요사스럽고 사리에 어긋나는 말을 저를 구실삼아 했으니, 제가 지은 죄는 죽고도 남을 죄입니다. 요사스런 글과 요사스런 말을 친구들에게 전하고

사람들을 현혹시킨 것이 틀림없습니다."라고 지만하였습니다. 죄는 부대
시로 서소문 밖에서 참수하소서.[35]

김이백과 김건순은 모두 주문모 신부와 연결된 인물이며, 「결안」
의 내용에서도 이들의 처형 이유를 바다와 섬과 관련된 내용과 연결
시켜 강조하고 있다. 그만큼 노론 집권세력이 주문모 신부의 활동과
함께 천주교 신자들이 외국과의 교류가 이루어졌는가에 대해서 민
감하게 반응을 일으키고 있음을 알려주는 내용들이다. 그리고 주문
모 신부의 자수 이후 체포되어 그 밖의 인물들에 대한 처리를 함께
전해주고 있다. 몇 사람만 석방되었을 뿐 그 대부분은 유배형을 받았
다. 5월 15일자 일기에서는 주문모와 관련되는 중요한 인물 내포출
신의 강완숙이 포도청에서 죽었음을 전해주고 있다. 7월 22일자 일
기에서는 제주도에서 위리안치형을 받고 있던 홍낙임이 사사되었음
을 기록하고 있다.

지금까지의 내용을 살펴볼 때 노상추가 서울에서 전개된 신유박
해뿐만 아니라, 초기 한국천주교회사의 흐름에 대해서 중요 사건들
을 중심으로 나름대로 체계적으로 이해하고 있음을 알려준다. 물론
그는 황사영 백서 사건이 일어나는 신유박해 후기의 상황에 대해서
는 거의 언급을 하고 있지 않다. 그의 기록이 신유박해와 함께 천주
교 관련 기록이 더이상 나오고 있지 않기 때문이다. 그러나 그가 일
기에서 서술한 내용은 마치 황사영 백서 사건이 한국 천주교회에 어

---

35) 『노상추일기』, 1801년 4월 28일자 일기.

떠한 변화를 일으켜주는가를 예고해주는 듯하다. 비록 황사영은 체포되지 않았지만, 주문모 신부를 통해서 천주교와 외국과의 관련 여부가 구체적으로 다루어지고 있기 때문이다.

그런데 주문모 신부의 자수와 함께 진행된 신유박해의 확산과정에 대한 그의 서술이 매우 상세하다는 사실은 중요한 특징이라고 할 수 있다. 신유박해 당시 이승훈 등 남인 신서파의 처리 과정과는 상당한 차이가 있기 때문이다. 특히 관련 인물들에 대한 심문과정이나 처벌을 다룬 내용의 서술에서 그러하다. 이들을 매우 엄중하게, 신속하게 처리하고 있음을 느끼게 해주는 것이다. 그렇다면 『노상추일기』에서 왜 이들에 대한 관심이 많은 분량으로 이와 같은 서술로 나오게 되었는가 대해서 조금 더 검토할 필요가 있을 것이다.

『노상추일기』에서 주문모 신부와 관련해서 처형된 대표적 인물들로 기록하고 있는 사람들 모두가 김건순과 관련된다는 점에서 단서를 찾을 수가 있지 않을까 한다. 이례적으로 결안을 소개하고 있는 김건순이나, 김백순이나 김이백 등은 모두 인척관계이며, 이희영도 그와 밀접한 관련을 가지고 있는 인물이다. 이때 주목되는 사실은 이들의 당파를 모두 밝히고 있지 않고 있다는 점이다. 윤지충이나 권일신이나, 이승훈 등이 남인이었다는 사실을 구체적으로 언급한 것과는 다르다고 하겠다. 기존의 연구에서 잘 지적되고 있듯이, 노상추는 자기가 만나는 사람들을 기록할 때 당파를 꼭 서술하고자 했다는 사실을 고려할 때에도 그러하다.[36] 물론 김백순과 함께 처형

---

36) 정해은, 앞의 논문, pp.211~212.

된 이희영이 중인이라는 사실만을 기록하면서 천주교 신자에 중인이 있음을 언급하고 있기는 하다. 그러나 이희영을 제외하고서 다른 중인신분의 천주교 신자에 대한 서술은 더 찾아보기가 어렵다. 이는 그가 서울에서 일어난 신유박해를 양반 사이에 일어난 문제로 인식하고 있음을 드러내주는 것이라고 하겠다.

이때 노상추는 김건순이 안동 김씨 가문의 노론이라는 사실을 전혀 언급하고 있지 않고서 신유박해의 확산과정을 설명하고 있는 점이 주목된다. 김건순과 천주교 및 당파의 문제에 대해서는 최근의 연구가 도움을 준다.

순조 즉위 후 정순왕후가 집권하면서 상당수 천주교 신자들이었던 남인들을 제거하기 위한 것이 신유사옥이었다. 이 사건으로 정조대 입지가 강화되었던 남인들은 정치적으로 제거될 수밖에 없었다. 김건순은 주문모 신부의 심문 과정에서 언급되며 체포되어 천주교 신자인지, 세례를 받았는지, 강이천이 꾀한바 있는 사건을 통해 반역을 꾀했는지 집중 심문을 받았다. 김건순은 철저히 천주교인인 것을 부정하였고, 세례받은 것을 인정하지 않았다. 그는 주문모신부만 만난 것을 인정하였다. 이러한 그의 행보는 배교로 볼 수 있고, 천주교회에서도 김건순을 순교자로 인정하지 않고 있다. 그럼에도 김건순은 안동 김문 명문세족 출신 양반사대부이지만 참수형을 당하였다. 김건순은 천주교를 했다는 것을 인정하지 않았음에도 샤를르 달레나 황사영 등 당대인들은 그를 순교자로 묘사하고 있다. 이러한 김건순에 대한 엄한 처분은 두 가지 정치적 목적

을 가지고 있다고 여겨진다. 하나는 안동 김문에 대한 정순왕후의 견제
이며, 또 하나는 신유사옥이 남인을 처벌하는 정치적 숙청이라는 시각에
대한 반증으로 노론 김건순에 대한 엄한 처벌이 이루어진 것으로 보이
며, 천주교 측에서는 노론도 천주교 신자라는 또 다른 이유가 필요했기
때문에 당대에는 김건순을 순교자로 인식한 것으로 볼 수 있다.[37]

　노론 출신의 김건순에 대하여 엄한 처분이 내려진 것은 신유박해
가 남인 세력만을 제거하기 위한 정치적 숙청이라는 시각에 대한 반
증에서 나온 것이라고 해석하고 있는 것이다. 그러나 그와 같이 보기
만은 어렵지 않을까 싶다. 이러한 이해란 집권 노론의 입장에서 김건
순의 죽음을 살핀 것이기 때문이다.

　그보다는 영남 남인이라는 노상추의 시각에서 달리 접근할 필요
가 있을 것이다. 여기에는 그가 남인 신서파를 옹호한 인물이라는 사
실도 염두에 두어야 할 것이다. 그가 노론 출신의 김건순 등에 대한
서술을 통해서 남인 신서파를 새롭게 이해하려고 했던 것이 아닐까
싶다. 노상추는 노론이 천주교 신자라는 명분을 내걸면서 제거하려
고 한 남인 신서파의 움직임에 못지않게, 자신들의 세력 속에 속하는
사람들의 움직임에서 더 큰 위험을 찾아볼 수 있다는 것을 말하고자
했던 것으로 생각된다.

　다름 아니라 김건순과 관련된 사람들은 정부 측이 가장 우려한 것
처럼 바다나 섬을 통해서 외국 세력과 결탁하려는 가능성까지를 보

---

37) 임혜련, 「정조말~순조초 김건순의 행보와 신유사옥」, 『한국학논총』 51,
　　2019, pp.313~314.

여주었던 것이다. 그것은 남인들의 유교적 조상제사에 대한 거부가 이들 천주교 신자를 역적의 무리로 규정한 것을 고려할 때, 김건순을 포함한 노론 신서파의 움직임이란 그보다 오히려 더 심각하고 무거운 잘못이기 때문이다. 그렇다면 영남 남인으로서 홍주의 영장이라는 현직에 있던 노상추가 서울에서의 신유박해를 정리하면서 노론 출신의 김건순과 천주교의 관련에 대해서 많은 내용을 서술한 것은 남인 신서파에 대한 공격을 통해서 정치적 변화를 추구하려고 했던 노론세력에 대한 그의 간접적인 비판을 포함시키고 있다고 하겠다.

IV
내포에서의 신유박해 활동 기록

노상추는 천주교에 대한 이론적 비판만을 한 것이 아니었다. 무관으로서 천주교 신자들이 크게 활동한 내포지역에서 천주교 신자를 체포하게 하고 직접 심문한 인물이었다. 1800년 1월 홍주에 도착한 이래 1801년 7월에 교체될 때까지 홍주의 영장 겸 토포사로서 활동하였던 것이다.

노상추에 의하면 홍주지역은 천주교 신자가 많은 곳이었다. 정순왕후의 하교에도 서울과 경기지역만이 아니라, 내포지역이 나올 정도였다. 이곳에서 천주교가 날로 더욱 치성(熾盛)해지고 있다는 것이다. 서울에서 볼 때 홍주가 사학에 가장 심하게 물든 지역으로 지목되고 있음을 말하고 있다.[38] 그 가운데에서도 그는 "홍주의 북쪽 다섯 개 면(面)인 현내(縣內)·합남(合南)·합북(合北)·신남(新南)·신북(新北)은 덕산과 면천(沔川)으로 구불구불 넘어가고 홍주의 운천면(雲川面) 하나는 해미로 넘어가서 땅의 경계가 서로 이어지지 않는다. 인심이 간교하고 흉악하기로 이보다 심한 곳이 없다."라고 하여,[39] 홍주의 월경지가 그러하다고 평가하고 있다. 이에 그는 정순왕후의 사학금지령이 내린 이후부터는 다른 일에 관심을 두지 못할 정도로 천주교 신자의 색출에 전념했다고 말한다.[40]

7개월에 불과한 짧은 재임 기간이지만, 노상추의 활동은 크게 두 시기로 구분할 수가 있다. 첫 번째 시기에는 정순왕후의 하교에서 제시된 대로 오가작통법(五家作統法)을 통해서 천주교 신자를 색출하고자 했다.

부임 뒤에 금령에 대한 일을 스스로 헤아려 보니 오가작통(五家作統) 만한 것이 없었다. 통수(統首)는 오가(五家)의 기찰장(譏察將)이 되고, 한 면(面)의 기찰장은 모든 통(統)을 도맡아서 거행한다. 그러므로 기찰하여 염탐할 조목 10조를 쭉 적어서 답인(踏印)하고, 각 면의 도기찰장(都譏察將)을 맡은 면임(面任)에게 나눠주고서 면임의 벽에 붙여두고 거행할 수 있게 하였다. 그 조목은 다음과 같다. 1.면기찰(面譏察)은 오가

---

38) 『노상추일기』, 1801년 3월 17일자 일기.
39) 『노상추일기』, 1801년 4월 2일자 일기
40) 『노상추일기』, 1801년 6월 11일자 일기.

의 통수를 총괄하여 맡는다. 2.통수는 사학(邪學)에 빠진 무리를 염탐하고 와서 고한다. 3.도적 무리를 기찰하고 염탐한다.[41]

오가작통법과 관련된 사학금지령이란 천주교 신자의 색출을 위해서 나온 것이다. 이에 대해서 그는 천주교를 염탐하는 방법으로는 오가작통법 보다 요긴한 것이 없다고 평가한다.[42] 통수의 가장 중요한 임무가 천주교 신자를 염탐하고 보고하는 일이었다는 점이 잘 알려주고 있다. 염탐과 보고가 있으면, 영장은 장교나 나졸들을 동원하여 이들을 체포하는 과정을 밟아나갔다. 이때 천주교 신자들은 '적(賊)'으로도 표현되고 있어 주목된다.[43] 따라서 『노상추일기』는 홍주지역에서 오가작통법을 통해서 지방에서 천주교 신자들의 염탐과 체포가 어떻게 이루어졌는가를 잘 보여주는 자료라고 할 수 있다.

또 다른 한 시기는 황사영이 홍주지역에 숨어있었는가를 조사하는 과정에서 다른 신자들을 체포하게 된 것과 관련이 있다. 4월 4일에 이르면 황사영의 체포를 위해서 움직였던 것이다.

어제 포도청(捕盜廳) 장교와 나졸 및 어영청의 별군관(別軍官) 이(李)□□도 도착하였다. 이□□이 알현을 청하기에 불러서 보았는데, 바로 수군절도사 이엽(李燁)의 서자였다. 들으니, 황사영(黃嗣永)을 추적하여 붙잡기 위해 연해(沿海)로 내려왔다고 하는데, 이날 청양(靑陽)으로 나

---

41) 『노상추일기』, 1801년 1월 18일자 일기.
42) 『노상추일기』, 1801년 2월 6일자 일기 및 2월 22일자 일기.
43) 『노상추일기』, 1801년 4월 26일자 일기.

갔다. 김중근(金重斤)을 용천면(用川面)의 기찰장(譏察將)과 함께 바다의 여러 섬으로 들여보내서 샅샅이 조사하고 염탐하도록 분부하였다.[44]

황사영을 추적하기 위하여 연해로 내려온 포도청과 어영청의 장교 및 나졸들과 함께 협력하여 바다의 여러 섬을 샅샅이 조사하고 염탐하였다. 그것은 4월 8일에 오면 노상추는 자신의 관할 지역 전체에 대한 조사를 전면적으로 실시하였다.

그러므로 초 5일에 부지런한 장교를 뽑아서 27개 면(面)을 샅샅이 조사하고, 면, 리(里), 호(戶)마다 5일 간격으로 엄히 신칙하고 일이 있는지 없는지를 보고하도록 하였다. 전임 집사 박연수(朴延壽)를 금동(金洞)과 홍안송(洪安松) 두 면으로 내보냈고, 전임 집사 김호재(金浩載)를 상전(上田)과 흥구향(興口香) 두 면으로 내보냈다. 전임 순영 천총(巡營千摠) 이상복(李相福)을 얼방(乻方)·화성(化城)·유곡(酉谷) 세 면으로 내보냈고, 전임 집사 강주영(姜周榮)을 오사(烏史)·성지(城枝) 두 면으로 내보냈으며, 전임 파총(把摠) 강성복(姜成福)을 용천(用川) 한 면에 내보냈다. 전임 순영 천총 김경로(金慶老)를 번천(番川)·궁경(躬耕) 두 면으로 내보냈고, 전임 집사 김태봉(金太奉)을 고남(高南)·고북(高北) 두 면으로 내보냈으며, 토포(討捕) 군관 최경로(崔慶老)를 운천(雲川)·치사(雉寺) 두 면에 내보냈다. 토포 군관 김일복(金日福)을 홍천(洪天)·대감개(大甘介) 두 면으로 내보냈고, 주군관(州軍官) 장제성(張齊聲)을 신남

---

44) 『노상추일기』, 1801년 4월 4일자 일기.

면(新南面)으로 내보냈으며, 주군관 이만번(李萬番)을 신북면(新北面)으로 내보냈고, 주군관 박종복(朴宗福)을 현내면(縣內面)으로 내보냈다. 주군관 최준민(崔俊民)을 합남면(合南面)으로 내보냈고, 주군관 김창욱(金昌郁)을 합북면(合北面)으로 내보냈으며, 전임 병방(兵房) 장교 이언오(李彦五)를 송지(松枝)·평리(坪里) 두 면으로 내보냈다. 주남(州南)과 주북(州北)은 가까운 면이어서 일단 그대로 두었다.

또, 포교(捕校) 김중근(金重斤)과 홍주목의 좌병방(左兵房) 이우번(李羽番)을 용천면 소속의 섬에 들여보내서 16개 섬을 조사하도록 했는데, 섬의 이름은 다음과 같다. 저두도(猪頭島)가 으뜸으로 1백□□호百□□戶이며 모두 4리다. 소도(蔬島)는 모두 5리로 1백□□호다. 외연도(外烟島)는 □□호, 고대도(古代島)는 □□호, 장고도(長古島)는 □□호, 녹도(鹿島)는 □□호, 어청도(於靑島)는 □□호, 호도(狐島)는 □□호, 오도(梧島)는 □□호, 삽시도(揷時島)는 □□호, 황도(黃島)는 □호, 눌도(訥島)는 □호, 추도(抽島)는 □호, 조도(鳥島)는 □호, 파소도(把所島)는 □호이며, 횡도(橫島)는 호(戶)가 없다고 한다.

또 아홉 고을에 관문(關文)을 보내 포교 최효항(崔孝恒)을 보령(保寧)·남포(藍浦)·홍산(鴻山) 세 고을에 내보냈고, 포교 이경운(李景雲)을 임천(林川)·한산(韓山) 두 고을에 내보냈으며, 전임 집사 최석주(崔石柱)를 비인(庇仁)·서천(舒川) 두 고을에 내보냈고, 병방 장교 권덕행(權德行)을 청양(靑陽)·정산(定山) 두 고을에 내보냈다. 그들로 하여금 면과 리마다 샅샅이 조사하여 망명한 죄인을 찾아내도록 하였다. 만약 다른 진(鎭)에서 또한 이러한 규정을 쓴다면 바다를 건넜으면 어쩔 수 없어도 우리 경내에 있다면 어찌 붙잡지 못할 리가 있겠는가.

이는 오가작통법을 통한 천주교 신자의 색출과정과도 크게 달랐다. 노상추는 동원할 수 있는 모든 인력을 활용하여 홍주 관할의 27개면 전체에 대한 조사를 합동으로, 동시에 실시하였던 것이다. 특히 관할 16개 섬에 대한 조사도 병행하였다. 그는 황사영이 바다를 건넜다면 어쩔 수가 없지만, 홍주지역에 있다면 체포할 수 있다고 말한다. 그러나 황사영은 홍주지역에서 체포할 수 없었으며, 그 과정에서 내포지역의 천주교 신자들이 체포되었다.

이런 과정을 거쳐서 내포지방에서 체포된 신자는 노상추의 말을 따른다면 60여 명에 해당된다고 한다.[45] 현재 『노상추일기』에 나오는 천주교 신자는 모두 83명으로, 그 가운데 63명이 새로운 인물로 파악되고 있다.[46] 지역별로도 구분되고 있다. 오늘날의 홍주와 당진, 덕산, 청양지역에 해당되는 사람들이 많다. 그러나 홍말불이나 김덕상은 노상추에 의하면 천주교 신자로 볼 수가 없다.[47] 이운경과 이원경의 경우도 동일한 인물이라고 할 수가 있다.[48] 유학(幼學) 출신인 김성경의 경우에도 한때 신자라고 했지만, 당시 그가 체포에 협력한 인물이었다는 점에서 그대로 포함시키기는 어려울 것 같다.[49] 이방

---

45) 『노상추일기』, 6월 16일자 일기.
46) 방상근, 「18세기 말 내포 천주교회의 형성과 발전에 관한 시론」, pp.276~279.
47) 『노상추일기』, 1801년 7월 12일자 일기.
48) 『노상추일기』, 1801년 2월 16일자 일기 및 3월 7일자 일기.
49) 『노상추일기』, 1801년 7월 12일자 일기.

자나 김만기의 경우도 신자임이 확인되지 않는다. 배대득의 경우에는 배관겸이 맞다면[50] 면천이 아니라 당진에 속하는 천주교 신자라고 파악해야 할 것이다. 그밖에 『노상추일기』에서 언급되는 내포의 인물로서 이존창과 강완숙을 포함시켜야 할 것이다.

노상추는 홍주를 비롯한 내포지역에서 활동한 천주교 신자의 신분에 대해서 서울과 달리 이해하고 있다. 양반 신자는 두 사람만 나온다. 감옥에서 강완숙의 존재를 이야기한 이방혁을 양반으로,[51] 그리고 이름을 숨겨서 자세히 알아내지는 못했지만 결성에서 체포된 사람으로, 성은 홍가라는 인물을 역시 양반이라고 한다.[52] 때문에 그는 내포지역의 신자들 대부분을 2월 13일자 일기에서 언급한 것처럼 대부분 상인(常人)으로 파악하고 있다.[53] 물론 역촌의 사람들(驛人)도 함께 언급되고 있기는 하다.[54] 또한 속노(贖奴)까지 찾아진다.[55] 이들의 경우 남녀에 차이가 없다는 사실을 함께 지적하고 있다. 이러한 점들은 기존의 연구에서 밝혀졌듯이, 내포지역의 천주교 신자들이 서울과 달리 양반이 아니라, 천민이 포함되지만 평민을 중심으로 한 신앙공동체임을 확인시켜 주는 내용이라고 할 수

---

50) 차기진, 「당진 원머리 순교사와 교회사의 의의」, p.116.
51) 『노상추일기』, 1801년 5월 15일자 일기.
52) 『노상추일기』, 1801년 3월 3일자 일기.
53) 『노상추일기』, 1801년 2월 16일자 일기에서는 김악지를 '상놈'이라고 한다. 4월 9일자 일기에서는 궁경면 신촌의 류공이금을 '민'이라고 밝히고 있다. 또한 합남면과 합북면의 세 천주교 신자가 '양민'이라고 말한다.
54) 『노상추일기』, 1801년 2월 16일자 일기에서는 "홍구향면 월내동(月乃洞)의 최말재(崔唜才)와 최동금(崔同金)은 역인(驛人)이고, 기부리(其夫里)의 최흥성(崔興成)도 역인이며"라고 한다.
55) 『노상추일기』, 1801년 3월 21일자 일기.

있다.[56]

이와 함께 노상추는 이들의 신앙형태에 대해서도 관련 내용들을 통해서 알려주고 있다.

이일선은 진술하기를, "저의 아우 감선(甘先)이 먼저 이 학문을 하다가 죽었습니다. 그런데 감선의 가족이 우리와 한집에서 모여 살았기 때문에 문적이 과연 그들이 가져왔던 물건 속에 있었다가 남겨진 것입니다."라고 하였다. 소위 문적이라는 것은 언문으로 쓴 책자와 발기(件記), 명주(命珠) 등의 물건이다.[57]

최말재가 진술하기를, "저는 15년 전에 같은 마을의 김복성(金卜成)·김복수(金卜守)에게 가르침을 받았는데, 글을 몰랐기 때문에 입으로 외워서 학습하다가 불과 3개월 만에 그만두었습니다."라고 하였다. 묻기를, "네가 가지고 있는 것 가운데 구슬 고리는 과연 무슨 물건인가?"라고 하자, 최말재가 진술하기를, "이 구슬은 김복수가 준 것인데, 김복수가 말하기를 '이 구슬을 지니고 자주 입으로 외는 것이 공부다.'라고 했으므로 그때 받았습니다. 과연 집에 남겨두긴 했으나 김복수와 김복성 등이 상경하고 나서 저는 그대로 그 공부를 그만두었습니다.[58]

그는 내포지역의 천주교 신자들이 한글로 된 교리서를 통해서 신

---

56) 김수태, 「조선후기 내포지역 천주교의 확산과 이존창」, 『지방사와 지방문화』 7-1, 2004를 참고할 것.
57) 『노상추일기』, 1801년 2월 23일자 일기
58) 『노상추일기』, 1801년 2월 18일자 일기.

앙생활을 하고 있다고 설명한다.[59] 특히 묵주에 대한 내용을 자주 전해주고 있다. 최말재의 경우 글을 몰라서 입으로 외워서 학습했으며, 묵주기도 역시 그러한 기도라는 것이다.[60]

노상추는 홍주지역의 천주교 신자들에 대해서 보통의 백성과는 다른, 즉 '평범한 백성'이 아니라는 사실을 덧붙여 강조하고 있다.[61] 앞서 언급한 것처럼 신앙을 법으로 삼는 이들이 형벌이나 죽음을 거의 두려워하지 않았기 때문이다. 노상추가 홍주지역에서 천주교 신자들을 직접 만나고 심문하면서 이러한 사실을 확인할 수 있었던 것이다.[62] 이와 함께 천주교 신자라는 확실한 증거가 있음에도 불구하고, 이들은 그것을 모른다고 하는 등 인정하고 승복하지 않는 사실도 전해주고 있다. 이것은 당시의 천주교 신자들이 입으로 신앙을 부정하는 것은 문제가 되지 않고, 마음속으로는 신앙을 유지하고 있음을 드러내는 이중적인 태도와 관련이 있는 것인지는 더 검토할 여지가 있다.[63]

더욱이 홍주지역에서는 천주교 신자들의 반발까지도 일어났던 것이다. 이른바 목패(木牌) 사건이다.

---

59) 『노상추일기』, 1801년 2월 27일자 일기와 4월 10일자 일기.
60) 『노상추일기』, 1801년 2월 23일자 일기 및 2월 27일자 일기에서도 묵주를 언급하고 있다.
61) 『노상추일기』, 1801년 2월 19일자 일기.
62) 『노상추일기』, 1801년 4월 7일자 일기.
63) 이존창의 배교와 관련해서 이른바 '혁면(革面)', '혁심(革心)'논쟁이 일어났던 것이다. 이에 대해서는 김수태, 「이존창의 신앙과 배교문제」, 『김성태신부 고희기념교회사논총』, 2011이 참고가 된다.

통인(通引) 박시손(朴時孫)이 작은 목패(木牌) 하나를 가지고 와서 바치면서 말하기를, "동문(東門) 문지방 밖에 꽂혀 있어서 뽑아왔습니다." 라고 하였다. 패의 표면에 어떤 말이 쓰여 있었는데, 사학 무리들이 쓴 흉악한 글이었다. 그러므로 감옥(監獄)과 향소(鄕所)의 관리 및 하인에게 엄하게 신칙하고, 남관리(南官吏)와 북관리(北官吏)의 민인(民人)으로 하여금 모두 4명씩 매일 밤 돌아가면서 수직하도록 분부하였다.[64]

어제 목패(木牌)에서 운운한 것은 "천주학은 처음에 작은 나라에서 출발했지만 차차 큰 나라가 될 것이니, 적발한다고 해서 어찌 천주학을 하지 않겠는가. 그러한 일로 정해진다면 모두에게 죽음이 베풀어질 것이다."라고 하였다. 이것으로 보면, 사당(邪黨)의 잔당이 아직 남아 있으며 결국 다 체포하지 못했음을 알 수 있으니, 밤낮으로 심란할 뿐이다.[65]

제 생각에는 그 무리는 목패(木牌)를 만들어 흉한 글을 써서 동쪽 성문에 꽂아두고 공갈했는데 그 내용이 이루 말할 수 없었습니다. 감옥이 사당(邪黨)으로 가득 차서 잔당을 체포하지 못하니, 외부에서 공갈하는 것입니다.[66]

동문의 문지방에 글씨가 적힌 목패가 꽂혀 있었다고 한다. 천주교 신자들이 쓴 것으로, 그 내용은 천주학을 한 나라가 점점 큰 나라가 될 터인데, 어찌 천주교를 믿지 않겠느냐고 하면서, 박해를 하는 사람들에게 죽음이 있을 것이라는 협박이 적혀 있었다. 박해에도 불구

---

64) 『노상추일기』, 1801년 3월 3일자 일기.
65) 『노상추일기』, 1801년 3월 4일자 일기.
66) 『노상추일기』, 1801년 3월 21일자 일기.

하고 천주교의 세력이 더욱더 커진다는 것이다.

이러한 천주교 신자의 움직임에도 불구하고 기존의 연구에서는 『노상추일기』에서 홍주에서 체포된 천주교 신자들 가운데에서 순교한 이들이 나타나지 않는다는 사실을 지적하고 있다.[67] 『사학징의』를 통해서 8명만이 유배형을 받았다는 사실을 확인할 수 있다고 한다. 이 역시 노상추의 천주교에 대한 포용주의적 인식이 작용하였는지는 더 자세히 살필 필요가 있을 것이다. 사실 그는 오가작통법의 시행에 대해서도 비판적인 입장을 보여주고 있다.

오가작통(五家作統) 문서를 비로소 다 거둬들였는데, 백성들은 연례적인 일로 여기고 있으니 괴롭다. 백성을 위해서 효과가 나게 하려던 것이었는데 도리어 힘들게 만들었으니 염려스럽다.[68]

조보를 보니 다음과 같았다. 이달 초5일 조보. 입시(入侍)한 우승지 최헌중(崔獻重)이 아뢰기를, "사학(邪學)을 염탐하는 방법으로는 오가작통법(五家作統法)보다 요긴한 것이 없으니, 처벌을 갑절로 하는 형률을 쓰고 그 얼굴에 글자를 새겨서 그 무리를 구별해야 합니다."라고 하니, 임금께서 말씀하시기를, "육체에 가하는 형벌은 지금 시행할 수 없다. 그 나머지 조건은 묘당(廟堂)에 내려 보내서 나에게 아뢰어 처리하도록 하여 기필코 사학(邪學)을 영원히 종식시키는 효과가 있도록 하겠다."라고 하였다.[69]

---

67) 차기진, 「조선후기 홍주지역의 천주교사연구」, p.251.
68) 『노상추일기』 1801년 1월 26일자 일기.
69) 『노상추일기』, 1801년 2월 26일자 일기.

오가작통법의 시행이 백성들에게 효과를 거두기보다는 오히려 그들을 힘들게 만들었다고 계속해서 서술하고 있는 것이다. 또한 서울에서 천주교 신자들에 대한 형벌을 가중시키고, 얼굴에 글자를 새겨서 무리를 구별하자는 견해가 받아들여지지 않음을 기록해주고 있다는 점에서도 그러한 측면을 엿볼 수 있지 않을까 한다. 즉 형벌만으로는 그것이 불가능하다는 것이다.

이러한 점은 노상추의 충청도에 대한 인식과도 연결시켜서 이해할 수 있을 것이다. 천주교에 대해서 빈번하게 언급하기 시작한 1795년에 있은 노상추의 말이다. 그는 천주교를 사학으로, 도학을 정학으로 규정한 다음, 형벌로서는 사학인 천주교를 다스릴 수가 없다는 것이다. 주자로 전해주는 도를 정학으로 삼아야 한다는 것이다. 그것이 보다 근본적인 대책이라고 한다.

예로부터 요(堯)·순(舜)·우(禹)·탕(湯)·문왕(文王)·무왕(武王)·주공(周公)·공자(孔子)·맹자(孟子)에서 주자(朱子)로 전해지는 도(道)를 정학(正學)으로 삼았다. 우리나라에서는 포은(圃隱) 정몽주(鄭夢周), 야은(冶隱) 길재(吉再), 강호(江湖) 김숙자(金叔滋), 점필재(佔畢齋) 김종직(金宗直), 한훤당(寒喧堂) 김굉필(金宏弼), 일두(一蠹) 정여창(鄭汝昌), 정암(靜庵) 조광조(趙光祖), 회재(晦齋) 이언적(李彦迪), 퇴계(退溪) 이황(李滉)을 유종(儒宗)으로 삼았으며, 오현(五賢)의 여파(餘派)에 대해서는 다 기록할 수가 없다. 그런데 지금 나라의 풍속을 보면 유학을 숭상하는 도리에서는 영남이 최고이며, 호서(湖西)와 호남(湖南)에서는 사족

(士族)들이 벼슬살이하는 것만 중하게 알고 유림(儒林)에 대해서는 몰라서 부질없이 명예만 추구하고 실제로 도학(道學)을 닦지 않는다. 이런 까닭에 다른 도에서 서원을 세우고 선현을 배향하는 것은 오로지 권세와 이익을 차지하기 위함이니, 오상(五常)을 위해서 행한다는 것은 실상보다 과장된 말인 듯하다.[70]

이때 그는 유교를 숭상하는 도리에서는 영남이 최고이며, 호서와 호남에서는 사족들이 벼슬살이하는 것만 중하게 알고, 부질없이 명예만 추구하고 실제로 도학을 닦지 않는다고 비판한다. 그것은 이들이 오로지 권세와 이익을 차지하기 위한 것이라고 한다. 이때 그는 충청도의 유교가 보여주는 문제점을 언급하였다. 즉 도학을 제대로 닦아야 천주교를 물리칠 수가 있다고 보았다. 홍주 영장에서 물러난 1801년 8월 5일자 일기에서도 그는 호서와 영남의 인심이 서로 다르다고 말하고 있다.

이러한 입장은 홍주의 영장으로 있는 1801년 4월 16일자 일기에서도 계속된다.

대체로 충청도라는 한 도는 본래 백제의 봉토(封土)였는데, 예로부터 인심이 굳세지 못하며 들뜨고 허황하였다. 이에 선비를 숭상함에 근본을 굳게 하는 뜻이 없고, 과거에 합격하여 영화롭게 되는 것 이외에는 자신을 수양하는 데에 뜻이 없으며, 권세를 믿고 자신을 높이며 남을 쉽게 업

---

70) 『노상추일기』, 1795년 7월 25일자 일기.

신여긴다. 습속이 여전히 이와 같으니 사학을 막을 수가 없다.

그가 충청도의 인심에 대해서 설명하고 있다. 사람들이 자신을 수양하는데 뜻이 없다는 것이다. 과거에 합격하여 권세를 믿고 자신을 믿고 영화롭게 되는 것 이외에는 관심이 없다는 것이다. 이렇게 해서는 사학인 천주교를 막을 수가 없다는 것이다. 이러한 충청도의 습속이 천주교의 확산을 낳는다고 비판을 하였던 것이다. 그의 이러한 비판은 5월 5일자 일기에서도,[71] 5월 20일자 일기에서도[72] 계속해서 찾아진다.

이러한 가운데 노상추는 천주교 신자의 처리문제와 관련해서 파직을 당하게 된다. 6월 8일에 덕산의 천주교 신자였던 조성득이 감옥에서 도망을 친 것이었다.[73] 이후 그는 사람들에게 독촉하여 조성득을 잡아들이고자 노력하였지만 쉽게 이루어지지 못하였다. 그는 이러한 상황이 발생한 원인에 대해서 충청도의 구조적 문제에서 비롯되는 것으로 파악하였다.

조성득(曺成得) 놈이 도망간 지 대략 이틀이 지났으니, 빨리 잡아들이는 것에 대해 어찌 논할 수 있겠는가? 분하고 한탄스럽기 그지없다. 위

---

71) "그런데도 홍주의 아전과 백성들이 목상만 설치하고 예에 맞는 제사를 지내지 않은 것은 충청도의 인사人士들이 그저 벼슬만 알고 덕의에 밝지 못하기 때문이다. 풍속이 이미 이와 같으니 다른 일이야 오히려 무슨 말을 하겠는가."
72) "대체로 홍주洪州의 풍속은 어수선하기 짝이 없어서 백성이 일정한 뜻이 없다. 그래서 관령官令을 대수롭지 않게 여기니 참으로 걱정스럽다."
73) 『노상추일기』, 1801년 6월 8일자 일기.

로는 조정으로부터 아래로는 각 진(鎭), 읍(邑)에 이르기까지 이목(耳目)의 역할에 적합한 사람을 얻지 못해서 정령(政令)을 펴지 못하고 있으니, 만약 사람의 사지에 비유하면 풍(風)을 맞아 불구가 된 것과 마찬가지다. 병방(兵房) 장교 권덕행(權德行)은 쓸모없는 사람이지만 다른 사람을 선택하고자 해도 얻을 수 없어서 잠시 내버려두고 미룬 지가 오래되었다.

충청도의 습속으로 말하자면, 이 충청도 한 도는 실로 국가에 쓸모없고 대수로울 것이 없는 지역이다. 명색이 선비라고 하는 자들이 향교와 서원을 함부로 차지하고서 교생(校生)과 원생(院生)을 한없이 모으고 있다. 또 향교의 보군(保軍)에 명목 없는 양정(良丁)을 채우는데 그 수 또한 한정이 없으니, 이런 모든 것들이 토색질하는 바탕이 되고 있다. 이곳은 한 고을에서 부릴 만한 부류들이 모두 고된 역(役)을 피하는 소굴이 되었다. 그 중에서 조금 여유가 있는 부류는 다 세력이 있는 집안에 붙어버렸다. 그래서 읍과 진영에서 사역하는 사람들로 말하자면 대부분 의지할 데 없는 무리들이니, 이 때문에 진영과 읍이 모양새를 이룰 수가 없다. 도 전체의 습성이어서 어찌할 수 없으니 장차 어찌하겠는가. 매우 한탄스럽다.[74]

그는 지금 조선의 상황은 위로는 조정으로부터 아래로는 각 진과 읍에 이르기까지 적합한 사람을 얻지 못해서 정령을 펴지 못하는 불구의 상태라는 것이다. 충청도의 분위기도 역시 그러하다고 보

---

74) 『노상추일기』, 1801년 6월 9일자 일기.

았다. 홍주에서 부릴 만한 사람들은 모두 역을 피하였으며, 그 가운데에서 조금 여유가 있는 사람은 다 세력이 있는 집안에 붙어버렸기 때문에 진영에서 사역하는 사람들 또한 대부분 의지할 데 없는 무리들로 채워지는 바람에 진영의 모양새를 제대로 갖출 수가 없다는 것이다.

때문에 그는 진영의 일을 맡을 적합한 사람도 없고, 이들에 대한 처우도 그러하며, 일도 많다고 한다. 홍주의 진영에서도 장교 가운데 현재 있는 사람들 가운데 많은 경우 쓸모없는 사람이지만 다른 사람을 선택해도 얻을 수 없는 형편이 오래되었다는 것이다.[75] 더욱이 그는 진영의 군관들이 천주교 신자의 체포만이 아니라, 도적을 잡아들이는 일에도 매달려야 해서 일이 많다는 것이다.[76] 조성득이 도주한 까닭도 여러 장교가 홍주의 도적을 잡으러 나가는 바람에 여유가 없다 보니 그 사이에 일이 지체되어 이 지경에 이르렀다는 것이다. 즉 그는 충청도의 이러한 상황이 천주교의 세력 확대를 막아야 하는 그의 공무를 수행하기 어렵게 만들었다고 보았다.

노상추는 부임 초기부터 이러한 현상에 대한 개선을 순영과 감영에 요구한 사실을 밝히고 있다.

내가 정월에 순영과 병영의 두 영에 치진(馳進)하는 날에 토포 장교들이 형편없고 군뢰들은 액수도 채우지 못하므로 공무를 거행할 방도가 전혀 없다는 폐단을 말씀드렸다. 또 폐단을 구할 방도를 말씀드리기를, "진

75) 『노상추일기』, 1801년 6월 9일자 일기.
76) 『노상추일기』, 1801년 7월 7일자 일기.

영에 소속된 장교나 나졸들은 한 해 동안 명령을 받고 나가서 부지런히 일해도 논의하여 상을 줄 길이 전혀 없습니다. 그런데도 명령을 받고 나가서 일하는 장교와 나졸들을 모두 도적이라 하면서, 위에서는 권장하는 일이 없고 아래에서는 모두 원망하는 마음만 있으니 이것이 매우 걱정스럽습니다. 순영에서 유고곡(留庫穀) 5백~6백 섬을 떼어서 환곡을 함께 나눠주고, 그 모곡을 진교청(鎭校廳)에 주어서 사명을 받고 나가는 장교와 나졸들에게 옷감이라도 나눠주어서 장려하는 방도를 만든 뒤에야 토포 장교와 나졸들에게 잘 하라고 요구할 수 있을 것입니다. 그렇지 않으면 일이 될 수가 없습니다."라고 하였다. 그러자 두 영에서 대답하기를 "변통할 수 없으니 어찌하겠는가?"라고 하였다. 내가 말씀드리기를 "그렇다면 영장인 토포사(討捕使) 역시 어찌할 수가 없습니다."라고 하고서는 진영으로 돌아왔다. 지금 두 영에서 잘하라는 요구가 갈수록 심해지지만 그 마음은 공정하지 않으니, 참으로 매우 우습다. 하지만 내가 어찌 조금이라도 흔들리겠는가.[77]

그는 1월에 토포 장교가 형편없고, 군뢰의 액수도 채우지 못한 현실을 지적면서 공무를 거행할 방법이 전혀 없다고 하였다. 이에 그 대책으로 이들에게 포상을 주는 한편, 환곡을 나누어주고, 옷감이라도 주면서 일을 장려해야 한다고 건의하였다. 그러나 이는 순영과 병영에서 받아들여지지 않았다고 한다. 이에 노상추 역시 어찌할 수가 없다고 대답하였다고 한다.

---

77) 『노상추일기』, 1801년 7월 6일자 일기.

그 결과 노상추는 순영이나 병영을 비롯해서 진영의 장교 등과 계속적인 대립을 낳았던 것으로 보인다. 특히 다른 곳에 있을 때부터 관계가 좋지 않았던 병마절도사와의 갈등이 계속해서 일어났던 것이다.[78] 마침내 5월 초에 이르면 그의 파직을 도모하는 일이 일어나게 되었다.[79] 6월에 이르러 조성득이 도주하고 체포하지 못하게 되자 더욱 구체적으로 진행되었다. 파직의 명분을 제공한 것이다. 그 결과는 그의 파직을 낳은 포폄문서에 그대로 반영되었다.

오후에 나에 대한 병영(兵營)의 포폄 문서가 이내 도착하였다. '사람이 진실로 질박하고 진실하지만, 정사(政事)에 대해 꾸짖고 비난하는 말이 많다.'라고 하여 중(中)을 맞았다. 그래서 좌기를 마치고 관아로 돌아왔다. 대체로 '정사에 대해 꾸짖고 비난하였다(誚謗).'는 두 글자는 의도를 갖고 한 포폄이다. 진(鎭)에 부임한 지 6개월 동안 다른 정령(政令)을 내리지 않고 한마음으로 사학(邪學)을 다스리고 잡아들인 자가 거의 60여 명이다. 3월 초 3일에 사학의 무리가 익명의 글을 목패에 써서 내아의 동쪽 담 밖에 꽂아두었는데, 사학 무리들의 심한 원망과 비방이 이미 극도에 달하고도 남음이 있었다. 그런데 지금 '정사에 대해 꾸짖고 비난하였다'라고 나쁘게 평가했으니 병영의 처분은 사학 무리들을 위해 설욕해준 것이나 다름없다. 그러니 나도 모르게 웃음이 나고 한탄스러웠다.[80]

---

78) "병마절도사가 나를 음해하는 말은 일찍이 동료 관리로 있을 때부터 이미 알고 있었다."(『노상추일기』, 1801년 6월 16일자 일기)
79) 『노상추일기』, 1801년 7월 7일자 일기.
80) 『노상추일기』, 1801년 6월 16일자 일기.

병마절도사가 당초에 '하'를 매겨서 순찰사에게 보내자 순찰사가 크게 놀라서 '중'으로 고쳐서 돌려보냈던 것이다.[81] 이때 파직에 대한 이유로 노상추가 부임 이래로 '정사에 대하여 꾸짖고 비난하는 말이 많았다는 말은 듣고 있는데, 이는 그동안에 일어났던 사정을 잘 표현해주고 있다. 이에 대해서 그는 자신에 의하여 박해를 받던 천주교 신자들의 자신에 대한 설욕이 병마절도사를 통해서 마침내 이루어진 것으로 보았다.

병영에서는 노상추에 대한 파직을 합리화시키는 작업을 계속해서 추진하였다. 이번에는 천주교 신자가 도주한 것이 아니라, 이제는 그동안 천주교 신자를 함부로 잡아들였다는 잘못이 지적되기에 이르렀다.[82] 4개의 사례를 구체적으로 제시하고 있다. 그러나 그는 사실과 다르다고 항변하고 있다. 이와 함께 그가 체포했던 내포지역의 천주교 신자에 대한 석방도 함께 이루어지고 있어 주목된다. 그가 60여 명을 체포하였다고 했는데, 6월 18일자 일기에 의하면 "들으니 사학(邪學) 죄수 스물여덟 놈을 풀어주고, 영문(營門)으로 올려보낸 자가 네 놈이고, 갇혀있는 자가 16명이라 한다."[83]

이러한 조치들은 천주교의 세력을 약화시키며, 정학인 유교를 일으키고자 했던 그의 노력이 수포로 돌아감을 의미한다. 그는 이를 "6개월 동안 사학을 애써 다스린 노고가 하루아침에 도리어 삼태기 하나에도 미치지 못하고 말았다"는[84] 말로 표현하고 있다. 7월 25일

---

81) 『노상추일기』, 1801년 7월 21일자 일기.
82) 『노상추일기』, 1801년 7월 12일자 일기
83) 『노상추일기』, 1801년 6월 18일자 일기.

일기에서 후임 영장이 결정되자, 그는 "나는 여기서 끝나는구나. 나는 여기서 끝나는구나"라는 소회를 밝히고 있다. 이는 영남 남인으로서 출세를 지향했던 노상추는 홍주영장으로서 천주교 신자의 체포에 많은 노력을 기울이면서 노론 집권세력에 타협하려고 했지만, 그의 뜻대로 진행되기가 어려운 형편이었던 것이다.[85] 8월 1일에 그는 영장직을 인수인계하고 경상도로 떠났다. 그리고 이후 그의 일기에서는 천주교와 관련된 기록들이 더이상 나타나고 있지 않게 된다.

V
맺음말

지금까지 『노상추일기』에 보이는 신유박해 기록들에 대해서 검토해보았다. 거기에는 영남 남인인 노상추의 천주교와 충청도에 대한 인식이 반영되어 있음을 찾아볼 수 있었다. 또한 이러한 검토를 통해서 볼 때 앞으로 조선후기 척사론에 대한 다양한 검토가 필요하다는 사실을 알게 되었을 것으로 생각한다.

---

84) 『노상추일기』. 1801년 6월 11일자 일기.
85) 그러나 그는 2년 뒤에 어영총 천총으로 다시 재기한다. 그의 경력에 대해서는 정해은, 앞의 논문, p.199를 참고하라.

그것은 최근에 간행된 동국역사문화연구소 편, 『조선시대 서학 관련 자료집성 및 번역해제』 6권(2020)과 관련해서이다. 이 자료집에는 천주교에 대한 호교론적 서적과 척사론적 서적이 함께 묶여서 다루어지고 있는데, 척사론에 대해서만 또 다른 자료집이 다시 나와야 하지 않을까 하는 기대를 갖게 한다. 더욱이 노대환의 척사론에 대한 연구가 진행된 이래,[86] 이러한 자료집의 발간과 함께 몇몇 척사론에 대해서도 새롭게 검토되었다는 사실도 크게 주목되는 것이다.[87] 이 역시 척사론에 대해서 보다 많은 관심이 요구됨을 말해주고 있다고 하겠다. 즉 이러한 연구의 흐름은 한국 천주교회사의 연구를 위해서 매우 바람직한 방향으로 여겨진다. 호교론과 척사론이라는 두 방향에서 구체적으로 접근할 때 조선후기의 서학과 천주교에 대한 더욱 풍부한 이해가 가능해질 것이기 때문이다.

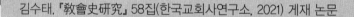

김수태, 『敎會史硏究』 58집(한국교회사연구소, 2021) 게재 논문

---

86) 노대환, 「18세기 후반~19세기 중반 노론 척사론의 전개」, 『조선시대사학보』 46, 2008과 「19세기 중반 이호면의 《원도고》와 척사론」, 『교회사연구』 36, 2011.

87) 원재연, 「정조대 처사 홍정하의 천주교리서 비판과 천주교 인식-『성세추요증의』를 중심으로, 『동국사학』 64, 2018, 이명제, 「18세기 중반~19세기 전반 성호가문의 서학관 고찰-『벽이연원록』에 대한 분석을 중심으로」, 앞의 책과 송효후, 「김평묵의 「벽사변증기의」에 나타난 척사사상에 대하여」, 앞의 책 등을 들 수가 있다.

조선후기 盧尙樞家의
재산변동과 농업경영

이정수(동서대학교 교수)

I
머리말

조선시대의 사회경제사에 있어 중요한 과제 중의 하나는 토지소
유나 농업 경영 문제의 규명이다. 이들 주제의 구체적 검토를 위해
근래에 와서 일정 양반 가문에 대한 재산변동이나 농업경영과 관련
된 구체적 연구가 시도되어 의미 있는 성과를 도출하고 있다.[1] 특히
한국학중앙연구원 등을 비롯한 여러 기관에서 양반 가문의 각종 고
문서를 적극 발굴, 간행하면서 기존의 量案뿐 아니라 양반가의 秋收
記, 分財記, 田畓賣買明文, 戶籍·戶口單子 등 다양한 고문서가 연구
에 적극 활용되고 있다.

또한 최근에 조선시대 양반가의 생활일기가 다수 발굴됨에 따라
해당 시기의 역사상을 좀 더 구체적으로 이해할 수 있게 되었다. 생

---

1) 金容燮,『朝鮮後期農業史研究』I, 一潮閣, 1970. 최윤오,『朝鮮後期 土地所有權의
발달과 地主制』, 혜안, 2006. 鄭勝振,『韓國近世地域経濟史』, 경인문화사, 2003.
崔元奎,「韓末·日帝下의 農業經營에 관한 研究 -海南 尹氏家의 事例-」『한국사
연구』50·51, 1985. 文淑子,「載寧李氏 寧海派 家門의 分財記 分析」『淸溪史學』9,
1992. 김건태,『조선시대 양반가의 농업경영』, 역사비평사, 2004.「1743~1927年
全羅道靈巖南平文氏門中의 農業經營」『大東文化硏究』35, 1999.「17~18세기 田
畓소유규모의 영세화와 양반층의 대응」『韓國史學報』9, 2000.「朝鮮後期 農
家의 農地所有 現況과 그 推移 -晉州地方을 중심으로-」『歷史學報』172, 2001.
이정수·김희호,『조선후기 토지소유계층과 지가 변동』, 혜안, 2011.

활일기는 해당 시기 민간의 사회경제 실태를 여과 없이 엿볼 수 있는 매우 중요한 일차사료라는 점에서 중요하다.[2] 하지만 일기를 이용한 기존 연구는 『眉巖日記』, 『瑣尾錄』, 『黙齋日記』 등 16세기 이전의 문인 일기를 다룬 것이 다수였고, 그 주제도 생활사, 가족사, 서적 출판, 노비·장인, 양반의 仕宦 관련 등의 내용이 주를 이루었다. 다만 최근에 19세기 후반~20세기 전반의 경상도 재지양반인 김인섭의 일기를 적극 활용하여 그 가문의 농업경영을 분석한 연구는[3] 주목된다. 김인섭가의 경우도 대체로 문인 가문에 속한다.

본고는 盧尙樞(1746~1829)라는 조선후기 武班이 쓴 일기를 통해 일기에 그려진 그 가계의 재산변동과 농업경영형태의 변화를 중점적으로 살펴보 고자 한다. 특히 여기서 주로 이용한 자료인 『盧尙樞日記』는 노상추 자신이 17세(1762) 무렵부터 쓰기 시작하여 자신이 사망하는 84세(1829)까지 기록한 것으로서, 그 가운데 14년 정도 분량이 失傳되고 그 나머지 53년치의 분량은 현존하고 있다. 따라서 이 일기는 18세기 중반에서 19세기 초반까지 조선후기 변동기의 사회경제적 실태를 구체적으로 엿볼 수 있는 시계열을 갖춘 중요한 자료이다. 최근에 와서 이 일기 자료를 적극 활용하여 무신의 관료생활, 남녀관계, 산송과 상언·격쟁 등의 내용을 구체적으로 밝히는 연구가 이루어져 주목된다.[4]

---

2) 염정섭, 「조선시대 일기류 자료의 성격과 분류」 『역사와 현실』 24, 1997.
3) 정진영, 「19세기후반-20세기전반 在村 兩班地主家의 농업경영(2) -경상도 단성 김인섭가의 병작지 경영을 중심으로-」 『역사와 경계』 67, 2008.
4) 文叔子, 「조선후기 양반의 일상과 가족내외의 남녀관계 -盧尙樞의 〈日記(1763~1829)〉를 중심으로-」 『고문서연구』 28, 2006. 정해은, 「조선 후기 무신의 중

한편 여기에서 집중 검토하려는 주제 중의 하나인 노상추가의 재산변동과 관련하여서는 기존 연구에서도 이미 다룬 바 있다.[5] 하지만 그것은 『노상추 일기』를 활용하지 못하고 호구단자·준호구만을 이용하여 노상추 집안의 노비 숫자의 변동만을 집중 다루었기 때문에 일정 부분 한계를 가진다.

본고에서는 노상추의 일기를 주로 활용하여 노상추가의 재산변동의 내용과 특징, 그리고 농업경영의 방식과 변화 등을 구체적으로 살펴보고자 한다. 이를 위해 일기의 내용을 노상추의 관직 진출과 퇴직을 중심으로 편의상 청년기-장년기-노년기의 세 부분으로 구분하여 주로 분석하였다. 그 이유는 실제 노상추가 부모로부터 재산상속을 받은 후 무과 준비 과정에서 그의 재산은 어떻게 변화했는지, 그리고 그의 관직 생활이 재산의 변화에 어떠한 영향을 미쳤는지, 또한 각 해당 시기별 노상추가의 농업경영은 어떻게 변화되었는지 등의 문제를 계기적·변동적 관점에서 살펴보기 위해서이다.

이처럼 조선후기 한 무반가의 재산과 농업경영의 변동에 대한 구체적인 사례 분석을 통해 18~19세기 변동기의 토지소유관계나 농업경영방식의 문제를 좀 더 구체적으로 이해하는 데 일조할 수 있기를 기대한다.

양 관료생활 연구 -『盧尙樞日記』를 중심으로-」『한국사연구』 143, 2008. 김경숙, 「조선후기 산송과 상언, 격쟁 -노상추가와 박춘노가의 소송을 중심으로」『고문서연구』 33, 2008.
5) 최승희, 「조선후기 양반의 仕宦과 家勢變動: 善山 武班家 盧尙樞의 사례를 중심으로」『한국사론』 19, 서울대, 1988.
6) 1장 노상추 일기의 구성과 내용, 그리고 그의 가계와 이력에 대한 내용들은 문숙자의 책에 자세히 설명되고 있기에 많은 부분 그의 책을 참고하였다(문

II

노상추의 일기, 가계와 이력

1. 『노상추일기』의 구성과 내용

『노상추일기』는 조선후기 경북 善山, 尙州 지역에 살았던 安康盧
氏 盧尙樞(1746~1829)의 가족생활, 관직생활 일기이다. 이 일기의 매
력은 작자인 노상추의 가족사 기록을 통해 본 조선후기의 생활사와
사회사, 경제사 그리고 오랜 관직 생활의 기록을 통해 이제까지 구체
적으로 알기 어려웠던 조선 후기 무관직과 관련한 다양한 제도 등을
잘 보여준다.[6]

노상추는 17세(1762) 때부터 일기를 쓰기 시작하여 생을 마감하는
84세(1829)까지 거의 하루도 빠짐없이 일기를 써왔다. 노상추가 이렇
게 거의 평생을 걸쳐 일기를 기록한 것은 그의 부친의 영향이 매우
크다. 그러한 사실은 그가 일기를 쓰기 시작한 후 60년이 지난 1822
년(순조 22)의 일기 내용을 통해 알 수 있다.

　　금년은 내 回婚年이다. 부부가 해로하지는 못했으나 지난 일들은 생각

숙자, 『68년의 나날들, 조선의 일상사 -무관 노상추의 일기와 조선후기의
삶』, 너머북스, 2009).

하면 할수록 날로 새롭다. 내가 아버지 명을 받들어 일기를 쓰기 시작한 것 역시 회갑이 되었다. 아버지는 英祖 己未年에 일기를 시작하였으니 당시 19세였고, 壬午年 봄에 그치셨다. 나는 임오년 봄에 시작하였으니 17세다. 아버지는 임오년 정월에 先兄이 요절하자 세상 돌아가는 사정에 흥미를 잃고 일기 쓰기를 그만두신 것이다.[7]

노상추의 부친 노철(1715~1772)은 19세 때부터 일기를 쓰기 시작하여 48세 되던 1762년(영조 38) 장남의 요절에 상심하여 일기 쓰기를 그만두고 이를 아들인 노상추에게 넘겨주었던 것이다. 노상추는 부친으로부터 명을 받고 17세 되던 때부터 일기를 쓰기 시작하여 그가 사망하던 84세까지 일기 쓰는 일을 계속했다.[8]

결국 이 일기는 1762년(영조 38)~1829년(순조 29)까지 68년 동안 쓴 것이다. 다만 그 가운데 14년간의 일기가 전하지 않고 현재는 53년치가 남아있다. 현재 남아 있는 일기의 시작은 노상추가 부친으로부터 일기를 물려 받은 이듬해인 1763년(영조 39)분부터이다. 18세부터 84세까지의 일기 67년 분량 중 30세(1775년), 38세(1783년), 52세(1797년), 56세 후반(1801년 7~12월), 59세~62세(1804년~1807년), 68세(1813년), 72세~76세(1817년~1821년) 부분을 제외한 부분이다. 매년 일기의 표지에 '甲午日記' 등으로 그해의 干支를 써서 제목을 쓰고 이를 成冊 하였다. 그리고 일기를 쓰기 시작한 지 60년이 되는 해에는 '再壬午日記'라 하고 이후에는 모두 간지 앞에 '再'자를 붙였다. 1년의 일

---

7) 『盧尙樞日記』 1822년 1월 4일.
8) 문숙자, 앞의 책, 2009, 17~18쪽.

기를 한 권으로 만든 것이 대부분이지만 간혹 일기의 내용이 적은 경우 2년치를 묶어 정리하거나 혹은 일기의 내용 이 많은 경우 한 해의 일기를 두 권으로 나눈 경우도 있다.[9]

이 일기의 내용은 노상추가 무과에 급제하기 전의 고향 생활과 무과에 급 제한 후의 한양 등 관직 생활, 그리고 관직 퇴임 후의 고향 생활 등 크게 세부분으로 나누어 볼 수 있다. 우선, 노상추는 청년기를 고향인 경북 善山에서 주로 보냈다. 일기를 쓰기 시작한 17세 때 그는 사망한 형을 대신하여 집 안의 장남 노릇을 하면서 고향을 중심으로 한 가족사·향촌사를 충실히 기록하였다. 아버지의 거동과 가족원들의 출생과 사망, 향촌의 각종 모임, 가계의 농업경영 등을 주로 기록하였다.

다음으로 일기의 내용이 획기적으로 변하는 것은 그가 무과에 급제한 후 한양에 올라가 관직생활을 시작하면서부터다. 그는 35세 때인 1780년(정조 4)에 그렇게 열망하던 무과에 급제하였다. 하지만 바로 관직을 임명받지 못하고 4년의 세월이 흐른 후 39세 때인 1784년(정조 8)에 비로소 武兼에 임명되었다. 그 후 그의 관직생활은 거의 사망에 임박한 시기까지 이어졌는데, 이 가운데 實職은 60대까지 가지고 있었다. 관직생활은 한양에서의 기간이 가장 길었지만, 甲山鎭東邊將, 朔州都護府使, 洪州營將, 加德僉使 등을 지내면서 변방 등 타향도 전전하였다. 한양에서의 생활은 주로 어가 행차의 일정, 대궐에서의 행사, 상소의 내용 등 궁궐을 중심으로 일어난 조정의 소식들을

---

9) 문숙자, 위의 책, 23쪽.

상세히 기록하였다. 삭주부사 등 지방의 생활은 변방의 사정, 吏胥들의 행태, 환곡의 운영, 각종 訟事 등을 기록하였다. 이 기간 동안 가족과 고향에 대한 내용은 인편 등을 통해 전해지는 소식을 간단히 적고 있다. 관료로 서의 생활과 그 기록에 전력하던 시기였다.

마지막으로 60대 후반의 나이에 관직 퇴임 후 다시 고향으로 돌아오게 된다. 그의 일기는 다시 고향과 가족을 중심으로 이야기를 펼쳤다. 다만 청년기의 일기가 아버지를 비롯한 윗대를 중심으로 한 고향, 가족 이야기라면, 만년의 일기는 노상추 자신이 집안의 정신적 지주로서 자손들을 중심으로 한 가족사를 담담히 기록하고 있다.[10]

2. 노상추의 가계와 이력

安康盧氏 노상추 집안은 15세기 이래 경상도 善山에 이주하여 상당한 지역 기반을 다진 양반가이다. 안강 노씨가 선산에 첫발을 디딘 시기는 분명하지 않지만 대체로 입향조로 불리는 사람은 김종직·김굉필의 문인이자 학자로서 명망이 난 盧從善(1430~?)이다. 그 후 노종선의 후손들이 정착한 곳은 고남평이 펼쳐져 있는 독동동리의 文洞이었다.[11]

노상추를 전후한 시기 이 집안의 가계를 알려주는 기록으로는 『一善志』(1618)와 『慶州盧氏族譜』(1996), 盧氏大同宗案, 호구단자와

---

10) 문숙자, 위의 책, 21~23쪽.
11) 김성우, 「15, 16세기 사족층의 고향 인식과 거주지 선택 전략 -경상도 선산을 중심으로」『역사학보』198, 2008.

준호구,[12] 그리고 노상추의 일기 등이 있다. 『一善志』에는 노호(문과)를 비롯해 노종선(무과), 노수함(사마시. 妻 : 장현광의 손윗누이), 노경필(사마시), 노경임(문과. 妻 : 유성룡의 형 유운룡의 딸) 등 5명의 안강 노씨 인물들이 수록되어 있다. 이 가운데 노상추는 櫟亭 盧景佖을 중시조로 하는 櫟亭公派에 속한다. 노상추의 6대조인 노경필은 鄭逑 문하에서 학문을 익혔고 張顯光과 함께 鄕薦을 받은 인물이다.[13] 따라서 노상추 가문은 선산 지역에서 어느 정도 위상을 확보한 양반 집안이었다.[14]

하지만 노경필 이후로 노상추의 선조 중에는 눈에 띨만한 벼슬을 했거나 사마시나 문과 합격자를 배출하지 못하였다. 다만 무과로 발신한 노상추의 조부 盧啓禎(1695~1755)이 있을 뿐이었다. 노계정은 1728년 무신난 때에 별군관으로 활약하다가 수문장으로 발탁된 이후로 郡守 및 水使 등을 거쳐 경상좌병사까지 올랐다. 이후 노상추 집안은 노상추를 포함해 증손까지 4대 연속 무과 급제자를 배출하였다. 이로 인해 노상추 집안은 영남의 대표적인 武班 가문으로 칭해진다. 일기의 주인공인 노상추를 중심으로 3대의 가계도를 제시하면 다음의 〈그림 1〉과 같다.[15]

〈그림 1〉에서 노상추를 중심한 직계 3대를 살펴보면 모두 두세 차례씩 혼인을 하고 있는 점이 눈에 띤다. 이는 妻의 사망에 따른 재

---

12) 최승희, 앞의 논문, 1988.
13) 박홍갑, 「경주노씨 성립과 그 일파의 선산지역 정착과정」 『한국전통사회의 재인식』(학고 이상태박사 정년기념논총), 2006.
14) 정해은, 앞의 논문, 2008, 296쪽.
15) 文叔子, 앞의 논문, 2006, 27쪽 〈圖 1〉 인용.

〈그림 1〉盧尙樞 前後의 慶州盧氏 가계

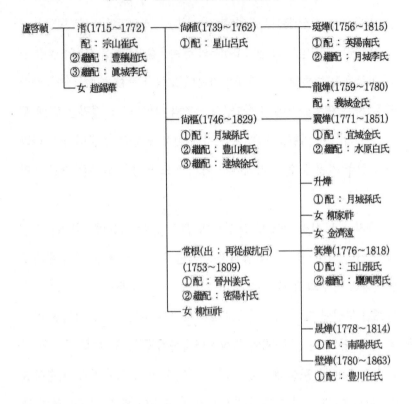

혼이었으며, 이외에 이들은 妾도 대부분 두고 있었다. 특히 노상추의 아버지 노철은 세 번 혼인하여 아내를 세 명 맞아들였지만 세 아내와 모두 사별하였다. 그리고 자신의 뒤를 이어 집안을 이끌어줄 것으로 믿었던 큰 아들 尙植(1739~1762)이 24세의 젊은 나이에 세상을 떠남으로서 큰 충격을 받았다. 그는 삶의 의욕을 잃고 家事의 많은 부분을 상추에게 일임하게 되고 상추가 장남 노릇을 하게 되었다. 형인 노상식의 슬하에는 정엽과 용엽이라는 두 아들이 있었기에 노상추는 조카들의 훈육과 젊은 나이에 청상이 된 형수를 보살피는 몫까

지 말게 되었다. 결국 노상추는 나이 17세에 큰 형이 사망하면서 장남 역할을 해야 했고, 그리고 27세에 아버지 역시 사망하면서 일찍이 집안의 실질적인 가장 역할을 할 수밖에 없었던 것이다. 노상추 역시 세 번 혼인하였는데 세 명의 처가 족보와 일기에 모두 등장한다. 족보에 따르면 노상추는 익엽·승엽 두 명의 아들을 두고 있는 것으로 보이지만 호적에는 세 명, 일기에는 무려 여섯 명의 아들이 등장한다. 이는 아마도 네 명의 아들이 성년이 되기 전에 사망하였기 때문으로 여겨다.[16]

그럼 노상추의 이력에 대해 간단히 살펴보자.

노상추는 처음부터 武人이 될 생각은 아니었다. 그는 어릴 때 학문에 뜻을 두고 친척으로부터 글을 배웠다. 하지만 23세 되던 때 "붓을 던져버리고" 무과에 뜻을 품게 되고 그 꿈은 12년이 지난 35세에야 이루어졌다. 그가 어떤 계기로 무인의 길로 들어섰는지는 잘 알 수 없다.

우선 노상추가 무인의 길로 들어서는 데는 무인을 많이 배출한 가문의 분 위기, 특히 그가 존경했던 조부 竹月公 盧啓禎(1695~1755)의 영향이 컸다고 생각된다. 그의 조부 죽월공 역시 처음에는 학문에 뜻을 품었지만 나중에 무인의 길로 들어서 무과에 급제한 후 무인으로서 승승장구한 인물이다.

또한 노상추가 무과에 응시하게 된 데에는 친척들의 권유도 작용했던 것 같다. 노상추는 청년기부터 선산에 세거하던 姻戚인 海州 鄭

---

16) 문숙자, 앞의 책, 2009, 51~53쪽.

氏들과 밀접한 교류를 맺고 있었다. 이들 해주 정씨들은 문명을 떨쳤던 鄭鵬(1469~1512)의 후손들로서 정붕이 선산 신당포에 터전을 마련함으로써 후손들이 이곳에 정착하였다. 그런데 이 집안은 정붕의 6대손 정영(兵使)부터 정동망(水使)-정위세-정찬(府使)-정지신(營將)·정필신(營將)까지 무과로 발신하였다.

노상추는 청년기부터 鄭趾新·鄭胄新 등 해주 정씨들이 무과에 급제해 관직에 나가는 모습을 가까이서 보았다.[17] 또 그들 중에는 노상추에게 무과를 적극 권유한 사람도 있었다. 어느 날 鄭峋은 상주에 사는 居士에게 노상추의 점을 쳐서 '보기 드물게 壽하고, 무예로 현달할 像'이라는 점괘를 얻었다고 알려왔다. 노상추는 이 말을 액면 그대로 믿지 않았다. 자신이 武에 반대하는 뜻을 가지고 있으니 친척인 鄭主簿(鄭峋)가 일부러 사람을 보내 자신을 설득하려 한 것이라 생각했다.[18] 이 일이 있은 후 불과 20여 일 만에 그는 붓을 던지고 무예를 시작하기로 단호한 결정을 내렸다.[19] 그때 그의 나이는 23세였다.

다음으로 노상추가 무과로 진로를 바꾼 데는 넉넉지 못한 집안의 경제 사정과 자신이 처해 있던 처지와도 관련이 있었을 것으로 생각된다. 넉넉한 경제 사정이 아니면 문과에 합격할 때까지 고향과 한양을 오가며 과거시험에 매진하는 것이 결코 쉽지 않았을 것이다. 실제 노상추는 무과에 급제하기 위해 10여 년 동안 자신이 소유하고 있

---

17) 정해은, 앞의 논문, 2008, 299쪽.
18) 『盧尙樞日記』 1768년 7월 7일.
19) 『盧尙樞日記』 1768년 7월 27일.

던 논밭을 닥치는 대로 팔지 않을 수 없었다. 아버지로부터 상속받은 논 1석 9두락과 밭 90여 두락을 科行을 위해 하나씩 팔아치워 10여 년 만에 垈地 5두락과 薄畓 8두락만 남았다고 하는 것을[20] 통해 알수 있다. 또한 노상추는 그의 나이 17세에 큰 형이 요절하면서 장남역할을, 27세에 아버지 역시 사망하면서 일찍이 집안의 실질적인 가장 역할을 할 수밖에 없었다. 그가 거느린 식솔은 가족만 해도 10여 명에 노비가 열 명이 넘어 모두 22명에 달했던 것이다.[21] 이러한 상황에서 그는 자연스럽게 학문의 뜻을 접고 무과를 선택했던 것으로 생각된다.

노상추는 무예로 진로를 바꾼 후 매우 적극적인 행보를 지속했다. 무과와 관련된 각종 시험정보를 수집했을 뿐 아니라, 지인들이 응시하는 과거시험 행렬을 따라 직접 한양을 드나들었다. 노상추가 처음 과거를 치른 해는 나이 26세 때인 1771년(영조 47)이었다. 그 후 노상추가 과거에 급제하기까지 응시한 시험은 총 여섯 번이었다. 노상추가 처음 과거를 치른 1771년 2월부터 합격한 해인 1780년 3월 사이에 실시된 무과는 총 29회였다. 이 중 노상추가 응시할 수 있는 시험은 식년시·증광시·정시 등 20회였고, 노상추는 일곱 번 시험에 도전했다. 이 중 한 번은 서울까지 갔으나 시험이 실시되지 않았으므로 실제로는 여섯 번이 된다.[22]

노상추는 그렇게 열망하던 무과 시험을 준비한지 10여 년 만인

---

20) 『盧尙樞日記』 1782년 5월 7일.
21) 『盧尙樞日記』 1782년 5월 7일.
22) 정해은, 앞의 논문, 2008, 301~302쪽.

1780년(정조 4) 봄에 드디어 급제하게 된다. 무과에 급제한 그는 경향 각지 친지의 축하를 받고 내외 조상 묘소를 찾아 제사를 드렸다. 하지만 그에게 관직이 주어지기까지는 4년이라는 시간이 걸렸다. 그 4년 동안 관직에 천거되었다가 낙점이 안 되는 불운을 반복하며 초조하게 기회가 오기만을 기다렸다. 그 동안 지인들로부터 노자를 꾸어가며 한양과 고향을 오가는 생활도 반복되었다. 결국 1784년(정조 8)에 그의 나이 39세 때 비로소 禁軍으로 入直을 시작했다.[23] 그러다가 禁軍別取才에서 3등을 차지하는[24] 등 좋은 성적을 거두는 가운데 1784년 12월 都政에서 武兼에 낙점되었다.[25] 이로써 노상추는 무과에 급제한지 4년 만에 初仕職을 획득할 수 있었다. 이때부터 그는 입사와 승진, 혹은 퇴직, 그리고 외직으로의 전출과 내직으로의 복귀 등을 반복하였다. 한 자리에 머무른 기간이 매우 짧았을 뿐 아니라 내직과 외직을 번갈아 가며 이동이 잦았다.

옆의 〈표 1〉은 노상추가 무과 급제 이후부터 66세에 마지막 관직에 임명되기까지의 여정을 정리한 것이다.

---

23) 『盧尙樞日記』 1784년 3월 20일.
24) 『盧尙樞日記』 1784년 6월 12일~19일.
25) 『盧尙樞日記』 1784년 12월 18일, 26일.
26) 이 표는 문숙자의 앞의 책, 108쪽의 〈도 3〉과 정해은의 앞의 논문, 310쪽의 〈표 3〉을 참고하여 작성하였다.

〈표 1〉 노상추의 무과 급제 이후 역임한 관직 이력(1785~1811)[26]

시 기	나이	관 직	비 고
1780년(정조 4) 2월	35세	무과 급제	
1782년(정조 6) 12월	37세	宣薦	
1783년(정조 7) 6월	38세	禁軍	
1784년(정조 8) 12월	39세	武兼	초사직
1786년(정조 10) 12월	41세	虛司果	
1787년(정조 11) 1월	42세	무겸 복직	
1787년(정조 11) 6월	42세	甲山鎭管鎭東邊將	1789년 12월까지 근무
1789년(정조 13) 12월	44세	訓練主簿	
1791년(정조 15) 1월	46세	五衛將	동년 6월 遞職
1792년(정조 16) 6월	47세	오위장 재임용	
1792년(정조 16) 11월	47세	堂上宣傳官	
1793년(정조 17) 11월	48세	朔州府使	1794년 12월 해임
1796년(정조 20) 12월	51세	오위장	
1798년(정조 22) 6월	53세	羽林將	
1798년(정조 22) 11월	53세	선전관	
1800년(정조 24) 3월	55세	千摠	
1800년(정조 24) 12월	55세	洪州營將	
1803년(순조 3) 12월	58세	千摠	
1809년(순조 9) 2월	64세	五衛將	
1810년(순조 10) 12월	65세	羽林衛將	
1811년(순조 11) 10월	66세	加德僉使	

이처럼 노상추는 1784년 武兼에 임명된 이후로 27년간 17차례나 관직을 임명받았다. 그는 한자리에 보통은 1년 남짓이고, 길어야 1년 반 정도 머물렀다. 심지어 한 해에 두 번 임명장을 받은 경우도 여러 차례 있다. 그 가운데 외직에 임명된 경우도 네 차례인데, 함경도 갑산, 황해도 삭주, 충청도 홍주, 경상도 가덕이었다.

1812년(순조 12) 이후에도 노상추는 80세에 同知로 몽점되었고,[27] 83세 때 작성된 준호구에는 가선대부 동지중추부사로 기재되어 있다. 그러나 실직은 1811년(순조 11) 그의 나이 66세 때 받은 가덕첨사가 마지막이었던 것으로 보인다. 특히 노상추의 官路에서 중요한 시기는 47세에 당상선전관으로 승진한 때이다. 그 이전까지 그는 관운이 좋지 못하다고 늘 생각하였고 영남 남인 출신이라는 피해의식을 가지고 있었다. 하지만 1792년(정조 16) 그의 나이 47세 때 국왕 正祖가 죽월공의 손자라는 것을 알고 그를 당상선 전관으로 특별히 승진시켜 준 것이다.[28] 그 이후 그가 그토록 원하던 外任인 삭주부사 등을 거쳐 정 3품의 지위까지 오르게 됨으로써 나름 功名을 실현했던 것이다.

27) 『盧尙樞日記』 1825년 3월 22일.
28) 『盧尙樞日記』 1792년 11월 2일~3일.
29) 『盧尙樞日記』 1763년 1월 27일~2월 12일.
30) 『盧尙樞日記』 1767년 3월 23일.
31) 『盧尙樞日記』 1767년 4월 3일~16일.
32) 『盧尙樞日記』 1772년 6월 29일.

III
노상추가의 재산변동

1. 재산상속과 무과 준비

노상추는 경북 善山에서 청년기와 35세 무과에 급제하여 관직에 나아가 기까지 대부분의 기간을 보냈다. 일기가 시작되는 해에 노상추 가족은 선산에서 외가가 있는 雲谷으로 이사를 하였다. 이사 후 그가 생활한 집은 외가인 外代祖 黔澗公이 처음 지은 이래 후손 趙錫一代까지 세거한 27칸짜리 기와집이었다. 검간공은 상주에 세거해 온 豊壤趙氏 趙靖(1555~1636)으로 임란 때 의병을 일으켜 구국활동을 벌인 이름난 유학자의 한 사람이었다. 노상추의 생모가 풍양조씨이므로 외가인 운곡으로 이사하게 된 것이다.[29] 하지만 이곳에서 거주한 4년여 동안 노씨가에 家禍가 끊이지 않았다. 노상추의 첫 번째 아내와 생모·계모, 그리고 누이동생, 아들 등 가족들이 연이어 사망하였던 것이다. 이런 가운데 가택이 길하지 않다는 術士의 말을 듣고 노상추의 부친은 이사할 계획을 세우고,[30] 桃開로 옮겼다.[31]

도개로 이사한 후 노상추는 서씨 부인을 맞이하여 세 번째 혼인을 하는 등 비교적 순탄하게 살았다. 하지만 1772년 6월에 노상추의 부친이 사망하고 가산의 분배가 이루어지면서[32] 가족들의 다수가

분가하게 된 것으로 여겨진다.[33]

　이후 노상추는 30대 초반 나이에 다시 우곡의 월평으로 이사할 계획을 세우고 해평의 전장과 개령의 전답을 상환하는[34] 등 여러 준비를 진행했다. 1778년에 석 달여 동안의 역사를 진행시켜 새로운 저택을 조성하였다.[35] 그는 이 새로운 터전을 華林으로 명명했다.[36] 이곳에서 노상추의 무과 급제와 중앙에의 진출이 이루어졌다. 따라서 일기의 대부분은 文洞과 古南, 桃開 그리고 낙동강을 건너 화림 주변에서 일어난 사실들이 다수 기록되어 있다.

　노상추 집안의 경제력에 대해서는 노상추 부친의 가산 분재 내역과 일기에 자주 등장하는 영농 기록, 그리고 호구단자와 준호구 등을 통해 논밭의 양과 위치, 그리고 노비 숫자 등을 유추해 볼 수 있다.

　우선, 노상추 부친의 가산 분재 내역을 통해 노상추 집안의 경제력을 살펴보자.

　　인하여 하교하여 이르시기를, 家事는 불가불 구분하여 처리하여야 하니 金山·開寧 두 곳의 논인 즉은 別所로 불러라. 너희 등 네 명의 叔姪은 이 논의 소출 곡식으로서 先祀 및 각처의 墓祀를 모시어 闕享함이 없도록 하여라. 完福은 내가 평소에 생각한바 일용의 잉여로서 따로 區處하여 보호할 계획이었다. 내가 지금 이에 이르러 가히 어찌할 수가 없으니 桃開의 朴性宅에서 매입할 綿田과 公需浦 30두락 밭을 준다. 喜俊의 母

---

33) 문숙자, 앞의 책, 2009, 227~230쪽.
34) 『盧尙樞日記』 1777년 12월 28일.
35) 『盧尙樞日記』 1778년 2월 29일~3월 21일.
36) 『盧尙樞日記』 1778년 5월 4일.

는 新基 立石 30두락 밭과 日先의 所作하는 논 7두락, 夫貴의 所作하는 논 5두락하여 모두 12두락, 그리고 萬善의 所作하는 綿田을 분급한다. 庶祖母는 綿田이 없으니 日萬에게서 受稅하는 밭을 生前에 한하여 차지하되 死後에는 大宅에 환급하도록 한다. 黃澗의 숙부는 본디 조금의 토지도 없어 生理가 가히 어려우니 奈字畓 1.5두락을 庶祖母의 生前 동안은 갈아 먹고 死後에는 完福에게 환급하도록 한다. 그 나머지는 述曾의 차지로 한다. 그런데 너는 操弓에 드는 비용은 적지 않고 준 것도 본디 적으나 달리 더 지급할 도리가 없으니 또한 어찌하겠는가. 너의 구해야 할 것은 이미 커나 사용할 수 있는 것은 아주 작으니 이는 소위 英雄이 用武의 地가 없다 함이니 그것을 어찌하겠는가. 부득이 夫貴의 所作 綿田을 너가 차지하라. 桃開의 垈址 및 田畓은 내가 자손들이 거처할 기초로 삼은 것이라고 말하고 장래에 만약 가히 거처할 자가 있으면 그곳에 거처하라. 그리고 지금은 留所에 그것을 붙인다. 너는 이미 操弓하나 나는 이미 이에 이르렀으니 비록 居喪 중이라도 연습을 폐하지 말고 성취함이 가하다.[37]

이처럼 노상추의 부친 노철은 사망하기 사흘 전에 식솔들을 모두 불러놓고 유언을 남겼다. 그의 유언에는 조상에 대한 제사와 앞으로의 가족들 생활, 그리고 후손 양육 등에 대한 내용과 부탁을 담고 있으며, 또한 재산의 분 배에 대해서도 구체적으로 지시하고 있다. 재산 분배의 내용을 정리해 보면 다음의 〈표 2〉와 같다.

---

37) 『盧尙樞日記』 1772년 6월 29일.

<표 2> 노상추가의 재산 분배 내역(1769년)

상속자	장소	地種	두락	기 타
別所 (祭位用)	金山 開寧	畓 畓	45두락 40두락	
노상추	桃開	垈地 畓 綿田+田	4두락(?) 29斗落 90여 두락	綿田은 夫貴 所作
完福	桃開 公需浦	綿田+田	30여 두락	
喜俊母	新基 立石	田 綿田 畓	30두락 ? 12두락	萬善 所作 日先(7두락), 夫貴(5두락) 所作
庶祖母		田	?	日萬 所作
黃澗叔		畓	1.5두락	
종손 述曾			?	그 나머지
합 계		畓 田	127.5+∝ 120+∝	

　　우선 재산 분배에 대한 유언에서 금산과 개령 두 곳에 있는 논을 묘위답으로 정하여 그 소출은 조상 제사용으로만 쓸 것을 당부하였다. 하지만 유언에 서는 금산과 개령 두 곳의 논이 구체적으로 몇 두락인지는 알 수가 없다. 하지만 그것은 이후 일기의 내용을 통해 짐작할 수 있다. 먼저 개령 논은 40두락이었음을 알 수 있다. 그 근거는 노상추가 1777년(정조 1) 12월에 愚谷의 월평으로 이사하기 위해 海平의 田庄과 개령의 40두락 답을 상환하여[38] 이주 계획을 세우고 있는 것을 통해서 알 수 있다. 그리고 금산 논은 45두락이 었음을 알 수 있다. 그 근거는 1768년(영조 44)의 가을 추수 때 개령의 40두락 논

의 수확이 20석이었는데,[39] 금산 논의 수확은 그보다 조금 많은 25석이었다.[40] 그리고 결정적으로 1815년(순조 15) 1월에 노상추는 아버지로부터 개령의 논 40두락과 금산의 논 45두락을 祭位田으로 상속받았다고 언급하고[41] 있다.

유언에서는 노상추의 경우도 논밭의 구체적인 수량 언급없이 다만 桃開의 垈地와 田畓, 그리고 夫貴 경작의 綿田을 상속한다고 하고 있다. 하지만 뒷날 노상추 자신이 선대로부터 논 1석 9두락과 밭 90여 두락을 상속받았다고 술회하면서, 그는 이를 500냥에 채 못 미치는 재산이었다고 하였다.[42] 이를 통해 노상추가 아버지로부터 상속한 논밭의 수량을 정확히 알 수 있다.

하지만 상속한 垈地의 두락 수는 정확히 알 수 없지만 이후 화림으로 이사한 후의 화림 대지가 5두락이었음을[43] 통해 볼 때 그보다 조금 적은 4두락 정도는 되었을 것으로 추정된다. 또한 喜俊의 母에게는 新基 立石의 밭 30두락과 萬善 경작의 목화밭, 그리고 논 12두락을 분재하고 있다. 나아가 아직 보살핌이 필요한 동생 완복과 생계가 염려되는 서조모와 황간에 사는 숙부, 종손 술증(斑燁으로 개명)

---

38) 『盧尙樞日記』 1777년 12월 10일. "率奴萬儀, 往桃開渡鯉魚淵氷路, 至獨醒亭壚前, 逢道開法華山直漢世貴, 問桃開所置海平內洞田庄畓之好否, 此漢詳知矣. 此畓事, 今方與開寧四十斗落畓, 相換賣買, 以爲移徙農作之計也"
39) 『盧尙樞日記』 1768년 9월 26일.
40) 『盧尙樞日記』 1768년 9월 29일. 금산 논의 생산력이 개령 논보다 다소 높았음을 알 수 있다.
41) 『盧尙樞日記』 1815년 1월 17일.
42) 『盧尙樞日記』 1782년 5월 7일.
43) 『盧尙樞日記』 1782년 5월 7일.

등에 대해서도 특별히 재산을 상속하고 있다.

이를 통해 볼 때 노상추 집안의 재산 규모는 정확히 알 수 없지만 확인할 수 있는 것은 논 127.5두락, 밭 120두락 이상이다. 논과 밭은 金山·開寧을 제외하고는 대체로 가까운 곳에 있었던 것으로 생각된다. 이 정도의 田畓은 당시로 볼 때 꽤 큰 규모였다고 할 수 있다. 게다가 집에서 사역하고 농경에 부릴 수 있는 노비도 적지 않았을 것으로 보인다. 1782년의 일기에서 食率로 奴 4명, 婢 6명이라는 것을[44] 통해 볼 때 이들도 상속으로 얻은 것으로 생각된다.

노상추 자신에게 상속된 전답인 논 1석 9두락과 밭 90여 마지의 경우도 결코 작은 규모는 아니었다. 하지만 그는 27세의 나이로 일찍이 집안의 실 질적인 가장 역할을 할 수밖에 없는 처지였다. 자신의 가족뿐 아니라 과부가 된 형수와 조카들을 돌봐야 할 상황이었다. 그가 거느린 식솔은 가족만 해도 10여 명에 노비가 열 명이 넘어 모두 22명에 달했기 때문에 여유 있는 살림은 아니었던 것으로 생각된다. 실제로 노상추의 경제적 사정은 그의 부친이 사망한지 불과 2년 후의 일기를 통해 짐작할 수 있다.

> 또 아내를 맞이하였으니 마땅히 아내를 이끌고 재산을 경영해야 하는데, 家計는 텅 비었고 그렇다고 다른 일에 뜻을 둔 것도 아니니 금방이라도 파산할 것 만 같다. 남은 곡식을 헤아려보니 租 3석 외에는 다른 것이 없으니 참으로 한심 할 따름이다.[45]

---

44) 『盧尙樞日記』 1782년 5월 7일.
45) 『盧尙樞日記』 1774년 12월 29일.

부친이 사망한지 불과 2년밖에 지나지 않았는데 가계는 어려워져서 세 번 째의 아내를 맞이하여 재산을 경영해야 함에도 불구하고 궁핍하여 어쩔 수 없음을 한탄하고 있다. 이처럼 노상추의 가계가 어려워진 것은 과거 준비와 밀접한 관련이 있었던 것으로 여겨진다. 그가 무과에 도전하기로 결심하고 科行을 시작한 것은 그의 나이 26세 때인 1771년(영조 47) 봄부터이다. 그 해 1월 庭試를 보러 떠나는 친구들을 따라 서울로 올라가 무과에 응시했지만 낙방하였다.[46] 이때 처음 한양 땅을 밟아보고 무과에 응시하였다는 점에서 경험을 쌓는다는 의미가 컸을 것이다.

이후 노상추가 무과에 급제하기까지는 10년의 세월이 걸렸을 뿐 아니라 무과에 급제한 후에도 4년을 더 지나서야 관직에 나아갈 수 있었다. 무과에 급제하기 위한 10년과 급제 후 관직을 얻기 위한 4년, 총 14년 동안 그는 수십 차례 한양을 왕복했다. 어떤 때는 한양에서 몇 달씩 기거한 경우도 수 차례였다. 이러한 경비를 충당하기 위해 노상추는 채무를 질 수밖에 없었다.

(ㄱ) 아침에 省谷에 가서 친척 金粹玉을 뵙고 上京의 노자를 빌리기를 청하여 단지 5냥을 빌려서 돌아왔다.[47]

(ㄴ) 아침에 大廟洞의 朴禮宅에 가서 뵙고 노자 200銅을 빌리기를 청하여 이를 허락받은 고로 즉시 돌아왔다.[48]

---

46) 『盧尙樞日記』 1771년 1월 20일, 2월 2일, 9일.
47) 『盧尙樞日記』 1774년 7월 14일.
48) 『盧尙樞日記』 1781년 3월 29일.

노상추는 京行 비용을 충당하기 위해 친척인 김수옥에게 5냥을 빌리거나 下鄕 경비 때문에 한양의 지인에게 2냥을 빌리고 있다. 그러는 동안 쌓인 부채로 인해 상속받은 논밭을 지속적으로 팔지 않을 수 없었던 것으로 보인다.

저녁에 英仲과 함께 省谷에 가서 친척 金粹玉을 뵙고 綿田 12두락을 팔기로 하고 이로써 京行의 노자로 삼으려 한다.[49]

노상추는 京行 비용을 마련하기 위해 친척인 김수옥에게 목화밭 12두락 을 매각하고 있다. 결국 10여 년 만에 그는 아버지로부터 상속받은 논 1석 9두락과 밭 90여 두락의 재산을 거의 탕진하고 겨우 垈地 5두락과 薄畓 8두락만 남게 되었다.

다만 科名을 얻은 이래 남은 田土는 거주하는 대지 5두락과 척박한 논 8두락 일 뿐이고 다른 토지는 없으니 생활할 방도가 가소롭다. 당초 재산을 분배할 때 상속한 것이 논 1석 9두락과 밭 90여 두락으로 가격은 500냥에 불과했다. 그런 데 10년 科行에 모두 팔고 華林으로 移買한 것 역시 科價로 팔게 되었다. 내 5백여 냥은 모두 과거에 들어갔으니 앞으로 굶어죽는 것을 면하기 어려운 것인가. 功名이라는 것이 참으로 가소롭다.[50]

---

49) 『盧尙樞日記』 1780년 1월 17일.
50) 『盧尙樞日記』 1782년 5월 7일. "只得科名以來, 田土所餘者, 所居垈五斗落, 薄畓八斗落而已, 無他土地, 計活可笑. 當初受産各居之日, 衿得者, 畓一石九斗

위와 같이 노상추는 과거에 합격하고 애타게 관직 임명을 고대하던 1782년 5월에 과거로 인해 상속받은 재산을 거의 탕진하고 가족이 굶주리는 상황이 된 당시의 자신을 돌아보면서 功名이라는 것이 참으로 가소롭다고 스스로 한탄하고 있는 것이다.

2. 관직 진출과 경제 사정

여기서는 노상추가 관직 진출 이후에 그 가계의 경제 사정이 어떻게 변화했는지에 대해 살펴보고자 한다. 조선조에 관료들에게 주어지는 녹봉은 액수가 그다지 많지 않았다. 일반적으로 관료들은 녹봉보다는 선대로부터 상속받은 재산이나 고리대, 매매 그리고 경제 외적인 특혜 등 각종 방법을 동원하여 재산 증식을 했다. 그럼 문인과 달리 무인이었던 노상추의 경우는 어떻게 재산을 증식하고 그의 경제 사정은 어떻게 달라졌는지가 궁금하다.

노상추는 무과에 급제한지 4년만인 1784년(정조 8) 12월에야 비로소 武兼으로 발탁되어[51] 初仕職을 획득할 수 있었다. 관직을 제수 받았다고 하지만 경제적 형편이 갑자기 좋아지는 것은 아니었다. 특히 관직을 획득하기 이 전에 이미 경제적 기반이 약해졌을 뿐 아니라 한양에도 특별히 기댈 곳이 없었던 노상추의 경우는 더욱 그러했다. 그러한 사정은 아래의 기록을 통해서 짐작할 수 있다.

落, 田九十餘斗落, 價不過五百兩, 而十年科行, 沒數斥賣, 移買華林者, 亦賣於科債, 吾之五百餘兩, 盡入於科矣, 來頭能無飢死之運耶, 功名之際, 良可笑也"
51) 『盧尙樞日記』 1784년 12월 29일.

(ㄱ) 이날 가려고 하는데 빚을 얻을 곳이 없어서 친척인 鄭利城 형에게 70 金을 얻어서 길 떠날 차비를 하고는 오후에 鄭利城과 함께 출발했다.[52]

(ㄴ) 와서 家鄕의 서찰을 바치고 인하여 100냥을 환전하여 바친 즉 京價를 갚을 수 있으니 다행이다. 고향 서신에 대한 답신을 그에게 부쳤다.[53]

노상추는 1787년(정조 11) 6월에 갑산 진동 변장으로 임명된 후[54] 임지로 가는 행차의 비용이 없어서 친척에게 70금을 빌리고 있다. 그리고 1795년(정조 19)에 고향에서 보내온 100냥을 받고는 京價를 갚을 수 있어서 다행이라고 하고 있다.

또한 그는 한양에 올라와 특별히 의지할 곳이 없었기 때문에 거주할 집의 마련과 생활비, 그리고 승진을 위한 사교비 등에 적지 않은 돈을 사용했을 것으로 생각된다. 일기에 의하면 그는 한양에서 여러 차례 거처를 옮겨 다녔다. 우선 훈련주부로 임명되어 갑산진에서 한양으로 돌아온 후 1790년(정조 14) 5월에 藝洞에 집을 구입 후 이사하였다.[55] 그 집의 규모나 가격 등에 대해서는 구체적인 기록이 없어 알 수 없다. 3년 후에는 沈橋 金大興의 집으로 거처를 옮겼는데,[56] 아마도 기록은 없지만 그 사이에 예동의 집은 팔았을 것으로 여겨진다. 그 후 朔州府使에 임명되어 1년 정도 재직하다가 파직되고 다시 한양으로 돌아온 후 1795년(정조 19) 1월 草洞에 세를 내어

---

52) 『盧尙樞日記』 1787년 6월 28일.
53) 『盧尙樞日記』 1795년 11월 28일.
54) 『盧尙樞日記』 1787년 6월 22일.
55) 『盧尙樞日記』 1790년 10월 10일.
56) 『盧尙樞日記』 1793년 9월 28일.

거처를 옮겼다.[57] 그 해 8월에 그는 直巨洞에 7~8칸 규모의 草屋을 매입하여 다시 이사를 하였다.[58]

이처럼 한양에서 거처를 옮기는 중에 집 주인으로부터 수차례 사기를 당 하기도 하였다. 1796년 2월에 그는 직거동의 草屋을 팔고 鑄洞에 있는 생원 許玩의 사랑채를 27냥의 세를 주고 빌려 거처를 다시 옮겼다.[59] 하지만 얼마 후 집주인 허윤은 노상추에게 집세로 13냥을 더 지급하던지 아니면 나갈 것을 요구했다. 그 이유는 許承旨라는 사람이 노상추가 임대한 사랑채를 40냥에 임대하겠다고 하기때문에 그에게 주겠다는 것이었다.[60] 며칠 뒤에 3냥만 더 내면 그냥 살게 해준다고 하는 말을 듣고 어쩔 수 없이 노상추는 집주인에게 3냥을 더 지급하였다.[61] 하지만 일주일 후에 집주인은 祠堂 중간 사랑채에 온돌을 놓을 계획이니 허승지와 相換 할 것을 요청했다. 노상추가 이를 거절하자 주인은 還退 외에는 도리가 없다고 하면서도 돈을 다 써버려 10냥 밖에 돌려줄 수 없다고 하였다.[62] 이러한 집주인의 행패에 대해 체념 하고 그는 鑄洞 宋生員 소유의 山亭으로 이사하였다.[63]

그 후 노상추는 이전과 달리 집의 구입을 적극적으로 시도하였

57)『盧尙樞日記』1795년 1월 24일.
58)『盧尙樞日記』1795년 8월 12일, 15일.
59)『盧尙樞日記』1796년 2월 29일, 4월 10일.
60)『盧尙樞日記』1796년 4월 10일.
61)『盧尙樞日記』1796년 4월 15일.
62)『盧尙樞日記』1796년 4월 21일.
63)『盧尙樞日記』1796년 4월 24일.

다. 허윤에게 사기를 당한 것이 크게 작용한 것으로 생각된다. 송생
원 산정으로 이사한 다음날 바로 沈橋의 先達 李乘運의 草舍를 60냥
으로 흥정을 하고 선불로 30냥을 지불했다.[64] 하지만 바로 다음날 어
떤 이유인지는 알 수 없지만 그 계약은 성사되지 못하고, 다시 注洞
의 다른 집을 구입하기로 하여 선금으로 30냥을 지급하고 잔금 70냥
은 10월에 주기로 계약을 맺었지만 이 또한 성사되지 못하였다. 결국
노상추는 이선달에게 사기를 당한 것을 알고 탄식할 뿐이었다.[65] 이
일을 계기로 노상추는 집을 구입하려던 계획을 포기했던 것 같다. 이
전 침교에 잠시 거주할 때의 옛 집주인이었던 김대홍의 가계가 파산
하는 바람에 세주려고 내놓은 內室을 30냥에 임대하기로 하고 이곳
으로 이사를 하였다.[66]

그 이후에도 일기를 통해 볼 때 노상추는 한양에서 집을 구입하
지 못한 채 거처를 여러 곳으로 다시 옮겼던 것으로 보인다.[67] 이처
럼 노상추는 서울에 기반이 없었기 때문에 관직 생활하는 중에 여러
곳을 전전하면서 살 수밖에 없었고 수차례 사기를 당하기도 했던 것
이다. 이러한 것이 그의 경제 사정을 더욱 어렵게 하는 요소로 작용
했을 것이다. 그래서인지 노상추는 지인들 가운데 비싼 집을 가진 것
에 대해 반감을 표하기도 했다.

---

64) 『盧尙樞日記』 1796년 4월 25일.
65) 『盧尙樞日記』 1796년 4월 26일.
66) 『盧尙樞日記』 1796년 6월 29일.
67) 『盧尙樞日記』 1799년 1월 1일, 1810년 11월 29일.

貞洞에 사는 진사 崔鶴羽를 지나다 방문했는데 京第가 2천6백 냥인데 지금 또 夜照介에 3천 냥의 家舍로 이사한다고 하니 이는 결코 自安의 계획은 아니니 가히 탄식된다.[68]

위와 같이 노상추는 정동에 사는 진사 최학우의 집을 방문했는데, 최진사의 기존 집은 가격이 2천6백 냥에 달했는데 그가 다시 3천 냥에 달하는 새 집으로 이사한다는 것을 듣고는 반감을 표하고 있다. 최진사의 집은 노상추가 이전에 구매했거나 구매하려고 했던 집, 그리고 그가 세를 주고 거주했던 집과는 차원이 달랐던 것이다. 이처럼 사기와 위조, 소송, 수뢰, 사치 등이 자행되고 있던 세태의 원인을 노상추는 일기 곳곳에서 錢貨의 폐로 사람들 이 이익만을 추구하여 염치가 없어졌기 때문이라고 비판하고 있다.[69]

노상추의 관직 생활 이후 경제 사정의 변화를 좀 더 구체적으로 알 수 있는 것은 그가 관직에 진출한지 15년 정도 지난 55세 되던 해에 새해를 맞아 자신의 宦歷을 자평한 일기를 통해서 짐작할 수 있다.

나의 몸이 외람되게 과명을 받고 거기에 하늘의 보살핌을 덧붙여 선열을 포양 하는 데에까지 나아갔다. 또한 3품의 직위에 올라 바로 邊地에 임명되고 안으로는 堂上侍從으로 오랫동안 靑選에 머물렀고, 그리고 내장으로 숙위하는 등 연이어 은혜를 입었다. 스스로 나의 그릇을 헤아려 보니 감읍할 따름이니 지금이야말 로 어찌 만족할 때가 아니겠는가. 평

---

68) 『盧尙樞日記』 1799년 4월 4일.
69) 『盧尙樞日記』 1798년 5월 16일, 23일, 8월 24일, 1799년 5월 27일 등.

소의 내가 행한 바를 돌아보니 군부에게 큰 죄를 능히 면했을 뿐 아니라 선조의 죄인을 면했으니 비록 집에는 8두락의 薄畓이 있을 뿐이어서 자손이 굶주리나 이 역시 영광이라 할 수 있다. 다만 걱정되는 것은 2千金의 부채이니 스스로 웃고 탄식할 따름이다.[70]

새해를 맞아 자신을 돌아본 그는 내직과 외직을 번갈아 가면서 조정을 위해 봉사하고 선조의 이름을 드높인 것에 대해 스스로 자족하고 있다. 하지만 집에는 8두락의 척박한 논이 있을 뿐이어서 자손이 굶주릴 지경이고 2천금의 부채가 있어 걱정이 된다고 하고 있다. 이것이 사실이라면 그는 15년 정도의 관직 생활을 했음에도 불구하고 고향의 논밭은 8두락 그대로이고 오히려 많은 부채만 지게 된 것이다.

3. 은퇴 후의 경제 사정

50대 중반 이후 노상추가 한양에서의 생활을 청산하고 고향에 내려 온 후의 활동과 경제 사정에 대해 살펴보고자 한다. 물론 그는 55세에 임명되었던 洪州營將에서 물러난 후에도 약 9년 뒤 그의 나이 64세와 65세 때 오위장과 우림위장으로 임명되어 한양으로 잠시 올라가 머물게 되고 66세 때인 1811년(순조 11)에는 가덕첨사에 임명되기도 한다. 하지만 60대 때의 관직 기간은 그다지 길지 않기 때문에

---

70) 『盧尙樞日記』 1800년 1월 3일.

50대 중반 이후에는 거의 낙향하여 생활을 하였다. 따라서 50대 중반 이후부터의 노상추의 고향 활동을 중심으로 살펴보고자 한다.

노상추는 노년에 관직을 은퇴하고 고향으로 돌아온 후 집안의 어른 역할을 하면서 가문의 재건과 가계 경영에 큰 힘을 쏟았다. 그가 집안의 일에 깊숙이 관여하고 큰 영향력을 행사할 수 있었던 것은 단순히 門長 이어서라기 보다는 무관직일지라도 정 3품 당상관의 위치에까지 올랐을 뿐 아니라 그의 아들도 무과에 합격해 관직에 진출함으로써 가문 내에서 그의 지위가 높았기 때문에 가능했을 것이다.

우선, 노상추는 가문의 격을 높이는 일환으로 종가나 가사, 묘우·별장 등 각종 역사에 힘을 기울였다. 1802년(순조 2) 1월부터 종가의 건축이 본격적으로 시작되었다. 시작한지 보름 만에 正寢 3칸에 기둥을 세우고 상량했다.[71] 그 해 4월에는 드디어 23년 만에 집 없이 지낸 종가에서 새 집을 건축하여 입주하게 되었다.[72] 종가 건축에는 桃開와 白雲洞 등 여러 곳의 軍丁들이 동원되었으며,[73] 이들의 도움 없이는 불가능한 일이었다. 또한 묘우를 정비하고 노상추의 外舍廊에 모셔져 있던 신주를 새 가묘로 이안하고 제사 를 지냈다.[74]

그 후에도 노상추는 자신의 거처와 종가 주변으로 가사를 신축하고 중건하는 역사를 계속 시행했다. 1802년 11월에 그는 4칸 규모의 松庵精舍의 營建을 계획하고[75] 다음해 정월에 그것을 宗中 회의

---

71) 『盧尙樞日記』 1802년 1월 28일.
72) 『盧尙樞日記』 1802년 4월 8일, 9일.
73) 『盧尙樞日記』 1802년 2월 23일, 3월 16일.
74) 『盧尙樞日記』 1802년 5월 23일.
75) 『盧尙樞日記』 1802년 11월 22일.

에 부쳐[76] 논의를 시도했다. 그 건축 비용은 手工 30냥, 蓋瓦功錢 7냥 등 총 138냥 정도로 예상하였다. 또한 그는 1803년(순조 3)에 다시 옛 집을 헐고 가사를 신축하는 큰 역 사를 시작했다. 이때도 주변 마을의 軍丁 170명 정도를 동원하여 약 3개월의 기간을 걸려 새 집이 완성되었다.[77] 그의 건축 욕심은 계속 이어졌다. 그의 나이 63세가 되던 1808년(순조 8) 정월에 棣樂堂과 西山窩를 신축하기 시작했다.[78] 이 공사도 약 3개월의 기간이 걸렸고 文洞 등 주변 마을의 軍丁 110명 정도를 동원시켰다.[79]

노상추의 건축 욕심은 만년에도 지속되었다. 그의 나이 69세 되던 1814년(순조 14) 정월 白雲洞에 가사를 신축하기 시작했다. 이 공사는 약 2개월 반 정도 기간이 걸렸고 이전과 마찬가지로 수십 명의 軍丁을 동원시켰다.[80] 나중에 이 백운동의 新舍는 白雲別業으로도 칭해졌다.[81] 그리고 그는 77세 되던 1822년(순조 22) 정월에는 竹月軒의 수리와 文山의 舊廟를 헐고 신축하는 공사를 시작했다. 이 두 가지 역사는 총 4개월 정도 기간이 걸렸고 100명 이상의 軍丁과 승려들이 동원되었다.[82] 특히 文山廟宇 공사에는 총 215냥의 돈과 糧米 118斗 8升 정도 소요되었다.[83] 또한 1824년(순조 24) 정월부터 華林에 華

---

76) 『盧尙樞日記』 1803년 1월 14일.
77) 『盧尙樞日記』 1803년 1월 18일~3월 10일.
78) 『盧尙樞日記』 1808년 1월 8일.
79) 『盧尙樞日記』 1808년 1월 8일~3월 27일.
80) 『盧尙樞日記』 1814년 1월 26일~4월 4일.
81) 『盧尙樞日記』 1822년 4월 12일.
82) 『盧尙樞日記』 1822년 1월 10일~4월 11일.
83) 『盧尙樞日記』 1822년 7월 27일.

棣堂의 신축을 시작하여 약 2개월 반 만에 완성하고,[84] 이어서 바로 4초부터 옛 터에 건물을 증축하였다.[85] 華棣堂은 華林別業으로 칭해졌다.[86] 이들 공사에도 역시 수십 명의 軍丁이 동원되었다.

이처럼 노상추는 장년기의 오랜 관직 생활을 거친 후 노년기에 고향으로 돌아와 자신의 거처와 종가 주변으로 계속해서 가사와 별업을 신축하고 중건하는 일에 전념하였음을 볼 수 있다. 그의 건축공사는 나이 50대 중반에서 시작해 거의 80세까지 25년 동안 꾸준히 계속되었던 것이다. 그가 시행한 건축 공사에는 몇 가지의 공통적인 특징을 볼 수 있다. 첫째, 노상추 집안에서 시행한 모든 건축 공사는 처음부터 끝까지 노상추가 주도하였다. 둘째, 건축 시기는 그 해의 1월에 시작해 3월 말까지 거의 모두 마무리하였다. 그것은 농번기를 피하기 위해서 일 것이다. 셋째, 1824년(순조 24)의 경우를 제외하고는 1월~3월 사이에 윤달이 있는 해에 집중 건축 공사를 시행했다.

넷째, 모든 건축 공사에 주변의 軍丁들을 다수 동원시켰는데, 이들이 없었다면 이렇게 많은 건축은 불가능했을 것이다. 이렇게 많은 軍丁들을 동원할 수 있었던 것은 노상추가 무관이지만 고위 관직을 역임했기 때문에 官權의 협조가 있었기 때문에 가능했을 것이다.

그런데 하나의 의문은 노상추가의 경제적 사정이 좋지 않았는데 이처럼 많은 건축 공사가 어떻게 가능할 수 있었는가 하는 점이다. 그가 모든 건축공사에 주변의 軍丁들을 식사 외에는 거의 무료로 역

---

84) 『盧尙樞日記』 1824년 1월 9일~3월 25일.
85) 『盧尙樞日記』 1824년 1월 9일~3월 25일.
86) 『盧尙樞日記』 1824년 4월 3일~6월 24일.

사시킬 수 있었기 때문에 건축 비용을 다수 절약할 수 있었다고 해도 기본적으로 하나의 건축에 수 백 냥은 소요되었다. 따라서 노상추가의 경제 사정이 매우 어려운 상태였다 면 이처럼 많은 건축은 가능하지 않았을 것이다.

다음으로 노상추가 노년에 관직을 은퇴하고 고향으로 돌아온 후의 가계 경영과 경제 사정의 변화가 어떠했는지에 대해 살펴보자.

노상추는 양반가문으로서 집안의 위상을 높이기 위해 다방면으로 노력을 경주했다. 우선, 조상에 대한 爲先사업과 宗家의 기반을 다지는 일이었다. 그것은 50대 중반을 넘긴 노상추가 장남 익엽에게 당부하는 다음의 언급을 통해 알 수 있다.

> 내가 지금 생각해보니 爲先의 책임은 가장에게 달려 있다. 그런데 내가 잘 처 리하지 못하면 만사가 허물어지고 말 것이다. 하나는 竹月軒 重建 및 竹月公 墓碣이고, 하나는 宗家의 補益이다. 珽燁에게 別所의 租 4석을 출연하게 해 竹月軒 重建稧라고 부르게 해라.[87]

이처럼 그는 장남에게 조부 죽월공에 대한 위선 사업으로 죽월헌 중건과 죽월공 묘갈 건립, 죽월헌 중건계 발족 등을 시행할 것과 宗家의 보익을 당부하고 있다. 그가 장남에게 이 일들을 당부하고 있지만 실제로는 그가 그것을 실행하고자 한다는 강한 의지의 표현이었고 이후에 그는 이 일들을 직접 수행하였던 것이다. 실제 그의 당부

---

87) 『盧尙樞日記』 1800년 11월 14일.

는 곧 효과를 발휘해 다음 달에 동생 영중의 장남 箕燁의 처가 大宗 保護稧를 만들기 위해 목화밭 15두락과 논 6두락을 계금으로 내놓았 다.[88] 이것은 노상추의 동생인 영중이 재종숙 沆의 후사로 들어가 실 질적으로 宗祀를 물려받았으며, 영중도 무과에 급제하여 관직에 오 르게 되자 노상추와 마찬가지로 고향을 떠나 있는 날이 더 많았다. 따라서 동생 영중의 장남 기엽이 자연히 宗祀의 책임을 물려받을 수 밖에 없었기 때문이다.

종족의 유지와 번영을 위한 노씨 일족의 노력은 이후에 宗稧, 族 稧, 松稧 등 여러 계의 조직 형태로도 나타났고 그때마다 노상추가 주도적인 역할을 하였다. 또한 노상추의 부친으로부터 宗族祭位用으 로 상속받았던 개령과 금산의 別所畓 85두락은 큰 조카 정엽이 여러 차례 방매를 시도했지만 그때마다 노상추가 저지시킴으로써 그대 로 유지될 수 있었다.[89] 이러한 제위 답과 계전·계답의 운영에서 나 오는 수익을 바탕으로 적극적인 殖利 활동을 통해 一族의 재정은 어 느 정도 안정화되었다. 1801년(순조 1) 11월의 경우 한 해 동안 宗稧 錢을 빌려주고 거두어들인 것이 62냥 정도였고,[90] 수납한 別所錢은 모두 133냥 5전으로 그 가운데 사용한 것을 제외한 88냥은 대여하였 다.[91] 또한 수합한 松稧의 債錢은 모두 58냥이었는데, 그중 30냥으로 논 3두락을 구매하고 나머지 14냥은 대여하였다.[92] 1802년 11월에도

---

88) 『盧尙樞日記』 1800년 12월 8일.
89) 『盧尙樞日記』 1800년 11월 14일.
90) 『盧尙樞日記』 1801년 10월 11일.
91) 『盧尙樞日記』 1801년 11월 15일.
92) 『盧尙樞日記』 1801년 11월 29일.

別所錢을 거두어 130냥을 放債하였다.[93] 이러한 가운데 노씨 일족의 재산은 점 차 늘어나 宗家가 상당히 안정되었다. 1815년(순조 15) 1월의 일기를 보면 큰 조카 정엽의 명목으로 된 재산만 해도 개령·금산의 논 85두락, 白蓮松稧의 논 20두락과 40여 냥, 사찰의 논 18두락과 40여 냥 등이었다.[94] 이후에도 1816년(순조 16) 11월에 松稧에서 放債한 142냥 5전을 거두어 40냥으로 논 4두락을 매입하고 나머지 99냥은 재차 放債하였다.[95] 또 1824년(순조 24) 10월에는 燈燭契의 殖利錢과 作錢 도합 69냥으로 논 11두락을 매입하였다.[96]

하지만 이처럼 노씨 일족의 재정은 안정되고 있었지만 노상추의 독단적인 종족 운영에 대해 일부 族人들은 상당한 반발을 하였다. 심지어 族從인 敬熙는 "나의 子弟들에게 華林令監(노상추)을 찾아뵙지 못하게 했다"거나 尙標는 "武人은 양반으로 부족하니 나의 자식에게는 활쏘기 배우는 것을 금지시켰다"는 등[97] 노상추에 대한 불만을 노골적으로 표현하였다. 특히 큰 조카인 정엽과는 종가의 재산을 둘러싸고 여러 차례 심한 갈등을 겪었다. 그러한 갈등은 정엽이 죽고 그 아들 宗玉이 집안 경영을 맡자 더욱 심해졌다. 그 중에서도 개령과 문산의 別所畓을 둘러싼 갈등이 심했는데, 정엽과 종옥은 그것을 여러 차례 타인에게 방매를 시도하거나 행했지만 노상추의 반대와 환퇴로 말미암아 저지되었다.[98] 이처럼 별소답을 둘러싼 갈등

---

93) 『盧尙樞日記』 1802년 11월 15일.
94) 『盧尙樞日記』 1815년 1월 17일.
95) 『盧尙樞日記』 1816년 11월 12일.
96) 『盧尙樞日記』 1824년 10월 12일.
97) 『盧尙樞日記』 1800년 11월 15일, 1816년 11월 16일 등.

이 심해지자 그것의 운영도 점차 부실해졌다. 1816년 11월의 일기를 보면 別所의 放債錢으로 회수되지 못한 것이 모두 1千5百金 정도나 된다고[99] 하고 있다. 이후로 노상추는 별소답에 대해서는 점차 관리나 관심을 줄였던 것 같다. 그 결과 1829년에 와서 別所의 積債로 인해 급기야는 논 5두락을 방매하였다. 이를 전해 듣고 노상추는 "논의 매각이 시작되었으니 闕享할 날이 멀지 않았구나"하고 탄식을 하였다.[100]

그럼 관심을 좀 더 좁혀서 노상추 가계 곧 직계의 경제 사정은 어떠했는가를 구체적으로 살펴보자. 그것은 노상추의 만년인 70세 이후 그 가계의 농업경영 기사를 통해 어느 정도 짐작할 수 있다. 그럼 조금 번잡하지만 노상추가의 농업경영과 관련된 내용이 풍부한 1816년(순조 16)과 1828년, 1829년의 기록을 통해 그 가계의 경제 사정을 추정해 보자.

(ㄱ) 이날 綿田 20여 두락을 갈았다.[101]

(ㄴ) 이날 栗岩의 綿田을 갈았다.[102]

(ㄷ) 비가 오기 전에 나는 白雲別業에 갔다. 升의 內作이 대저 35두락인데 이미 移秧을 마친 것이 32두락이었다.[103]

---

98) 『盧尙樞日記』 1800년 11월 14일, 1815년 1월 17일, 1826년 5월 12일 등.
99) 『盧尙樞日記』 1800년 11월 15일.
100) 『盧尙樞日記』 1829년 1월 20일.
101) 『盧尙樞日記』 1816년 3월 24일.
102) 『盧尙樞日記』 1829년 3월 19일.
103) 『盧尙樞日記』 1816년 6월 8일.

(ㄹ) 이날 別業에서 46두락의 논을 김매기 했는데 役軍이 37명이었다고 하였다.[104]

(ㅁ) 靑雲洞의 논 13두락과 栗岩의 논 12두락, 그리고 書堂后의 논 3두락은 初耘이었다.[105]

(ㅂ) 이날 別業의 奴子가 靑雲洞의 논 20여 두락을 三耘하였다.[106]

(ㅅ) 華林의 家畓은 겨우 8두락이라고 한다.[107]

(ㅇ) 東邊의 11두락 내에 4두락은 賭地이고 堂後의 3두락과 西邊의 5두락은 幷作할 따름이다.[108]

(ㅈ) 이날 必琥가 白峴 및 曹介洞 두 곳 논의 벼를 가서 보고 賭地를 정하고는 별업에 와서 머물렀다.[109]

(ㅊ) 升爗을 보내어 鳳村院 논의 벼 작황을 살피게 했다.[110]

(ㅋ) 아침에 서얼자식 升爗이 왔다. 말하기를 오늘 道開浦田의 가을보리를 벤다고 하였다.[111]

(ㅌ) 이날 장손인 明琥가 延香浦에 보리 작황을 보러 갔다가 저녁에 되돌아왔다.[112]

---

104) 『盧尙樞日記』 1828년 6월 19일.
105) 『盧尙樞日記』 1816년 윤6월 5일.
106) 『盧尙樞日記』 1816년 윤6월 24일.
107) 『盧尙樞日記』 1828년 5월 22일.
108) 『盧尙樞日記』 1829년 6월 22일.
109) 『盧尙樞日記』 1816년 9월 1일.
110) 『盧尙樞日記』 1822년 8월 16일.
111) 『盧尙樞日記』 1816년 6월 3일.
112) 『盧尙樞日記』 1824년 5월 17일.

㈜ 明琥가 보리 작황을 보기 위해 丹丘浦에 갔다가 밤에 돌아왔다.[113]

위의 (ㄱ)과 (ㄴ), (ㅁ)의 기록을 통해 栗岩에 목화밭 20여 두락과 논 12두락이 있었음을 알 수 있으며, (ㄷ)과 (ㄹ)의 기록을 통해 백운과 화림의 別業 전체 논이 46두락임을 알 수 있다. 그중 백운별업의 논이 35두락이었기에 화림별업의 경우는 11두락이었음을 알 수 있다. 그리고 (ㅅ)의 기록을 통해 華林家畓이 8두락이었으며, (ㅁ)과 (ㅇ)의 기록을 통해 서당 뒤의 논이 3두락, 東邊의 논이 11두락, 西邊의 논이 5두락이었음을 알 수 있다. 또한 논밭의 두락은 알 수 없지만 (ㅈ)·(ㅊ)을 통해 白峴·曹介洞과 鳳村院의 세 곳에 논이 있었으며, (ㅋ)·(ㅌ)·(ㅍ)의 기록을 통해 道開浦와 延香浦 그리고 丹丘浦에 밭이 있었음을 알수 있다. 이러한 현황을 간단히 정리하면 아래의 〈표 3〉과 같다.

〈표 3〉 1816년(순조 16) 이후 노상추가의 전답 보유 현황

地域\田畓	華林	華林別業	白雲別業	靑雲洞	栗岩	書堂後	東西邊	白峴·曹介洞	道開浦	鳳村院	延香浦	丹丘浦	계
畓	8두	11두	35두	20여 두	12두	3두	16두	?		?			105두+∝
田					20여 두				?		?	?	20여 두+∝

이를 통해 노상추가는 만년에 최소한 논 105두락과 밭 20여 두락 이상을 보유하고 있었음을 알 수 있다. 노상추 자신이 부친으로부터 상속 받은 논 29두락과 밭 90여 두락에 비해 논밭을 더욱 늘였음을

113) 『盧尙樞日記』 1824년 5월 19일.

알 수 있다.

하지만 노상추가 관직 은퇴 후 만년에 이러한 재산을 어떻게 증식할 수 있었는지에 대해서는 명확하지 않다. 다만 재산 증식의 요인과 방법에 대해서는 다음과 같은 몇 가지 가능성을 추정할 수 있다. 우선 생각해 볼 수 있는 점은 청·장년기에 그는 가산 경영보다는 오로지 무과 급제와 관직 승진에만 모든 노력을 경주했다고 한다면 노년기에 와서는 가문의 위상을 높이고 가계 경제의 안정을 위해 최선의 노력을 다한 결과가 아닌가 여겨진다. 다음장에 자세히 서술하는 바와 같이 노상추는 은퇴 후 직접 집안의 농업경영을 세밀히 지휘하였으며, 특히 미·보리 등 곡물생산뿐 아니라 면포·잠상, 담배·인삼 등 상품작물 재배에도 관심을 기울임으로써 가계 수입 증진에 노력을 경주하였다. 둘째, 위의 많은 건축 공사에도 보았듯이 그가 무인이지만 높은 관직을 역임한 것이 그의 가산 경영에 큰 도움이 되었을 것으로 여겨진다. 官權의 협조 하에 다수의 노동력을 거의 무상으로 동원할 수 있었으며, 또한 官에 陳田의 절수를 부탁하는[114] 등의 사례를 통해 볼 때 그것을 어느 정도 짐작할 수 있다. 셋째, 위에서 이미 언급한 바와 같이 노상추는 제위답과 계전·계답의 운영에서 나오는 수익을 바탕으로 적극적인 殖利 활동을 전개해 一族의 재정을 안정시키고 있었는데, 그의 가계 경영에 있어서도 마찬가지로 식리 활동을 적극 시도하여 수익을 올렸을 것으로 생각된다.

결국 노상추는 적극적인 농업경영이나 식리 활동, 그리고 관권

---

114) 『盧尙樞日記』 1814년 윤2월 1일, 3월 27일, 29일 등. "朝後成太, 聞來現文陳田尺量, 爲可里李哥所沮, 不得如意云"

의 협조 속에 획득한 수익을 바탕으로 논밭 등 재산을 늘여갔을 것으로[115] 생각된다.

IV
노상추가의 농업경영

조선시대의 어느 양반가와 마찬가지로 노상추가의 경우도 가계의 주 수입원은 농사를 통해 획득하였다. 노상추가 관직에 입문하기 이전에는 나라에 서 녹봉을 받는 것도 아니었기에 더 말할 나위 없다. 하지만 노상추나 그의 아우·아들이 무과에 합격하여 관직에 임명된 후에도 관직자에 주어진 녹봉은 그다지 넉넉한 편이 아니었기 때문에 여전히 노상추가의 주 수입원은 농 업일 수밖에 없었다.

따라서 노상추가의 경제적 사정을 정확히 판단하기 위해서는 그 집안의 농업경영 형태를 분석할 필요가 있다. 여기서는 노상추가의 경제 사정의 변화를 분석하기 위해 노상추가 관직에 진출하기 이전 그 가계의 농업경영 형 태와 관직을 은퇴하고 고향에 돌아온 후 노년기의 농업경영 형태로 나누어 살펴보고자 한다.

---

115) 노상추가는 1802년 12월에 5칸의 기와집을 47냥에 매입하고 있으며, 1814년 3월에는 새로 매입한 蛇浦 등의 田土를 둘러보고 있다(『盧尙樞日記』 1802년 12월 2일, 1814년 3월 18일). 이를 통해 볼 때 노상추가는 구매를 통해 전답을 늘여갔을 것으로 생각된다.

1. 청년기의 농업경영

노상추가의 논밭은 開寧·金山·板山을 제외하면 古南을 비롯해 舞來·塔洞, 竹岑·新基 등 거주지와 가까이 분포하고 있었다. 이 시기 일기에는 농사 일정과 수확량, 경작에 동원된 인원 등에 대한 내용을 자세히 기록하고 있다.[116] 이를 통해 노상추가의 농업경영의 구체적 모습을 살펴볼 수 있다. 노상추가의 농경은 벼와 보리, 목화를 경작하여 수확하는 것이 중심이었다. 그의 청년기 일기를 통해 보면 농사가 본격 시작되는 것은 매년 거의 3월 중순경이었다. 3월 중순경부터 村前과 白峴 등의 綿田 경작을 시작으로[117] 4월부터 고남을 비롯한 각지의 논에 이앙을 하는 것으로 한 해의 농사가 본격화되었다. 논의 이앙은 망종절 전후한 4월 중순부터 보통 시작해[118] 6월 까지도[119] 지속되었다.

5월부터 6월 사이에는 일기의 많은 부분이 打麥, 水麥, 打牟·찌麥 등의 기사로[120] 채워졌다. 보리 수확이 한창일 시기이기 때문이다. 그리고 보리 수확을 마친 6월에는 각지의 논에 김을 매고 있다. 김매기는 주로 耘畓, 鋤畓 혹은 刈草로 표현되고 있다.[121] 또한 6월 초에는 삼베를 삼고 껍질을 벗기는 작업을 했는데,[122] 주로 가정 내

---

116) 조선후기 각 지역별 농법의 특징과 발달에 대해서는 염정섭의 글이 참조된다(염정섭, 『조선시대 농법발달 연구』, 태학사, 2002).
117) 『盧尙樞日記』 1764년 3월 19일, 1766년 3월 18일, 1767년 3월 25일 등.
118) 『盧尙樞日記』 1765년 4월 14일.
119) 『盧尙樞日記』 1764년 6월 8일, 1767년 6월 16일.
120) 『盧尙樞日記』 1767년 6월 10일~8월 10일.
121) 『盧尙樞日記』 1765년 6월 4일, 16일.

의 여성들의 몫이었던 것으로 생각된다.

7월부터 8월 사이에는 일기에 摘綿·摘木花의 기사가 다수 보인다.[123] 7월 중순 이후로 목화밭에서 목화를 한창 따는 시기이기 때문이다. 그리고 8월 10일 전후하여 보리 파종이 행해졌다.[124]

9월에는 벼를 본격적으로 추수하는 시기이다. 벼를 추수할 때가 되면 특히 노상추 부자는 추수 현장을 대부분 직접 방문할 정도로 관심을 많이 가졌다. 1765년(영조 41)의 경우를 보면, 추수하기 직전인 8월 25일에 노상추의 아버지는 金山과 開寧에 가서 논을 둘러보고 그 날 개령의 奴有卜의 집에 기숙했다.[125] 다음 날 개령을 출발해 板山에 들어가 논을 둘러보고 다시 舞來의 논도 살펴보았다.[126] 그리고 추수가 막 시작될 즈음인 9월 3일에 奴三才를 개령·금산 등의 논에 미리 파견하여 상황을 살펴보고 오도록 지시하였다.[127] 奴삼재로부터 이삼일 후에 행차하는 것이 좋겠다는 보고를 받고[128] 노상추의 부친은 9월 10일에 직접 무래, 개령, 금산 등처의 農幕을 직접 방문하였다.[129] 다음으로 1768년(영조 44)의 경우를 보면, 추수하기 직전인 9월 4일에 노상추는 途開·舞來 등의 추수할 논을 둘러보기 위해 출발하여 금산의 논을 둘러보고 저녁 무렵에 개령에 도착하여 有

---

122) 『盧尙樞日記』1766년 6월 2일, 3일.
123) 『盧尙樞日記』1766년 7월 20일, 25일, 1767년 윤7월 18일~8월 13일.
124) 『盧尙樞日記』1765년 8월 10일.
125) 『盧尙樞日記』1765년 8월 25일.
126) 『盧尙樞日記』1765년 8월 26일.
127) 『盧尙樞日記』1765년 9월 3일.
128) 『盧尙樞日記』1765년 9월 7일.
129) 『盧尙樞日記』1765년 9월 10일.

卜의 집에 기숙했다.[130] 다음 날에는 개령을 출발해 무래에 도착해 그곳의 논을 둘러보고 개령에 비해 훨씬 작황이 좋음을 확인했다.[131] 그리고 추수가 막 시작될 즈음인 9월 23일에 奴 삼재가 개령에서 돌아와 그곳의 볏단은 이미 베었고 아직 타작은 하지 않았다는 보고를 받고는 다음 날 개령과 금산 등으로 출발했다.[132] 9월 26일에 개령 논을 타작한 결과 수확량이 20석 정도에 불과했다. 다음 날 금산으로 향해 3일간 그곳의 논을 타작한 결과 25석의 수확을 얻었다. 예전에 비해 벼의 수확량이 크게 감소했을 뿐 아니라 赤租와 콩도 모두 부실했다.[133]

그렇다면 노상추가는 여러 곳의 논밭을 어떻게 관리, 경영했는지가 궁금 하다. 우선, 노상추가의 농업경영 형태는 앞의 〈표 2〉 노상추가의 재산분배 내역(1769년)을 참고하면 어느 정도 유추할 수 있다.

우선, 喜俊의 母에게 日先의 所作 7두락과 夫貴의 所作 5두락 모두 논 12두락을 상속하고, 萬善의 所作 綿田을 分給한다고 하고 있다. 그리고 노상추에게 상속한 전답에서도 夫貴의 所作 綿田을 분급한다고 하고 있다. 이들 일선과 부귀, 그리고 만선 등이 맡아서 경작한 전답의 경영형태가 어떠하였는지가 의문이다. 이들 부귀와 만선은 노상추가의 奴로 확인되고,[134] 일선의 경우도 노상추가의 奴나 婢夫였을 것으로 추정된다. 따라서 이들이 경작한 전답은 주인가에서

---

130) 『盧尙樞日記』 1768년 9월 4일.
131) 『盧尙樞日記』 1768년 9월 5일.
132) 『盧尙樞日記』 1768년 9월 23일~24일.
133) 『盧尙樞日記』 1768년 9월 26일~29일.
134) 『盧尙樞日記』 1770년 11월 20일, 1773년 12월 25일 등.

私耕地와 함께 지급한 作介地이거나 아니면 주인과 수확을 半分하는 幷作地였거나 하는 두 가지 가능성 중의 하나였을 것으로 생각된다. 기존 연구에 의하면 작개제는 주인가에서 노비에게 작개지와 사경지를 함께 나누어주고 작개지 수확물은 지주가 갖고 사경지 수확물은 노비가 갖는 농업경영방식이다. 그런데 일기의 어느 곳을 통해서도 이들이 경작한 전답 수확물의 전량을 노상추가 수취했는지, 그리고 이들에게 사경이 주어졌는지의 여부에 대한 것을 찾을 수 없다. 또한 기존 연구에 따르면 作介制는 대체로 18세기 전반에 소멸되는 것으로 보고 있다.[135] 따라서 여러 정황을 볼 때 이들이 경작한 전답은 작개지이기보다는 병작지였을 가능성이 더욱 높다고 생각된다.

그렇다면 이들 외의 토지는 모두 노상추가에서 직영으로 경작했을까. 그것은 일기의 영농 기록을 통해 어느 정도 유추할 수 있다.

우선, 거주지에서 가까운 고남과 촌전의 전답 경우는 노비들을 직접 동원해 이앙과 김매기, 타작 등을 행하는 것을[136] 통해 볼 때 주로 노비 사역을 통한 직접 경영을 한 것으로 생각된다. 고남답은 15두락, 촌전답은 9두락 정도의 규모였다.[137] 그리고 元堂浦나 前浦, 新基, 白峴 등에 있는 밭의 경우도[138] 노비 사역 등을 통해 직접 경영을 한 것으로 생각된다.

---

135) 양반가의 노비를 이용한 작개제 경영에 대한 자세한 내용은 김건태의 글이 참조된다(김건태, 앞의 책, 2004, 63~87쪽 ; 「16세기 양반가의 '작개제'」 『역사 와 현실』 9, 1993).
136) 『盧尙樞日記』 1767년 6월 9일, 1767년 6월 19일 등.
137) 『盧尙樞日記』 1766년 6월 13일, 1767년 5월 4일, 6월 9일, 1768년 7월 4일.
138) 『盧尙樞日記』 1767년 6월 12일~15일 등.

하지만 거주지에서 조금 멀리 떨어져 있었던 개령·금산, 판산리 등의 다수 전답에 대해서는 병작 경영을 하였을 것으로 여겨진다. 그러한 것은 아래의 일기 내용을 통해 짐작할 수 있다.

(ㄱ) 開寧에서 牙浦書堂村으로 향하여 논을 살펴보고 인하여 板山里로 향했다. 時作의 집에서 잠시 쉬었다가 식후에 논의 작황을 두루 둘러 보고 집에 돌아왔다.[139]

(ㄴ) 어제 開寧의 秋收를 마친 고로 지금 金山의 君明里로 향했는데 郭再方과 白尙曄 두 사람이 打租하기 때문이다. 이런 까닭으로 백상엽의 집에 머물렀다.[140]

(ㄷ) 打租하는 일을 보기 위해 나는 金山으로 가서 君明里에 도착했다. 작인 三人이 打租하기 때문인데 白尙曄의 집에 머물렀다.[141]

(ㄹ) 밤을 타 開寧으로 갔는데 福成이 9두락의 租를 타작하기 때문이다. 有福의 집에 머물렀다.[142]

위의 (ㄱ)의 기사를 통해 판산리의 논은 作人에 의해서 경작되고 있음을 알 수 있다. 또한 (ㄴ)과 (ㄷ)의 기사를 통해 금산의 논은 곽재방·백상엽 등의 作人에 의해 경작되고 있음을 짐작할 수 있다. (ㄹ)의 기사를 통해 개령의 논은 복성 등의 作人에 의해 경작되고 있음을

---

139) 『盧尙樞日記』 1767년 8월 23일.
140) 『盧尙樞日記』 1768년 9월 27일.
141) 『盧尙樞日記』 1770년 9월 10일.
142) 『盧尙樞日記』 1770년 9월 12일.

짐작할 수 있다. 따라서 개령·금산, 판산리 등 다수의 전답은 작인에 의해 경작되고 있고 타작 때에 노상추가 직접 감독하는 것을 통해 볼 때 이들 전답은 병작제로 경영되고 있음을 알 수 있다.

이처럼 노상추가의 경우 거주지와 비교적 가까운 곳의 전답은 주로 노비 노동력에 의한 직접 경영을, 조금 먼 곳의 전답은 作人에 의한 병작 경영을 주로 행하였을 것으로 생각된다.

2. 노년기의 농업경영

노상추는 관직에서 물러난 후 고향으로 돌아와 가계 경영에 많은 노력을 기울였다. 이 시기 노상추가의 농경은 그의 청년기와 마찬가지로 벼와 보리, 목화를 경작하여 수확하는 것이 중심이었다. 그의 노년기 일기를 통해 보면 농사가 시작되는 것은 거의 매년 1월 말경이었다.

1월 말부터 2월 사이에는 주로 봄보리의 경작에 많은 시간을 보내었다.[143] 특히 2월에 들어와 이전과 달리 상품작물로 南草를 파종하였다.[144] 3월 중순경부터 綿田 경작을 시작으로[145] 4월부터 각지의 논에 이앙을 하는 것으로 한 해의 농사가 본격화되었다. 논의 이앙은 청년기 때보다 대체로 보름 정도 늦은 4월 말·5월 초경부터 시작

---

143) 『盧尙樞日記』 1815년 1월 28일, 2월 4일~5일, 1823년 2월 1일, 1826년 2월 6일 등.
144) 『盧尙樞日記』 1815년 2월 12일.
145) 『盧尙樞日記』 1815년 3월 10일, 1816년 3월 24일 등.

해 6월까지 지속되었다.[146] 이것은 이 시기의 잦은 旱災와[147] 관련이 있는 듯하다. 그래서 일기에는 관개하거나[148] 洑를 굴착하는 공사[149] 등과 관련된 기사가 자주 보인다. 4월 하순에는 뽕잎을 따는 작업도 한창이었다.[150]

5월부터 6월 사이에는 打麥, 打牟·제牟 등의 기사가[151] 다수 보인다. 보리 수확이 한창일 시기이기 때문이다. 그리고 보리 수확을 마친 6월에는 각지의 논에 김을 매고 있다. 김매기는 주로 耘畓, 鋤畓으로 표현되고 있다.[152] 또한 6월 초·중순경에는 삼베를 삼고 껍질을 벗기는 작업을 했다.[153]

7월 중순 이후로는 목화밭에서 목화를 한창 따는 시기여서 그런지 목화와 관련된 기사도 종종 보인다.[154] 9월에는 벼를 본격적으로 추수하는 시기이다. 노상추 자신이나 아들, 손자들이 직접 추수할 들판을 미리 돌아보거나 추수하는 곳을 감독하기도 하였다.[155]

---

146) 『盧尙樞日記』 1816년 4월 25일~6월 13일, 1824년 5월 26일~6월 14일, 1828년 5월 20일~6월 6일 등.
147) 『盧尙樞日記』 1814년 3월 30일, 1814년 5월 15일, 1815년 4월 29일, 1822년 5월 28일~6월 2일, 1823년 7월 7일, 14일, 1825년 3월 30일, 1828년 5월 20일 등.
148) 『盧尙樞日記』 1815년 3월 15일 등.
149) 『盧尙樞日記』 1814년 6월 18일, 1822년 6월 3일, 1823년 7월 14일~17일, 1828년 7월 26일, 8월 3일 등.
150) 『盧尙樞日記』 1829년 4월 24일~25일.
151) 『盧尙樞日記』 1815년 5월 9일, 1816년 6월 3일 등.
152) 『盧尙樞日記』 1816년 윤6월 5일~윤6월 24일, 1822년 6월 8일~12일.
153) 『盧尙樞日記』 1816년 6월 19일, 1823년 6월 1일, 1829년 6월 13일.
154) 『盧尙樞日記』 1822년 7월 22일, 1826년 8월 5일, 1827년 8월 3일, 1829년 7월 27일 등.
155) 『盧尙樞日記』 1815년 9월 10일, 1816년 8월 27일, 30일, 9월 1일, 1822년 8

이처럼 노년기 노상추가의 농사 품목이나 일정 등은 그의 청년기와 큰 차 이를 발견할 수 없다. 다만 노상추가는 가계의 수입 증대를 위해 이전보다 南草나 蠶絲·人蔘 등 상품작물 재배에도 더욱 관심을 갖고 있음을 볼 수 있다. 그것은 아래의 기사를 통해서 볼 수 있다.

(ㄱ) 어제 울타리 밖의 數升 밭에 南草 종자를 파종하였다.[156]

(ㄴ) 금년의 繭絲는 3斤인데 1근은 직조하고 2근은 판매해 13냥을 얻어서 놋 그릇과 반상기를 구매했다. 부녀자의 手工이 가히 좋다.[157]

(ㄷ) 진주의 柳生 厓가 인삼의 열매를 가지고 왔기에 200銅을 지급하고 50개를 구입하였는데, 고향 집에 돌아가서 심을 계획이다.[158]

특히 노상추는 일찍이 한양에 있을 때 慶南의 함안을 비롯한 진주, 하동, 고성, 사천 등에서 집집마다 인삼을 심어서 큰 수익을 얻고 있다는 이야기를 듣고[159] 몇 년 후 위의 (ㄷ)기사에서 보듯이 그역시 인삼의 종자를 구매해 고향 집에 심을 계획을 하고 있다.

그렇다면 노년기에 노상추가는 여러 곳의 논밭을 어떻게 관리, 경영했는 지가 궁금하다. 우선, 노상추가의 농업경영 형태는 다음의 기사를 통해 어느 정도 유추할 수 있다.

월 16일 등.

156) 『盧尙樞日記』 1815년 2월 12일.

157) 『盧尙樞日記』 1828년 7월 2일.

158) 『盧尙樞日記』 1802년 7월 15일.

159) 『盧尙樞日記』 1799년 5월 28일. "卽聞趙先達(原註: 台鉉)言 咸安以下諸郡 丹·晉·昆·河·固·泗·三·宜之間 家家種蔘 用錢如水云 生財之道 則莫過於 此云"

(ㄱ) 靑雲 14두락 내에 4두락은 幷作을 하고, 粟岩 12두락과 東邊 11두락 내에 4두락은 賭地를 하며, 堂後 3두락과 西邊 5두락은 幷作을 할 따름이다.[160]

(ㄴ) 이날 必琥가 白峴과 曹介洞 두 곳의 畓租를 가서 보고 賭地를 정하고 와서 別業에 머물렀다.[161]

위의 (ㄱ)기사를 통해 靑雲洞畓 중의 4두락과 堂後畓·西邊畓 중의 8두락은 幷作을 주고 있으며, 粟岩畓·東邊畓 중의 4두락은 賭地를 주고 있음을 확인할 수 있다. 그렇다면 이들 해당 지역 논 가운데 병작·도지를 주는 논 16두락을 제외한 나머지 29두락은 직영으로 경작하였다고 일단 추정할 수 있다. (ㄴ)을 통해 白峴과 軍威의 曹介洞 두 지역 논은 賭地를 주고 있음을 확인할 수 있다. 그런데 여기서 地의 경우 소작료의 징수 방법을 執租로 하였는지 아니면 定賭地로 하였는지가 의문이다. (ㄴ)의 경우 백현과 조개동 두 곳 논의 작황을 미리 보고 賭地를 정한 것으로 보아 집조로 소작료를 징수하였다고 짐작된다.

그리고 位田으로 상속 받은 개령·금산 別所畓의 경우도 도지를 주고 있음을 확인할 수 있다.

(ㄱ) 別所畓 30두락이 모두 亭子 아래에 있는 고로 秋成을 살펴보고 作人 金次得의 집에 머물렀다.[162]

---

160) 『盧尙樞日記』 1829년 6월 22일.
161) 『盧尙樞日記』 1816년 9월 1일.
162) 『盧尙樞日記』 1815년 9월 10일.

(ㄴ) 時作人들에게 2束에 1斗式 내도록 도지법을 정하도록 하였다. 時作輩가 감히 다시는 말하지 못하도록 명령에 따라 거행토록 하였다.[163]

(ㄷ) 君明里에 머물렀다. 벼를 베는 것을 이미 마쳤다는 것을 듣고 개령의 예와 같이 賭地를 정했다.[164]

(ㄱ)과 같이 노상추는 별소답의 작황을 미리 직접 둘러보았다. 그리고 (ㄴ)·(ㄷ)과 같이 개령과 금산 군명리 논의 소작료를 2속에 1두 식의 도지로 거두도록 정했다. 이 두 곳의 소작료 징수 방법도 執租法으로 시행했음을 알 수 있다.

따라서 노상추가는 거주지와 가까운 곳의 전답은 가능한 家作의 직영이나 幷作制 형태를 취했고 거주지와 조금 멀리 떨어진 전답의 경우는 대체로 賭地制를 채용하였음을 볼 수 있다. 도지제의 소작료 는 집조 형태로 대개 징수하였음을 알 수 있다.[165]

그럼 직영을 했던 家作地에 동원된 노동력은 누구였는지가 궁금 하다. 우선, 노상추가의 가작지는 상당 부분 노비 노동력에 의해 경 작되었을 것으로 생각된다. 1822년 12월의 일기에 의하면 노상추는 자기 집의 노비 수가 7~8명이었다고 하고 있다.[166] 일기에 의하면 노 상추가의 奴로서 命業·世元·太順·崔三·太孫·太元·是運[167] 등의

---

163) 『盧尙樞日記』 1815년 9월 23일.
164) 『盧尙樞日記』 1815년 9월 28일.
165) 조선후기 소작제의 제 형태에 대해서는 허종호의 글이 참조된다(허종호, 『조선 봉건말기의 소작제 연구』, 사회과학원출판사(북한), 1965).
166) 『盧尙樞日記』 1822년 12월 30일.
167) 『盧尙樞日記』 1827년 4월 24일, 5월 7일.

이름이 확인된다. 이들에 의해 가작지가 경작되었을 것이다.

　(ㄱ) 이날 別業의 奴子가 靑雲洞의 논 20여 두락을 三耘하였다.[168]

　(ㄴ) 奴들이 靑雲洞의 논을 연일 갈았다.[169]

　위와 같이 청운동 논의 경우 노비들에게 의해 경작되고 있음을 볼 수 있다. 이들 노비 노동력의 부족을 메우기 위해 임노동 형태인 고공을 고용하기도 하였다.

　(ㄱ) 이날 이웃인 朴驗察의 義子 昆三을 別業의 雇奴로 두었는데, 내년 봄의 農作을 위함이다.[170]

　(ㄴ) 華林別業의 雇奴 卓只가 오후에 곽란을 일으켰다가 근근이 回生했다.[171]

　(ㄷ) 別業의 雇奴 卜只가 새 바지와 큰 두루마기를 가지고 와서 바쳤다.[172]

　(ㄹ) 別業의 雇奴인 卓只 및 卜只를 놓아 보냈다. 이번 달 2일에 靑雲洞에 鄭應之를 고용했으며 奴 太燁의 손자인 光七을 역시 雇立했는데 나이가 18세라고 한다.[173]

　위의 (ㄱ)~(ㄷ)의 기록에서 보는 바와 같이 노상추는 別業에 昆三,

---

168) 『盧尙樞日記』 1816년 윤6월 24일
169) 『盧尙樞日記』 1828년 11월 25일.
170) 『盧尙樞日記』 1814년 12월 21일.
171) 『盧尙樞日記』 1822년 6월 25일.
172) 『盧尙樞日記』 1823년 12월 24일.
173) 『盧尙樞日記』 1824년 11월 15일.

卓只, 卜只 등 3명의 雇奴를 농업 노동력으로 고용하였다. 특히 (ㄹ) 에서 보면 별업에 고용했던 탁지와 복지 2명과의 계약을 해지하는 대신 鄭應之와 光七을 새로 고용하였다. 이를 통해 노상추가에 고용 되었던 이들 고공은 1~2년 정도의 계약을 맺고 농업 노동력을 제공 하는 단기 농업고공의 성격이 강한 존재들 로 생각된다.[174] 대체로 고공계약은 위의 똥삼, 정응지, 광칠의 경우를 볼 때 한 해의 농사가 마무리되고 다음 해의 농사를 준비하는 年末에 주로 체결되고 있음 을 볼 수 있다.

또한 노상추가에서는 그의 행랑채에 딸려 사는 협호들도 농업 노 동력으로 일정 부분 활용한 것으로 보인다.

(ㄱ) 오후에 廊下人洪石凡이 와서 고하기를 明琡이 갑자기 죽었다고 했다.[175]

(ㄴ) 行廊의 底下人 德朶·石凡이 와서 유숙했다.[176]

(ㄷ) 廊下人 元伊이 역시 짐을 지고 왔다.[177]

(ㄹ) 이날 廊下軍 4명을 불러서 비로소 체악당 앞 越川의 荒田 중에 新川 을 뚫는 공사를 했다.[178]

---

174) 농업고공과 관련된 자세한 내용은 최윤오와 이정수·김희호의 글이 참조 된다(崔潤晤, 「조선후기 「和雇」의 성격」 『忠北史學』 3, 1990 ; 「18·19세기 농 업고용노동의 전개와 발달」 『韓國史硏究』 77, 1992 ; 이정수·김희호, 「17~18세기 雇工의 노동성격에 대한 재해석」 『경제사학』 47, 2009).

175) 『盧尙樞日記』 1826년 6월 13일.

176) 『盧尙樞日記』 1827년 4월 3일.

177) 『盧尙樞日記』 1826년 2월 28일.

178) 『盧尙樞日記』 1828년 7월 26일.

위의 (ㄱ)~(ㄷ)의 기록을 통해 노상추가의 행랑채에 거주하는 洪石凡, 德采·石凡, 元伊 등 4명의 협인을 확인할 수 있다.[179] 이들은 노상추가에 (ㄴ)·(ㄷ)과 같이 건축이나 (ㄹ)과 같이 수리시설 등 여러 역사에 동원되었다. 이를 통해 이들이 노상추가의 농업경영에도 일정부분 동원되었을 것으로 생각된다.

이외에도 노상추가는 당시의 향촌 공동노동 조직인 두레도 적극 활용하였던 것으로 보인다.

(ㄱ) 이날 승엽이 農軍 36명을 구해서 재차 논을 갈았다.[180]

(ㄴ) 이날 別業에서 46두락의 논을 김매기 했는데 役軍이 37명이었다고 하였다.[181]

위의 기록과 같이 노상추가에서는 일시적으로 많은 노동력이 소용되었던 모내기 작업에 農軍과 役軍 30여 명을 동원하고 있었다. 이들 농군과 역군의 성격은 명확하지 않지만 두레와 연관이 있을 것으로 생각된다.

이상의 내용을 통해 볼 때 노년기 노상추가의 가계 운영과 농업경영 방식을 청년기때의 그것과 비교해 보면 몇 가지의 특징을 발견할 수 있다.

---

179) 협호 노동의 성격에 대해서는 이영훈과 이세영의 글이 참조된다(李榮薰, 『朝鮮後期社會經濟史』, 한길사, 1988. 李世永, 「18, 19세기 兩班土豪의 地主經營」『韓國文化』 6, 서울대, 1985).

180) 『盧尙樞日記』 1826년 6월 28일.

181) 『盧尙樞日記』 1828년 6월 19일.

첫째, 노상추는 宗稧, 族稧, 松稧, 別所稧 등의 조직을 적극 만들고 이들 계의 기금을 활용해 殖利 행위를 활발히 전개했다.

둘째, 노상추가는 가계의 수입 증대를 위해 이전보다 南草나 蠶絲·人蔘등 상품작물 재배에 더욱 관심을 갖고 있음을 볼 수 있다.

셋째, 노상추가는 논밭의 위치나 사정에 따라 家作이나 幷作·賭地制 방식을 채용하였다. 특히 청년기 때와 달리 노년기에 와서는 도지제 방식을 적극 채용하고 있다는 점이 주목된다.

넷째, 家作地에 동원된 노동력을 보면 청년기 때는 노비 노동력을 주로 사용했다. 하지만 노년기 때는 노비 외에 고공이나 협인 등의 노동력을 적극 활용하고 있다는 점이 주목된다.

이처럼 노상추가의 가계 운영이나 농업경영 방식의 변화를 통해 조선후기의 새로운 시대 흐름을 확인할 수 있을 뿐 아니라 노상추가 역시 이러한 추세를 따르려고 하는 나름의 노력을 하고 있었음을 볼 수 있다.

V
맺음말

이 연구는 盧尙樞(1746~1829)라는 조선후기 武班이 쓴 일기를 통해 그 것에 그려진 그 가계의 재산변동과 농업경영 방식의 변화를 중점적으로 살 펴보았다. 특히 여기서 이용한 주 자료인 『盧尙樞日記』는 18세기 중반에서 19세기 초반까지의 사회경제적 실태를 잘 살펴볼 수 있는 시계열을 갖춘 중 요한 자료이다. 여기서는 일기의 내용을 편의상 청년기-장년기-노년기의 세 부분으로 구분하여 노상추가의 재산변동의 내용과 특징, 그리고 농업경영의 방식과 변화 등을 구체적으로 살펴보았다.

우선, 청년기 노상추가의 경제 사정을 살펴보았다. 그것은 노상추 부친의 가산 분배 내역을 통해 어느 정도 짐작할 수 있다. 이를 통해 노상추가의 재산 규모는 확인할 수 있는 것만 해도 논이 127.5두락이고 밭이 120두락 이상이다. 논밭은 金山·開寧·板山을 제외하고는 대체로 반경 10km 이내의 가까운 곳에 있었던 것으로 생각된다. 이 정도 田畓의 양은 당시로 볼 때 꽤 큰 규모였다고 할 수 있다. 게다가 집에서 사역하고 농경에 부릴 수 있는 노비도 적지 않았을 것으로 보인다. 노상추 자신에게 상속된 전답인 논 1석 9두락과 밭 90여 두락의 경우도 결코 작은 규모는 아니었다. 하지만 그는 27세의 나이로 일찍이 집안의 실질적인 가장 역할을 할 수밖에 없는 처지였다.

자신의 가족뿐 아니라 과부가 된 형수와 조카들을 돌봐야 할 상황이었다. 그가 거느린 식솔은 가족만 해도 10여 명에 노비가 10명이 넘어 모두 22명에 달했기 때문에 여유 있는 살림은 아니었던 것으로 생각된다.

노상추는 젊은 시절 무과에 뜻을 두고 科業 준비에 전념을 한 후 무과에 급제하기까지는 10년의 세월이 걸렸다. 그리고 무과 급제 후에도 4년을 더 지나서야 관직에 나아갈 수 있었다. 무과에 급제하기 위한 10년과 급제 후 관직을 얻기 위한 4년, 총 14년 동안 그는 수십 차례 한양을 왕복했다. 어떤 때는 한양에서 몇 달씩 기거한 경우도 수차례였다. 이러한 경비를 충당하기 위해 노상추는 채무를 질 수밖에 없었다. 결국 10여 년 만에 그는 부친으로 부터 상속받은 논 1석 9두락과 밭 90여 두락의 재산을 거의 탕진하고 겨우 垈地 5두락과 薄畓 8두락만 남게 되었다.

다음으로, 노상추가 관직에 진출한 이후에 그의 가계의 경제 사정이 어떻게 변화했는지에 대해 살펴보았다. 조선조에 관료들에게 주어지는 녹봉은 액수가 그다지 많지 않았기 때문에 관료들은 녹봉보다는 선대로부터 상속 받은 재산이나 고리대, 매매 그리고 경제외적인 특혜 등 각종 방법을 동원하여 재산 증식을 일반적으로 했다.

노상추는 무과에 급제한지 4년만인 1784년(정조 8) 12월에야 비로소 武兼으로 발탁되어 初仕職을 획득할 수 있었다. 관직을 제수 받았다고 하지만 경제적 형편이 갑자기 좋아지는 것은 아니었다. 특히 관직을 획득하기 이전 에 이미 경제적 기반이 약해졌을 뿐 아니라 한양에도 특별한 기반이 없었던 노상추의 경우는 더욱 그러했다.

그는 한양에 올라와 거주할 집의 마련과 생활비, 그리고 승진을 위한 사교 비 등에 적지 않은 돈을 사용했던 것으로 보인다. 일기에 의하면 그는 한양 에서 여러 차례 거처를 옮겨 다녔고 그때마다 제법 많은 돈을 지불했을 뿐 아니라 여러 차례 사기를 당하기도 했다. 노상추의 관직 생활 이후의 경제 사정에 대해서는 그가 관직에 진출한지 15년 정도 지난 55세 되던 해에 새해를 맞아 자신의 宦歷을 자평한 일기를 통해서 짐작할 수 있다. 여기서 집에는 8두락의 척박한 논이 있을 뿐이어서 자손이 굶주릴 지경이고 2千金의 부채가 있어 걱정이 된다고 하고 있다. 이것이 사실이라면 그는 15년 정도의 관직 생활을 했음에도 불구하고 고향의 논밭은 이전과 같이 8두락 그대로이고 오히려 많은 부채만 지게 된 것이다.

다음으로 노년기에 노상추가 한양에서의 생활을 청산하고 고향에 내려 온 후의 가계 경영과 경제 사정의 변화에 대해 살펴보았다.

우선, 노상추는 양반가문으로서 집안의 위상을 높이기 위해 다방면으로 노력을 경주했다. 그는 가문의 격을 높이는 일환으로 종가나 가사, 묘우·별장 등 각종 역사에 힘을 기울였다. 그의 건축 공사는 나이 50대 중반에서 시작해 거의 80세까지 25년 동안 꾸준히 계속되었다. 그 결과 종가 신축, 화림·백운 별업의 신축, 송암정사·화체당의 신축, 죽월헌 증축, 여러 채의 新舍 건축 등 많은 역사를 하였다.

그리고 노상추는 종족의 유지와 번영을 위한 일환으로 宗稧, 族稧, 松稧, 別所稧 등의 결성을 적극적으로 추진하였다. 이러한 계전·계답과 제위전의 운영에서 나오는 수익을 바탕으로 적극적인 殖利 활동을 펼쳐서 一族의 재정을 어느 정도 안정시켰다. 나아가 노상추는 가계의 농업경영에도 힘을 기울였다. 그 결과 노상추가는 만년에 최소한 논 105두락과 밭 20여 두락 이 상을 보유할 수 있었다. 노상추 자신이 애초에 부친으로부터 상속 받은 논 29두락과 밭 90여 두락에 비해서는 재산을 많이 증식하였던 것이다.

노상추가 노년에 와서 어떻게 이처럼 다수의 건축 공사를 수행하고 재산도 제법 많이 증식할 수 있었는지에 대해서는 명확하지 않다. 다만 재산 증식의 요인과 방법에 대해서는 다음과 같은 몇 가지 가능성을 추정할 수 있다. 우선, 청·장년기에 그는 가산 경영보다는 오로지 무과 급제와 관직 승진에만 모든 노력을 경주했다고 한다면 노년기에 와서는 가문의 위상을 높이고 가계 경제의 안정을 위해 최선의 노력을 다한 결과가 아닌가 여겨진다. 실제 노상추는 노년기에 와서 직접 집안의 농업경영을 세밀히 지휘하였으며, 특히 미·보리 등 곡물생산뿐 아니라 면포·잠상, 담배·인삼 등 상품 작물 재배에도 관심을 기울임으로써 가계 수입 증진에 노력을 경주하였다. 둘째, 그가 무인이지만 높은 관직을 역임한 것이 그의 가산 경영에 큰 도움이 되었을 것으로 여겨진다. 官權의 협조 하에 다수의 노동력을 거의 무상으로 동원할 수 있었으며, 또한 官에 陳田의 절수를 부탁하는 등의 사례를 통해 볼 때 그것을 어느 정도 짐작할 수 있다. 셋째, 노상추는 제위답과 계전·계답의 운영과 마찬가지로 그의 가계 경영에 있어서도 식리 활동을 적극 시도하여 수익을 올렸을 것으로 생각된다. 결국 노상추는 적극적인 농업경영이나 식리 활동, 그리고 관권의 협조 속에 획득한 수익을 바탕으로 논밭 등 재산을 늘여갔을 것으로 생각된다.

다음으로 노년기 노상추가의 가계 운영과 농업경영 방식을 청년기 때의 그것과 비교해 보면 몇 가지의 특징을 발견할 수 있었다.

첫째, 노상추는 宗稧, 族稧, 松稧, 別所稧 등의 조직을 적극 만들고 이들 계의 기금을 활용해 殖利 행위를 활발히 전개했다. 둘째, 노상추가는 가계의 수입 증대를 위해 이전보다 南草나 蠶絲·人蔘 등 상품작물 재배에 더욱 관심을 갖고 있음을 볼 수 있다.

셋째, 노상추가는 논밭의 위치나 사정에 따라 家作이나 幷作·賭

地制 방식을 채용하였다. 특히 청년기 때와 달리 노년기에 와서는 도지제 방식을 적극 채용하고 있는 점이 주목된다. 넷째, 家作地에 동원된 노동력을 보면 청년기 때는 노비 노동력을 주로 사용했다. 하지만 노년기 때는 노비 외에 고공이나 협인 등의 노동력을 적극 활용하고 있다는 점이 주목된다.

이처럼 노상추가의 가계 운영이나 농업경영 방식의 변화를 통해 조선후기의 새로운 시대 흐름을 확인할 수 있을 뿐 아니라 노상추가 역시 이러한 추세를 따르려고 하는 나름의 노력을 하고 있었음을 볼 수 있다.

이정수, 『지역과 역사』 29집(부경역사연구소, 2011) 게재 논문

19세기 초반 盧尙樞의 백운동 別業 조성과 경영

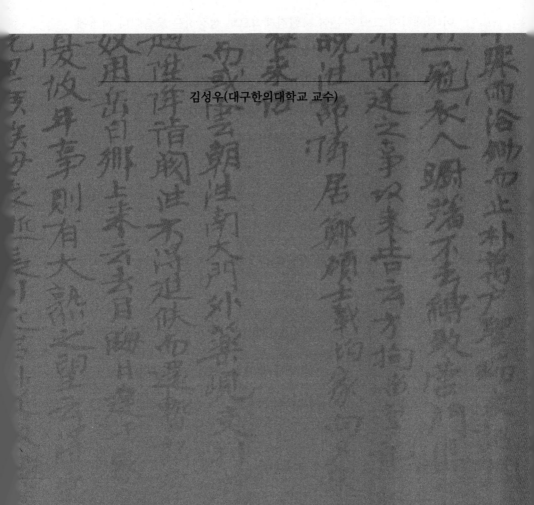

김성우(대구한의대학교 교수)

I
머리말

경상도 선산 출신 무관 노상추(盧尙樞; 1746~1829)는 68년에 걸쳐 방대한 일기를 남긴 인물로 유명하다. 일기 이외에도 각종 고문서들이 산재하여 그의 가문이 사회경제적으로 성장하는 모습이나 지역에서의 활동상을 추적하는 데 좋은 재료가 된다.[1] 이 때문에 그와 그의 가문을 에워싼 생활사, 18~19세기의 군제사 및 신분 관계 등에 주목한 연구들이 최근 다수 나오게 되었다.[2] 그렇지만 지금까지의 연구들은 주로 단편적인 소재 확인과 추적에 관심을 집중시켰던 탓에 노상

---

1) 노상추의 일기는 국사편찬위원회, 2005 『盧尙樞日記(1·2·3·4)』(한국사료총서 49)로 간행된 바 있으며, 노상추 집안의 고문서 일부는 양진석 등 편, 2007 『최승희 서울대 명예교수 소장 조선시대 고문서』(다운샘)에 수록되어 있다.

2) 崔承熙, 1988 「朝鮮後期 兩班의 仕宦과 家勢變動-善山 武班家 盧尙樞의 사례를 중심으로」 『한국사론』 19; 文叔子, 2006 「조선후기 兩班의 일상과 家族內外의 남녀관계 - 盧尙樞의 〈日記(1763~1829)〉를 중심으로」 『고문서연구』 28; --- 2009 『68년의 나날들, 조선의 일상사』 너머북스; 박홍갑, 2006 「경주노씨 성립과 그 일파의 선산지역 정착 과정」 『한국전통사회의 재인식』; 金景淑, 2008 「조선후기 山訟과 上言, 擊錚 - 盧尙樞家와 朴春魯家의 소송을 중심으로」 『고문서연구』 33; 정해은, 2008 「조선 후기 무신의 중앙 관료생활 연구 - 『盧尙樞日記』를 중심으로」 『한국사연구』 143; 김광수 「慶州(安康) 盧氏 가문의 善山 정착 과정과 기반」 발표요지. 노상추 관련 주요 논문 및 글들은 경주노씨 대종회 편, 『慶州 盧氏(화림종종) 자료』(2009)에 대부분 수록되어 있다.

추와 그의 가문의 전체적인 모습을 그려내는 데에는 다소 미흡했다고 생각된다. 그의 일기와 고문서는 18~19세기 사회경제 전반의 운영 모습, 지역사회 내부의 갈등 요소, 가족의 생활 방식, 그리고 정치 구조의 운영과 이해관계 등 숱한 중요한 주제들로 확대될 여지를 제공해 준다는 점에서 연구사적으로 매우 중요하다고 생각된다.

본 연구가 특별히 주목하려는 것은 노상추의 살아가는 방식과 삶의 모습을 사회경제적 측면에서 조명하는 일이다. 그 중에서도 그가 정계에서 은퇴하고 지역에서 활동했던 만년(1814~29)의 생활상에 초점을 맞추려 한다. 그는 1813년 가덕첨사를 끝으로 정계에서 은퇴한 이후 사망하던 1829년까지, 17년이라는 결코 짧지 않은 기간 동안 고향 선산에서 전형적인 농촌의 양반 지식인의 삶을 살아갔다. 이 무렵 그의 생활과 관련하여 가장 주목되는 것은 백운동(白雲洞) 별업(別業)의 조성이었다. 정계 은퇴 이듬해인 1814년부터 별업을 조성하기 시작한 그는 그곳을 기반으로 경제적 발전과 사회적 안정을 모색했으며, 1829년 그곳에서 긴 투병 생활 끝에 목숨을 거두었다. 84년에 걸친 그의 오랜 생활을 정리하는 공간이자, 수많은 활동과 노력들이 응축되고 결집된 장소가 바로 백운동 별업이었던 셈이다.

그런 점에서 백운동 별업을 중심으로 한 노상추의 만년의 생활상에 대한 추적은 18~19세기 한 지역의 양반지식인이 가졌던 사상과 지향점, 그의 시대의 사회경제적 구조, 그리고 그가 직면한 수많은 난관과 시대적 한계들을 보여주는 훌륭한 재료가 될 수 있다. 그렇지만 짧은 지면에서 이 모든 것을 다루기란 쉬운 일이 아니다. 그런 이유에서 본 연구에서는 특히 백운동 별업을 중심으로 한 그의 영

농 활동, 재화의 축적, 하층민들과의 관계 등에 한정하여 살펴보고
자 한다.

이와 더불어 본 연구에서 가장 역점을 두고자 하는 부분은 대상
공간으로서의 백운동이다. 조선시대 백운동은 선산부 도개면이 관
할하는 월경지(越境地) 마을이었다. 월경지의 특성상 이곳은 관할 읍
인 선산보다 비안현에 훨씬 가까웠고, 그런 이유에서 오늘날에는 의
성군에 편제되어 있다. 선산의 관할 지역이면서도 선산과는 분리
된 땅이라는 점은 백운동의 역사지리적 성격을 결정하는 가장 중
요한 요소이다. 노상추가 이곳에 별업을 조성코자 한 이유 또한 이
러한 특성과 관련되어 있다. 그가 이곳을 서자(庶子)들의 삶의 공간
으로 조성코자 했던 까닭이 여기에 있다. 그에게는 노승엽(盧升燁;
1796~1842)이라는 서자가 있었다. 별업은 바로 노승엽과 그의 가족,
그리고 자손들이 살아가야할 터전이었다.

본 연구는 우선 월경지 백운동의 역사지리적 성격에 대해 조망해
보려 한다. 다음으로 노상추와 승엽 가족의 백운동 이주와 별업 조
성, 그리고 별업을 기반으로 한 재화의 축적 과정을 추적하고자 한
다. 그 다음으로는 노상추 부자와 백운동 주민들 간에 형성된 인간관
계, 긴장과 갈등, 그리고 해소 과정을 추적하고자 한다. 마지막으로는
노승엽 후예들의 향방을 추적하면서, 이후 백운동 별업이 어떻게 변
모해 갔는지를 살펴보고자 한다.

II
백운동(白雲洞)의 농업지리적 조건

1. 1990년대 백운동의 풍경

노상추가 69세 되던 1814년에 개척한 백운동의 현재 행정 명칭은 의성군 구천면 청산 1리이다. 이곳은 청화산(700.7m)의 정상 북쪽 기슭을 따라 형성된 곳으로서, 동, 남, 서쪽이 산으로 둘러싸여 있는 반면, 북쪽으로 앞이 트인 전형적인 분지형 계곡 마을이다. 입구가 트인 북쪽으로는 의성군에서 가장 큰 저수지인 조성지(造成池; 몽리면적 660ha)가 웅장한 자태를 뽐내고 있다. 청산 1리 북쪽으로 청산 2리와 조성리가 좌우에 분포하고, 구미시 도개면과 의성군 구천면을 잇는 갈현(200m) 북쪽 경사면을 따라 장국 2리가 위치해 있다. 조선시대 이들 마을의 행정명은 각각 백운동(청산 1리), 청운동(청산 2리), 조성동(조성리), 국수동(장국 2리)이었다. 이들 4개 마을이 노상추가 별업을 조성한 백운동 일대였다. 1995년 현재 이들 4개 마을의 인구 분포 상황을 보여주는 것이 〈표 1〉이다.[3]

---

3) 의성군지 편찬위원회, 1998 『義城郡誌』 55~60쪽

〈표 1〉 1995년 현재 백운동 일대의 인구 분포 상황

	세대(호)	인구(명)
조성리	20	51(24)
청산 1리	50	117(13)
청산 2리	26	83(20)
장국 2리	15	49(25)
구천면 전체	1109	3057

※ 비고: ( )는 구천면 25개 마을 가운데 인구 순위

〈표 1〉에 따르면, 백운동 일대에서 인구가 가장 많은 마을은 117 명이 거주하는 청산 1리였다. 청산 2리(83명), 조성리(51명), 장국 2리 (49명)가 그 뒤를 따랐다. 면 소재지 구천면의 25개 마을 가운데, 청산 1리는 인구 면에서 13위, 청산 2리는 20위, 조성리 24위, 장국 2리 25 위 등의 순서였다. 청산 1리를 제외한 3개 마을은 구천면에서 인구가 가장 적은 마을이었다. 구천면은 인구 밀도가 69명/㎢로, 의성군 전 체의 평균 인구 밀도(73/㎢)에 근접하는 중규모의 면이었다. 그런 점 에서 청산 1리를 제외한 나머지 3개 마을은 의성군 전체에서도 인구 가 가장 희소한 마을들이라 할 수 있다.

구천면은 면 전체가 점토질 토양으로 되어 있어서 한없이 비옥 하지만, 수리시설이 제대로 갖춰지지 않아 오랫동안 가난하게 살아 온 지역이었다. '천고의 가난' 속에 '가난을 숙명으로 알아왔던' 이 지역에 '새 역사의 장이 개막된' 계기는 1959년 조성지의 건설이었

---

4) 『의성군지』, 1677~1688쪽
5) 『의성군지』, 1694~1697쪽
6) 『의성군지』, 1694~1697쪽

다.[4] 백운동 일대는 1995년 『의성군지』 편찬 담당자들이 이곳을 방문했을 때, "'벽지 마을'의 운명에서 벗어나기 어렵고", "그 옛날 신선이 유유자적하던 곳으로 느껴지기도 한다"고 평할 정도로 오지 중에 오지였다.[5]

오늘날 백운동 일대에서 가장 많은 인구가 분포하여 구심점이 되고 있는 청산 1리에는 한덤, 화초당, 새등네, 점마(신촌) 등 4개의 작은 자연마을이 있다. 이들 가운데 오늘날 '청산교회'가 위치한 화초당과 새등네가 마을의 중심을 이루고, 서쪽 개울(西川 혹은 栗川) 너머로 한덤, 동쪽 개울(東川) 너머 울고개 아래로 점마(신촌)가 있다. 점마는 과거에 옹기장수들이 살던 곳이라 하여 점마을로 불렸다.[6] 백운동 일대의 행정 마을들과 청산 1리의 자연마을들의 위치를 표시한 지도가 〈지도 1〉이다.

〈지도 1〉 백운동 소재 행정 및 자연 마을들의 위치

출전: 국립지리원, 1997, 1:50,000지형도, 구미시 관내도

백운동 일대는 현재 의성군으로 단일 편제되어 있지만, 조선시대만 하더라도 이 지역은 의성군 관할이 아니었다. 백운동(청산 1리)과 청운동(청산 2리)은 선산부 관할이었고, 국수동(장국 2리)은 상주목, 조성동(조성리)은 비안현 소속이었다. 현재 청산 1리에 편입된 울고개 아래 위치한 신촌도 비안현 관할이었다. 울고개를 넘으면 현재 군위군에서 관할하는 백현동이 나온다. 이들 마을들은 비안현이 관장할 때 행정 효율이 가장 높을 곳이었다. 그럼에도 불구하고 이들 마을들이 4개 읍(선산, 상주, 군위, 비안)으로 잘게 찢어진 까닭은 이 지역이 월경지(越境地)였기 때문이다. 상주가 확장하면서 남겨둔 월경지가 국수동이었고, 선산의 마지막 보루가 백운동, 청운동이었으며, 비안의 배후지가 조성동, 신촌이었다. 그러한 사정을 1789년(정조 13)에 편찬된 『호구총수(戶口摠數)』에서 확인할 수 있다. 아래의 〈표 2〉는 18세기 후반 백운동 일대 마을들을 표시한 것이다.[7]

〈표 2〉 『호구총수』(1789) 소재 백운동 일대 마을의 행정 소재

행정 관할	마을	합
상주 단동면	상사포리, 하사포리, 간제리, 소리리, 장국리, 국수동(國水洞), 도호리, 하제리, 물흥리, 효자리, 우제리, 용천리, 중신리, 상연평리, 중연호리, 하연호리, 오룡상리, 오룡하리, 말지리, 조암리, 신기리, 신주막	22
선산 도개면	도개리, 지내리, 탑동리, 갈현리, 신국동, 청운동(靑雲洞), 한덤(大芚里), 개력점촌, 신옹점, 우곡리, 다항리, 사기점, 수철리, 점촌리, 화촌리, 신기리, 둔암리, 용산리	18
비안 내서면	종갑리, 산오리, 신기리(新基里), 용점리, 모고리, 조개동(造介洞), 흥경리	7
군위 화곡면	도개곡리, 달목리, 화곡리, 낭성리, 백현리(白峴里), 보장리, 사지리, 복성리	8

※ 비고 : 굵은 글씨는 현재 백운동 일대 마을들

7) 『戶口摠數』(1789), 선산부 도개면, 274쪽(서울대 규장각, 1996)

백운동 일대를 조선시대 행정 기준으로 지도로 표시한 것이 아래의 〈지도 2〉이다.

〈지도 2〉 조선시대 월경지 백운동 일대의 행정 구역

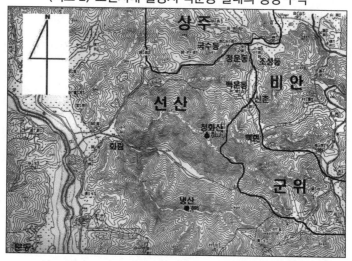

출전: 일본 참모본부, 구한말 한반도 1:50,000 지형도

4개 읍의 월경지였던 이곳이 의성군으로 단일 편제되기까지는 많은 기간이 소요되었다. 그러한 변화 과정을 추적해 보면 다음과 같다. 1) 구한말 의성현과 비안현이 각각 의성군과 비안군으로 승격되었고, 1906년 월입지(越入地) 조정 과정에서 국수동이 비안군으로 편입되었다. 반면 비안 관할이었던 신촌은 이 때 선산군 청산동으로 편입되었다. 이 조처 이후 백운동 일대는 4개 읍 관할지로부터 비안군과 선산군 등 2개 읍의 관할지로 변경되었다. 2) 1914년 일제 총독부가 실시한 행정조직 개편에 의해 의성군과 비안군은 의성군으로 통합되었다. 이 때 확정된 행정 조직은 이후 70여 년간 지속되었다. 3) 1987년에 이르러, 선산군 도개면 청산동을 의성군 구천면으로 이

관하고, 의성군 단밀면 용산동을 선산군 도개면으로 양도하는 행정 조처가 단행되었다. 이 조처로 청산동은 의성군 구천면 청산동으로 최종 변경되었다.[8]

백운동 일대가 의성군 구천면에서 관할하는 단일 행정구역으로 편입되기까지 100여 년이라는 길고긴 시간이 걸렸던 것이다. 험난했던 행정 조정만큼이나 백운동 일대는 조선시대 4개 읍(상주목, 선산부, 비안현, 군위현), 근대 2개 읍(선산군, 의성군) 가운데서도 가장 오지에 속하는 행정 공백 상태의 지역으로 오랫동안 남아 있었다. 『의성군지』 편찬자들이 1995년 이곳을 방문했을 때, '벽지 마을', '신선들이 사는 곳'이라는 느낌을 받은 이유가 여기에 있다.

2. 19세기 전후의 백운동

선산의 월경지 백운동과 청운동은 조선시대까지만 해도 크게 주목받지 못하던 지역이었다. 선산에서 두 번째 높은 청화산(700.7m) 너머 북쪽에 위치한 탓에 이곳은 교통이 아주 불편했다. 관할 면인 도개면에서 백운동으로 가기 위해서는 갈현(200m)을 넘거나, 청화산 기슭을 돌아가야 했다. 젊은 사람의 잰 발걸음으로 도개에서 백운동까지는 2~3시간 정도 걸렸다. 이러한 지리적 장벽으로 인해 선산 주민들이 백운동 일대로 이주하거나 정착하는 일은 드물었다. 그럼에도 불구하고 이곳은 17세기 초반에 이미 마을이 형성되어 있었다. 천

---

8) 『의성군지』, 191~208, 685쪽

혜의 수리 조건을 갖췄기 때문이었다. 갈현에서 발원하여 의성군 단밀면 위천(渭川)으로 합류하는 비산천(10.8km) 계곡 하류에 위치한 '찬물내기 샘'이 그것이었다. 이 샘의 유명세는 1630년대에 최현(崔晛)이 편찬한『일선지(一善志)』(1630년대)에 기록될 정도로 대단했다.

> 대둔리(大芚里, 한덤): 선산부로부터 동쪽으로 35리, 비안 땅 경계에 있다. 골짜기 가운데 기울어진 바위가 있는데 그곳에서 샘물이 솟아나온다. 아주 가물어도 고갈되지 않아, 농부들이 이곳의 샘물을 끌어들여 관개한다. 마을이 이 샘물에 크게 의지하고 있다.[9]

『의성군지』에서도 '찬물내기 샘'은 "아무리 가물어도 한결같이 물이 솟아나 마을의 자랑거리가 된다"고 기록하고 있다. 『의성군지』에서는 '찬물내기 샘'을 '장국 2리'와 '청산 2리'에서 동시에 언급하고 있다. 국수동과 청운동이 비산천을 경계로 동서로 나뉜 마을이었기 때문이다. '찬물내기 샘'은 곧 국수동과 청운동 두 마을이 공유하는 수리 자원이었던 셈이다.

『일선지』에서는 청화산 북쪽 너머에 소재한 백운동 일대를 한덤 (곧 대둔리)이라 표시하고 있다. 백운동 일대는 17세기 초반까지 한덤이라 불렸고, 오늘날 청산 1리의 자연마을 가운데 하나인 '한덤'이 그 중심이었을 것으로 여겨진다.[10] 한덤은 도개면에서 백운동으로 넘

---

9) 崔晛(1563~1640)『一善志』「坊里」'大芚里'
10) 한자 '大芚'의 한글 지명은 한덤이었다. 현재에도 한덤은 청산 1리의 4개 자연마을 가운데 하나로 남아 있다.

어가는 첩로(捷路)인 청화산 기슭을 돌아가는 길에 나타나는 첫 마을

이었다. 이곳을 중심으로 일찍이 마을이 형성되었던 것으로 보인다.

그렇지만 '찬물내기 샘'으로 인해 그 아래쪽으로 벼농사가 발달하고

인구가 집중하면서, 17세기 중반 이후 청운동(선산)과 국수동(상주)이

형성되었다고 생각된다.[11] 18세기 후반 『호구총수』(1789) 상의 백운동

일대 마을들의 분포 상황에서 그러한 사정을 확인할 수 있다(<표 2>).

청운동 일대에 벼농사가 발달하고 있었음은 '찬물내기 샘' 아래

로 '모정 보(茅亭洑)'와 '옛 관(館)터 보'와 같은 천방(川防)이 설치된

것에서 알 수 있다.[12] 청운동으로 인구가 밀집하면서, 청운동이 한덤

을 제치고 백운동 일대의 중심 마을로 부상하게 되었다. 그러한 사

실을 1814년 노상추가 별업 조성 당시 동원한 백운동 일대 성년 장

정들의 숫자를 통해 확인할 수 있다. 1814년 노상추가 동원한 군정은

청운동이 21명, 백운동이 6명이었다.[13] 청운동의 동원 장정이 백운동

보다 3.5배나 많았다. 이러한 사실은 19세기 전후 시기 백운동의 중

심 마을이 청운동이었음을 알려주는 데 부족함이 없다고 생각된다.

후술하겠지만 1814년 당시 백운동에 거주한 실제 가호는 10호였

다. 그렇다면 백운동의 원주민들은 어떤 사람들이었을까? 1814년

노상추가 만난 이곳 사람들은 모두 9명(노태엽, 김달성, 김연삼, 김백운,

---

11) 조선시대 선산의 벼농사의 발달과 지역개발에 대해서는 Kim, Sung Woo, 2010 "Decline of a Confucian Mecca: Development of Rice Farming and Regional Development in Chosŏn Korea" *The Journal of Korean Studies 15*가 참고 된다.

12) 盧尙樞(1746~1829) 『盧尙樞日記』 1815년 6월 18일

13) 노상추 『노상추일기』 1814년 윤2월 15일; 3월 5일

안영복, 손도사리, 박험찰, 손회암, 조복지)이었다. 노태엽은 경주(안강)노씨 서족(庶族)으로 사실상 노상추 가문에 예속된 노비였고, 김달성-김연삼 부자는 그의 집안의 건축 일을 도맡아 온 목수였다. 안영복은 선산-도개를 잇는 용산 나루의 뱃사공 안태고의 아들이었고, 손도사리, 박험찰, 손회암, 조복지 등은 훗날 노상추 집안의 고공이나 비부가 되는 인물들이었다.[14] 일기에서 발견되는 백운동 원주민의 모습들은 다음과 같다.

1) 고공 박험찰: 박험찰이 어제 가족들을 데리고 문천 군수 김익거(金益耟)의 서당으로 이사했다. 이사 한 뒤에 다시 별업으로 돌아와, 승엽에게 기둥에 목매어 자살하겠다고 협박했다. 죽여 마땅한 놈이다 (1816년 2월 13일).

2) 목수 김달성: 김달성이 한덤 동구 밖 동쪽 개울가(東川)의 비안 땅으로 이주했다. 오늘 개울에다가 움막을 만들고 가산을 옮겼다. 고역(苦役)을 피해 헐역(歇役)을 쫓아간 것이다. 오늘 동천에는 한덤과 백운 동민 수십 여 호가 이주하여 새로운 촌락이 들어섰다(1824년 윤7월 6일).

3) 고공 권세원: 신촌의 권세원이 다시 행랑으로 들어왔다. 이 사람은 원래 백운동 사람인데 비안 땅 신촌으로 이주했다가 그 애미가 죽자 다시 이곳으로 돌아왔다. 그러니 이 사람은 '부평초(浮萍草)'이다(1825년 12월 12일).

---

14) 노상추 『노상추일기』 1814년 윤2월 14일; 5월 9일; 5월 18일; 5월 19일; 5월 28일; 7월 28일; 12월 21일

박험찰, 김달성, 권세형과 같은 백운동 주민들은 월경지라는 지역적 특성을 이용하여 언제든지 다른 곳으로 떠날 준비가 되어 있는 사람들이었다. 자신을 보호해 줄 강력한 후원자가 있으면 그곳에 기댔다가, 더 나은 대우를 해주는 이가 나타나면 언제든지 거처를 바꿨다. 한 읍에서 징세를 강화하면 헐역을 쫓아 다른 읍으로 이주 했다가, 역풍이 불어 그곳에 징세를 강화하면 다시 본래의 읍으로 되돌아왔다. 흩어졌다가 모이고 또 다시 흩어지는, 그런 점에서 '부평초' 같은 사람들이 모여 사는 전형적인 민촌(民村)이었다.

　이런 상황이었기 때문에 청화산으로부터 산등성이가 뻗어 나와 형성된 계곡 분지형 마을이었음에도 불구하고 백운동의 산림자원은 전혀 관리되지 않았다.[15] 관할 지역인 도개 면민들을 비롯해서 상주 낙동, 비안, 군위 등지의 나무꾼들이 이곳에서 나무와 풀들을 닥치는 대로 벌목하고 채취해 간 탓에, 주변 산들은 온통 민둥산뿐이었다. 이 때문에 폭우가 내리거나 홍수가 닥치면 토사가 흘러내리고 개울물이 역류하여 마을과 전답을 덮쳤다. 이런 상황에서 토양이 매우 척박하여 농업 생산성도 좋지 않았다. 백운동을 기반으로 경제력을 키워나가는 것은 결코 쉽지 않은 일이었다. 노상추가 별업을 개척하기 직전 백운동의 상황은 이러했다.

---

15) 『노상추일기』에는 노상추가 백운동에서 목재를 벌목한 기사를 전혀 찾아볼 수 없다. 백운동의 가옥 축조를 위한 나무는 폐가의 재목을 이용하거나, 노상추가 관리하던 화림이나 법화동에서 벌목해 왔을 뿐이다. 목재 운반 상황에 대해서는 다음 절에서 후술할 예정이다.
16) 노상추 『노상추일기』 1823년 8월 1일

III
이주

28년(1786~1813)이라는 긴 세월 동안 관직 생활로 서울과 지방을 떠돌던 노상추가 별업 조성 계획을 세운 것은 오래된 일이었다. 그러던 그가 1814년에 접어들자마자 백운동으로 이주하기 위한 계획을 다급하게 실행에 옮겼다. 거기에는 그만한 이유들이 있었다. 첫 번째 이유는 그가 1813년 가덕첨사를 끝으로 정계를 은퇴, 고향에서 은거를 결심한 것이었다. 은퇴 이후 그에게는 한가롭게 여생을 보낼만한 조용한 전장(田庄)이 필요했다.[16]

두 번째 이유는 서자 노승엽(盧升燁, 1796~1842)에게 경제 기반을 물려줄 필요가 있었다. 소실(小室) 경주김씨에게서 얻은 유일한 혈육인 승엽은, 노상추가 51세라는 늦은 나이에 얻은 손자 같은 아들이자, 만년에 가장 아꼈던 아들이었다.[17] 승엽이 16세가 되던 1811년 3월, 상주 가리방의 월성손씨(孫鎭尭의 딸)와 결혼하게 되면서, 그를 가장으로 하는 가계를 보장해줄 전장의 확보 필요성이 절실해졌다. 이밖에도 1813년부터 본격화된 큰집(盧珽燁-宗玉 부자)과의 불화, 화림 거주 경주노씨 가문의 인구 증가로 인한 전답 부족도 별업 조성의 또

---

17) 노상추의 장손인 明琥(明賁으로 개명)는 1796년 생으로 승엽과 동갑이었고, 둘째 손자 明琉(明琉로 개명)은 1801년 생으로 승엽과 다섯 살 밖에 차이나지 않았다(문산서당 편 1957 『慶州盧氏世譜』(地) 4~9쪽).
조선시대 양반 부인의 호칭이 氏였던 데 비해, 상민 부인 혹은 첩의 그것은 姓이었다. 따라서 노상추의 소실 김씨는 사실상 (경주)金姓이라 부르는 것이 옳다. 그렇지만 본고에서는 편의상 김씨라 호칭하도록 한다.

다른 요인들이었다.[18] 위와 같은 몇 가지 요인들이 겹치게 된 1813년 가을 이후, 노상추는 별업 조성 작업에 박차를 가하기 시작했다.

백운동은 월경지라는 지리적 특성으로 인해 인구가 많지 않았고, 토착세력들이 눈길을 돌리지 않는 지역이었다. 토착세력이 강한 지역이라면 서자 승엽이 뿌리내리기가 쉽지 않았을 터이다. 이곳에는 노비, 비부, 고공, 목수, 뱃사공과 같은 사회의 가장 밑바닥 인생을 살고 있는 '가난하고 의지할 데 없는' 하층민들이 살고 있을 뿐이었다. 그런 점에서 승엽이 정착에 성공하기만 한다면 이곳의 주인이 될 것이 분명했다. 그가 백운동을 주목한 가장 중요한 이유가 여기에 있었다.

노상추는 1814년 새해 벽두부터 별업 조성을 위해 분주하게 움직였다. 별업 조성 작업은 건축 자재의 확보, 별업 축조, 매입 전답 측량과 소유권 등기 등 세 가지 방향으로 전개되었다. 우선 건축 자재의 확보 과정을 살펴보자. 1814년 1월 말 노상추는 군위 화곡과 상주 장곡에서 구입한 폐가(廢家)의 재목을 살펴보고, 군위 두란, 화곡, 포촌과 선산 청운동, 그리고 상주 장곡의 군정들을 동원하여 백운동으로 재목을 옮겼다. 이것만으로는 부족했던지 화림에서 8그루의 나무를 추가로 벌목했다. 집터는 선산 동정의 김 풍수(金風水)가 잡았다. 동·서·남쪽으로 산이 에워싸고 있고 북쪽으로만 트인 지세를 가진

18) 노상추가 1777년 문동에서 화림으로 이주할 때 그의 3 형제(盧尙植, 尙樞, 尙根) 가계의 가구원은 모두 합쳐 9명에 불과했다. 그렇지만 그로부터 42년이 지난 1813년에는 문동에 줄곧 거주한 셋째 상근의 가족을 제외하더라도, 화림의 큰집(노상식)과 작은집(노상추)의 가구원은 16명으로 급증했다. 여기에 노비, 비부, 고공과 같은 예속 노동력까지 포함하면 화림 인구는 이보다 훨씬 많았다.

백운동의 형국상, 좌향은 북북동(丁癸向)으로 잡고 남남서 방향으로 집을 앉혔다.[19] 되도록이면 햇볕을 많이 받기 위함이었다.

건축 자재 확보와 집터의 좌향이 결정되자, 별업 축조 공사가 본격적으로 추진되었다. 공사 개시 25일 만에 가옥의 윤곽이 얼추 잡히자, 윤2월 2일 노상추는 승엽에게 백운동의 주산(主山)인 청화산과 국수동, 백운동 동구 등 3곳에 산신제(山神祭)를 지내게 했다. 백운동은 향차 승엽이 주인이 될 것이었기 때문이다. 그로부터 7일이 지난 윤2월 9일 소실 김씨와 노비를 비롯한 가족들이 백운동으로 이사했다. 가재 운반에는 화림의 행랑 노속들과 월항의 동민 11명, 소 9마리가 동원되었다. 그 사이 목수 김달성은 디딜방아와 디딜방아 집(舂杵間)을 만들고, 목수 우정오는 기름을 짤 유기(油機) 2개와 탈곡기(板齒櫳) 2개를 만들어 두었다.[20]

이 때 축조된 집은 안채 5칸(안방 2칸, 곁방 3칸), 행랑 4칸 등, 9칸에 이르는 비교적 단출한 초가집이었다. 이만한 초가집을 짓는 데에도 도목수 김달성, 목수 김백운, 미장 이만재와 같은 전문 인부들을 비롯해서, 백운동, 청운동을 비롯한 인근 마을(개력, 신기, 산적, 다항, 국수)의 군정들이 다수 동원되었다. 집터닦이로 시작된 공사는 주춧돌 놓기, 기둥 올리기, 상량 및 서까래 공사, 벽돌 쌓기, 지붕 잇기, 벽흙 바르기, 온돌 놓기, 도배, 울타리 공사와 같은 공정 순으로 이뤄졌다. 울타리 공사를 끝으로 집 모양이 제대로 갖춰진 시기는 4월 1일

---

19) 노상추 『노상추일기』 1814년 1월 26일~2월 7일
20) 노상추 『노상추일기』 1814년 윤2월 2일~9일

이었다.[21] 45일이라는 짧은 기간 만에 초가 9칸의 공사가 완결되었던 것이다.

흙 바르기 공사가 한창 진행 중이던 3월 19일, 안채가 겨우 모양을 갖추자 노 귀재와 처 일금 가족을 먼저 입주시켰다. 이 날이 길일이었기 때문이다. 이곳에서 귀재 가족은 이틀 밤을 지샌 뒤, 가사의 매매문기(買賣文記)를 작성하고 화림으로 돌아갔다. 노비가 먼저 입주하여 문권을 만드는 것이 풍속이었기 때문이다. 이튿날인 3월 22일 소실 김씨와 승엽 가족이 입주를 했다. 이로써 노상추가 후견하는 가운데 승엽을 가장으로 하는 백운동 별업 생활이 시작되었다.[22]

매입 전답의 측량 및 소유권의 등기도 시분을 다투는 문제였다. 백운동에서 가까운 군위, 상주, 비안 등지에는 큰집(노정엽)과 작은집(노상추)의 전답이 원래부터 있었던 반면, 승엽 몫의 토지는 아직 없었다. 안정적인 백운동 생활을 위해서는 승엽 몫의 토지가 확보되어야만 했다. 그 때문에 노상추는 조성동 북쪽의 유산(幽山)에 거주하는 변지한(卞之漢), 변지연(卞之淵) 형제로부터 토지를 매입했다. 효자평(孝子坪)에 주로 분포된 이들 형제의 토지들은 양안(量案) 상에 '신기 잡탈전(新起雜頉田)'으로 등재되어 있었지만, 사실상 이 지역 주민들이 오랫동안 경작해 오던 완전한 논들이었다.

영농 활동이 임박한 상황에서 노상추의 마음이 아주 다급했음에도 불구하고, 비안 현리(縣吏)들은 춘분이 지났다느니 하는 각종 변명을 늘어놓으면서 측량을 계속 미뤘다. 이런 상황에서 노상추는 2

---

21) 노상추 『노상추일기』 1814년 윤2월 15일~4월 1일
22) 노상추 『노상추일기』 1814년 3월 19일~22일

월 23일 비안현감 정하용을 만나 빠른 측량을 당부했고, 윤2월 4일에도 편지를 써서 현리들의 업무 태만을 강력하게 항의했다. 현리들이 측량을 마친 시점은 두 달을 훌쩍 넘긴 3월 27일이었다.[23] 승엽 가족이 별업에 입주한 지 6일이 지난 뒤였다.

이와 같은 우여곡절을 겪으면서, 승엽 가족의 백운동 이주는 2월 초~3월 말까지 3개월(2월, 윤2월, 3월)이라는 비교적 짧은 기간 안에 마무리 되었다. 백운동으로 이주한 1814년은 1812년부터 시작된 극심한 가뭄으로 3년째 대기근이 든 비상 시기였다. 이러한 대기근 시기에는 아사 직전에 직면한 수많은 하층민들이 형편이 나은 유세가(有勢家)들에게 투탁하는 경우가 많았다. 이주한지 2개월도 채 되지 않은 5월 중순, 백운동의 주민인 조복지(趙卜只)가 자발적으로 비부가 되었다. 그해 말 이웃 박험찰도 의자(義子) 돗삼(동삼)을 고공(雇工)으로 맡겼다.[24] 별업은 이주 첫해부터 백운동 주민들을 비부, 고공으로 부리면서 영향력을 키워나갔다. 그런 점에서 이주 첫 해 노상추의 백운동 정착 실험은 성공적이었다.

---

23) 노상추 『노상추일기』 1814년 2월 23일~3월 27일
24) 노상추 『노상추일기』 1814년 5월 18일; 12월 21일

IV
경제 기반의 확대

1. 경제력의 향상

백운동 일대에는 벼농사가 발달할 수 있는 좋은 여건들이 갖춰져 있었다. 가장 결정적인 요인은 국수동과 청운동 상류에 위치한 '찬물 내기 샘'이었다. 벼농사 지대인 백운동 일대의 장점은 1812~1815년 까지 장장 4년 동안 지속된 극심한 대가뭄 시기에 특히 잘 드러났다. 이때에는 하천과 개울뿐만 아니라 저수지와 샘과 같은 대부분의 수리 시설들도 말라버릴 정도로, 참혹한 가뭄이 조선 전역을 강타한 시기였다. 가뭄의 절정기는 1814년 봄, 여름이었다. 극심한 가뭄이 계속 되면서 선산-해평을 잇는 낙동강의 관진(官津)인 강창 나루에는 유수 (流水) 부족으로 4~6월 동안 행인들이 걸어서 도강하는 사태가 벌어 졌다. 배다리(船橋)를 이용하여 행인들이 낙동강을 걸어 건너가는 상 황은 근세기 가장 혹독한 가뭄으로 간주되곤 했던 1762년에도 볼 수 없었던 대참상이었다.[25]

비다운 비는 6월 28일(양력)부터 내리기 시작했다.[26] 그렇지만 비는 곧 그쳐 버렸고 7월 중순까지도 보슬비만 드문드문 내렸다. 이런 상황에서 7월 중순까지도 대부분의 지역에서 이앙이 불가능했다. 이

---

25) 노상추 『노상추일기』 1814년 6월 15일
26) 이 장에서 사용하는 모든 날짜는 양력으로 환산했다. 농사 일정은 양력으로 표기할 때 절기의 早晩을 파악하기 쉽기 때문이다. 예컨대 양력 1814년 6월 28일은 음력 5월 11일에 해당한다.

앙 적기의 하한은 하지인 6월 21일 전후였다. 그렇지만 하지가 한 달이나 지난 7월 하순까지도 이앙이 가능한 비, 곧 앙우(秧雨)가 내리지 않았다. 앙우가 내린 것은 7월 28~29일 무렵이었다. 농부들이 이미 이앙을 포기하고 논에다가 조나 메밀을 대파하던 시기였다.

그렇지만 8월 3일까지 7일 동안 계속해서 앙우가 내리자, 이앙을 재개하는 농부가 있는가 하면, 조를 대파한 논을 갈아엎고 다시 이앙을 하는 농부들도 생겨났다. 8월 초순 이앙은 전례를 찾기 힘든 일이었다. 그 때문에 노상추는 8월 3일자 일기에서 극만앙(極晩秧)을 하고서도 "가을에 나락을 얻게 되면, 전설(古談)이 될 것이다"고 당시 상황을 기록하고 있다.[27] 논에 대파 작물을 심거나 극만앙을 감수했던 당시 상황에서 쌀값은 연일 폭등하고 있었다. 5월 18일 0.1냥에 불과했던 쌀 1말 값이 7월 16일에는 0.34냥으로 폭등했고, 이듬해 1월 20일까지도 0.27냥이나 되어 크게 떨어지지 않았다.[28]

이러한 참담한 상황이었음에도 불구하고, 청운동에서는 7월 4일경에 이앙을 마칠 수 있었다. 순전히 '찬물내기' 샘 덕택이었다. 그렇지만 이와 같은 극심한 대가뭄 시기에는 '찬물내기 샘'만으로 전체 논을 대상으로 한 이앙이 불가능했다. 이럴 경우 서로 먼저 논에 물을 대고자 농부들이 다투기 마련이다. 백운동 일대에서 물 사정은 국수동(국사동)이 청운동보다 좋았다. 국수동이 '찬물내기 샘'에 좀 더 가까웠기 때문이다. 1815년 노상추가 2년 동안 별업에 거주하면서 깨

---

27) 노상추 『노상추일기』 1814년 5월 11일(양력 6월 28일)~6월 20일(양력 8월 5일)
28) 노상추 『노상추일기』 1814년 3월 30일(양 5월 18일) 벼 1말(미 0.3승) = 0.3냥; 5월 29일(양력 7월 16일) 백미 1승 = 0.034냥; 12월 11일(양력 1815년 1월 20일) 백미 1승 = 0.027냥

달은 백운동 일대의 수리 사정은 다음과 같다.

"국사동 주민들은 샘 위에 논이 있어서 물을 먼저 끌어들여 이앙하고, 청운동 주민들은 그 다음에야 관개한다. 이 때문에 최근의 혹독한 가뭄에도 상주 백성(국사동)들은 해마다 농사에서 얻는 것이 있고, 선산 백성(청운동)들은 해마다 실농한다. 내가 금년에야 이 사실을 깨달았다. 그리하여 청운동의 작자(作者)들을 데리고 샘 주변에 물길을 뚫어, 국사동을 통하지 않고 선산 땅으로 바로 물을 내려 보냈다. 오후부터 밤까지 내작답(內作畓) 5두락에 관개했는데, 박험찰이 감독을 맡았다."[29]

국사동의 수리조건이 가장 좋고 청운동이 그 다음이라는 것이다. 이것은 전적으로 '찬물내기 샘'이 위치한 지형적 조건 때문이었다. 국사동, 청운동 다음으로 수리조건이 좋은 곳은 청화산 자락에 위치한 한덤이었다. 그 다음으로 별업이 위치한 화초당 일대, 마지막이 청화산에서 발원하는 서천(栗川)과 동천이 합류하는 율암 일대였다(<지도 1> 참조). 두 개의 개울물이 합수하면서 범람이 잦았던 율암 일대는 모래와 자갈이 많은 사질성 토양이어서, 가물면 물이 땅속으로 흡수되어 농업용수를 구하기 어려웠다.

백운동 일대에서 율암 논의 수리조건이 가장 나빴지만 청화산 남쪽 너머에 위치한 도개면보다는 훨씬 좋았다. 그러한 사실을 1816년의 이앙 상황에서 확인할 수 있다. 1816년도 1815년과 마찬가지로 6월 하순(양력)까지 앙우가 내리지 않아 이앙에 큰 어려움을 겪은 해

---

29) 노상추 『노상추일기』 1815년 5월 16일(양력 6월 22일)

였다. 그렇지만 백운동 일대는 5월 하순까지 간간히 내린 비를 이용하여 6월 중순까지 이앙을 모두 마쳤다. 반면 도개면의 각 마을들은 골짜기에 물이 흘러내릴 정도로 충분한 비가 내린 6월 26일 이후에야 이앙을 할 수 있었다.[30] 백운동은 도개면보다 5~12일이나 빨리 이앙을 한 셈이었다. 적기 이앙을 한 논의 작황은 그렇지 않은 논보다 훨씬 좋다는 점에서, 백운동의 작황은 도개면보다 좋았을 것으로 예상된다. 실제 1815년의 혹독한 봄 가뭄을 이겨내고 하지가 하루 지난 6월 23일에 이앙을 한 청운동 논의 그해 작황은 1두락 당 2.2석이나 되었다(11석/5두락).[31] 노상추가 "갈현의 물(곧 비산천)은 청화산의 개울물(곧 화림 근처의 우곡천)보다 훨씬 낫다. 이곳은 '축복받은 땅(大幸)'이다!"고 탄복한 까닭이 여기에 있었다.[32]

별업에서는 청운동, 화초당, 율암 등지에 논을 두루 보유하고 있었다. 별업 조성 3년째인 1816년 양력 7월 29~30일 애벌매기를 한 논은 청운동 19두락, 율암 13두락, 서당 뒷논(한덤) 3두락 등 모두 35두락이었다. 이들 논은 별업에서 직접 농사를 짓는 논, 곧 내작답(內作畓)이었다.[33] 노상추는 이처럼 벼농사를 위한 천혜의 조건을 갖춘 백운동 일대를 중심으로, 곳곳에 전답을 분산 배치하여 농업 경제력을 조금씩 향상시켜 갔다. 1829년에는 내·외작(內外作) 전답이 65두락으로 늘어났다.[34] 1829년 당시 별업이 보유한 내·외작 전답의 위치 및

---

30) 노상추 『노상추일기』 1816년 5월 22일(양력 6월 17일)~6월 3일(양력 6월 27일)
31) 노상추 『노상추일기』 1815년 5월 17일(양력 6월 22일); 9월 7일(양력 10월 9일)
32) 노상추 『노상추일기』 1823년 7월 16일(양력 8월 21일)
33) 노상추 『노상추일기』 1816년 6월 8일(양력 7월 2일)~윤6월 6일(양력 7월 30일)
34) 노상추 『노상추일기』 1829년 6월 22일

경영 형태는 아래 〈표 3〉과 같다.

〈표 3〉 1829년 현재 별업 보유 토지의 규모 및 경영 형태

	논(두락)		밭(두락)	
	자작	소작	자작	소작
청운동	10	4		
율암, 동변	19	4	10	10
집뒤(堂後), 서변	-	8		
합	29	16	10	10
	45		20	

별업 보유 전답들은 청운동, 율암(동변), 한덤(집 뒤와 서변) 등 3 곳에 분산되어 있었다. 이들 전답 가운데 내작 전답이 39두락(논 29두락, 밭 10두락), 외작 전답이 26두락(논 16두락, 밭 10두락)이었다. 내작은 별업에서 보유한 예속 노동력을 이용하여 직접 경작하는 가작지(家作地) 경영을 의미한 반면, 외작은 작자(作者)들에게 경작을 위임하고 소출의 일부를 받는 방식이었다.[35] 내작 전답의 비중(60%)이 외작 전답의 그것(40%)보다 높았고, 내작은 생산성이 높은 논에 집중되었다(64.4%). 외작 가운데는 병작(幷作)이 22두락, 도지(賭地)가 4두락(율암과 동변의 논)이었다. 이처럼 노상추는 '축복받은 땅' 백운동을 기반으로 안정된 벼농사를 행하는 한편, 조금씩 전답을 불려가면서 탄탄한 경제생활을 영위해 갔다.

별업의 경제 활동은 농사에만 한정되지 않았다. 양잠(養蠶)을 통

---

35) 이종범, 1994 「20세기 초 自營(小)地主의 農業經營과 農民生活 – 求禮郡 吐旨面 五美洞事例」『學林』16, 11~25쪽

해 수익을 내기도 했다. 1828년 7월 소실과 서며느리가 비단실 3근을 자아 2근을 시장에 팔아 13냥을 벌어들이자, 노상추는 "부녀들의 손 재주가 참으로 좋다"고 감탄하고 있다.[36] 이 때 벌어들인 돈으로 유 기(鍮器), 밥상, 그릇과 같은 살림살이를 장만했다. 이밖에도 노상추 는 산림자원의 보호와 판매를 통해 막대한 수입을 얻는가 하면, 다양 한 계의 운영을 통해 이자 수입을 짭짤하게 올렸다. 산림자원과 계 운영은 주로 화림에 거주하는 큰 아들 노익엽과 그의 가족들의 몫이 었기 때문에, 이를 통한 수입 증대가 별업의 경리와 바로 연결되지는 않았다. 그렇지만 화림의 제1통 제1호의 가장인 노상추가 필요하다 고 판단하면 언제든지 전용할 수 있는 재화라는 점에서, 별업의 경제 와 아주 관련이 없는 것도 아니었다.

2. 재화의 활용

별업 조성 초기 축조한 건물은 9칸의 초가(안채 5칸, 행랑 4칸)에 불 과했다. 이주 첫 해인 1814년은 대기근이 절정에 달한 시기여서, 제대 로 된 집을 축조하기가 어려웠다. 이 때문에 그해 10월이 되어서야 가까스로 기와를 얹질 수 있었다.[37] 그렇지만 별업은 대기근의 참상 을 피해 이웃 주민들이 투탁해 오는 등 첫 해부터 성공을 거두었다. 수 많은 노비, 고공, 비부들이 협호(挾戶)로 살아가는 상황에서, 별업 증축 필요성이 점차 커져 갔다. 별업의 대대적인 증축 공사가 시작

---

36) 노상추 『노상추일기』 1828년 7월 3일
37) 노상추 『노상추일기』 1814년 10월 17일

된 것은 1823년 8월이었다. 1812~15년의 대기근으로 인한 충격이 점차 사라져가고, 노상추가 1822년까지 주도적으로 참여해온 각종 위선(爲先) 사업들이 마무리되면서, 별업 증축이 이제 가장 절박한 현안으로 떠올랐다. 노상추는 오래 전부터 당호를 화체당(華棣堂)으로 하는 별업 증축 계획을 구상하고 있었다. 공사가 시작되기 하루 전인 1823년 8월 1일의 일기에서, 노상추는 다음과 같이 속내를 드러내 보였다.

"내가 화체당을 축조하려는 계획을 세운지가 오래되었다. (1813년) 가덕첨사 재임 당시 (백운동의 목수) 김달성에게 창호(窓戶)를 만들게 하고, 각종 철물들을 집에 쌓아둔 지가 11년이나 되었다. 목재를 벌목하여 건조시켜 둔지도 10년이 되었다. 그 동안 위선 사업으로 바빠 겨를이 없다가, 이제 한가한 틈을 타서 길일을 택해 장인을 불러 공사를 시작하려 한다. 목수 김삼봉을 백운 별업으로 데려간 이유가 이 때문이다. 만년에 휴식할 계획을 구상한 것이지만, 너무 늦어 버렸다."[38]

8월 2일부터 시작된 공사에는 도목수 김달성, 김삼봉, 승 유첨 등 3명, 도와공 조세규 1명 등 전문 건축인부 4명이 동원되었다. 안채 공사가 마무리 된 시기는 그해 10월이었지만, 전체 공정이 끝난 시기는 이듬해 9월이었다.[39] 아쉽게도 이 때 증축한 건물의 규모를 알기 어렵다. 다만 일기에서 안채 3칸, 서쪽 행랑 2칸과 같은 건물의 일부를 확인할 수 있을 뿐이다.

---

38) 노상추 『노상추일기』 1823년 8월 1일
39) 노상추 『노상추일기』 1823년 8월 2일~10월 4일; 1824년 2월 28일~3월 25일; 윤 7월 14일~25일; 9월 15일~19일

건물의 전체 규모는 1826년 말 화체당 화재로 인한 피해 규모에서 유추가 가능하다. 이때의 화재로 붕괴된 가옥은 모두 14칸, 소실된 곡식은 200여 석이었다.[40] 이러한 피해에도 불구하고 화체당의 경제력은 크게 축나지 않았다. 이듬해 봄부터 노상추가 주도한 각종 제사 및 대둔산 백련암 축조 과정에 별업의 재화가 대거 투입되었기 때문이다.[41] 1826년 말 화재의 피해 규모는 전체 경리에서 절반 혹은 그 이하였을 것으로 여겨진다. 따라서 1823~24년에 축조된 화체당은 안채, 사랑채, 행랑채를 모두 포함하여 30여 칸 정도의 기와집이었을 것으로 생각된다. 그리고 별업의 경제력은 1826년 말이 되면 400여 석의 곡식을 곳간에 쌓아둘 정도로 커졌다고 생각된다.

V
하민들과의 관계

1. 보호와 지배

(1) 이해 관계의 충돌

별업 조성 당시 백운동 일대는 황량하기 그지없었다. 사회의 가장

---

40) 노상추 『노상추일기』 1827년 1월 8일
41) 1827년 3월부터 10월까지 7개월 동안 진행된 백련암 중건 공사에서, 별업에서는 모두 9차례에 걸쳐 쌀 174두를 지출했다(노상추 『노상추일기』 1827년 3월 13일~10월 11일).

밑바닥에 위치한 하층민들의 삶의 터전인 월경지 백운동에는 강력한 토착세력이 존재하지 않았다. 이 때문에 상주, 비안, 군위의 읍민들이나 선산 도개의 면민들이 이곳에서 무자비하게 벌목하고 땔감을 채취해 갔다. '부평초' 같은 삶을 살았던 이곳 주민들은 주위의 남벌과 채집 행위에 맞서 싸울 힘이 부쳤다. 이 때문에 청화산 자락의 크고 작은 산들은 모두 헐벗었고, 토양은 척박해져만 갔다. 벼농사를 위한 천혜의 조건을 갖춘 지역이었음에도 불구하고 백운동 일대의 농업생산성은 좋은 편이 아니었다.

그렇지만 노상추의 별업 조성 이후 상황이 크게 변했다. 노상추를 중심으로 주민들이 뭉치면서, 그들의 이해관계를 관철시키기 위한 노력이 개시되었기 때문이다. 대가뭄이 절정에 달했던 1814년 7월 중순(양력), 백운동의 주민 손도사리가 그를 찾아와 '찬물내기 샘'의 혜택을 입을 수 있도록 진정서(所志)를 써 줄 것을 부탁했다. 노상추가 작성한 진정서가 선산 관아에 제출되자, 관에서는 병교(兵校)를 파견하여 실상을 조사하게 되었다.[43] 백운동 주민들이 노상추의 덕을 톡톡히 보게 된 것이다. 노상추는 이듬해 여름에는 주민들을 이끌고 '찬물내기 샘'에 올라가 청운동으로 직통하는 수로를 뚫었다.[43] 백운동 사정을 잘 알게 된 그가 이제 직접 나서서 민원을 해결하기 시작한 것이다. 주민들로서는 그들의 이익을 대변해줄 후원자의 출현을 마다할 이유가 없었다.

그렇지만 주위의 관에서는 그의 이주를 꺼렸다. 1814년 2월 노상

---

42) 노상추 『노상추일기』 1814년 5월 28일(양력 7월 15일)
43) 노상추 『노상추일기』 1815년 5월 16일

추가 별업의 전담 소유권 이전을 위해 두 차례나 비안 관아에 진기답(陳起畓)의 빠른 측량을 요청했지만, 비안 현리들이 두 달이나 시간을 끈 것에서 그러한 분위기를 읽을 수 있다. 노상추라는 유력한 인물의 등장은 백운동이 더 이상 자의적인 공권력의 행사가 가능한 무주공산이 아니라는 것을 의미했기 때문이다.

지역의 유력자들도 노상추의 등장을 꺼려하기는 마찬가지였다. 문천군수를 역임한 김익거(金益秬)와의 갈등에서 그러한 사정을 엿볼 수 있다. 선산의 양반인 김익거는 1810년 비안의 울고개 뒷산에 소재한 용흥사(龍興寺) 주룡(主龍)에 부친 산소를 쓴 것을 계기로, 백운동 일대에 서당을 조성, 만년의 휴식처로 삼으려 했다. 그가 서당을 건립한 곳은 백운동의 위쪽(上里), 곧 한덤이었다. 김익거의 서당 건립은 노상추의 별업 조성보다 4년 앞섰다. 그는 1814년 겨울 모친상을 당하자 부친 산소에 모친을 합장하기도 했다. 백운동의 주인이 되려는 강한 의도를 보였던 것이다.

노상추도 원래 별업을 한덤에 조성코자 했다. 그가 처음 명명한 별업 명칭이 '대둔정사(大遯(한덤)精舍)'였던 점에서 그러한 사실을 유추할 수 있다. 한덤은 청화산에서 내려오는 산등성이를 뒤로 하고 율천을 앞으로 낀 전형적인 배산임수(背山臨水)의 마을로서, 백운동 거주를 원하는 사람이라면 누구나 눈독을 들일만한 곳이었다. 김익거가 먼저 차지한 상황에서 노상추는 백운동 분지의 중상부에 위치한 목화밭에다가 별업을 조성할 수밖에 없었다. 이곳은 마을을 감싸 안는 지형조건이 하나도 없었던 탓에 양반들이 선호한 가거지(可居地)로는 부족한 점이 많았다. 노상추는 남남서 방향으로 좌향을 잡아

가능한 한 햇볕을 많이 받을 수 있도록 별업을 설계했다. 그렇지만 인위적인 노력만으로 이러한 불리한 조건들을 보완하기에는 역부족이었다. 이 때문에 노상추는 1815년 2월 한덤 이주를 계획했다. 그렇지만 이 소식을 전해들은 김익거가 그곳을 바로 매입함으로써, 계획이 무산되고 말았다.[44] 한덤 거주와 관련하여 노상추와 김익거 양자 사이에 갈등이 본격화된 것이다.

그렇지만 상황은 점차 노상추에게 유리하게 전개되었다. 1814년 별업 조성 이후 승엽 일가는 줄곧 백운동에 거주했던 반면, 김익거는 기껏해야 부모 분산(墳山) 수호(守護)를 위해 서당을 두었고 휴가나 퇴직 시 잠시 짬을 내어 백운동을 방문했을 뿐이다. 백운동에 대한 애착이나 주민들과의 관계 면에서 노상추-승엽 부자가 훨씬 적극적일 수밖에 없었다. 더욱이 김익거는 개성(開城) 경력(經歷)으로 재임하던 1822년, 임지에서 사망하고 말았다.[45] 그의 산소도 부모 산소가 있는 용흥사에 썼지만, 김익거는 더 이상 노상추의 경쟁 상대가 되지 않았다.

지역의 유력자라 할지라도 주민들과의 관계를 가능한 한 좋게 유지할 필요가 있었다. 어느 곳이나 텃세가 있기 마련이기 때문이다. 더구나 별업은 서자 승엽과 그의 자손들이 대를 이어갈 생활공간이었다. 그런 점에서 승엽과 주민들 사이의 관계는 특히 좋아야만 했다. 별업 조성 직후인 1814년 5월, 이웃 주민 손암회의 처가 전염병으로 죽자, 노상추가 승엽에게 조문할 것을 특별히 지시한 까닭이 여기

---

44) 노상추 『노상추일기』 1814년 12월 5일; 1815년 2월 10일
45) 노상추 『노상추일기』 1822년 윤3월 22일

에 있었다.[46] 주민들의 인심을 사는 것이야말로 별업의 성공 여부를 결정짓는 가장 중요한 요인이었기 때문이다.

(2) 동민들의 결사(結社)

백운동에는 오랫 동안 주민들의 이해관계를 대변해 줄 결사(結社) 조직이 없었다. 이합집산이 빈번했던 이곳 주민들의 속성상 이들에게 조직은 사치에 가까웠다. 그렇지만 조직의 부재는 주민들이 공권력의 침탈이나 유세가들의 횡포에 효과적으로 맞설 수 있는 사회적 장치가 없음을 의미하는 것이기도 했다. 이들의 이해관계를 대변하고 세력을 결집할 조직을 만들기 위해서는 강력한 지도력이 있는 인물이 필요했다. 노상추가 그러한 역할을 훌륭히 해주었다. 노상추는 별업을 조성하던 해인 1814년 11월, 백운동 주민들과 더불어 동회(洞會)를 결성했다. 노상추 가를 비롯해서 원주민 10호가 참여한 이때의 동회 명칭은 〈백운동 상리 동계(白雲洞上里洞契)〉였다. 송계(松楔)를 통해 산림 황폐화를 막는 것이 주목표였다. 계가 성립하기 위해서는 계 기금(楔錢)이 마련되어야 했지만, 이곳 주민들은 최소한의 계전조차 부담할 능력이 없었다. 그런 사정을 잘 알고 있던 노상추는 내년 이후로 계전 모금을 미루었다.[47]

1814년을 뒤이어, 1815년 봄, 여름에도 극심한 가뭄이 지속되었다. 이 때에도 '찬물내기 샘'의 혜택은 국수동 주민들에게 먼저 돌아갔다. 1815년 6월 하순(양력) 이앙할 물이 턱없이 부족해지자, 노상추

---

46) 노상추 『노상추일기』 1814년 5월 9일
47) 노상추 『노상추일기』 1814년 11월 19일

는 백운동과 청운동 주민들을 이끌고 '찬물내기 샘'에 가서, 샘물이 청운동으로 직통할 수 있도록 굴착 공사를 단행했다. 샘물이 청운동으로 직통하기 위한 수로 굴착 공사는 7월 하순(양력)에 한 차례 더 있었다.[48] 노상추가 주도한 이 공사에서 국수동 주민들이 반발한 흔적은 보이지 않는다. 순전히 노상추의 위세 덕분이었다.

노상추는 관의 침탈이나 유세가들의 횡포를 막아주는 방패막이 역할도 수행했다. 선산부에서는 1824년 1월 선산부사 이희두(李羲斗)의 주도로 가옥(家座) 조사가 실시되었다. 1825년 을유 식년호적(乙酉式年戶籍) 작성을 위한 기초 작업이었다. 지금까지 실시된 가옥 조사는 옛 호적과 비교하는 선에서 대충 마무리 되었다. 그런데 이번에는 '가난하고 의지할 데 없는 누락 가호(貧殘無依闕戶)'까지도 대상으로 하는 아주 엄격한 호구 조사였다. 선산의 아전들이 파견되자 가난한 주민들은 "마치 난리를 만난 듯" 집을 비우고 도망쳤다. 전례를 찾기 힘든 이와 같은 엄격한 호구조사가 실시되자, 노상추는 7일 뒤인 1월 24일 선산 관아에 직접 들어가 선산부사에게 강력하게 항의했다.[49] 국가의 행정 집행에 대한 노상추의 항의가 먹혀 들리는 만무했지만, 이러한 행동은 그가 백운동 주민들의 고단한 삶을 대변해주는 존재라는 사실을 인지시키기에는 충분했다.

노상추는 이 지역 행정 담당관들의 부정행위를 적발하고, 관에 고발하여 처벌하는 일에도 앞장섰다. 1829년 도개면의 풍헌(風憲) 남원석이 진휼(賑恤) 과정에서 곡물을 착복하는 부정을 저지르자, 관에

---

48) 노상추 『노상추일기』 1815년 5월 16일(양력 6월 22일); 6월 5일(양력 7월 24일)
49) 노상추 『노상추일기』 1824년 1월 17일; 1월 24일

고발, 그를 처벌하는가 하면, 새로운 풍헌으로 교체시켰다. 신임 풍헌 남윤성도 같은 이유로 고발되어, 선산부에 잡혀가 장 10대를 맞고 풀려났다.[50] 노상추가 이처럼 감시, 감독하는 가운데, 선산부나 도개면의 행정 담당관들은 백운동에서 업무를 집행할 때 조심하지 않으면 안 되었다.

노상추는 동민들을 지역 유세가들의 횡포로부터 막아주는 역할도 담당했다. 선산 무곡의 전창언은 증조부, 조부의 분묘가 청화산에 있었다. 그는 비안 신촌에 거주하는 윤일팽을 산직으로 두고 분산을 관리해 왔다. 그런데 그가 1824년 10월 갑자기 백운동 일대 주민들의 청화산 출입을 금지시키고 땔감 채취를 엄격하게 막고 나섰다. 반면 단구와 비안 주민들에게는 나무, 풀 등을 판매하여 막대한 수입을 올렸다. 이러한 상황이 전개되자, 승엽은 백운동과 한덤의 주민들을 이끌고 선산부에 들어가 전창언을 고소했다. 고발을 접수한 선산부에서는 전창언을 구금하고, 윤일팽에게는 장 30대를 때린 후 석방시켰다.

20여 일 쯤 지난 11월, 전창언이 승엽을 다시 고발하게 되었고, 결국 승엽도 선산부에 구금되고 말았다. 이 소식을 접한 노상추는 그날 바로 선산부사를 방문, 담판을 벌여, 백운 동민들에게 유리한 판결을 얻어냈다.[51] 분산 수호를 명목으로 땔감 독점을 기도한 전창언의 시도는 노상추 부자의 강력한 항의에 부딪쳐 무산되었다. 노상추 부자의 노력이 아니었던들 백운동 주민들은 전창언의 부당한 조처에 항의 한번 제대로 못하고 당하고 말았을 것이다. '가난하고 의지할 데

---

50) 노상추 『노상추일기』 1829년 1월 4일; 3월 17일
51) 노상추 『노상추일기』 1824년 10월 9일~11월 4일

없는' 백운동 주민들에게 노상추 부자의 존재는 거센 외풍을 막아주는 든든한 울타리였던 것이다.

마을의 주인, 어른으로 점차 자리 잡아 감에 따라, 노상추는 백운동회의 운영을 한층 강화시켜 나갔다. 별업 조성 당해 겨울에 결성한 동회는 계전을 모금하지 못한 미완의 동계로 남아 있었다. 계전이 없는 계는 있을 수 없는 일이었다. 이 때문에 노상추는 1825년부터 1호당 0.15냥씩의 계전을 부과하게 되었다.[52] 그가 백운동에 정착한 지 12년 만에 백운동 주민들을 대상으로 한 정상적인 계 활동이 시작된 것이었다.

노상추가 백운동을 기반으로 취한 가장 포괄적이고 적극적인 조처는 도개면에 소재한 두 개의 산, 곧 청화산과 냉산의 봉산(封山) 지정 조처였다. 노상추는 지방관들과의 친분을 매개로 청화산과 냉산(692m)의 봉산 지정을 위해 1822년부터 5년간 공을 들여 왔고, 1826년 경상감영과 선산부로부터 허가를 받아낼 수 있었다. 노상추가 봉산 지정에 매달린 까닭은 오랫동안 산림 남벌로 토양 유실, 토지생산성의 저하와 같은 온갖 사회경제적 문제에 노출되어 있던 청화산, 냉산을 가꾸어, 두 산 아래 있는 마을들의 피해를 최소화 하려는 이유에서였다. 화림, 백운동, 청운동처럼 노상추의 지배 아래 있는 마을들은 한결 같이 냉산과 청화산 자락 아래 위치해 있었기 때문에, 봉산이 지정될 경우 가장 큰 혜택을 입을 것이 분명했다(<지도 2> 참조).

노상추는 1826년 8월, 도개 면민들을 소집하여 면회(面會)를 개최

---

52) 노상추 『노상추일기』 1825년 11월 20일

한 다음, 봉산의 직접 관리에 들어갔다.[53] 그렇지만 향교 측의 방해 공작으로 봉산 지정은 무산되고 말았다. 봉산 재지정 문제가 또 다시 현안으로 떠오른 시기는 1828년 여름 기록적인 폭우로 인한 대홍수 이후였다. 노상추는 대홍수 이후 격앙된 도개 면민들의 민심을 적절히 활용하여 선산부와 경상감영으로부터 청화산과 냉산의 봉산 지정에 관한 최종 인가를 획득할 수 있었다. 봉산 재지정 이후 노상추는 그해 11월, 청화산 관리를 위한 '순산 정식(巡山定式)'을 제정했다.

이 규정에 따르면 청화산의 관리, 감독을 위한 기구를 화체당에 설치하고, 매일 3명이 1패(牌)가 되어 순찰토록 했다. 이 규정의 시행 이후, 산림을 제대로 관리하지 못한 백운동, 청운동, 국수동 주민들은 노상추에게 처벌을 받았다. 순산 활동을 제대로 하지 않았다는 이유로 청운동의 감관(監官) 염소뿔과 김홍문이 선산부에 고발되어 장 20대를 맞았는가 하면, 무곡 전창언의 서제(庶弟) 전창빈과 산직 윤일팽도 비안 단산면에 풀과 나무를 판매했다 하여 장 30대를 맞았다. 국수동의 손씨가(孫氏家) 산직 김응대도 나무 판매를 이유로 장 40대를 맞았다.[54]

봉산 재지정을 계기로 노상추의 영향력은 이제 백운동을 넘어서서 상주의 국수동, 비안의 조성동, 신촌동으로 확대되고 있었다. 1824년 승엽과 한 차례 소송을 벌인 바 있던 전창언 가의 산림자원도 노상추의 지배 아래 들어갔다. 전창언 가의 산직 윤일팽은 이제 백운동 주민들의 청화산 출입을 금할 수 없었을 뿐만 아니라, 산림자원을 불

53) 노상추 『노상추일기』 1826년 8월 22일
54) 노상추 『노상추일기』 1828년 11월 23일

법으로 판매했다는 죄목에 걸려 관으로부터 매를 30대나 맞기까지 했다. 이제 관의 공권력을 제외한다면, 백운동 일대에서 노상추의 권위에 도전할 세력은 더 이상 존재하지 않았다. 노상추는 별업 조성 15년만인 1828년 겨울 이후 사실상 백운동 일대의 주인으로서의 지위를 확고하게 다질 수 있었다.

2. 인구 증가

노상추가 백운동으로 이주한 1814년에만 해도 한덤에는 주민들이 10호에 불과했다. 한덤 주민들이 백운동 일대에서 차지하는 비중이 얼마쯤인가를 확인하기 위해, 1814~16년까지 노상추가 백운동 일대 마을(청운동, 한덤, 신기동)의 성인 남정을 대상으로 노동력을 동원한 사례를 살펴보도록 하자.

〈표 4〉 1814~1816년 백운동 일대 마을들의 부역 노동 동원 상황

	1814	1816
청운동	21(명)	14(명)
백운동	6	8
신기	5	6

1814년 당시 청운동의 성인 남정 동원 인원이 21명이었던 데 비해, 한덤과 신기동은 각각 6명, 5명에 불과했다. 한덤과 신기동의 동원 인력 수는 2년 뒤인 1816년에 이르러 2명과 1명씩 각각 증가한 반면, 청운동의 그것은 7명이나 줄어들고 있다. 이러한 상황은 1814년

당시 청운동에서는 각 가호 당 1명씩의 성인 장정이 동원되었던 데 비해, 한덤, 신기는 실제 거주 가호(10호)의 60% 선에서 인력 동원이 이뤄졌을 가능성을 제기한다. 그런 이유에서 1814년 당시 청운동의 실제 가호는 21호 남짓이었다고 생각된다. 청운동은 한덤보다 두 배 이상 많은 가호가 거주했던 셈이다(21호 vs. 10호).

그런데 1816년 동원 인력 상황에서 확인할 수 있듯이, 한덤과 신기에는 인구가 조금씩 늘어나고 있었다. 두 마을로 인구가 증가하게 된 상황은 1824년 선산부의 엄격한 분호(分戶) 정책에서 확인할 수 있다. 이 때 호구 조사가 철저하게 실시되자, 한덤 일대의 주민으로서 동천을 넘어 비안 신기로 이주한 가호가 수 십 호나 되었다. 이주자들 가운데는 한덤의 원주민인 목수 김달성도 포함되어 있었다. 거의 같은 시기 군위 백현동에 거주하던 김귀령을 비롯한 5호도 신기동으로 이주했다.[55] 선산과 군위의 가난한 가호들이 호구 조사를 피해 비안현의 월경지 신기동으로 대거 이동한 것이다. 이러한 사실은 한덤 일대의 인구가 수 십 호나 한꺼번에 빠져나갈 정도로 증가하고 있었음을 반증한다.

노상추가 원래 별업을 조성코자 했던 곳은 한덤(백운동 上里)이었다. 그렇지만 문천군수 김익거의 방해로 서천(율천) 동쪽, 곧 한덤 바깥의 동쪽 목화밭에 별업을 조성할 수밖에 없었다. 그런데 별업을 조성하자마자, 그 주변으로 '가난하고 의지할 데 없는 가호'들이 몰려들었다. 조탁지, 박험찰, 노태엽과 같은 원주민들이 그들이었다. 이들

---

55) 노상추 『노상추일기』 1824년 윤7월 6일; 1828년 6월 9일

이 별업 주변으로 집중하면서, 점차 새로운 마을이 들어서게 되었다. 노상추는 새 마을을 한덤과 구별하기 위해 '백운동'이라 불렀다.

　백운동이 한덤으로부터 분동된 시점은 1823년 이후였다. 1823년 화체당의 증축과 승엽 가족의 실제적인 분가(分家) 조처가 결정적인 원인이었다. 노상추를 가장으로 하는 화림의 제1통 제1호의 호구단자에 의하면, 1819년까지도 소실 김씨와 승엽 부부는 노상추의 호적에 올라 있었다. 그렇지만 1822년부터 승엽 부부는 백운동 별업으로 호적을 옮겼고, 1825년에는 소실 김씨마저 옮겼다.[56] 승엽 가족이 화림과 완전하게 분리된 시점은 1822~25년 사이였다. 이 시기는 화체당 증축 시기와 정확히 일치한다. 1822년 이전까지 기와 9칸의 작은 살림집에 불과했던 별업이 1823년 30여 칸에 이르는 화체당으로 증축되면서, 화체당은 화림의 체락당(棣樂堂), 영회당(永懷堂)과 맞먹을 정도로 규모가 커졌다. 이제 별업의 가장으로 승엽의 이름을 올려놓아도 문제가 없을 정도로 별업의 경제적 기반은 확고해졌다. 새 마을 '백운동'이 한덤과 분리된 시점도 이 무렵이었다.

　백운동이 한덤에서 분동된 사실은 1824년 10월 승엽이 전창언과 맞고소하는 상황에서 확인할 수 있다. 승엽은 이 때 한덤과 백운동 등 두 마을 주민들을 이끌고 선산부에 들어가 전창언을 고소했다.[57] 승엽의 소장은 백운동이 이제 한덤과 더불어 하나의 당당한 마을이 되었음을 선산부에 정식으로 통고하는 사건이었던 것이다. 새 마을

---

56) 양진석 편, 『최승희 고문서』壬午(1822) 戶口單子 道開面 第12 華林里 第1統 第1戶; 乙酉(1825) 戶口單子, 310~312쪽
57) 노상추 『노상추일기』 1824년 10월 9일

백운동은 '화체당'이라 불리기도 했다. '백운동'의 중심이 화체당이었기 때문이다. 백운동이 한덤에서 분리되어 나오면서, 이제 백운동 일대는 청운동, 한덤, 백운동(화체당) 등 3개의 마을이 들어서게 되었다.[58] 1826년 청화산과 냉산의 봉산 지정 당시 도개면 13개 마을에서 부담한 계전 납부 상황에서, 1823년 이후 백운동 일대가 3개 마을로 분동된 사실을 확인할 수 있다. 1826년 당시 도개면 소재 13개 마을 및 마을당 계전 납부액은 다음과 같다.[59]

1) 화림 40냥, 2) 도개 13냥, 3) 우곡 11냥, 4) 신촌 1.5냥, 5) 갈현 1.5냥, 6) 청운동 4냥, 7) 대둔리(한덤) 4냥, 8) 백운동 3냥, 9) 수철리 7냥, 10) 다항리 ○냥, 11) 신기 ○냥, 12) 석현 ○냥, 13) 용산리 ○

위의 규정에 따르면, 백운동 일대의 3개 마을인 청운동, 한덤, 백운동은 도개면의 13개 독립 마을 가운데 일부로 인정받았다. 계전은 마을의 크기에 따라 할당량이 달랐다. 도개, 우곡처럼 인구가 많고 오래된 마을에서 비교적 많은 돈(13냥, 11냥)을 납부하고 있는 데서 그러한 사실을 유추할 수 있다. 화림은 도개, 우곡보다 작은 마을이

---

58) 1630년대까지만 해도 백운동은 한덤이라 불리워졌다. 이 때 한덤은 백운동 일대와 청운동을 포함하는 비교적 넓은 지역이었다. 이후 인구가 증가하면서 백운동 일대는 한덤과 청운동으로 분동되었다. 19세기 이후 한덤 개발이 촉진되면서 한덤 안에서도 한덤과 백운동으로 또 다시 분동이 일어났다. 그런 점에서 백운동은 ① 한덤, 백운동, 청운동을 모두 포함하는 광의의 백운동(17세기 전반), ② 한덤과 백운동만을 대상으로 하는 협의의 백운동(18세기 중반), ③ 한덤에서 분리되어 나온 백운동(화체당)을 지칭하는 극협의의 백운동(19세기 초반)으로 나눌 수 있다. 본고에서는 광의의 백운동(①)을 백운동 일대, 협의의 백운동(②)을 한덤 일대, 극협의의 백운동(③)을 백운동(혹은 화체당)으로 각각 구분하여 사용하고자 한다.

59) 노상추 『노상추일기』 1826년 8월 22일

었지만 3, 4배나 많은 40냥을 부담했다. 이것은 봉산 지정을 주도한 노상추가 자신의 주 거주지인 화림에 40냥이라는 거금을 먼저 배정함으로써, 나머지 12개 마을의 참여를 유도하고자 한 조처였다고 생각된다.

노상추의 지배력은 백운동 일대에도 강하게 미치고 있었다. 이 때문에 청운동, 한덤, 백운동 등 3개의 마을도 마을 규모에 비해 더 많은 계전을 납부했을 가능성이 크다. 그런데 백운동 일대에서는 청운동과 한덤의 부담액이 같고(4냥), 백운동은 이보다 조금 못 미쳤다는(3냥) 점이 주목된다. 1814년 당시 청운동이 한덤 일대(한덤+백운동)보다 두 배 정도 규모가 컸다는 점을 상기하면, 13년이 경과하는 동안 한덤 일대의 급속한 성장세를 엿볼 수 있다.

백운동 일대에 거주하는 실제 가호 수는 1828년 제정된 〈청화산순산정식〉에서 확인할 수 있다. 〈순산 정식〉에 따르면, 청운동에서 8패, 한덤과 백운동에서 각각 5패와 3패를 동원하도록 규정되어 있었다.[60] 1패는 성인 남정 3명으로 구성되었다. 성인 남정이 각 가호의 가장을 의미한다고 가정할 경우, 청운동에는 24호(8패), 한덤에는 15호(5패), 백운동에는 9호(3패)가 있었을 것으로 여겨진다. 청운동의 가호(24호)가 가장 많았지만, 한덤 일대의 두 마을, 곧 한덤과 백운동도 청운동과 맞먹을 만큼 커졌다.

1814년에만 하더라도 청운동 인구는 한덤 일대보다 두 배 정도나 많았다. 그렇지만 15년이 경과한 1828년에 이르러 청운동과 한덤 일

---

60) 노상추 『노상추일기』, 1828년 11월 24일

대의 가호는 모두 24호로 동률을 이루었다. 15년 간 청운동의 연 평균 가호 증가율이 1.02%였던 반면(21→24호), 한덤 일대의 그것은 10%나 되었다(10→24호). 한덤 일대에서는 한덤의 연평균 증가율이 3.6%에 머물렀던 데 비해(10→15호), 새 마을인 백운동(화체당)은 무려 9호나 증가했다. 결국 한덤 일대의 인구 급증의 가장 결정적인 요인은 새 마을 백운동(화체당)으로의 인구 집중이었다.

백운동 일대(청운동, 한덤, 백운동)로 인구가 집중하고 분동(分洞)이 활발하게 이뤄지는 상황에서, 선산부에서는 이곳을 대상으로 엄격한 호구 조사를 시행할 필요가 있었다. 1824년과 1828년 두 차례 걸쳐 실시한 호구 조사가 그것이었다.[61] 이 밖에도 선산부에서는 1829년에 이르러 개간전의 정확한 수치를 파악하고자 미등록 토지(虛卜)를 조사하기도 했다. 조사 당시 한덤 일대에서 토지를 신고한 이들은 모두 14명이었다. 신고한 개간전은 모두 2부(夫) 남짓, 곧 16결(結)이나 되었다(1부=8결).[62] 1결을 5,000평 정도로 가정할 경우, 한덤 일대에서 신고한 전체 면적은 논 533두락 정도였다(논 1두락=150평). 이 가운데 별업이 보유한 전답은 한덤 일대 전체 개간전의 12.2% 정도인 65두락이었다.

인구 증가와 더불어 한덤 일대는 점차 살기 좋은 지역으로 변모해 갔다. 송계가 결성되는가 하면, 관으로부터 청화산의 봉산 지정 조처까지 얻어내면서, 그 동안 난개발에 시달려온 한덤 일대의 크고 작은 산들이 나무와 풀들을 자라게 할 여건을 마련할 수 있었기 때문

---

61) 노상추『노상추일기』, 1824년 1월 17일; 1828년 9월 6일
62) 노상추『노상추일기』, 1829년 2월 24일

이다. 산림이 우거지면서 토양 유실도 크게 줄어들었고, 나뭇잎, 풀, 부식토 등을 이용한 비료 자원의 확보가 쉬워짐에 따라 토지생산성도 향상되었다. 게다가 관의 부당한 행정 집행이나 지역 유세가들의 횡포를 막아줄 노상추라는 든든한 보호막이 있었다. 산림 자원의 보호, 농업생산성의 증대, 관과 유세가의 폭압과 착취로부터의 보호라는 환경이 조성되면서, 한덤 일대는 점차 낙토로 변모해 갔다. 인구 집중과 분동은 이러한 사회경제적 현상들이 원인으로 작용하는 가운데 나타난 결과들이었다.[63]

새 마을 '백운동'은 또다시 두 개 마을로 분동되었다. 화체당을 경계로 하여, 화체당과 행랑으로 에워싼 원래의 마을과 약간 북쪽에 형성된 또 다른 '새 마을'이 그것이었다. 이러한 사정은 오늘날 청산 1

---

63) 여기에서 양반지주 vs. 상민작인들의 관계에 대한 전통적인 해석, 곧 계급투쟁적 시각을 교정할 필요가 있다. 종래에는 양반지주들은 노비, 비부, 고공을 포함하는 상민작인들을 사회경제적으로 지배, 착취해 왔고, 상민작인들은 피해를 입고 위축되었음을 강조해 왔다. 악덕지주 vs. 선량한 농민이라는 선악에 기초한 2분법적 신분적, 계급적 대립 구도가 이러한 인식 속에 자연스럽게 자리 잡을 수 있었다. 그렇지만 노상추의 백운동 별업에서 확인한 바와 같이 양반지주들이 상민작인들을 사회경제적으로 지배한 것은 사실이지만, 이들에 대한 보호와 안정에 앞장선 것도 엄연한 사실이다. 한덤 일대 인구의 급증과 토지 생산성의 증대가 그 결과였다. 양반지주들이 상민작인들을 지배하는 동시에 보호했다는 점에서, 양반지주들은 상민작인들의 후견인 역할을 수행했다고 여겨진다. 상민작인들은 후견인의 보호 아래 그들에게 의지하고 추종하는 한편, 그것을 통해 생계의 안정을 보장받으려 했다. 그런 점에서 양반지주와 상민작인은 '후견-피후견인(patron-client)' 관계에 있었다. '후견-피후견인'의 메커니즘이 작동하는 폐쇄적인 농촌사회에서는 '도덕 경제(moral economy)'가 농민들의 의식을 지배하게 된다. 사실상 백운동 별업은 노상추라는 후견인을 중심으로 도덕경제가 실현되는 역사적 공간이었다. 도덕경제에 기초한 19세기 한국 농촌사회의 운영 모습에 대해서는, 김성우, 2006 「조선시대 농민적 세계관과 농촌사회의 운영원리」 『경제사학』 41, 19~21쪽이 참고 된다.

리의 자연마을 분포 상황을 통해 확인할 수 있다(<지도 1> 참조). 청산 1리에는 한덤, 화초당, 새등네, 점말 등 4개의 마을로 구성되어 있다. 한덤은 청화산에서 내려오는 산등성이를 뒤로하고 율천을 앞으로 낀 전형적인 배산임수형 마을로 서쪽에 위치해 있다. 백운동 분지 한 가운데에 화초당이 있다. 화초당은 노상추의 별업 화체당의 음이 전화된 것으로 보인다. 화초당과 북쪽으로 연결되어 있는 마을이 '새등네'이다. 마을 명칭으로 보아 '화체당' 조성 이후 인구가 불어나면서 새롭게 형성된 마을이라 생각된다. 그리고 새등네에서 동천 건너 청화산 자락 아래에 점마(신촌)가 있다. 한덤 일대는 이처럼 한덤으로부터 백운동(화체당)이, 화체당으로부터 새등네가 분동되었다. 여기에 옛 비안의 신촌(점마)이 청산 1리로 편입되면서, 한덤 일대에는 4개의 자연 마을이 들어서게 되었다. 20세기 중반까지의 상황이 그러했다.

VI
노상추 사후의 별업

1. 별업의 향방

백운동 별업(화체당)은 노상추가 서자 승엽과 그의 자손들을 위해 마련해준 특별한 공간이었다. 노상추는 1813년 정계 은퇴 이후 별업을 중심으로 만년에 휴식할 장소를 확보하는 한편, 승엽 가족의 생계를 마련해 주고자 많은 노력을 기울였다. 이 연구에서 그려본 화체당을 중심으로 한 백운동의 모습이 그것이었다. 별업은 노상추의 관심과 노력이 응축된 결과물이었다. 반면 노상추는 1777년 이래 그가 개척한 또 다른 마을인 화림(華林)에는 거의 간여하지 않았다. 적장자 노익엽(1771~1851)이 가장으로 화림을 잘 꾸려갔을 뿐만 아니라, 손자, 증손자가 번성하면서, 그가 신경 쓸 일이 그다지 많지 않았기 때문이다.

익엽은 부친의 뒤를 이어 1804년 무과에 합격했고 중앙군 생활을 거쳐 흥덕현감을 역임했다(1826~27). 안동 하회의 풍산유씨를 모친으로, 봉화 오록의 선성김씨를 아내로 둔 그는, 당대 경상도 명문가들과의 연혼(連婚)을 통해 양반의 기본 덕목인 사회적 연망도 좋은 편이었다. 화림을 기반으로 경상도 중북부 지방으로 뻗어나갈 수 있는 여력이 충분했다. 이런 이유에서 노상추는 맏이 익엽이 주관하는 화림의 생활에 개입할 필요가 없었다. 그의 화림 생활은 봉제사·접빈객(奉祭祀·接賓客)에 한정되었을 뿐이다.

둘째 아들 승엽은 달랐다. 서자 승엽의 앞날은 불투명했다. 18,19세기 조선사회에서 서자가 신분적, 혈통적 한계를 극복하기란 여간 어려운 일이 아니었기 때문이다. 서얼들은 18세기 중반 이래 영조(재위 기간; 1724~76)와 정조(1776~1800)의 적극적인 서얼(庶孼) 정책에 힘입어 통청운동(通淸運動)을 전개하고 지역의 향권(鄕權)에도 도전했지만, 그들의 사회적 제약은 엄연했다.[64] 이러한 신분적 차별과 사

---

64) 裵在弘, 1987 「朝鮮後期의 庶孼 許通」『慶北史學』 10; 李樹煥, 2001 「朝鮮後期 書院研究」 일조각

회적 장벽을 극복하고 서얼들이 성공하기란 쉽지 않은 일이었다. 비록 당대에 성공하더라도 그러한 성공이 세대를 이어갈 수 있을지도 알 수 없었다.[65]

이런 상황을 누구보다 잘 알고 있던 노상추는 승엽과 그의 자손들이 살아갈 확고한 터전을 마련해줄 필요가 있었다. 그러한 장소로는 중심부에서 멀리 벗어난 변방이 좋았다. 변방이라면 관의 행정력이 미치기 어렵고, 토착 세력들의 영향력이 크지 않을 터였기 때문이다. 도개면에서 관할하는 선산의 월경지 백운동이 그러한 장소였다. 이곳은 노비, 비부, 고공, 목수, 뱃사공, 옹기장이와 같은 계층들이 거주해온 '하층민의 땅'이었다. 승엽이 주인 노릇하기에는 이만큼 좋은 장소가 없었다. 노상추가 든든한 후견인이 되어 도와준다면 승엽의 위치는 한층 굳건해질 터였다. 사실상 1814년 이후 그의 일기에 기록된 대부분의 경제 활동은 별업과 관련되어 있었다.

노상추의 승엽에 대한 애정은 각별했다. 손자 같은 아들 승엽은 그의 말을 잘 따랐고 누구보다 그에게 순종했다. 부자간의 정이 각별했던 노상추는 승엽이 아프면 옆에서 간호하고 직접 약을 처방해 주었다. 1823년 세밑에 승엽이 두통을 앓아 화림으로 설을 쇠러 오지 못하자, 이튿날인 1824년 새해 첫날 노상추는 "승엽이 아파 오지 못했으니, 영신(迎新)할 기분이 영 나지 않는다"고 일기에 적고 있다.[66]

---

65) 서얼은 京鄕의 衙前, 將校들과 더불어 광의의 中庶層을 형성하고 있었다. 전체 인구에서 이들이 차지하는 인구 비중은 10~15% 내외로, 5% 남짓 되는 최상층인 양반층의 바로 아래에 위치하면서, 80~85%의 상민층을 지배하는 중간 관리층 혹은 중간 지배층으로 자리 잡았다(김성우, 2005 「18~19세기 '지배양반' 되기의 다양한 조건들」『대동문화연구』49, 188~190쪽).

승엽 없이는 사는 재미를 느끼지 못할 정도로 부친의 아들 사랑은 각별했다. 이런 부친이었기에, 아들이 제대로 살아갈 수 있도록 기반을 장만해 주는 데 온 힘을 기울였다.

그 중에서도 가장 중요한 것은 승엽의 혼인이었다. 그가 비록 서얼이라고는 하나, 혈통이 좋은 집안의 규수를 배필로 맺어주어 훌륭한 자손을 보는 것이 무엇보다 중요했기 때문이다. 그가 선택한 규수는 상주 가리방의 월성손씨 선진립(孫鎭岦)의 서녀였다. 가리방 손씨는 그의 첫째 부인 손씨의 친정이기도 했다. 이런 인연으로 그는 승엽의 혼처를 가리방에서 구했다. 승엽은 손씨에게서 아들 명룡(明龍; 1815~1866)과 이실(李室; 성산이씨 李秉兢에게 출가) 등 1남 1녀를 두었다. 손자 명룡은 성주 한개의 성산이씨 이해규(李海奎)의 서녀, 선산 신당포의 해주정씨 정후의 서녀, 그리고 영천이씨 이인발(李人發)의 서녀와 각각 결혼하여 1남 5녀를 낳았다. 서자녀끼리의 혼인이었지만, 노상추는 아들과 손자의 혼인 과정에서 혼반(婚班)을 매우 중시했다. 좋은 혈통을 가진 사람들과 맺어주어 우수한 자손을 보고 싶은 아버지, 조부의 욕망 때문이었다.

당시 사회에서 지식인으로 대접받기 위해서는 글공부를 해야 하고, 과거 시험도 치뤄야 했다. 노상추는 승엽과 맏손자 명호가 어렸을 때 직접 글공부를 시켰다. 아이들이 성장하여 그의 가르침만으로는 부족하다고 느끼자, 그의 둘도 없는 벗 이종완(李宗浣)을 화림의 독선생으로 앉혀 아들과 손자들을 가르쳤다. 이런 부친의 노력 덕택

---

66) 노상추 『노상추일기』 1823년 12월 30일~1824년 1월 1일

에 승엽은 글을 읽고 문서를 작성할 줄 아는 능력을 갖췄다. 승엽은 1824년 한 해 동안 적(嫡)조카 명숙, 명완과 더불어 무과 응시를 위해 경상도의 각종 시소(試所)나 서울을 오르내렸다. 1824~25년까지 2년 동안 경주노씨의 중종 유사(宗中 有司)에 임명되어, 각종 묘사의 제관으로 참여하거나 종중 일을 돌보기도 했다. 1817년부터는 서조모, 서숙 부모의 제사를 이어 받아, 이들의 가계를 잇는 역할도 수행했다. 별업 재화의 일부를 가지고 백련동을 비롯한 선산 관리 및 묘사 비용으로 지출하기도 했다.

승엽의 독서 능력은 그가 각종 소송에 임해 문서를 작성하고, 선산부나 경상감영에 나아가 그의 주장을 당당하게 펼칠 수 있는 기반이 되었다. 실제 승엽은 백운 동민들을 침탈하려는 유세가들의 횡포에 맞서 선산부에 소송을 거는가 하면, 직접 관정에 나아가 동민의 입장을 대변했다. 이러한 행위는 그가 백운 동민의 이익을 대변해 주는 구심점 역할을 수행하고 있음을 의미하는 것이다. 1825년 11월 비안 가리에 거주하는 좌수(座首) 이 모 등 4명이 화체당으로 찾아와 승엽에게 사죄한 적이 있다.[67] 어떤 죄목인지는 알 수 없지만, 승엽에게 서얼이라 업신여겼다가 낭패를 본 것이 아닌가 생각된다.

이처럼 승엽은 무후(無後)한 서파 조상들의 제사 주관자, 집안의 제사 및 분산 경비의 부담자, 종중 유사, 백운동의 각종 행정 소송의 담당자 등, 가정, 사회, 그리고 지역에서 일정한 역할을 수행하면서 위상을 높여갔다. 그렇지만 승엽의 이러한 위상은 모두 아버지 노상

---

67) 노상추 『노상추일기』 1825년 11월 18일

추의 치밀한 계획과 구상 아래 수행되었음을 간과해서는 안 된다. 그런 점에서 선산 향내의 원로였던 아버지라는 든든한 배경이 사라질 경우에도 승엽의 사회경제적 기반이 계속 유지될 런지는 알 수 없는 노릇이었다. 노상추의 부재가 초래할 승엽의 불안한 미래와 관련하여 아래의 두 가지 사건을 살펴보자.

노상추는 아들 익엽이 흥덕현감으로 재직하던 시절, 1826년 9월부터 이듬해 2월까지 6개월 동안 전라도 흥덕현에서 머물렀다. 그런데 노상추의 부재를 틈타 1826년 말 선산 강창의 김박(金璞)이 법화동 선산(先山)의 경계를 침범, 소나무를 남벌하여 민둥산으로 만들어버렸다.[68] 그리고 1827년 1월 중순 장손 명호가 부친 임지인 흥덕현을 방문한 자리에서, 선산 향교의 임원들이 1826년 봉산으로 지정한 청화산과 냉산을 향교 소속의 계방산(禊房山)으로 만들어버렸다는 청천벽력 같은 소식을 전했다.[69]

법화동의 분산 수호와 청화산, 냉산의 봉산 지정은 노상추가 만년에 심혈을 기울여 온 사업이었다. 이 두 가지 필생의 사업이 그의 부재 시기에 크게 훼손되고 말았다. 이 때문에 노상추는 선산으로 돌아오자마자 이 두 사건의 해결에 매달렸다. 선산으로 돌아온 1827년 5월 중순, 그는 선산 관아에 들어가 김박의 법화산 남벌 사건을 고소했다. 관에서는 김박을 잡아들이라는 처분을 내렸다. 그해 10월 김박이 마침 사망하자 5촌 조카 김환성이 관곽용(棺槨用) 나무를 구하고자 노상추에게 법화동 소나무를 제공해 줄 것을 부탁했다. 노상추는

---

68) 노상추 『노상추일기』 1827년 1월 8일
69) 노상추 『노상추일기』 1827년 1월 15일

5월에 내려진 관의 처분을 들어, 그를 쫓아 버렸다. 이튿날 김환성이 관아에 고발하자 노상추도 맞고소 했고, 결국 소송에서 이겼다.[70] 노상추는 법화동의 경계를 무단 침범한 김박과 그의 조카를 끝까지 용서하지 않았던 것이다.

청화산과 냉산의 봉산 지정 문제와 관련해서는 시간이 한참 더 걸렸다. 이관보(李觀普)를 비롯한 선산의 노론(老論)들이 장악한 향교와 노론 출신 지방관 김재삼(金在三)이 결탁하고 있는 상황에서, 남인(南人) 출신 전직 무관 노상추의 주장이 제대로 먹혀들 리 없었기 때문이다. 그런데 1년 6개월이 지난 1828년 여름 반격의 기회가 우연찮게 찾아왔다. 양력 7월 20일과 8월 2일(음력 6월 22일) 등, 두 차례 폭우가 쏟아져 선산 일대가 온통 물난리를 겪게 된 것이 계기가 되었다. 이때의 대홍수로 산사태가 나고 농경지가 씻겨 내려갔는가 하면, 저수지, 천방과 같은 각종 수리시설들이 대부분 파괴되는 등 수해의 규모가 엄청났다. 청화산 자락에 소재한 향교의 교답(校畓)도 이때의 산사태로 매몰되었다.

폭우도 폭우였지만, 수해를 증폭시킨 것은 무자비한 남벌이었다. 대부분의 산들이 민둥산이 되어 버린 탓에 조그마한 비에도 토양이 씻겨 내려가고, 하천에 토사가 쌓여 걸핏하면 홍수가 발생하곤 했다.[71] 이런 상황에서 1828년 여름에 내린 두 차례 폭우의 피해는 상상

---

70) 노상추 『노상추일기』 1827년 5월 13일; 10월 23일~26일

71) 18,19세기 난개발에 따른 산림 황폐화, 그로 인한 사회경제적 피해 상황에 대해서는, 이우연 「18·19세기 산림황폐화와 농업생산성」(『경제사학』 34, 2003, 42~52쪽), 김성우, 「조선시대 경상도 대구의 지역개발과 농업구조의 재편」(『대동문화연구』 59, 2007, 348~350쪽)이 참고 된다.

을 초월했다. 깊은 산골짜기 분지에 위치하여 수해 안전지대였던 백운동에서조차 토사 유출로 곳곳에 구덩이가 파인 논이 109두락이나 되었다. 백운동 전체 경지의 20.5%나 되는 논이 피해를 입었던 것이다. 백운동이 이럴 정도였으니 다른 지역은 말할 나위가 없었다. 청화산의 산사태는 그러한 피해를 상징하는 일대 사건이었다.

7, 8월의 참혹한 수해로 그해 농사에서 건질 것이 없어지자, 민심이 크게 동요하기 시작했다. 이런 상황에서 오랫동안 병환으로 칩거 중이던 노상추는 수해 발생 20여 일 만인 양력 8월 20일(음력 7월 10일) 가마를 타고 백운동을 나와 화림, 도개, 생곡 일대의 수해 현장을 둘러보았다. 그리고 이튿날 도개 면민들을 대상으로 면회를 개최했다. 면회에서는 청화산과 냉산에 대한 향교 측의 불법적인 전용 조처를 강력하게 항의하는 한편, 전체 면민의 이름으로 선산부에 고발하게 되었다. 노상추는 그 다음날 면회를 또 다시 개최, 도개면 13개 마을을 대상으로 각 마을에서 1명씩의 산직(山直) 감관(監官)을 차출하고, 이 사실을 관에 일방적으로 통보해 버렸다.

도개 면민들의 움직임이 심상치 않게 돌아가자 선산부사 김재삼은 크게 당황했다. 이러한 위기 상황에 직면하여, 선산부사는 청화산과 냉산의 향교 계방산 전환 조처를 취소하고, 봉산으로 재지정 하겠다는 처분을 내렸다. 이 소식이 전해지자, 노상추는 "지방관의 행정이 서로 같지 않지만, 여기에서 비로소 지방관의 책임이 중요하다는 것을 알게 되었다"고, 그 동안 선산부사와 향교에게 가졌던 섭섭한 감정을 일기에 적어 두었다. 결국 청화산과 냉산의 봉산 지정 조처는 경상감영의 최종 허가를 받아 그해 9월 27일 실시되었다.[72]

법화동 선산의 침범과 청화산, 냉산의 향교 전용이라는 두 사건은 노상추의 부재를 틈 타 전격적으로 이뤄졌다. 노상추는 선산으로 돌아오자마자 이 두 사건을 물고 늘어졌고 결국 원상태로 되돌려놓았다. 노상추의 선산 향내에서의 위세, 집요하리만치 철저한 그의 노력의 결과였다. 그렇지만 문제는 그의 사후 전개될 일이었다. 법화동 문제를 해결한 해에 그의 나이는 82세였고, 봉산 지정 조처는 83세가 되어서야 해결했다. 84세에 사망한 그가 죽음을 불과 1, 2년 앞두고 이룩한 성과였던 것이다.

노상추는 1829년 5월 이후 심각한 병을 앓기 시작했다. 처음에는 어깨, 등이 아프고 당기는 듯한 통증으로 시작되었지만, 병환이 깊어지면서 차츰 기력이 떨어져 갔다. 그 해 여름 무더위를 나면서 상노인의 기력은 더욱 떨어졌다. 초가을로 접어들면서 병세는 이제 하나 둘이 아니었다. 대변 불순에다가 요통, 정신 혼미 상태가 지속되는가 하면, 담이 결리고 가슴이 막혀 한숨도 자지 못한 날도 있었다. 8월 27일이 되자, 그는 스스로 회복할 기미가 없음을 직감했다. 9월 6일 이후에는 문병 오는 사람들을 분간할 수 없을 정도로 위중해졌다. 간병을 드는 아들과 손자, 조카들이 전하는 얘기로 누가 왔다간 것을 어렴풋이 알 수 있을 뿐이었다.

9월 10일 이후부터는 전언의 내용일지라도 더 이상 일기를 쓸 수 없었다. 일기 쓰기를 단념한지 이틀째 되던 9월 12일, 그는 84세의 나이로 화체당에서 세상을 떠났다.[73] 적자 익엽은 부친 사후 60여 일 간

---

72) 노상추 『노상추일기』 1828년 7월 11일~9월 27일
73) 노상추 『노상추일기』 18229년 5월 18일~9월 10일

시묘살이를 하면서 날마다 애통하게 눈물을 흘렸다고 한다. 서자 승엽은 부친이 몸져누운 5월 이후 간병을 전담했다. 이 때문에 화림의 제사에도 참석하지 못하고, 약을 구하고자 의원을 찾아 나서기도 했다. 부친은 화체당에서 숨을 거두었고, 생전에 그토록 정성을 다해 가꾸었던 대둔산 백련동의 부친 노철(1721~1772)의 산소 오른편에 묻혔다.

2. 노승엽의 후예들

노상추 사후 승엽과 그의 가족들은 어찌 되었을까? 승엽은 부친 사후 14년만인 1842년 2월, 47세의 나이로 숨을 거두었다. 그의 유택은 청화산 북쪽 기슭, 곧 백운동 뒷산에 있다. 아내 월성손씨도 사후 남편과 합장(合窆)되었다.[74] 아버지 노상추가 바랐던 바대로 승엽은 백운동의 주인이 되어 화체당에서 살다가 백운동에서 생을 마감했다.

그의 아들 명룡(1815~1866)은 어렸을 때 조부 노상추에게서 직접 글을 배웠고, 장성한 뒤에는 장인 이해규에게서 활 쏘는 법을 배웠다. 그렇지만 끝내 무과에 합격하지는 못했다. 그는 세 번 결혼하여 1남 5녀를 두었는데, 조부 노상추가 생전에 직접 간택한 부인인 성산이씨는 출산 도중에 사망한 것으로 보인다. 명룡은 1866년 2월, 48세를 일기로 사망했고 화림의 서쪽 기슭의 덕곡에 묻혔다. 첫째 부인 성산이

---

74) 아래의 기록은 모두 『경주노씨세보』에 의거한 것이다. 따라서 구체적인 전거는 생략한다(『경주노씨세보(지)』, 9~10, 71~72쪽).

씨는 대둔산 굴현에, 둘째 부인 해주정씨와 셋째 부인 영천이씨는 각각 청화산 동쪽 기슭, 곧 시부모 승엽 부부의 묘소 아래 묻혔다.

명룡이 화림 서쪽 덕곡에 묻힌 까닭은 무엇이었을까? 그의 5명의 사위 가운데 막내 사위 남원호는 도개면 수철점(水鐵店) 출신이었다. 점촌 사람들은 전통적으로 사회의 최하층민이어서, 노상추는 이들을 항상 '점놈(店漢)'이라 얕잡아 보았다. 점촌 출신 남원호가 명룡의 사위가 되었다는 사실은 남원호가 상혼(上婚)을 했음을 의미하는 동시에, 명룡이 하혼(下婚)하게 되었음을 의미한다. 점촌 출신 사위와 화림 덕곡 산소는 명룡이 서파(庶派)라는 신분적 열세를 극복하지 못하고 몰락하게 된 상징적인 사건이 아니었을까? 그렇지만 둘째, 셋째 부인이 청화산에 묻힌 것으로 보아, 명룡이 백운동 주인으로서의 지위를 아주 상실한 것은 아니라고 여겨진다.

명룡에게는 셋째 부인 영천이씨 사이에서 진립(鎭岦; 1847~1916)이라는 아들을 두었다. 그는 전주최씨와 결혼했는데, 그의 무덤은 화림 서쪽 작은 골짜기(곧 덕곡) '집 뒤(家後)'에 있다. 부인 최씨의 산소는 수월산 북쪽에 썼다. 여기서 주목되는 것은 진립의 묘소가 '집 뒤'에 있다는 점이다. 진립은 생전에 화림 덕곡에 거주했고 그곳에 묻혔다. 덕곡은 부친 명룡의 산소가 있는 곳이기도 하다. 진립의 아들 석영(石永; 1880~1926)도 같은 곳에 무덤을 썼다. 이제 화림 덕곡은 승엽의 손자, 증손자들의 삶의 터전이자 죽음의 공간이 되었다.

석영에게는 주익(柱益; 1907~1956)과 주혁(柱革)이라는 두 아들이 있었는데, 주익은 법화동 산직의 집 아래에 무덤을 썼다. 법화동은 노상추 선조들의 분산이 있는 곳이었지만, 주익은 적파들의 사후 공간인 법화동에 정식으로 들어가지는 못했다. 화림 서쪽 덕곡에 살았던 주익이 법화동 산직의 집 아래 무덤을 썼다는 사실은, 승엽의 고손 대에 이르러 이 가계는 화림 적파들에 기생하는 고공이나 산직으로 전락했다고 생각된다. 주익의 아들(1947~)도 줄곧 화림 덕곡에 살았다.

위의 사실들을 종합해 보면, 노상추의 손자 명룡 대에 이르러 승엽 가계는 점차 몰락하기 시작했고 백운동을 떠나야 했던 것으로 보인다. 노승엽의 손자 진립 대에 이르면 화림 덕곡의 자그마한 집에서 거주했다. 이후 이 가계는 20세기 중, 후반까지도 같은 곳에 거주하면서 그곳에 묻혔다. 승엽의 3대손 진립 대에 와서 이 가계는 화림의 고공, 혹은 산직으로까지 몰락했다. 다른 많은 서파들이 그러했던 것처럼 이들 또한 적파 양반들의 가계에 기생하는 예속노동력으로 살아갔다. 서파들의 경제적 안정과 사회적 성장이 쉽지 않았음을 보여주는 대목이다.

1995년 현재 백운동 일대, 곧 의성군 구천면 청산 1리에는 50세대 117명이 거주하고 있다. 주민 대부분은 진주소씨, 인동장씨, 밀양박씨로 구성되어 있다. 청산 1리의 중심 화초당의 북쪽으로 비교적 큰 규모의 '청산교회'가 버티고 서 있다. 조선왕조 말엽에 기독교 신자들이 박해를 피해 이곳에 정착하면서 세운 교회라고 한다. '청산교회'가 들어서면서 이곳에 개화사상이 일찍이 전파되었고, 이를 기반으로 외지에서 성공한 이들이 많다고 한다.[75] 백운동에 기독교가 전래된 것은 19세기 후반~20세기 초반, 노승엽의 손자, 증손자인 진립,

---

75) 『의성군지』, 1694~1697쪽

석영 대라고 할 수 있다. 기독교가 전파될 무렵 이곳에는 이미 경주 노씨들이 더 이상 거주하지 않았다. 이들은 화림 덕곡으로 이주하여 고공, 산직으로서의 삶을 살아 갔다.

오늘날 청산 1리에서 경주노씨들을 기억하는 이들은 아무도 없다. 다만 그들과 관련된 지명이 하나 있을 뿐이다. 청산 1리를 구성하는 4개 자연 마을 가운데 하나인 화초당이 그것이다. '화초당', 그것은 화체당의 음이 전화된 것이다. 노상추가 화체당을 조성한 이후 이곳을 중심으로 인구가 밀집하면서, 화초당과 새등네라는 두 개의 자연 마을이 생겨났다. 그런 점에서 화초당은 노상추가 말년에 구상했던 서자들의 공간의 유제인 셈이다. 노상추는 죽음을 앞두고 항상 서자 승엽의 앞날을 걱정했지만, 그의 걱정은 현실이 되고 말았다. 그런 점에서 노상추의 별업 화체당 조성과 경영은 절반의 성공을 거두고 끝나버린 실험이었다.

VII
맺음말

본 연구는 1) 월경지 백운동의 농업지리적 조건, 2) 노상추의 별업 조성과 농업경영, 3) 노상추-승엽 가와 하층민들과의 관계, 그리고 4) 백운동 별업의 향방 등 네 가지 측면을 중심으로 논의를 전개한 논문이다. 이 네 가지 측면을 다시 요약할 필요는 없다고 생각된다. 다만 논의 과정에서 불충분했던 다음의 몇 가지 측면에 대해 문제를 제기하는 것으로 맺음말을 대신하고자 한다.

첫째, 18,19세기의 지역개발은 저지대, 구릉지대로부터 계곡이나 산간지대로 확산되고 있었다. 임진왜란 이후 17,18세기에 이르는 2세기 동안의 인구 증가로 인해 지역개발은 한계 상황에 직면하고 있었다. 이런 상황에서 18세기 중,후반 이래 지역개발은 인구 과밀지로부터 인구 희소지로, 그리고 개발 완료지대로부터 미개발지대로 이동했다. 화림에서 백운동으로 이주한 노상추의 사례에서 보듯, 지역 엘리트들의 지역개발 추이는 저지대, 구릉지대로부터 계곡, 산간지대로의 이동이었다. 산간지대로의 인구 유입의 가장 중요한 요인은 벼농사, 특히 이앙법(移秧法)의 수월성이었다. 이러한 사실은 벼농사가 한국역사에 본격적으로 도입된 이래 저지대 중심으로 벼농사가 발달하고 지역개발 또한 저지대로 확산되었다는 종래의 학설을 재검토해야 할 필요성을 제기한다.

둘째, 19세기 이후 인구의 증감 추이는 지역에 따라 서로 달랐다. 2세기 이상 장기 지속적으로 증가해온 한국의 인구는 18세기 중,후반이 되면 한계 상황에 도달했다. 이런 상황에서 일찍이 개발이 완료된 인구 과밀지역은 산림자원의 남벌, 황폐화라는 난개발 문제에 봉착했고, 농업생산성도 이 과정에서 크게 저하하고 있었다. 반면 백운동 사례에서 확인할 수 있는 것처럼, 19세기 초반까지도 아직 미개발 지역이 상당수 존재했다. 과밀지역의 인구가 이런 곳으로 유입되면서 인구는 얼마간 증가할 여지가 있었다. 그런 점에서 19세기의 인구 증감과 관련된 논의는 지역적 편차라는 변수를 아울러 고려해야 할 필요가 있다.

셋째, 18,19세기 조선사회에서 지배신분층인 양반층을 제외한 나머지 하층민들의 사회경제적 성장은 쉬운 일이 아니었다. 기존의 연구에서는 중서층(中庶層)의 사회경제적 성장에 주목하여 신분제의 동요, 해체 가능성을 강조하는 경향이 있어왔다. 중서층 가운데 사회경제적으로 성공한 이들도 없지 않았다. 문동에 세거해온 경주노씨 서파(庶派) 노수(盧洙) 가계가 그런 경우였다. 그렇지만 본 연구의 주인공인 노승엽과 그의 후손들의 삶을 추적해 보면, 서파들의 경제적 성공과 사회적 성장이 결코 쉽지 않았음을 확인할 수 있다. 부친의 주도면밀한 구상과 노력에도 불구하고 그의 가계는 2대를 버티지 못하고 몰락하고 말았다. 그런 이유에서 18세기 중,후반 통청(通淸) 운동을 중심으로 서파들의 정치사회적 성장에 주목한 거대 담론들이 많이 생산되었음에도 불구하고, 기존의 지배구조에 대한 서파들의 도전은 지역 차원에서는 여전히 미완이었다고 생각된다.

마지막으로 양반들의 사회경제적 성장이 하층민들의 희생을 반드시 전제하지는 않는다. 노상추의 백운동 별업 사례는 양반지주의 경제적 성장과 하층민들의 사회경제적 안정이 서로 보완 관계에 있었음을 증명해준다. 관의 공권력과 지역 유세가들의 횡포와 착취에 노출되어 있던 하층민들은 노상추의 백운동 이주 이후 그를 중심으로 동회, 송계와 같은 다양한 조직들을 결성, 그들의 이해관계를 관철시켜 나갔다. 황량하기 그지없던 백운동의 낙토로의 전환, 농업생산성의 증가, 인구 증가 등은 그 결과였다. 노상추와 백운동 주민들 사이에는 '후견인-피후견인 관계(patron-client relationship)'가 형성되어 있었다. 그런 이유에서 양반지주와 상민작인들 사이에는 긴장과 갈등이 늘 존재한다는 기존의 계급투쟁적 시각을 교정할 필요가 있다. 19세기 초반의 백운동은 노상추라는 양반 후견인을 중심으로 하층민들이라는 피후견인들이 '호혜적 관계(reciprocal relationship)' 아래 '도덕경제(moral economy)'를 작동시켜 가는 역사적 공간이었던 셈이다.

위에서 지적한 과제들은 하나하나가 현재 진행형 논쟁으로 남아있는 난제들이다. 이 연구가 이러한 난제들을 다 해명하는 것은 불가능하다. 다만 본 연구가 기존의 인식과는 다른 관점에서 이러한 난제들을 바라볼 수 있는 여지를 제공하는 데 기여할 수 있기를 희망할 뿐이다.

김성우, 『역사와 현실』 78집(한국역사연구회, 2010) 게재 논문

노상추(1746~1829)의 토지매매정보 수집과 매매활동

수집과 매매활동

- 居間과 居間人 그리고 土地買賣明文 -

정수환(한국학중앙연구원 책임연구원)

I
머리말

이 연구는 18세기 후반부터 19세기 초까지 노상추가 작성한 일기를 대상으로 그가 수집한 토지매매정보의 성격, 매매정보를 활용한 매매전략의 수립 그리고 토지분쟁에 대한 대응을 분석함으로써 이 시기 토지매매시장의 현황과 매매관행을 분석하는데 목적이 있다. 분석대상 자료는 그가 일생동안 남긴 『노상추일기』이다.[1]

노상추가 남긴 일기에 대한 연구 성과는 이 연구의 기반이다. 경주(안강)노씨를 비롯한 노상추 가계에 대한 연구를 비롯하여 가계 소장 고문서를 활용한 무반가로서의 노상추 가문에 대한 성격 분석이 있었다.[2] 그리고 무관 노상추의 관료생활, 노상추의 위선 활동으로서 禁養과 山訟에 대한 추적 그리고 그의 일기에 서술된 가족과 남녀의 관계의 특징을 분석한 연구 성과가 있다.[3] 특히, 노상추의 경제생

---

1) 盧尙樞, 『盧尙樞日記』 1~4, 國史編纂委員會, 2005~2006; 국사편찬위원회, 『국역 노상추일기』 ①~⑥, 2017~2018.
2) 崔承熙, 「朝鮮後期 兩班의 仕宦과 家勢變動-善山 武班家 盧尙樞의 事例를 中心으로」, 『韓國史論』 19, 서울대학교 국사학과, 1988; 박홍갑, 「경주노씨 성립과 그 일파의 선산지역 정착과정」, 『역사와실학』 31, 역사실학회, 2006.
3) 정해은, 「조선 후기 무신의 중앙 관료생활 연구-《盧尙樞日記》를 중심으로」, 『한국사연구』 143, 한국사연구회, 2008; 金景淑, 「조선후기 山訟과 上言·擊

활의 특징을 규명한 연구는 그의 토지매매와 관련한 이 연구를 위한 중요한 성과이다. 김성우는 노상추가 致仕 한 뒤 별업을 조성하는 과정에서 토지 매매와 토지 경영의 실태를, 이정수는 일기를 활용하여 노상추의 노비와 농업경영의 특징을 규명했다.[4] 농업 및 노비 경영에 대한 추적 성과를 토대로 개인 경제활동의 일환으로 토지의 매득과 매매활동에 대한 규명을 시도하여 노상추가 활동한 18세기 후반에서 19세기 초의 매매환경에 대한 분석이 가능하다.

조선시대 토지, 즉 전답과 가대의 문제는 노비와 더불어 양대 경제 기반으로서 조선의 특징을 추적하기 위한 중요한 열쇄이다. 토지와 관련해서는 매매문기 혹은 매매명문에 대한 연구가 시도되고 있다. 토지 매매와 관련한 법제사적 연구, 매매문서의 양식, 물가사로서 지가의 변동 문제 등에 대한 성과가 있다.[5] 매매명문을 대상으로 매매 양상 및 관행을 분석하여 조선 후기 토지소유권과 사회 변화를 추적한 연구가 있다.[6] 이들 토지매매명문에 대한 양적분석 연구

錚-盧尙樞家와 朴春魯家의 소송을 중심으로」, 『古文書硏究』 33, 한국고문서학회, 2008; 김준형, 「128·19세기 武官 盧尙樞의 禁養活動」, 『嶺南學』 63, 2017; 文叔子, 「조선후기 兩班의 일상과 家族內外의 남녀관계」, 『古文書硏究』 28, 韓國古文書學會, 2006.

4) 김성우, 「19세기 초반 노상추(盧尙樞)의 백운동 별업(別業) 조성과 경영」, 『역사와현실』 78, 한국역사연구회, 2010; 이정수, 「조선후기 盧尙樞家의 재산변동과 농업경영」, 『지역과 역사』 29, 부경역사연구소, 2011; 이정수, 「조선후기 盧尙樞家 奴婢의 역할과 저항」, 『지역과 역사』 34, 부경역사연구소, 2014.

5) 朴秉濠, 『韓國法制史攷』, 法文社, 1974; 金性甲, 「朝鮮時代 明文에 관한 文書學的 硏究」, 韓國學大學院 博士學位論文, 2013, 李在洙, 『朝鮮中期 田畓賣買硏究』, 集文堂, 2003; 李正守, 「18세기~19세기 土地價格의 變動」, 『釜大史學』 23, 釜山大學校史學會, 1999; 이수건 편, 『16세기 한국 고문서 연구』, 아카넷, 2004.

6) 정수환·이헌창, 「조선후기 求禮 文化柳氏家의 土地賣買明文에 관한 연구」, 『古文書硏究』 33, 韓國古文書學會, 2008; 정수환, 「17세기 화폐유통과 전답매

는 매매명문 작성 관행의 변화와 매매물 소유권의 확보와 관련한 마을 구성원 사이의 법공동체 개념을 도출하였다. 토지매매의 경우 매매명문으로 매매가 성사되고 이를 이용한 소유권 증빙 수단으로 이용 할 수 있으므로 토지매매 명문의 작성과 활용에 대한 분석을 통해 기존의 양적 분석 결과를 뒷받침할 근거를 찾을 수 있다. 이를 위해 18세기 권상일과 황윤석의 생활일기를 활용하여 매매관행과 토지매매에 대한 추적이 시도되었다.[7] 그럼에도 불구하고 이른바 법공동체의 모습이나 인격적 거래의 관행과 관련한 단서에 대한 추적이 유효하다.

이 연구는 매매명문과 관련하여 토지매매의 정보 유통 실태와 이를 활용한 매매 및 소유권 증빙의 양상을 일기를 통해 추적하고자 한다. 이를 위해 토지와 관련한 정보, 매매정보 그리고 이를 활용한 매매대응과 소유권 확보의 내용을 노상추 일기를 통해 추적한다. 이를 위해 이 글에서는 먼저 노상추의 매매 관심과 매매명문에 대한 성격을 살펴보고 토지매매 정보의 획득 그리고 매매와 소유권 확보를 위한 쟁송의 양상을 분석하고자 한다.

매양상의 변화」, 『藏書閣』 23, 韓國學中央研究院, 2010.

7) 정수환, 「18세기 권상일의 시장접촉과 화폐경제생활」, 『史學研究』 104, 韓國史學會, 2011; 정수환, 「18세기 황윤석의 매매정보 수집과 소유권으로서의 매매명문 활용」, 『民族文化論叢』 52, 嶺南大學校 民族文化研究所, 2012.

8) 양진석 엮음, 『조선시대 고문서』 V, 도서출판 다운샘, 2007, 80쪽.

II
토지 매매명문과 매매

　조선후기 토지매매와 관련한 매매시장 정보의 형성과 유통을 분석하는 대상은 노상추의 일기사례이다. 하지만, 분석의 출발은 토지매매명문이다. 노상추 후손가제 현전하고 있는 家傳 古文書 중에는 토지매매와 관련한 명문이 있으며, 그 중에는 노상추와 연결되는 자료가 있다.

〈그림 1〉 1788년(正祖12) 盧生員宅 畓買得明文[8]

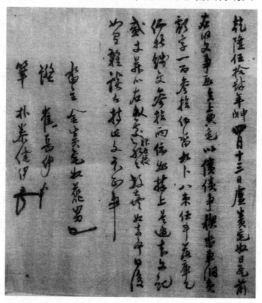

1788년 무신년 4월 13일 노생원댁 노 日乭에게 하는 명문이다.

이 명문을 한다. 저의 상전댁이 채무를 갚기(償債) 위해 稧畓으로 車洞員
에 있는 虧字 135畓으로 9卜8束, 5두락인 곳을 전문으로 값을 쳐서 30냥으
로 수대로 받는다. 그리고 本文記 2丈을 함께 이 사람에게 牌子에 의거해
서 방매한다. 그러니 훗날 만일 잡담이 있거든 이 문기로 바로 잡을 일이다.

답주 김생원댁 노 잇남
증인 최악이
작성 박태건이

1788년(정조 12) 노상추는 차동원의 논을 전문 30냥으로 매득하고
구문기를 확보하면서 이 매매명문을 작성했다. 18세기 중엽의 일반
적인 기재내용을 갖추고 있는 이 매매명문은 노상추의 家奴 일돌이
가 사환하고 있는 상전을 대신하여 매매를 진행한 문서이다. 매매명
문 작성을 통해 매매를 완성하기까지 토지 매매자 사이에 매매정보
의 수수의 내용은 이 문서에서는 알 수 없다. 매매명문 작성 이전과
이후의 여러 배경과 관련해서는 매매자와 관련한 일기 분석이 하나
의 방법이다. 『노상추일기』에는 이러한 매매와 관련한 주변 이야기
를 수록하고 있다. 다만, 이 매매명문과 관련해서는 『노상추일기』에
노상추가 외관에서 사환 중인관계로 그가 직접 개입하거나 매매와
관련한 배경정보 기록이 없다. 그럼에도 불구하고 그가 고향에서 행
한 수많은 매매활동과 매매정보 수집 활동에 대한 기록을 통해 토지
매매가 있기 이전과 이후의 정황 - 인물관계, 매매가격 결정, 매매공
증 등 - 을 확인 할 수 있다.

매매를 둘러싼 정황에 대한 연구를 통해 매매정보의 수수 양상이

일부 구성되었으며, 이는 『노상추일기』를 활용한 토지매매 정보 분석에 중요한 기회를 제공해 준다. 매매와 관련해서 매매흥정이 이루어지는 사례가 있었다. 전라도 해남의 해남윤씨 녹우당 종가 소장 토지매매명문 중 1697년(숙종 23) 패지에는 매매정보의 수수를 암시하는 내용이 있어 참고 할 수 있다.

尼山宅에서 밭을 구하는 것을 기약하고 있는데, 그것은 예전 종 儀浩가 개간한 텃밭으로 나에게 산다고 하신다. 나도 그 땅이 있다는 것은 예전에 들은 적이 있다. 너는 마음먹기를 꼭 며칠까지 팔아야 한다고 얽매이지 말고 값을 넉넉히 받고 팔아서 그 대금을 가져오너라. 내 이렇게 지시한 뒤에 만일 너가 나를 속이거나 거짓으로 팔거나 했다가는 큰 죄를 받을 줄 알아라.[9]

방매자 이씨가 해남윤씨 윤두서에게 자신의 토지를 방매하기에 앞서 자신의 差奴 出生에게 써준 패지이다. 패지에 의하면 니산댁, 즉 해남윤씨 녹우당 종가는 이씨 소유의 토지에 대한 정보를 파악하고 있었음을 알 수 있다. 심지어 이씨 조차도 사진의 故奴가 記上한 토지였음을 해남윤씨의 매매제안으로 알게 되었음을 패지는 밝히고 있다. 이로 볼 때 해남 일대에 토지 매매와 관련한 정보가 유통되고 있었으며, 이와 관련하여 니산댁에서 토지 소유자를 확보하고 연락

---

9) 한국학중앙연구원 藏書閣, 『한글-소통과 배려의 문자』, 2016, 117쪽; 김덕수 외 지음, 『녹우당에서 고산을 그리다』, 한국학중앙연구원 출판부, 2018, 212~214쪽.

을 먼저 취했음을 이 패지에서 알 수 있다. 다만 이러한 토지 정보에 대한 확보 경위에 대해서는 이 문서가 정확한 배경을 전해주지는 못한다.

토지매매 정보의 수수와 관련해서는 간찰을 매개로 한 사례가 있다. 1707년(영조 46)『尙州牧 斜給立案』에 점련된 간찰에는 權憙와 金必大가 노비의 매매를 위해 정보교환 및 홍정 내용이 있어 간찰을 통한 매매정보 수수를 알 수 있다.[10] 비록 노비의 사례이지만 18세기 전반 매매물에 대한 정보가 유통되고 있는 상황을 보여주고 있다. 그러나 이들 두 매매자 사이의 관계는 물론 이러한 매매 정보의 형성과 유통 범위에 대해서는 여전히 일기를 통한 배경정보의 확보가 요망된다. 토지매매에 있어 매매명문에 포괄되는 내용 – 매매자, 매매물 위치, 매매사유, 매매가격, 신·구문기 등 – 과 관련하여 매득자가 관련 정보의 유통과 수집, 매매 전략의 수립, 소유권을 둘러싼 쟁송의 내용을 확보하고 대응하는 양상을『노상추일기』를 이용하여 추적할 수 있다.

노상추가 일생동안 기록한 일기는 그의 경제생활 기록, 그 중에서도 토지매매와 관련한 배경을 담고 있어 용이한 분석대상이다. 경상도 선산에 세거하고 있던 노상추(1746~1829)는 17세부터 83까지, 즉 1763년(영조 39)~1829년(순조 29)에 이르는 67년 동안 일기를 남겼다. 그는 세상을 떠나기 이틀 전까지 기록했다. 그의 일기는 엄격히 말하면 일기가 아닌 일지로서 집안 운영을 기록한 '가계일지'로 평가

10) 安承俊,「조선시대 인신매매의 광경-노비 홍정과 거래」,『문헌과해석』 2009.8월 발표문; 정수환, 앞의 글, 2011, 69쪽.

하기도 한다.[11] 이러한 배경에서 그는 상대적으로 주변의 이야기 중 그의 家系와 家計에 대한 내용에 충실하고자 했음을 알 수 있다. 따라서 일기에는 시장의 물가 동향에 대한 관심과 기록이 산견되며, 이 과정에서 고액거래에 해당하는 토지의 매매와 관련한 그의 관심, 관찰 그리고 기록과 대응 실태가 묘사되었다.

노상추는 직접 경제생활의 내용을 일기에 적었다. 그는 외관에 있으면서도 고향의 農況과 市直 동향에 관심을 기울였다. 영남의 흉황은 下道 보다 上道가 조금 낮지만 미가가 1냥에 미 2두가 조금 넘는 상황을 파악하고 염려하기도 했다.[12] 그는 미가 정보를 획득하고 지역별로 비교하기도 했다. 한양에서 고향으로 향하는 길에 충주에서 畿邑, 湖邑의 미가와 京中 市直를 비교하여 경중의 미가가 높다고 평가했다.[13] 이 외에도 시가와 주막의 물가를 비교하고 평가하는 등 그의 시장 곡물가의 동향에 대한 관심과 정보 수집은 노년까지 지속되었다.[14] 노상추는 곡물에 대한 시가에 대한 동향 기록과 더불어 자신의 경제활동 기록도 남겼다. 그는 한양에서 下鄕하기 위한 노자 200 銅을 大廟洞의 朴禮宅으로부터 빌려 마련하여, 다음날 尙州 雇馬 馬夫에게 지급하기도 했다.[15]

---

11) 문숙자, 『68년의 나날들, 조선의 일상사』, 너머북스, 2009, 25~26쪽.
12) 「甲寅日記」, 1794년(정조 18) 11月 6日.
13) 「乙卯日記」, 1795년(정조 19) 3月 17日 丁丑. 會試를 위한 상경 길에 延豊에서 沿路의 미가와 태가에 대해 파악했다(「戊午日記」, 1798년(정조 22) 正月 24日 己丑).
14) 「己未日記」,1799년(정조 23) 11月 25日 己卯; 「甲戌日記」, 1814년(순조 14) 5月 29日 己未.
15) 「辛丑日記」, 1811년(순조 11) 6月 12日 · 13일.

『노상추일기』에는 곡물가에 대한 관찰과 더불어 田土 매매가와 연동하여 생각하기도 했다.[16] 토지가격의 요동 요인에 대한 분석은 방백의 錢貨에 대한 조정 실패에 요인이 있는 것으로 평가한 내용을 일기에 적었다. 84세 이후에도 토지 경영에 대한 기사로 가득하다. 노상추는 그가 세상을 떠나기 직전까지 別業에 있는 논의 관개에 대해 염려하고, 錢貨의 유통으로 인한 인륜의 인멸을 통탄했다.[17] 그가 일기에 물가와 연계한 경제생활 기록을 남긴 데에는 그가 51세 되던 1796년(정조 20) 4월~8월 한양에서 가사를 구하는 과정에서 기망을 당한 경험도 일부 작용했다.

노상추의 일기 내용 중 토지 소유자, 토지 위치, 토지 매매 그리고 토지분쟁에 대한 기록은 사환기 이전과 치사 후로 주로 고향 선산일대에서 생활할 때의 내용에서 발견할 수 있다. 그는 부친 盧哲 (1715~1772)에게서 일기쓰기를 물려받아 1763년(영조 39) 18세부터 일기를 기록하였으나 27살까지의 기록은 부친 중심으로 기록하고 있다.[18] 이 시기 그의 일기는 주로 아버지 경제생활에 대한 관찰자적 입장에서 기술하고 있음을 염두에 둘 필요가 있다. 이 후 그가 사환을 시작하게 되는 1784년(정조 8) 이후 27년간 17차례나 외관직을 전전했다.[19] 이러한 사환기의 일기는 곡물가의 변화에 대한 관찰이 중

---

16) 「甲戌日記」, 1814년(순조 14) 3月 30日 辛酉.
17) 「再己丑日記」, 1829년(순조 29) 7月 初10日 壬寅·27日 己未. 이른바 백운동 별업의 조성 경위와 노상추의 토지 경영에 대해서는 김성우(앞의 글, 267~268쪽)의 논고에 자세하다.
18) 문숙자, 앞의 책, 19쪽.
19) 이정수, 앞의 글, 218~219쪽.

심이며 토지와 관련한 관심과 기록은 상대적으로 찾기 힘들다. 하지만, 노상추는 정계에서 은퇴 후 고향에서 만년을 보냈으며 그 시기는 1814년(순조 14) 이후에 해당한다.[20] 이와 같이 그가 69세 이후부터 세상을 떠나기 직전까지의 일기에는 토지와 연관된 기록을 일기에서 산견할 수 있다. 따라서 토지 매매와 관련한 정황에 대한 분석은 그가 사환하기 전과 치사 한 뒤의 일기를 중심으로 분석할 수 있다.

III
토지 매매정보 유통과 居間人

1. 토지 매매 관찰과 利害

노상추는 자신의 일상을 기록한 『노상추일기』에 토지의 매매와 관련하여 관찰한 기록을 출사하기 이전에 남겼다. 그가 27세이던 1772년(영조 48) 정월에 쓴 일기 내용이다.

道開의 洪鎭休씨가 새해 전 舟川으로 옮겨 살면서 田庄을 發賣하므로 綿浦田을 사기로 약정했다.[21]

---

20) 김성우, 앞의 글, 250~251쪽.
21) 「壬辰日記」, 1772년(영조 48) 正月 11日 丁未.

일기에는 도개에 거주하는 홍진휴가 주천으로 이거하면서 밭을 방매한다는 내용으로 방매자와 방매 사유에 대한 정보이다. 매매사유는 이거로 移買로 밝히고 있다. 방매자에 대한 정보는 일기 분석을 통해 파악 가능하다. 홍진휴(?~1774)는 金烏書院의 影堂出有司로 서원 통문과 관련한 논란 끝에 儒業에서 削去조치되기도 했던 인물이었다.[22] 노상추는 지역인사인 홍진휴와 교유하면서 자신의 喪事에 內弔한 사실과 홍진휴가 과거를 위한 상경길에 세상을 떠난 내용까지 기록으로 남겼다.[23] 매매사유는 물론 매매자에 대한 배경을 일기를 통해 추적할 수 있는 이유는 지역사회에서 개인의 정보가 유통되고 있던 현실에서 노상추가 관련 내용을 확보하고 일기에 기록했기 때문이다. 이는 곧 그가 토지 매매와 관련한 배경을 관찰하고 일기에 남겼다는 사실을 의미한다.

일기 중 토지, 토지매매 그리고 매매관련 인물에 대한 기록은 노상추가 선택적으로 기록한 결과로 볼 수 있다. 자신 혹은 부친이 직접 매매와 관련이 없는 내용을 기록한 아래의 일기에서 알 수 있다.

생질 柳誠睦을 돌려보냈는데 바야흐로 이곳을 移買하려 한다. 河上에 衿得했기 때문에 논을 팔고 들어가려 한다.[24]

노상추는 경상도 안동 하회에 사는 생질 류성목으로부터 자신을

---

22) 「丁亥日記」, 1767년(영조 43) 4月 24日 癸丑·6月 初1日 癸巳.
23) 「甲午日記」, 1774년(영조 450) 9月 初4日 甲寅.
24) 「丁未日記」, 1787년(정조 11) 4月 初10日 丁未.

방문한 길에 전해들은 토지매매와 관련한 이야기를 일기에 남겼다. 그는 류성목이 선산의 전답을 방매하고 하회의 토지를 확보하는 이매를 실시하려는 사연에 주목했다. 이러한 이매의 배경이 바로 분재로 인한 하회 이주라는 사실도 밝혔다. 이 기록은 결국 노상추가 주변에서 발생하는 매매활동 및 매매정보에 대해 관심을 기울인 결과였다. 그리고 이러한 측면에서 『노상추일기』에 남겨진 토지 매매와 관련한 기록은 시기적 제약 없이 노상추에게 일종의 정보였다고 하겠다.

출사 이전 그의 일기는 토지와 관련한 기록은 이미 살펴 본 사례와 같이 관찰자적 입장에서 선택되었다. 토지 외에도 주변 인사들의 가사매매와 이주 내용도 그랬다. 노상추는 자신이 신축하고 있는 가사 인근에 박상택이 수 칸 집을 사서 함께 이주할 계획임을 확인했으며, 趙平仲이 노상추와 같은 곳에 3~4칸 집을 求買하려 한다는 사실도 일기에 적었다.[25] 그는 주변의 토지와 가대 등의 매매에 대한 관찰도 일종의 정보로 일기에 남겼다.

노상추가 사환 후 귀향한 1814년(순조 14) 이후의 기록 중 토지와 관련한 내용은 관찰이 아닌 자신의 利害와 관련한 정보 수집의 결과였다. 먼저 토지와 가사에 대한 내력에 대해서도 기록했다. 노상추는 省谷의 有司로 하여금 숲을 범한 12명에게 松柳를 빈터에 심도록 했다. 그런데 이 藪田土는 張顯光의 家奴 綿田이라 파악하고, 그 내력에 대해서도 장현광이 松堂家廟를 가리기 위해 洞口 빈 곳에 직접 나

---

25) 「戊戌日記」, 1778년(정조 2) 2月 15日 丙子·9月 25日 辛亥.

무를 심은 곳이라는 의미를 기록했다.[26] 특정 토지의 경우 지역사회
에서 특별한 의미를 지니고 있으며 이와 관련한 정보가 공유되고 있
음을 알 수 있다.[27] 건물로서 書堂의 전래에 대한 정보도 수집하고
있었다. 노상추는 曹潤의 서당을 방문하는 길에 이 서당 건물이 본디
趙慶興의 재실이었다가 서자에게 물려 준 것을 買得하여 서당으로
꾸민 것이라는 정보를 기록했다.[28]

　　매매와 관련한 동향에 주목한 노상추는 이와 관련한 내용을 일기
에 남겼다. 그는 주위에서 발생한 매매토지의 규모와 사유는 물론 潛
賣, 盜賣 등의 사건에 대해 주목했다.

① 李伯深이 와서 宗人이 그의 宗畓十一斗落을 潛賣했다는 것을 들었다.[29]

② 白蓮庵의 華峰大師 性輝와 靑蓮僧 晋聰이 함께 왔는데, 이것은 金大
　福이 盜賣畓한 일로 官卞을 위해서이다.[30]

③ 그(申俊應)의 養母朴氏가 그의 母親을 위해서 牛谷의 綿田 8두락을
　매득해서 家奴 世元에게 붙여서 분묘를 벌초하는 계획으로 삼았다.
　혹은 5~6년, 혹은 3년에 1번씩 왕래했는데 금년에 와서는 放賣할 계
　획을 세웠으므로 내가 옳지 못함을 책망하자 潛賣하고 세상을 떠났

---

26) 「丙子日記」, 1815년(순조 15) 3月 初3日 癸未.
27) 이와 관련하여 경상도 진주에 세거하고 있는 진양하씨의 경우 전답 분재
　　와 관련하여 전래 토지가 이른바 河游에서 기원하여 후손들에게 '高麗畓'으
　　로 전수되고 있는 사례가 있다(한국학중앙연구원 藏書閣, 『선비가의 遺香-
　　진양하씨 판윤·송정후손가』, 2007, 293쪽).
28) 「癸亥日記」, 1803년(순조 3) 5月 初3日 丙申.
29) 「乙亥日記」, 1815년(순조 15) 3月 初4日 庚寅.
30) 「再癸未日記」, 1823년(순조 23) 正月 初5日 乙亥.

으니 진실로 애통하다.[31]

①은 주위의 매매 실제에 대한 기록이다. 이백심은 곧 李東煥으로, 노상추는 조카 盧挺燁과 烹狗하거나 여정에 만나 그와 聯枕하기도 했다.[32] 그리고 白蓮洞 省墓를 함께 하면서 山川을 완주했다.[33] 노상추는 평소 친분과 교유가 있는 그를 만나 이씨댁의 종답 11두락에 대한 매매가 있었으며 이 매매를 잠매 규정했다. ②는 이백심이 잠매에 대해 추적한 내용에 대한 일기이다. 이백심은 尙州의 五臺(五坮)에 살면서 靑蓮庵 등에서 노상추와 피서를 가졌으며, 그 과정에서 性輝 등의 승려와 만남이 있었다.[34] 노상추와 이백심이 竹月軒에 머물 때 이들 암자의 승려들이 그를 찾아온 것은 김대복의 盜賣문제로 관청에 정소하기 위해서였다. 이와 같이 이백심과 관련한 도매 사건을 둘러싼 주변 정황과 정소배경을 일기에 기록한 것은 노상추의 종중답과 연계될 가능성이 있었기 때문이었다. 노상추가 승 성휘와 白蓮洞 山直 南孫과 더불어 蓮墟省墓를 함께한 사실에서 이를 유추 할 수 있다.[35]

토지매매와 관련하여 이해 가능성이 있는 부분을 일기에 기록한 정황은 ③에서도 확인 할 수 있다. 노상추는 若木에 거주하는 신응준 모친의 잠매를 일기에 기록했다. 일기 내용은 토지의 유래 경위는 물

---

31) 「再丙戌日記」, 1826년(순조 26) 正月 18日 庚子.
32) 「辛未日記」, 1811년(순조 11) 6月 初8日 甲寅·10月 初1日 丙午.
33) 「乙亥日記」, 1815년(순조 15) 3月 初2日 戊子.
34) 「辛未日記」, 1811년(순조 11) 6月 初2日 戊申·初3일 己酉·
35) 「癸亥日記」, 1803년(순조 3) 5月 25日 戊午.

론 그 위치와 규모까지 포함하고 있다. 노상추는 牛谷의 8두락 綿田이 자신의 가노 世元이 경작하는 등 그의 이해와 관련이 있었기 때문에 이 매매를 잠매로 규정하고 기록을 남겼다.

잠매 및 도매와 관련한 분쟁과 관련하여 노상추 개인 혹은 종중의 전답과 관련한 분란의 추이에 대한 기록이 있다.

- 南孫이 畓과 관련하여 呈狀하고 題辭를 얻기 위해 와서 묵었다.[36]
- 白蓮洞 山直 南孫의 從孫인 世又가 와서는 郭哥와의 畓訟文書와 상주목에 올린 정장과 제사를 바치면서 춘분은 이미 지났으니 추분에 다시 쟁송하겠다고 한다.[37]

노상추는 선산의 산직 남손이 답의 소유권과 관련한 정장을 관에 올려 제사를 받기 위해 그를 방문한 사실과 더불어 위답의 관리와 관련한 토지 정보를 기록하였다. 이러한 시도는 결국 선산부로부터 제사를 받지 못함으로서 좌절되었다.[38] 그리고 산직이와 곽가와의 답을 둘러싼 쟁송의 추이도 산직을 통해 확인하고 적었다. 송사 진행과 관련하여 춘분~추분의 정송 시기까지 고려하는 내용도 남겼다.[39] 노상추는 位畓과 관련한 쟁송에 대한 정보는 자신의 이해와 관련한 정보로서 일기에 남겼다.

---

36) 「再癸未日記」, 1823년(순조 23) 正月 18日 戊子.
37) 「再癸未日記」, 1823년(순조 23) 2月 22日 壬戌.
38) 「再癸未日記」, 1823년(순조 23) 2月 初5日 乙巳.
39) 『經國大典』, 「刑典」 停訟條.

2. 居間과 居間人

노상추는 1772년(영조 48) 이전의 일기로 그가 출사 이전에 기록한 토지매매와 관련한 관찰 기록에는 매매와 관련한 주된 인물들이 등장한다. 이 시기 그의 기록은 부친을 중심으로 서술하면서 생활의 범위도 선산과 상주 일대를 벗어나지 않았다.[40] 이런 상황에서 그가 매매와 관련한 정보를 처음 일기에 남긴 것은 그의 나이 22세이던 1767년(영조 43) 정월이었다.

> 박씨 아저씨 相宅씨가 자신의 甥侄 琴庭薰과 더불어 와서 당도했다. 그런데 琴庭薰은 자신의 田莊을 興成하는 일로 와서 이야기를 나누었으나 未決하고 되돌아갔다.[41]

이 기록이 있기 며칠 전, 금정훈은 故土로 돌아가기 위해 자신의 전장을 팔 계획으로 노상추 부친을 찾아온 일이 있었다.[42] 그 후 朴相宅(?~1780)은 그의 생질 금정훈을 대동하고 노상추를 찾았으며, 그 과정에서 토지에 대한 흥정이 이루어 졌음을 알 수 있다. 노상추가 매매와 관련한 주변 정보를 확보하는 인물은 박상택으로, 일기에 토지매매와 박상택에 대한 이야기가 일관되게 확인된다.

---

40) 문숙자, 앞의 책, 19쪽.
41) 「丁亥日記」, 1767년(영조 43) 正月 初4日 己巳.
42) 「丙戌日記」, 1766년(영조 42) 12月 23日 己未.

① 桃開의 柳宅洙를 방문하니 喪人 朴相宅씨가 이 유씨집에 왔다. 유씨가 木花田 30마지기를 斥賣하므로 85냥으로 값을 정하고 집으로 돌아왔다.[43]

② 喪人 朴相宅씨에게 가서 金益朵 군과 多項村에 간 것은 새로이 基址로 정한 곳이 多項의 金百恒 논이기 때문이다. 그래서 김백항을 만나 값을 정하여 成文한 다음 왔다.[44]

노상추가 목화전 30마지기를 흥정하는 과정에서 박상택은 상중이었음에도 불구하고 노상추와 동행하여 매매에 동참하고 있었다. 이런 정황을 담고 있는 ①번 인용문을 통해 목화전에 대한 매매가는 85냥으로 결정되었으며, 이 매매에 박상택이 관여한 정황을 추측 할 수 있다. 이러한 매매접촉이 있고 한 달 뒤 노상추는 ②번 인용문의 내용과 같이 김백항의 논을 거래할 목적으로 다시금 박상택과와 함께 흥정을 했다.

박상택은 노상추의 6대조 노경필의 동생 盧景倫의 5대 孫壻로 인척이었다.[45] 그가 桃開에 주로 거주하면서 省谷, 蹄坪, 華林으로 거주지를 옮겼음에도 불구하고 노상추와 매매등의 일과 관련하여 지속적으로 관계를 유지하고 있었다. 노상추는 직접 그와 당나귀를 매매하기도 했다.[46] 그리고 그는 박상택의 경제활동에 대한 내용을 일기에

---

43)「丁酉日記」, 1777년(정조 1) 12月 15日 丁未.
44)「戊戌日記」, 1778년(정조 2) 正月 15日 丙子.
45) 국사편찬위원회,『국역 노상추일기』①, 2017, 55쪽.
46)「丁亥日記」, 1767년(영조 43) 2月 11日 乙巳.

남기기도 했다. 박상택이 盧洙에게 말을 담보로 30냥을 빌렸다는 사실이 대표적이다.[47] 박상택과 노상추가 경제 활동으로 밀접하게 연관된 기록은 일기에서 산견 된다. 노상추가 무과 급제하던 1779년(영조 23) 그 해 정월, 박상택은 그를 위해 黃山驛에 말을 구하러 가기도 했다. 그 결과 같은 해 2월에 密陽 水安驛에서 430냥으로 말을 구해서 돌아왔다.[48] 박상택은 세상을 떠나기 전까지 인척으로서 노상추와 관계성을 유지하면서도 매매에 동참 혹은 관여하는 과정에서 정보를 제공 및 공유했다고 볼 수 있다.

박상택 외에도 그처럼 토지 정보를 확보하고 매매 등에 역할을 한 인물들을 일기에서 확인 할 수 있다.

· 道開 法華의 산지기 놈 世貴를 만나 桃開에 있는 海平 內洞의 田庄畓의 좋고 나쁨을 물었더니 이놈이 자세히 안다. 이 畓의 일은 이제 바야흐로 開寧의 40두락 畓과 相換賣買하여 이사해서 농사를 지을 계획이다.[49]

· 저녁이 되어 갈 때 英仲과 더불어 省谷에 가서 친척 金粹玉을 보고 12두락의 綿田을 許賣해서 상경 노자로 삼았다.[50]

· 京人 金道元이 왔다. 이 사람은 曺兵使 집을 위해서 田畓을 斥賣하는 일을 한다.[51]

---

47) 「庚寅日記」, 1770년(영조 46) 閏5月 初7日 壬子·26日 辛未.
48) 「己亥日記」, 1779년(영조 23) 正月 12日 丁酉·2月 初10日 乙丑.
49) 「丁酉日記」, 1777년(정조 1) 12月 初10日 壬寅.
50) 「庚子日記」, 1780년(정조 4) 正月 17日 丙申.
51) 「辛酉日記」, 1801년(순조 1) 正月 13日 己丑.

노상추는 개령에 있는 40두락 논을 相換하는 문제를 산직이와 상의 하였다. 桃開 法華洞의 산지기 世貴를 통해 內洞 일대 전답의 상태를 탐문하였으며, 세귀의 정보를 바탕으로 노상추는 상환계획을 수립하였다. 그는 세귀에 대해 내용에 있는 전답 품질에 대한 정보를 축적하고 있는 인물로 평가했다. 세귀는 법화동에 있는 노상추의 祖妣墳墓를 수호 하는 인물이었다.[52] 비록 산지기이지만 노상추는 그를 통해 상환하고자 하는 토지의 내용을 확인하였으며, 이로 볼 때 세귀는 도개 일대 토지에 대한 정보를 확보하고 있는 인물이었음을 알 수 있다.

노상추는 토지를 방매할 때 동생을 대동하기도 했다. 그는 동생 英仲(=盧檍=盧尙根)과 함께 인척 김취옥에게 면전 12두락을 방매했다.[53] 둘의 동행이 매매를 목적으로 했다고 단정하기는 어려우나 동생이 노상추와 함께 매매에 관여 했을 가능성이 있다. 노상추 동생을 매매 정보 보유자로서 매매에 기여할 인물로 단정하기에는 제한적이다. 하지만, 특정인을 위해 매매를 대행하는 인물 金道元에 대한 기록이 있다. 노상추가 홍주목사로 부임 한 후 한양으로부터 내려온 을 만났으며, 그는 병사를 대행하여 전답을 매매하는 소임을 띠고 있었다. 그의 신분적 배경을 알 수는 없으나 한양의 전답주를 대신하여 홍주지역의 토지 매득자를 물색하여 방매를 성사시켰음을 알 수 있다.[54] 김도원은 일기에 의하면 일반적인 差奴, 首奴의 성격이

52) 「乙酉日記」, 1765년(영조 41) 10月 16日 戊午.
53) "檍弟改名尙根 字曰英仲 檍字音相同澹字故也"(「壬辰日記」, 1772년(영조 48) 正月 26日 壬戌).

아닌 매매를 위한 인물임을 알 수 있다.

19세기 일기 기록에는 노상추의 토지매매 정보 수집 과정에서 居間人이 등장하고 있다.

① 姜時彦의 답을 매득한 문기는 바로 鄭璹에게 있는데, 이 일이 되어가는 것을 듣고 無谷에 사는 居間人 李哥 놈에게 주었다고 한다.[55]

② 金明鐸과 金明魯 형제는 바야흐로 그들의 繼母와 서로 다툼이 그치지 않는다고 들었다. 이른바 계모 洪氏가 둘째 金明魯의 논을 장차 거의 3천금으로 放賣한다고 하니 대체로 '中間使喚之人'이 힘들이지 않고 재물을 차지할 수 있으므로 한사코 '居間'하려 한다고 한다.[56]

이상의 두 인용문은 노상추가 말년에 이른바 '白雲洞 別業'을 조성하는 과정에서 확보한 정보를 기록한 일기이다. ①의 기사는 조카 盧挺燁이 奉祀를 위한 別所畓 방매와 관련하여 노상추와 갈등을 일으키는 내용 중 일부이다. 노상추는 이 사건을 서술하는 과정에서 노정엽이 별소답 방매와 관련한, 혹은 주선하기 위해 정보를 제공한 '거간인'이 존재했음을 밝히고 있다. 그리고 거간인을 '李哥漢', 즉 이가 놈으로 적고 있어 적대 혹은 하대함으로서 노상추와 그의 신분적 관계를 암시하고 있다.

②는 매매 과정에서의 '居間'은 이익이 발생하고 있음을 밝히는

---

54) 「辛酉日記」, 1801년(순조 1) 正月 24日 辛丑.
55) 「乙亥日記」, 1815년(순조 15) 2月 17日 癸酉.
56) 「再丙戌日記」, 1826년(순조 26) 7月 29日 己酉.

일기내용이다. 金明魯와 繼母洪氏씨 사이의 토지를 둘러싼 갈등에 대한 소식을 적었다. 일기는 계모와의 갈등으로 토지 매매가 성립되자 매매가를 둘러싸고 거간이 있었으며, 그 과정에서 이익, 즉 일종의 수수료가 존재하고 있음을 밝히고 있다. 기록에서 보듯이 거간은 매매자들 사이에서 '使喚'하는 성격으로 그 사환하는 사람은 바로 居間人으로 볼 수 있다. 노상추가 치사 후 고향에 돌아와 남긴 일기는 시기적으로 19세기에 해당하며, 이 시기 그는 별업조성을 위한 주변 토지 동향에 대해 주목하는 과정에서 매매를 거간하는 행위와 이를 대행하는 거간인이 존재하고 있는 당시의 실상을 일기에 남겼다. 이러한 거간과 거간인의 존재는 그가 사환하기 이전 17세기 후반에도 이미 매매를 주관하거나 매매 정보를 집적한 인물이 존재했음을 보여주는 현상과 관련하여 이해 할 수 있다. 이로 본다면 거간행위는 18세기 후반부터 『노상추일기』에 등장하고 있으며, 이들의 행위와 인물에 대한 명칭 居間과 居間人은 19세기부터 명명되었다고 볼 수 있다.[57]

3. 매매동향 파악과 대응

18세기 중엽 이후 거간 행위와 거간인의 존재는 노상추가 토지

---

57) 이와 관련하여 20세기 초 전라도 보성의 토지매매명문 중 居間과 興成의 사례 16건, 그리고 1897년을 전후한 19세기 말 101건의 고문서 사례가 소개되기도 했다(채현경, 「조선후기 土地買賣明文 背面의 기재유형」, 『고문화』 73, 한국대학박물관협회, 2009, 147~151쪽; 채현경, 「寶城 濟州梁氏家의 토지매매명문 검토」, 『조선 후기 호남의 경제와 사회』, 호남권 한국학자료센터, 2011, 75~76쪽).

및 매매정보에 대한 수집과 기록에 작용했다. 노상추는 71세에 자신의 別業 논에 대해 靑雲洞畓, 栗岩畓, 書堂后畓으로 파악했다.[58] 그리고 이러한 별업의 조성 시기에 노상추는 토지 매매동향을 경험하고 대응하기도 했다.

토지매매 정보는 토지매매가의 동향을 파악하고 대응에 대한 구상으로 연결되었다. 노상추는 한재가 혹심하여 이앙의 시기를 잃게 되면서 租 1斗가 錢 3戔에 이를 정도로 시가가 高踴하여 극심한 흉황이라 진단하고 그 책임도 수령에게 있다고 강조했다. 이 과정에서 토지가의 동향에 대해서도 언급했다.

> 올해의 시장의 모든 물화가 高價가 아님이 없어서 平時의 田土의 값
> 도 또한 [다른 물가가 高踴한 것] 못하지 않으니 이것은 실로 방백이 적
> 임자가 아니고 수령이 적임자가 아니어서 그런 것이다.[59]

노상추는 이러한 물가 등귀에 대한 해결책으로서 營門에서 作錢價를 減價하여 수령에게 영문의 作錢한 常定을 어기지 못하게 함과 동시에 富民들에게도 常定價를 따르게 하여 어기면 원지로 형배하는 방안을 제시하였다. 이를 통해 穀價와 인심을 안정시킬 필요가 있다는 의견이었다. 노상추는 물가의 동향과 연동하여 토지가의 향배에 대해 관심을 기울이고 이들을 평가함과 동시에 대안도 모색하고 있

---

58) 「丙子日記」, 1816년(순조 16) 閏6月 初5日 癸未. 별업조성 과정에서의 농업
    경영에 대해서는 김성우(앞의 글)의 정치한 연구가 있다.
59) 「甲戌日記」, 1814년(순조 14) 3月 30日 辛酉.

었다.

종답의 매매를 둘러싼 이해관계 속에서 노상추는 토지매매에 대한 정보를 확보하고 있었다.

　　珽姪이 開寧 別所畓을 潛賣한다고 들었으므로 뒤 늦게 출발해서 葛峴을 넘어 文山庫直의 집에서 秣馬하고 新堂浦에 있는 鄭南海집에서 묵었다. 鄭瓚과 이야기하니 그의 아우 鄭珹, 鄭璹와 鄭養直(惟侃), 叔 鄭玩이 왔다. 珽姪이 千金으로 개령답을 開縣 松賈 梁信謙에게 斥賣하고 府吏 姜時彦의 新浦 앞에 있는 논으로 '合七十二畓'으로 移買하고 成文하려 한다고 한다.[60]

　　노상추는 제공자를 밝히지는 않았으나 盧珽燁(1756~1815)이 墓位畓을 위해 설정한 別所畓을 潛賣한다는 소식을 접하고 鄭南海(惟寬)의 집을 방문했다. 여기서 인척 鄭玩을 비롯한 일가로부터 추가 정보를 확보했다. 즉, 노정엽이 매매하고자 하는 별소답의 매매가와 매득자에 대한 확인은 물론, 移買를 통한 매매방식과 이매 대상 토지에 이르기까지 상세한 내용을 파악하였다. 매득자는 松賈 梁信謙으로 밝히고 있으나 노상추의 일기에는 이 매매 정보를 확보하기 전까지 그에 대한 기록이 없었다. 그리고 노정엽이 별소답을 방매 후 이매하고자 하는 답도 新堂浦, 즉 新浦에 위치한 것으로 소유자는 선산부 이방의 소유였음을 확인했다. 뿐만 아니라 해당 토지에 대해서도 양

---

60) 「乙亥日記」, 1815년(순조 15) 2月 16日 壬申.

안의 '合七十二畓' 내용도 파악하였다.[61] 노상추가 잠매의 정보를 접하고 신당포(신포)의 인척 정씨가를 방문한 것은 정확한 매매 내용의 확인 목적도 있었다.

新浦에 유숙하는데 鄭惟侃이 와서 이야기하고, 저녁은 鄭璹이 제공해 주었다. 이날 아침에 文山 庫子 中三이 開寧에서 와서 만나는 길에 '梁信謙處斥賣明文'을 찾아 돌아왔다. 들으니 양신겸이 어제 천금을 운송해 왔는데, 오는 길에 世元이 어제 新浦를 향해가서 길에서 서로 만나 還送했다고 한다. 姜時彦의 답을 매득한 문기는 바로 鄭璹에게 있는데, 이 일이 되어가는 것을 듣고 無谷에 사는 居間人 李哥 놈에게 주었다고 한다.[62]

별소답 문제와 관련하여 신포에 머물던 노상추는 결국 노정엽이 양신겸에게 방매한 이른바 '척매명문'을 확보하는 것으로 매매를 무산시켰다. 이 과정에서 그는 家奴 世元으로 하여금 매매대금을 가져오고 있는 양신겸을 만나 매매명문을 확보하도록 하였다. 명문은 고자 중삼을 통해 신포의 노상추에게 전달되었다. 그리고 노정엽이 이매를 위해 강시언으로 매득한 토지의 매매명문을 확보하고 있던 정숙은 양신겸의 매매명문을 확보한 소식을 듣고 노정엽과 강시언의 매매를 거간한 이가에게 명문을 건넸다. 이로서 노상추는 노정엽과 양신겸, 강시언 상이의 매매를 무산시킬 수 있었다. 이 과정에서 그

---

61) 「庚午日記」, 1810년(순조 10) 4月 22日 乙酉·6月 初8日 辛卯.
62) 「乙亥日記」, 1815년(순조 15) 2月 17日 癸酉.

는 매매자, 거간인 등에 대한 정보를 바탕으로 주변 인사들을 동원하여 대응하였다.[63]

IV
買賣明文 成文과 소유권 확보

1. 매매물 확인과 明文

18세기 후반에서 19세기 초반의 생활 일기를 남긴 노상추는 그의 일기에 선산 일대 고향에서 토지와 관련한 정보를 접했다. 이러한 토지 및 토지매매에 대한 정보는 거간행위나 거간인의 존재가 작용했다. 그리고 이들 정보를 기초로 서간이나 대면 혹은 거간을 통해 매매의 성사를 시도하였다. 매매의 성사는 田畓買賣明文의 작성으로 완성되었다.

노상추는 토지정보 확보를 바탕으로 매매대상 혹은 매득 대상 토지에 대한 확인을 시도했다.

강을 건너 桃開에 이르러 金德奎의 家垈를 살피고 30냥으로 값을 정

---

63) 이 후 노상추는 노정엽의 아들 盧宗玉이 다시 양신겸에게 '斥賣畓土文'을 작성해 주었다거나, 노정엽이 이를 다시 회수했다는 이야기도 확보하고 일기에 기록했다(「乙亥日記」, 1815년(순조 15) 3月 初5日 辛酉·14日 庚子).

해서 문서를 만들어 그것을 샀다.[64]

　　인용문은 매매가 성사된 결과만 서술하고 있다. 1768년(영조 44) 노상추는 부친 주도하의 경제생활 속에서 도개의 가대 매매를 시도했다. 그 과정에서 그는 매물로 정한 金德奎의 家垈에 대한 현지 확인을 실시했다. 김덕규는 좌수로서 1770년 산송과 관련하여 圖形과 尺量을 담당했던 인물이었다.[65] 노상추는 가대의 소유자를 확인하여 정보를 확보하였으며, 그 후 현장을 발문해 확인하였다. 그리고 일기의 내용에 따라 직접 혹은 간접적으로 매매가를 흥정한 뒤 매매 명문을 작성했다. 그리고 이 대전 정비 과정을 부친과 함께 확인하고, 김덕규로부터 買家하여 이건함으로써 가대 매매의 목표를 달성하였다.[66]

　　매매에 돌입하기에 앞서 노상추는 매매토지를 확인했다.

　　나는 愚谷에 가서 金益采 군의 집에서 묵으면서 밤에 김군의 3부자와 談話했다. 나는 우곡의 新基 越坪에 뜻을 두고 이 터로 이사하려 했는데 그곳이 신기이다. 地師가 여러 번 살폈으나 먼저 발설하지는 않았다. 거처를 정한 터 모퉁이에서 7~80보 쯤 되는 곳에 김군의 仲兄이 집을 짓고 정착한지 6~7년인데, 지금은 부자 형제가 가까이 함께 살고자 해서 이것

---

64) 「戊子日記」, 1768년(영조 44) 12月 23日 丁丑.
65) 「甲午日記」, 1774년(영조 50) 9月 28日 戊寅.
66) 「壬辰日記」, 1772년(영조 48) 2月 初3日 戊辰; 「癸巳日記」, 1773년(영조 49) 12月 25日 己酉.

을 팔고 舊基로 돌아가려 한다. 그래서 이 집의 위와 아래 7칸 집 賣買를 의논하는 것을 계기로 값을 정하는 것을 이루었다.[67]

노상추는 자신이 매득하고자 하는 우곡에 있는 매매물의 소유자 집에 머물렀다. 이에 앞서 집터를 살피기 위해 지사로 하여금 확인한 사실이 있음을 밝히고 있다. 그는 김익채의 집에서 묵으면서 그들 부자가 舊基로 돌아가기 위해 家垈를 방매하고 있다는 사실을 다시 확인하고 매매를 위한 '決價'를 성사시켰다. 토지매매명문의 '依數奉上'의 의미가 이러한 매매명문 작성 과정에서 흥정을 통해 '결가'를 정한 액수를 확인하는 데 있었음을 알 수 있다.

매매정보를 활용한 매매 대상 토지의 현장 확인을 거쳐 매득활동을 진행하여 매매명문의 작성에 도달했다. 노상추는 1772년(영조 48) 정월, 도개의 洪鎭休와 綿浦田 매매를 相約한 이후 매매의 종결을 시도했다.

- 道開의 洪鎭休씨가 새해 전 舟川으로 옮겨 살면서 田庄을 發賣하므로 綿浦田을 사기로 약정했다.[68]
- 舞來의 裵尙泰가 와서는 6斗落을 斥賣한다는 牌旨를 받아 갔다.[69]
- 아침에 6두락의 논 값으로 125냥을 받아서 홍진휴씨에게 桃開의 田價로 舟川에 보냈다.[70]

---

67) 「丁酉日記」, 1777년(정조 1) 12月 初7日 己亥.
68) 「壬辰日記」, 1772년(영조 48) 正月 11日 丁未.
69) 「壬辰日記」, 1772년(영조 48) 正月 24日 庚申.

노상추가 남긴 면포전 매매관련 기록은 매매와 매매명문 작성 등의 과정을 보여주고 있다. 그는 도개에 거주하는 홍진휴가 거주지 변동을 사유로 면포전을 방매한다는 내용에 따라 매매를 相約했다. 그리고 매매가 확보를 위해 자신의 6두락 토지를 斥賣하기위해 舞來에 사는 裵尙泰에게 패지를 발급했다. 배상태는 노상추의 差奴, 首奴의 신분이 아님에도 그를 위해 매매를 대행하고 있었다. 노상추의 이러한 移買 계획에 따라 자신의 토지 방매가를 바탕으로 홍진휴에게 매매가를 지급함으로서 매매를 완료했다. 즉, 매매가 125냥을 바탕으로 홍진휴에게 매매가를 지급함으로서 매매가 마무리 되었다.

매매가 완성된 토지에 대해 사후 확인 과정에서 명문의 '相約'과 다를 경우 환퇴가 이루어 졌다.

① 아버지께서 寓所에서 돌아오셔서 홍생원으로부터 새로 매득한 밭이 있는 곳을 '量'을 해 보았다. 그랬더니 땅의 넓이(地廣)와 마지기 수(斗數)가 너무도 맞지 않았기 때문에 내가 舟川으로 갔으나 중도에 홍진휴씨가 桃開로 갔다는 소식을 듣고 헛되이 돌아왔다.[71]

· 아침에 萬儀가 寓所로부터 와서 아뢰었다. "어제 낮에 홍진휴씨가 蹄坪에 와서는 放賣한 綿田으로 하여금 延香놈의 면전으로 대신 주고 집짓는 값으로 삼겠다."고 했다. 이 계약이 성사된 일은 이미 땅의 넓이와 마지기 수가 차이가 있으므로 거의 긴요하지 않다는 일념이었던 가운데 또 당초 하고자 했던 면전이 아니니 전혀 사고 싶은 뜻이 없었

---

70) 「壬辰日記」, 1772년(영조 48) 正月 25日 辛酉.
71) 「壬辰日記」, 1772년(영조 48) 2月 初5日 庚午.

다. 편지를 써서 홍생원의 우소에 보내면서 앞서 보냈던 銅 170貫을 돌려줄 것을 요구하니 도로 돌려주었다.[72]

부친을 대행하여 홍진휴로부터 매득한 밭에 대해 부친과 함께 현장 확인, 尺量을 실시했다. ①번 인용문은 노상추가 서술한 확인 과정에 대한 자세한 내용이다. 척량은 실제 토지 넓이는 물론 斗落까지 확인하는 것이었으며, 이는 매매명문의 형식을 고려했을 때 結負와 斗落에 대한 확인을 의미했다.[73] 노상추는 명문상의 내용과 상이함을 확인하고 직접 홍생원과의 만남을 시도했다.

토지와 매매명문과의 상함을 확인하기 위해 奴 萬儀로 하여금 홍진휴와의 접촉을 대행하게 했다.[74] 노상추가 매매의 상이로 인한 갈등을 서술한 ②번 인용문에 내용이 자세하다. 노상추가 노를 대신하여 항의하자 홍진휴는 상이함을 인정하고 매매 綿田에 대해 延香의 綿田으로 대토할 것을 제안했다. 그러나 노상추는 매매조건의 불일치로 인한 불신을 강조하면서 매매계약 파기를 결심한 뒤, 서간을 통해 내용을 전달하고 매매가를 돌려받는 것으로 종료했다.

매매 성사 후 토지 현장 확인 후 매매명문에 명기된 매매물의 조건과 상이할 경우 환퇴하는 사례뿐만 아니라 매매가 진행되는 과정에서 橫買로 인해 매매가 성립되지 않기도 했다. 노상추는 백운동 별

---

72) 「壬辰日記」, 1772년(영조 48) 2月 初6日 辛未.
73) "守門兒가 蛇浦 등에 있는 '新買田土'를 둘러보고 갔다"(「甲戌日記」, 1814년(순조 14) 3月 18日 己酉).
74) 「癸未日記」, 1764년(영조 39) 12月 14日 丙申.

업을 조성하는 과정에서 횡매를 경험했다. 그는 "太燁의 舊基는 처음에 水碓의 북쪽 개천위를 占址했는데 金益秬(金文川)가 그 땅을 橫買하니 실로 훼방하려는 속셈에서 나온 것이니 원통하고 가소롭다."고 술회했다.[75] 환퇴와 횡매의 사례는 매매가 성사되고 완성에 이르기까지 변수들이 존재했던 실태를 보여주고 있다.

매매 정보 수집을 계기로 매매물에 대한 사전 확인, 매매가에 대한 相約 그리고 매매명문의 작성에 이르는 과정 중 매매가 지급과 매매가에 대한 절충이 실시되기도 했다. 노상추는 1802년(순조 2) 張令(=張豊川 成漢)이 5칸 瓦家를 방매한다는 정보를 듣고 松庵精舍 영건을 고려하면서 들러 살펴보았다.[76] 이 과정에서 이들에 대한 매매와 거래는 서간을 통해 협의가 이루어 졌다. 그는 20일 뒤 奴 世遠으로 하여금 47냥의 돈을 매매가로 장성한에게 보냈다. 그러나 장성한이 편지로 노상추가 매매가를 減價한데 대한 불만을 표시하자 며칠 觀勢하다가 3냥을 더 보냈다.[77] 이런 상황은 노상추가 매매이 성사를 위해 현장 확인과 매매가 상약 그리고 매매성사 후 흥정이 이루어지는 모습을 보여주고 있을 뿐만 아니라 노상추는 흥정 과정에서 토지 시가에 대한 정보 비교를 실시했음을 방증하고 있다.

토지매매 과정에서 이해의 상충으로 인해 매매명문의 작성 전·

---

75) 「乙亥日記」, 1815년(순조 15) 2月 初10日 丙寅.
76) 「壬戌日記」, 1802년(순조 2) 11月 初3日 庚午.
77) 「壬戌日記」, 1802년(순조 2) 12月 初2日 己亥. 노상추는 가노에게 錢文을 負錢하여 보냈다. 이는 실제로 동전을 매매수단으로 거래가 이우러 졌음을 보여준다. 관련하여 文洞의 奴 守乭이 해평의 전문 65냥 2전을 負錢하여 왔으며, 저녁에 신평의 임성득이 65냥의 돈을 지고 가져가고 2전은 수돌이 차지했다고 언급한 사례가 있다(「再壬午日記」, 1822년(순조 22) 8月 初3日 甲辰).

후 완전한 매매에 도달하는 사례도 있으나, 매매가 완성되기까지의
일련의 과정도 있었다.

- 桃開의 柳宅洙와 喪人 朴相宅씨를 방문했는데 오는 길이 柳生의 집
  이었다. 유생이 木花田 30두락을 斥賣하기에 85냥으로 決價하고 집으
  로 돌아왔다.[78]
- 桃開에 가서 柳生과 더불어 木花田 賣買文書를 완성하고 85냥을 주
  었다.[79]

위의 두 인용문은 도개의 토지를 매득하는 과정에 대한 일기 이
록이다. 노상추는 柳宅洙의 집을 방문한 자리에서 木花田 30두락 방
매사실을 확인하고 매매를 시도했다. 그는 그 자리에서 85냥으로 決
價하였으며,[80] 그로부터 이틀 후 매매명문을 작성한 뒤 매매가를 지
급하는 것으로 매매를 완성했다. 이 사례는 노상추가 매매물에 대한
정보를 수집한 뒤 매매에 앞서 매매물에 대한 추가 정보 확보나 현장
확인을 실하고, 방매자를 만나 매매가 相約 후 매매명문 작성과 매매
가 지급으로 매매를 완성하는 과정을 보여준다. 토지 매매 및 명문의
작성과 관련한 노상추의 기록은 문서의 작성에 이르는 과정은 물론
매매 후에도 변수가 있음을 잘 보여준다.

---

78) 「丁酉日記」, 1777년(정조 1) 12月 15日 丁未.
79) 「丁酉日記」, 1777년(정조 1) 12月 17日 己酉.
80) 문중소유의 토지를 매득하는 사례도 동일했다. 노상추는 金籠巖(金澍)의
    齋宮에 가서 김씨와 法華洞의 陳田을 30냥 값으로 정해서 사기로 약속했다
    (「丁未日記」, 1787년(정조 11), 4月 初6日 癸卯).

2. 소유권 분쟁과 明文

매매명문 작성 이전에 토지매매 시장의 성장에 따라 19세기부터 거간인이 등장하기도 했으며, 이러한 현상은 19세기 토지매매명문에 있어 매득자를 공란으로 남겨두는 관행과 관련하여 이른바 마을 공동체 단위의 법공동체를 통한 소유권 증명의 결과와 연결하여 해석이 시도되기도 했다.[81] 이러한 가설에 대해 매매 후의 소유권 확보와 매매명문과의 관련성을 『노상추일기』에서 찾아 확인 할 수 있다.

노상추는 토지매매뿐만 아니라 매매와 관련한 본인 및 주변의 사연들을 일기에 적었다. 그 중 매매를 계기로 쟁송에 휘말린 사례는 토지 소유권과 관련한 이야기를 담고 있다.

며칠 전에 관에서 宗姪집의 노자를 잡아가서 買畓文券을 납입하도록 했다고 하니 통탄스럽다. 그 사유를 자세히 들으니, 盧宗玉이 元興의 金哥 놈에게 논을 샀는데 뒤에 알고 보니 김가 놈이 그 형의 논을 종옥에게 潛賣하고 또 沈班과 曺班에게 방매하였으나 모두 本文記가 없었다고 한다. 그러므로 沈班이 김가놈의 형 順得한테 본문기를 내어 줄 것을 추궁하자 종옥은 순득에게 선급했던 錢을 내어 줄 것을 요청했다. 순득은 감당하지 못하고 관청에 정소하자 牌를 발부해서 잡아오는데 이르렀다고 한다.[82]

---

81) 정수환·이헌창, 앞의 글, 217~218쪽.
82) 「乙亥日記」, 1815년(순조 15) 4月 13日 戊辰.

인용문은 宗姪 盧宗玉의 매매와 관련하여 관에서 그의 노를 捉致하고 '買畓文劵'을 납입하도록 한 사건에 대한 내용이다. 노종옥이 김가로부터 매득한 논이 疊賣된 사실과 이를 둘러싼 쟁송 경과를 기록하고 있다. 방매자 김가가 자신 소유가 아닌 형의 토지를 노종옥을 비롯하여 沈班과 曺班에게 本文記 없이 방매하면서 분쟁이 촉발되었다. 심반은 방매자 김가의 형 순득에게 본문기를 확보하여 매매를 완성하려 했으며, 노종옥은 순득 동생에게 지급했던 매매가를 형이 보상해 줄 것을 주장하고 있었다. 김가의 형은 첩매로 인해 촉발된 복잡한 매매관계를 확인하기 위해 관에 정소하였다. 토지의 매매에 있어 疊賣가 발행하고, 이를 둘러싼 사실 확인 과정에서 매매명문, 본문기(舊文記) 등의 존재가 중요한 변수로 작용하고 있음을 알 수 있다.

토지 매매결과에 대해 정소하여 환퇴조치를 받았다. 노상추는 竹月軒 중수와 竹月公 墓碣마련을 위해 竹月軒重建楔를 설립하고 盧珽燁으로 하여금 4석락 답으로 관리하게 했다. 그런데 그의 부친이 별도의 언급 없이 분재함에 따라 노상추는 和會成文하는 날 이러한 사실을 밝혔다. 그런데 이 토지를 둘러싸고 쟁송이 발생했다.

> 중간에 盧珽燁이 마음대로 金山의 位畓을 開寧의 新村에 사는 朱貴太놈과 換買하여 장차 10년이 지나려 하자 내가 戊午年(1798년) 고향으로 돌아오는 날 兒曺로 하여금 그 이름으로 개령고을에 呈狀을 올려서 還退했다.[83]

노상추는 노정엽이 방배한 토지에 대한 환퇴를 주장했다. 그가 제기한 환퇴 사유는 위답을 대상으로 상환 매매를 했다는데 있었으며, 일기에서 특별히 이 부분을 강조했다. 이러한 분쟁에 대한 해결은 관에 정소함으로서 관력, 즉 관의 법체계에 의존하려 했다. 여기에는 퇴직 관료로서 수령을 통한 문제 해결의 의도가 있었다.

노상추는 전직관료로서 관력을 통한 매득 토지에 대한 소유권 확보를 직접 시도했다.

관아에 가서 수령을 만났는데, 수령은 鄭夏容이다. 卞之漢에게서 매득한 陳起畓에 대한 尺量과 올린 소지에 제사 얻기를 청하였다. 나올 때 都書員 孫玉宗와 담당 아전 孫近實을 불렀더니 손옥종은 뫼狀이 지체되어 도달했다는 핑계를 대어 놀라는 중에 또 다시 거행할 의도는 없어 보여 언쟁하다가 그만두었다. 그러므로 돌아오는 길에 작년 가을에 尺量한 매득 陳起인 곳을 둘러보고 또 이번에 尺量하고 싶은 곳을 살폈다.[84]

토지 매매와 관련하여 수령 鄭夏容을 만났으나, 그의 일기에 해당 수령의 배경은 물론 사건 전 그와 교유사실에 대한 내용은 없다. 노상추가 매득한 토지의 방매자는 卞之漢이었으며, 그는 千石君 卞正和의 손자라는 사실을 노상추는 파악했다.[85] 노상추는 토지가 소재한 비안현의 현감에게 입지를 요청하는 소지를 올렸으며, 이를 종용

---

83) 「庚申日記」, 1800년(정조 24) 11月 14日 壬辰.
84) 「甲戌日記」, 1814년(순조 14) 2月 23日 乙卯.
85) 「乙亥日記」, 1815년(순조 15), 2月 初4日 庚申.

하기 위해 尺量을 독촉하고 있었다. 급기야 직접 수령을 찾아 가는길에 척량과 관련한 서리들에게 이를 독촉하였으나 뜻을 이루지 못했다. 이후 방매자 변지환은 노상추를 찾아왔으며, 노상추는 서리 초치를 시도했다. 그 결과 비안 현감의 答狀과 所志題辭를 통해 척량 조치를 받았으며, 그 소식과 문서도 변지환이 전했다.[86]

無主陳荒地에 대한 개간과 매매를 둘러싸고 분쟁이 있었다. 노상추는 陳起畓을 매득하거나 개간했을 경우 척량을 통해 입지를 확보하려 했다. 이 과정에서 발생한 쟁송과 이를 둘러싼 정보를 일기에 기록했다.

> 黃潤의 庶從叔과 노 三才로 하여금 梁典員의 浦에 陳地 개간한 곳을 가서 살펴보게 했더니 분쟁이 있는 놈의 전이 있는 곳과 집의 陳地 모두 개간되어 있어서 양안(量冊)을 살펴보니 동서로 긴데 쟁송중인 놈이 남북으로 길다고 한다고 했다. 그러므로 이것은 반드시 물訴한 뒤에 다시 변정해야 그칠 것이기에 그냥 돌아왔다.[87]

노상추는 쟁송이 있기 2년 전 黃潤의 叔 盧潤과 더불어 南山의 梁典員에 가서 田形을 살폈으나 미처 관으로부터 尺量 조치를 얻지는 못했다.[88] 그 후 이 개간 토지에 대한 분쟁이 발생하자 노상추는 현장 조사를 참고로 양안을 살펴 확인한 뒤 물訴를 결심했다. 무주진황

---

86) 「乙亥日記」, 1815년(순조 15) 閏2월 初1日 癸亥·初3日 乙丑.
87) 「戊子日記」, 1768년(영조 44), 6月 23日 己卯,
88) 「戊戌日記」, 1766년(영조 42), 9月 18日 乙酉,

지를 둘러싼 쟁송은 매득을 주장하는 李氏와 開墾 혹은 매득으로 입지를 발급받았다고 주장하는 노상추 사이의 충돌이었다.

노상추는 한양에서 사환 중 고향으로부터 자신이 주장하는 '浦立案處'와 관련한 결송입안을 확인했다.

근래 立案이라는 것들이 허투루 문서를 만들어 주는 것이 많으나 賣買는 분명히 眞蹟과 관계된 것이므로 당초에 李宅의 정장 중 내용으로 입안한 것은 허구고 매매가 사실이다. 8자로 제사를 하는 것이 공평하다. 양측의 소장 내용이 복잡하여 決折을 기약할 수 없을뿐더러 무릇 陳田과 元田을 구분한 뒤에 조사해서 변정할 수 있다. 그러므로 양 집안의 전후 文券을 상세히 상고하기 위해 金萬秋와 朴秋旵을 잡아와 캐물었다. 그랬더니 김만추가 아뢴 내용이 "이 답은 처음에 義興의 朴龍德으로부터 매매가 시작되었기에 龍德의 戶名, 곧 禮奉이다."였다. 田案을 가져다 살펴보니 濕浦員의 談字 33畓 16卜2束, 34畓 3卜1束, 反浦員 色字 36畓 27卜9束, 37畓 309卜, 38畓 87卜6束은 禮奉으로 懸錄이고, 字號와 卜數가 文記符合하여 起主로 현록이다. 그리고 反浦員 貽字 1畓 20卜, 2畓 10卜, 3畓 10卜, 4畓 65卜, 5畓 1結, 6畓 8卜9束, 33畓 2卜1束는 자호와 부수가 또한 서로 문기와 서로 같다. 이는 곧 無主陳懸錄이다. 대게 양안에 오른 이름이 있는 곳이 賣買가 가능하고 양안에 이름이 없는 진전인 곳이 어찌 매매할 수 있는 이치가 잇겠는가? 옛 적에 朴龍德이 비록 먼저 空閑之地를 팔았다고 하더라도 그것은 스스로 空賣이다. 또, 너희 집의 말이 이미 立案을 이루어 영문과 관청에 올린 문적을 살필 수 있다는 것도 곧 또한 전연 허황된 구석으로 돌아가는 것은 아니다. 이 萬秋가 방

매한 談字와 色字는 李宅에 귀속하고 그 나머지 양안에 이름이 없는 貽

字와 더불어 湖地가 있는 곳은 너의 집에 속하는 것으로 決給한다. 그 뒤

에 양 집안에서 만일 이러한 쟁송을 다시 정소한다면 이 밭이다 저 논이

다 논하지 않고 모두 屬公할 일이다.[89]

선산부에서는 노상추가 주장하는 입안보다 매매명문의 내용에
가치를 부여하고 있었다. 선산부에서는 쟁송토지의 내력을 조사하기
위해 방매자 金萬秋 등을 초치하여 朴龍德에서 연유한다는 사실을
확인했다. 그리고 매매 및 개간을 확인하기 위해 양안의 起主 내용
을 파악한 결과 이씨측의 매매명문 기록이 양안과 일치함에도 불구
하고 노상추의 문서는 증빙에 제한이 있었다. 그럼에도 불구하고 무
주진황지에 대한 매매를 부정하지 않고 노상추의 소유로 판결했다.
여기에 대해 노상추는 소론성향의 善山府使 李在沆이 판결한 것으로
불신했다.[90] 노상추는 주관적 입장에서 입안 기능의 제한을 역설하
였으나, 소유권의 향배와 관련해서 매매명문이 중요한 역할을 하고
있었다.

'浦立案處를 둘러싼 논쟁에 노상추는 쉽게 포기하지 않았다. 노상
추는 한양 小貞洞에 가서 參判 崔獻重 등을 만나는데, 그 자리에 漢
城右尹이 함께 했으므로 그는 이를 기회로 '反浦陳湖立旨'를 발급받
아 고향으로 가는 인편에 내려 보냈다.[91] 노상추가 고향의 분쟁에 대

---

89)「戊辰日記」, 1808년(순조 8) 5月 22日 丁巳.

90)「己巳日記」, 1809년(순조 9) 10月 25日 壬子.

91)「戊辰日記」, 1808년(순조 8) 7月 20日 甲申; 7月 28日 壬辰.

해 한양에서 관력을 동원하여 무마하는 노력을 기울일 수 있었던 것은 사환한 관료출신이라는 배경을 가지고 있었기 때문이었다. 그의 관력 동원은 이러한 분쟁이 일단락 된 뒤, 서리를 통해 분쟁관련 내용을 확보하는 과정에서도 작용했다.

노상추는 선산부의 金吏를 통해 선산부에서 입안을 발급하는 과정에서 작성했던 報草 내용을 謄出받아 분쟁과 관련하여 진행되었던 정황을 확인했다. 여기에는 그가 당색의 입김으로 불리한 판결을 받은 사실을 확인하고 싶었던 이유도 있었다. 그가 확보한 보초의 내용은 다음과 같았다.

진황처 개간과 관련한 상송이다. 兩隻이 서로 올린 의송의 제음 내용은 "두 측에 처결하여 번다하게 정소하지 말라고 하시었습니다. 대게 이 송사는 무진년 4월이었습니다. 노씨 측에서는 癸巳立案(1773년)이라 하고 이씨측은 給価買得이라 하여 前府使때에 판결이 있었습니다. 그런데 田案中에 양안에 이름이 올라 있는 곳은 매득한데 속해 이씨이고, 無主陳懸錄한 것은 입안에 속해서 노씨여서 처결하기가 분명하지 않을 뿐만 아니라 부사가 이른 뒤에 이씨와 노씨 양측에서 다시 쟁송을 하였습니다. 이미 판결이 난 송사인데 서로가 부탁하여 분쟁이 그치지 않습니다. 그러므로 민습이 이처럼 극단적인데 이른 것을 헤아려 처음부터 송사를 살피지 말고 물리십시오. 이와 같은 의송을 제기하는 행동이 조사해서 판결하는 제사에 이른 것은 당연히 거행할 겨를이 없습니다. 송사하는 백성이 官長에게 부탁하는 것도 너무 무엄할 뿐만 아니라 청탁이라는 것은 함부로 聽訟할 수 없으므로 이러한 사유로 첩보하오니 참작하셔서 처

분 하십시오."였다.[92]

報草는 선산부 입안의 정황과 판결 내용을 서술하고 있다. 다만, 노상추가 1773년(영조 49) 입안을 통해 이씨측이 매득한 것으로 주장하는 토지에 대해서도 소유권을 주장하고 있으며, 그 과정에 관력을 통해 請囑하는 행위가 부정적으로 서술되고 있음을 알 수 있다.

노상추가 입지(입안)를 확보하고자 한 이유는 바로 매득 토지가 陳起畓, 즉 陳荒地였기 때문이었다.[93] 이러한 변수로 인해 매매토지에 대한 소유권 확보와 증명에 관력이 반드시 작용했다고 보기에는 제한적인 측면이 있다. 다만, 이러한 쟁송 과정에서 토지매매명문이 여전히 중요한 변수로 작용하고 있음은 분명한 사실이다. 따라서 19세기이후 토지매매명문에 매득자가 공란으로 등장하는 현상이 마을 혹은 지역의 법공동체가 소유권을 보증한 결과라는 가설에 대해서는 보완 연구가 수반될 필요가 있다.

---

92)「己巳日記」, 1809년(순조 9) 11月 19日 乙亥.

93) 無主陳荒地에 대해서는 개간 후 관의 立案을 발급 받아야 했다(『經國大典』, 「戶典」田宅條).

94) 인격적 거래는 단골을 통한 거래 그리고 정보의 호혜성에 기반을 두고 있다. 근대 시장경제에서는 매매와 관련한 익명성이 강조되는 비인격적 거래가 이루어진다(박기주,「貢人에 대한 경제제도적 이해」,『조선후기 재정과 시장 경제체제론의 접근』, 서울대학교 출판문화연구원, 2010, 255쪽).

V
맺음말

『노상추일기』의 토지매매와 관련한 분석 결과 居間행위와 居間
人의 존재를 중심으로 토지매매 과정에 있어 정보의 수집, 서간 및
방문을 통한 決價, 매매명문의 작성 그리고 매매가의 지불이라는 매
매완성의 과정이 확인되었다. 제한된 사례이지만 이를 통해 매매관
행의 추이를 추적하는 연구에 기여할 것으로 기대한다.

노상추의 일기를 통해서 지역사회 인사들 사이에 매매물에 대한
정보가 공유 혹은 교유를 바탕으로 거래가 이루어지고 있음을 확인
하였으며, 토지와 같은 고액 매매의 경우 매매시장에서 익명성이 보
장되지 않는 인격적(personal) 거래[94]가 19세기 초반까지 일반적이
었음을 알 수 있다. 이는 18세기 중엽 권상일이 상주 인근의 시장을
통해 각종 집물을 매매하는 과정에서도 확인 할 수 있다.[95] 그럼에도
불구하고 18세기부터 매매를 주선하는 인물이 존재하였으며, 19세기
초반부터 이러한 행위를 치징하는 '居間'과 이 수행자인 '居間人'이
라는 용어가 등장하는 변화는 토지매매시장의 형성과 정보의 유통과
관련하여 주목할 부분이다. 그리고 토지매매명문의 작성이 매매 이
전 정보수집, 현장 확인, 相約, 決價의 과정이 있었으며, 매매명문 작

---

95) 권상일의 일기에서는 노비 혹은 官版 매매의 사례에서 인격적 거래가 확인
된다(정수환, 앞의 글, 2011, 69쪽). 18세기 중엽 황윤석 또한 거주지 인근,
혹은 학문적 관계성이 있는 인사들로부터 토지와 관련한 정보를 확보하였
다(정수환, 앞의 글, 2012, 548~549쪽).

성과 이 후 매매가 결재는 물론 還退와 흥정으로 복잡하게 전개되는 현상이 확인되었다. 있었다. 이는 토지매매명문 분석에 있어 매매관행의 변화에 참고할 요소이다.

　노상추의 일기 분석이 지니는 한계가 있다. 매매명문에서 19세기 중엽이후 매득자가 명기되지 않는 현상에 대하여 지역사회 법 공동체의 형성으로 소유권에 대한 관의 보증이 불요한 측면이 있었다. 다만, 입안과 입지의 사례에서와 같이 노상추가 그의 관력을 배경으로 청송을 진행한다거나, 居間人의 등장과 같은 변수는 이러한 법공동체 개념에 대한 추가 검토 필요성을 제기하고 있다.

조선후기 盧尙樞家 奴婢의 역할과 저항

이정수(동서대학교 교수)

I
머리말

조선시대의 사회경제사에 있어 중요한 과제 중의 하나는 신분제 해체 문제의 규명이다. 특히 조선시대 신분제 문제에 있어서 노비의 성장이나 저항과 국가의 노비정책 변화 등과 관련한 노비제의 해체 문제는 중요한 주제의 하나였다. 이들 주제와 관련하여서는 일찍이 관찬 사서나 호적대장·호구단자, 분재기, 공초 기록 등의 자료를 적극 이용하여 노비제의 변화, 양반가의 노비 상속, 노비의 신분상승 노력과 저항 등과 관련된 활발한 연구가 진행되어 의미 있는 성과를 도출하였다.[1]

근래에 와서는 한국학중앙연구원 등을 비롯한 여러 기관에서 양반 가문의 각종 고문서를 적극 발굴, 간행하면서 양반가의 노비매매문기, 생활일기, 호구단자 등 다양한 고문서가 연구에 적극 활용되고 있다. 이로 인해 노비가의 변동이나 농업경영에 있어 노비의 역할 변

---

1) 전형택, 『조선후기 노비신분연구』, 일조각, 1989 ; 『조선 양반사회와 노비』, 문현, 2010. 정석종, 『조선후기 사회변동연구』, 일조각, 1983. 平木實, 『조선후기 노비제연구』, 지식산업사, 1982. 김용만, 『조선시대 사노비연구』, 집문당, 1997. 역사학회, 『노비·농노·노예 -隸屬民의 比較史-』, 일조각, 1988. 안승준, 『조선전기 사노비의 사회경제적 성격』, 경인문화사, 2007. 金容晩, 「朝鮮時代 17·18세기 民衆의 動向 -奴婢層을 中心으로-」 『國史館論叢』 37, 1992.

화, 노비의 노동생산성 문제 그리고 노비주와 노비의 관계, 노비의

역할, 노비의 파악 방식과 노비의 세습이나 가계 계승 등의 미시적

부분이 비교적 구체적으로 밝혀지고 있다.[2] 노비제의 변동은 단순히

신분제 문제뿐 아니라 경제사의 주요 주제인 농업경영의 변동, 임노

동의 성장 나아가 근대사회로의 이행 등과도 밀접히 관련된 문제이

기 때문에 좀더 구체적인 연구가 진행될 필요가 있다고 여겨진다.

　본고는 盧尙樞(1746~1829)라는 조선후기 武班이 쓴 일기를 통해

일기에 그려진 그 가계의 노비 숫자의 변동, 그리고 노비의 역할과

저항 문제를 미시적으로 살펴보고자 한다. 특히 여기서 주로 이용한

자료인『盧尙樞日記』는 노상추 자신이 17세(1762년) 무렵부터 쓰기

시작하여 자신이 사망하는 84세(1829년)까지 기록한 것으로서, 그 가

운데 14년 정도 분량이 失傳되고 그 나머지 53년치의 분량은 현존하

고 있다. 따라서 이 일기는 18세기 중반에서 19세기 초반까지 조선후

---

2) 李海濬,「朝鮮後期 湖西地方 한 兩班家의 奴婢所有實態 -公州 中湖 慶州李家
　　所傳 戶口單子 分析-」『湖西史學』8·9, 1980. 安承俊,「16~18世紀 海南尹氏
　　家門의 土地·奴婢所有實態와 經營 -海南尹氏古文書를 中心으로-」『淸溪史
　　學』6, 1990. 林學成,「朝鮮後期 戶籍臺帳에 보이는 私奴婢의 二重登載相에 대
　　하여」『古文書硏究』3, 1992. 李榮薰,「18~19세기 奴婢 世襲原理의 변화 -江
　　原道 原州牧 權氏 兩班家의 事例分析-」『李樹健敎授停年紀念 韓國中世史論
　　叢』, 2000. 金建泰,「조선후기 私奴婢 파악방식」『歷史學報』181, 2004. 정진
　　영,「19세기후반-20세기전반 在村 兩班地主家의 농업경영(2) -경상도 단성
　　김인섭가의 병작지 경영을 중심으로-」『역사와 경계』67, 2008. 이정수·김
　　희호,「조선후기 奴婢賣買 자료를 통해 본 奴婢의 사회·경제적 성격과 奴婢
　　價의 변동」『한국민족문화』31, 부산대 한국민족문화연구소, 2008 ;「조선후
　　기 奴婢價 변동의 원인 -생산성과 노비관리비용을 중심으로-」『지역과 역
　　사』23, 2008. 이정수,「조선후기 盧尙樞家의 재산변동과 농업경영」『지역과
　　역사』29, 2011. 문숙자,「18~19세기 載寧李氏家 호구단자를 통해 본 노비 家
　　系」『장서각』21, 2009 ;「17~18세기 초 海南尹氏家의 노비 매입 양상」『장서
　　각』28, 2012. 전경목,「양반가에서의 노비 역할 -전라도 부안의 우반동김씨
　　가의 사례를 중심으로-」『지방사와 지방문화』15권 1호, 2012.

기 변동기의 사회경제적 실태를 구체적으로 엿볼 수 있는 시계열을 갖춘 중요한 자료이다. 최근에 와서 이 일기 자료를 적극 활용하여 무신의 관료생활, 남녀관계, 산송과 상언·격쟁, 농업경영 변화 등의 내용을 구체적으로 밝히는 연구가 이루어져 주목된다.[3]

한편 여기에서 집중 검토하려는 주제 중의 하나인 노상추가 노비 수의 변동과 관련하여서는 기존 연구에서도 이미 다룬 바 있다.[4] 하지만 그것은 『노상추일기』를 활용하지 못하고 호구단자·준호구만을 이용하여 노상추가의 노비 숫자의 변동만을 집중 다루었기 때문에 일정 부분 한계를 가진다.

본고에서는 노상추의 일기와 그 집안의 호구단자를 주로 활용하여 노상추가의 노비수의 변화와 특징, 그리고 노상추가 노비의 역할과 저항 등을 구체적으로 살펴보고자 한다. 특히 조선후기의 사회변동 속에 노비주인 노상추가와 노비의 상호 관계나 인식이 어떻게 변화되고 있는지 등의 문제를 계기적·변동적 관점에서 살펴보겠다.

이처럼 조선후기 한 무반가의 노비수와 노비주-노비의 관계 변화

---

3) 문숙자, 『68년의 나날들, 조선의 일상사 -무관 노상추의 일기와 조선후기의 삶』, 너머북스, 2009. 文叔子, 「조선후기 양반의 일상과 가족내외의 남녀관계 -盧尙樞의 〈日記(1763-1829)〉를 중심으로-」 『고문서연구』 28. 2006. 정해은, 「조선 후기 무신의 중앙 관료생활 연구 -《盧尙樞日記》를 중심으로-」 『한국사연구』 143, 2008. 김경숙, 「조선후기 山訟과 上言, 擊錚 -盧尙樞家와 朴春魯家의 소송을 중심으로-」 『고문서연구』 33, 2008. 김성우, 「19세기 초반 盧尙樞의 백운동 別業 조성과 경영」 『역사와 현실』 78, 2010. 이정수, 위의 논문, 2011. 이성임, 「조선후기 호적을 통해 본 계보와 사회적 네트워크: 조선후기 경상도 한 무반가(武班家)의 가족구조 재구성 -호구단자와 일기의 비교검토」 『대동문화연구』 83, 2013.
4) 최승희, 「조선후기 양반의 仕宦과 家勢變動: 善山 武班家 盧尙樞의 사례를 중심으로」 『한국사론』 19, 서울대, 1988.

에 대한 구체적인 사례 분석을 통해 18~19세기 변동기의 사회경제상을 좀더 구체적으로 이해하는 데 일조할 수 있기를 기대한다.

II
노상추가 소유 노비의 변동

1. 노상추의 가문과 일기

安康盧氏 노상추 집안은 15세기 이래 경상도 善山에 이주하여 상당한 지역 기반을 다진 양반가이다. 안강 노씨가 선산에 첫발을 디딘 시기는 분명하지 않지만 대체로 입향조로 불리는 사람은 김종직·김굉필의 문인이자 학자로서 명망이 난 盧從善(1430~?)이다. 그 후 노종선의 후손들이 정착한 곳은 선산의 고남평이 펼쳐져 있는 독동동리의 文洞이었다.[5]

노상추를 전후한 시기 이 집안의 가계를 알려주는 기록으로는 『一善志』(1618)와 『慶州盧氏族譜』(1996), 盧氏大同宗案, 호구단자와 준호구,[6] 그리고 노상추의 일기 등이 있다. 『一善志』에는 노호(문과)를 비롯해 노종선(무과), 노수함(사마시. 妻: 장현광의 손윗누이), 노경

---

5) 金盛祐, 「15, 16세기 士族層의 고향 인식과 거주지 선택 전략 -慶尙道 善山을 중심으로」 『역사학보』 198, 2008.
6) 최승희, 앞의 논문, 1988.

필(사마시), 노경임(문과. 妻: 유성룡의 형 유운룡의 딸) 등 5명의 안강 노씨 인물들이 수록되어 있다. 이 가운데 노상추는 櫟亭 盧景佖을 중시조로 하는 櫟亭公派에 속한다. 노상추의 6대조인 노경필은 鄭逑 문하에서 학문을 익혔고 張顯光과 함께 鄕薦을 받은 인물이다.[7] 따라서 노상추 가문은 선산 지역에서 어느 정도 위상을 확보한 양반 집안이었다.[8]

하지만 노경필 이후로 노상추의 선조 중에는 눈에 띨만한 벼슬을 했거나 사마시나 문과 합격자를 배출하지 못하였다. 다만 무과로 발신한 노상추의 조부 盧啓禎(1695~1755)이 있을 뿐이었다. 노계정은 1728년 무신난 때에 별군관으로 활약하다가 수문장으로 발탁된 이후로 郡守 및 水使 등을 거쳐 경상좌병사까지 올랐다. 이후 노상추 집안은 노상추를 포함해 증손까지 4대 연속 무과 급제자를 배출하였다. 이로 인해 노상추 집안은 영남의 대표적인 武班 가문으로 칭해진다.

『노상추일기』는 조선후기 경북 善山, 尙州 지역에 살았던 安康盧氏 盧尙樞(1746~1829)의 가족생활, 관직생활 일기이다. 이 일기의 매력은 작자인 노상추의 가족사 기록을 통해 본 조선후기의 생활사와 사회사, 경제사 그리고 오랜 관직 생활의 기록을 통해 이제까지 구체적으로 알기 어려웠던 조선후기 무관직과 관련한 다양한 제도 등을 잘 보여준다.[9]

---

7) 박홍갑, 「경주노씨 성립과 그 일파의 선산지역 정착과정」『한국전통사회의 재인식』(학고 이상태박사 정년기념논총), 2006.
8) 정해은, 앞의 논문, 2008, 296쪽.
9) 1장 1절의 노상추 일기의 구성과 특징 등에 대한 내용은 문숙자의 책에 자세히 설명되고 있기에 많은 부분 그의 글을 참고하였다(문숙자, 앞의 책, 2009).

노상추는 17세(1762년) 때부터 일기를 쓰기 시작하여 생을 마감하는 84세(1829년)까지 거의 하루도 빠짐없이 일기를 기록했다. 노상추가 이렇게 거의 평생을 걸쳐 일기를 기록한 것은 그의 부친의 영향이 매우 크다. 노상추의 부친 노철(1715~1772)은 19세 때부터 일기를 쓰기 시작하여 48세 되던 1762년(영조 38) 장남의 요절에 상심하여 일기 쓰기를 그만두고 이를 아들인 노상추에게 넘겨주었다.[10] 노상추는 부친으로부터 명을 받고 17세 되던 때부터 일기를 쓰기 시작하여 그가 사망하던 84세까지 일기 쓰는 일을 계속했다.[11]

결국 이 일기는 1762년(영조 38)~1829년(순조 29)까지 68년 동안 쓴 것이다. 다만 그 가운데 14년간의 일기가 전하지 않고 현재는 53년치가 남아 있다. 현존 일기의 시작은 노상추가 부친으로부터 일기를 물려받은 이듬해인 1763년(영조 39)분부터이다. 18세부터 84세까지의 일기 67년 분량 중 30세(1775년), 38세(1783년), 52세(1797년), 56세 후반(1801년 7~12월), 59세~62세(1804년~1807년), 68세(1813년), 72세~76세(1817년~1821년) 부분을 제외한 부분이다. 매년 일기의 표지에 '甲午日記' 등으로 그해의 干支를 써서 제목을 쓰고 이를 成冊하였다. 그리고 일기를 쓰기 시작한지 60년이 되는 해에는 '再壬午日記'라 하고 이후에는 모두 간지 앞에 '再'자를 붙였다. 1년의 일기를 한 권으로 만든 것이 대부분이지만 간혹 일기의 내용이 적은 경우 2년치를 묶어 정리하거나 혹은 일기의 내용이 많은 경우 한 해의 일기를 두 권으로 나눈 경우도 있다.[12]

---

10) 『盧尙樞日記』 1822년 1월 4일.
11) 문숙자, 앞의 책, 2009, 17~18쪽.

이 일기의 내용은 노상추가 무과에 급제하기 전의 고향 생활과 무과에 급제한 후의 한양 등 관직 생활, 그리고 관직 퇴임 후의 고향 생활 등 크게 세 부분으로 나누어 볼 수 있다. 우선, 노상추는 청년기를 고향인 경북 善山에서 주로 보냈다. 일기를 쓰기 시작한 17세 때 그는 사망한 형을 대신하여 집안의 장남 노릇을 하면서 고향을 중심으로 한 가족사·향촌사를 충실히 기록하였다. 아버지의 거동과 가족원들의 출생과 사망, 향촌의 각종 모임, 가계의 농업경영 등을 주로 기록하였다.

다음으로 일기의 내용이 획기적으로 변하는 것은 그가 무과에 급제한 후 한양에 올라가 관직생활을 시작하면서부터다. 그는 35세 때인 1780년(정조 4)에 그렇게 열망하던 무과에 급제하였다. 하지만 바로 관직을 임명받지 못하고 4년의 세월이 흐른 후 39세 때인 1784년(정조 8)에 비로소 武兼에 임명되었다. 그 후 그의 관직생활은 거의 사망에 임박한 시기까지 이어졌는데, 이 가운데 實職은 60대까지 가지고 있었다. 관직생활은 한양에서의 기간이 가장 길었지만, 甲山鎭東邊將, 朔州都護府使, 洪州營將, 加德僉使 등을 지내면서 변방 등 타향도 전전하였다. 한양에서의 생활은 주로 어가 행차의 일정, 대궐에서의 행사, 상소의 내용 등 궁궐을 중심으로 일어난 조정의 소식들을 상세히 기록하였다. 삭주부사 등 지방의 생활은 변방의 사정, 吏胥들의 행태, 환곡의 운영, 각종 訟事 등을 기록하였다. 이 기간 동안 가족과 고향에 대한 내용은 인편 등을 통해 전해지는 소식을 간단

---

12) 문숙자, 위의 책, 23쪽.

히 적고 있다. 관료로서의 생활과 그 기록에 전력하던 시기였다.

마지막으로 60대 후반의 나이에 관직 퇴임 후 다시 고향으로 돌아오게 된다. 그의 일기는 다시 고향과 가족을 중심으로 이야기를 펼쳤다. 다만 청년기의 일기가 아버지를 비롯한 윗대를 중심으로 한 고향, 가족 이야기라면, 만년의 일기는 노상추 자신이 집안의 정신적 지주로서 자손들을 중심으로 한 가족사를 담담히 기록하고 있다.[13]

특히 본고에서 다루는 노상추가 노비의 역할과 저항 등 노비 관련 주요 내용의 분석은 일기 가운데서도 노상추가 관직에 임명되기 전인 1784년(정조 8) 이전의 기록과 그가 관직에서 물러나 고향으로 돌아온 후인 1813년(순조 13) 이후의 기록이 중심이 된다.

2. 소유 노비의 변동

노상추가의 소유 노비에 대한 구체적 현황을 살펴보기 위해 호구단자와 노상추일기의 두 자료를 분석하였다. 우선, 노상추가 호주로 되어 있는 현존하는 호구단자의 경우 3式年分(1783, 1789, 1807년)만 빠지고 시기적으로 연결된 16식년분이 존재한다. 호주의 나이 29세 때부터 83세 때까지 작성된 것이다.[14] 이는 양반가 개인 호구단자로서는 보기 드문 시계열을 잘 갖춘 자료이다. 이를 통해 해당 시기 노상추가의 식구나 노비 등 호구 변동의 내용을 구체적으로 확인할 수

---

13) 문숙자, 위의 책, 21~23쪽.
14) 노상추가의 호구단자는 『조선시대 고문서』 I (탈초본)에 수록된 자료를 활용하였다(양진석·이진복·이재희·김경숙, 『최승희 서울대 명예교수 소장 조선시대 고문서』 I (탈초본), 다운샘, 2007).

있다. 다음으로, 노상추일기의 경우는 위의 1절에서 이미 자세히 설명한 것처럼 노상추가 1762년(영조 38)~1829년(순조 29)까지 68년 동안 거의 평생에 걸쳐 쓴 것으로, 그 가운데 14년간의 일기가 전하지 않고 현재 53년치가 남아있다. 이 역시 현존하는 개인일기 자료로는 가장 긴 시기에 걸쳐 쓴 것으로 여겨진다. 이 일기에도 가족이나 노비 등에 대한 동향을 자세히 기록하고 있기 때문에 어느 정도 호구 변동의 내용을 짐작할 수 있다.

다만 호구단자와 일기의 두 자료를 통해 노비 숫자 변동에 대해 분석을 할 때 다음의 몇 가지 유의할 점이 있다. 우선, 호구단자는 3년마다 작성되는 것이 원칙이며 그것에 등재된 호구의 변동은 해당 식년의 직전 연도까지의 내용을 반영한다고 생각된다.[15] 따라서 호구단자의 1777년 식년 노비수의 경우는 1774~1776년까지의 현황을 보여주는 것이기 때문에 일기와 비교할 경우 1774~1776년의 노비수와 비교하는 방식으로 정리하였다. 다음으로, 이들 호구단자와 일기 자료가 해당 시기 노상추가의 노비수나 그 변동의 실상을 정확히 보여주고 있지는 않다는 점이다. 특히 호구단자의 노비 총수를 보면 식년 마다 수적인 변화가 제법 심하게 나타나는 경우가 있으며, 일기의 경우도 그러하다. 호구단자의 경우 호주가 노비 소유에 대해 큰 관심을 갖고 자료를 꼼꼼하게 챙겼을 경우에는 노비수가 크게 증가하였지만 그렇지 않았을 때에는 노비수가 감소할 수도 있기 때문이다.[16]

---

15) 호적의 작성 과정에 대한 기존 연구에 의하면 18세기 후반 이후 호구단자의 작성은 식년의 1월, 혹은 그 전해에 주로 이루어졌음을 밝히고 있다(권내현, 「朝鮮後期 戸籍의 作成過程에 대한 分析」『大東文化硏究』 39, 2001).
16) 호적이 노비주의 소유노비 전체를 수록하지 못할 뿐 아니라 상당수의 허수

또한, 노상추일기의 경우는 노상추가 관직에 임용된 후로는 일기의 내용이 고향의 생활이 아닌 주로 관료로서의 생활과 그 기록에 전력하던 시기였기 때문에 고향이나 가족의 동향, 노비수의 변동에 대한 내용은 소략하여 잘 알 수 없다.

〈표 1〉에서 시기 란에 표시된 연도는 호구단자의 식년을 의미하지만 일기의 경우는 앞에서 설명했듯이 해당 식년의 전 연도와 다음 식년의 전 연도 사이의 3년 동안을 의미한다. 〈표 1〉을 보면, 노비수의 경우 호구단자와 일기에 공통적으로 시기에 따라 편차가 크게 나타나고 있음을 볼 수 있다. 호구단자를 통해 볼 때 노비수의 증감이 두드러진 시점은 대체로 세 시기로 나눌 수 있다. 노비수가 가장 많은 시기로는 1774~1795년이고, 그 다음으로는 1810~1828년이며, 그리고 가장 적은 시기로는 1798~1807년의 경우이다.

〈표 1〉 노상추의 호구단자와 일기에 나타난 노상추가 노비수의 변동[17]

시기	호주 직역	나이	가족수			노비수(호구단자)			노비수(일기)		
			남	녀	계	노	비	계	노	비	계
1774	幼學	29	3	2	5	15	12	27	31	9	40
1777	幼學	32	3	2	5	17	15(1)	32(1)	14	4	18
1780	幼學	35	5	2	7	18	16(1)	34(1)	51	10	61

도 있음을 기존 연구에서도 구체적으로 언급되고 있다(임학성, 앞의 논문, 1992. 김건태, 앞의 논문, 2004. 문숙자, 앞의 논문, 2009. 전경목, 앞의 논문, 2012 참조).

17) 〈표 1〉의 호구단자에 나타난 노비수에 대해서는 최승희의 논문을 다수 참고하였다. 다만 호구단자 노비의 구체적 口數는 최승희의 논문에 약간의 오류가 있어서 정정하였다(『최승희 서울대 명예교수 소장 조선시대 고문서』 I(탈초본), 다운샘, 2007 참조).

1783	-	38	-	-	12	-	-	-	4	6	10
1786	效力副尉~	41	8	5	13	30	28(1)	58(1)	9	0	9
1789	-	-	-	-	-	-	-	-	-	1	0	1
1792	通政大夫~	47	11	5	16	35	36(3)	71(3)	3	0	3
1795	通政大夫朔州府使	50	11	7	18	30	27(3)	57(3)	6	0	6
1798	通政大夫前行朔州~	53	4	3	7	-	1	1	2	2	4
1801	通政大夫前行朔州~	56	2	2	6	-	1	1	7	-	7
1804	通政大夫前行朔州~	59	5	2	7	1	1	2	29	5	34
1807	-	62	-	-	-	-	-	-	-	-	-
1810	通政大夫前行朔州~	65	6	2	8	8	7	15	9	-	9
1813	折衝將軍加德鎭僉使	68	6	4	10	8	11	19	15	1	16
1816	通政大夫前行朔州~	71	7	4	11	13(1)	9	22(1)	37	9	46
1819	通政大夫前行朔州~	74	8	3	11	14(3)	13(1)	27(4)	18	1	19
1822	通政大夫前行朔州~	77	6	3	9	11(2)	11	22(2)	-	-	-
1825	通政大夫前行朔州~	80	8	3	11	11(2)	8	19(2)	31	8	39
1828	嘉善大夫同知中樞~	83	8	2	10	11(2)	8	19(2)	21	6	27

※ ( )의 숫자는 도망 노비수를 의미함. 단, 일기의 노비수에는 婢夫, 山直, 庫直을 포함함.

하지만 호구단자에 기재된 노비수는 노상추가 노비의 증감을 정확히 나타낸 것은 아니라고 생각된다. 특히 호구단자에 노비수가 1~2명 정도로 가장 적게 기재된 1798~1807년 시기의 경우에도 일기에서는 34명의 노비가 보이고 있기 때문이다. 아마도 이 시기에 호구단자에 노비를 적게 올린 것은 1794년 12월에 노상추가 삭주부사에서 해임된 후 서울로 돌아와 새로운 직임을 받기 위해 노력하던 시기이며 또한 1800년 12월에는 외직인 충청도 홍주영장으로 임명되는 등 그의 관직 생활에서 가장 분주하고 변화가 많았던 시기였기 때문에 노비에 대해서 크게 신경을 쓰지 못했던 사정과 관련된 것은 아닌가 여겨진다.

그럼 위의 〈표 1〉에 대해 좀 더 구체적으로 살펴보자. 1774년(영조 50)의 호구단자에 의하면, 노상추가에는 노 15구, 비 12구하여 합 27구의 노비를 소유한 것으로 나타났다. 이때는 노상추가 桃開에 거주하면서 동생인 상억 부부와 동거하고 있을 시기였다. 따라서 호구단자에 나타난 27구의 노비는 노상추와 동생의 몫이 함께 포함된 경우라 생각된다.[18] 1777년과 1780년의 경우에는 1774년에 비해 도망노비 2구를 제외하면 각각 4구와 6구가 늘어난 31구와 33구였다. 이처럼 노비가 늘어난 것은 1777년의 호구단자에 매득노비 2구가 기재되고 있음을 볼 때 매득과 출산으로 인한 것으로 생각된다.

1783년(정조 7)의 경우 호구단자가 누락되어 알 수 없지만 1782년 5월 7일자의 일기에서 食率로 上典 가족이 12명이고 奴 4명, 婢 6명이라는 것을[19] 통해 볼 때 당시 노상추가의 솔거노비가 10명이었음을 알 수 있다. 그렇다면 노상추가에서 거느린 노비가 1780년에는 33구였는데 1782년에는 10구였다고 한다면 그 사이 23구의 노비가 감소한 것인가? 그것은 그렇지 않고, 1782년의 일기에 기록된 10구의 노비는 솔거노비만을 의미하였다고 생각되기 때문에 나머지는 아마도 외거노비였을 것으로 생각된다. 그것은 일기에서 新基와 開寧 등지에 거주하는 卜三, 夫貴, 有卜, 成乭, 作之, 福成, 萬善 등 다수의 외

---

18) 최승희, 앞의 논문, 1988, 373쪽.
19) 『盧尙樞日記』 1782년 5월 7일. "到今三年以來 共食大宅之粮 大小家眷率 上典十餘 下典婢六奴四 合二十二口."

거노비들이 확인되고 있는 사실을 통해서도 짐작할 수 있다.

1786년(정조 10)의 호구단자에는 이전보다 노비가 다수 증가한 58구(1구 도망)나 기재되고 있다. 이 시기는 노상추가 무과 급제 후 4년 만인 1784년 武兼에 임명되어 관료로서 서울에서 생활하고 있을 때이다. 이처럼 노비의 수가 1780년에 비해 20여 구가 증가한 것은 사망한 兄의 가족 6명이 호구단자에 새로 등재됨으로써 이들 노비도 함께 기재된 것이 주요한 이유였을 것으로[20] 생각된다.

1789년(정조 13)의 호구단자는 누락되어 있고 일기에서도 노비 1명만 기록되어 있어 노비수의 변동에 대해 알 수 없다. 이 시기는 노상추가 1787년 6월 甲山鎭管鎭東邊將(1789년 12월까지 근무)에 임명되어 근무하였던 때이다. 아마도 호구단자의 누락과 일기에서 고향과 관련된 내용이 적은 것은 노상추의 갑산 근무와 연관이 있는 듯하다.

1792년의 호구단자에는 노비가 71구(도망 3구)나 등재되어 6년 전인 1786년 보다 10여 구나 증가하였다. 이처럼 노비가 증가한 것은 출산에 의해 늘어난 것으로 생각된다. 그것은 1787년(정조 11) 3월의 일기에서 노상추는 4년 만에 귀향하여 그동안 많이 변한 가솔들의 모습을 묘사하면서 "婢僕들이 이전에는 아이였는데 모두 성인이 되었으며 이미 많이 태어났다. 4년 만에 人事가 오히려 이와 같으니 하물며 10년 후에는 어떠하겠는가."[21]라고 기록하고 있다. 이를 통해

---

20) 최승희, 앞의 논문, 1988, 374쪽.
21) 『盧尙樞日記』 1787년 3월 17일. "至桃開得炬抵家 家內大小眷口 姑依四年前 貌樣 而鳳曾則 年雖十七 身長與其父相等 聲音壯大 不面則不知誰某 甲辰兒女 善語行走 而不辨在臥時狀貌 英仲移寅文洞 而豹虎兄弟留此課讀 婢僕則向日 兒婢 盡爲成人 生産已多 四年而人事尙如此 況後十年乎."

그 동안 노비들의 출산이 많았음을 짐작할 수 있다. 그런데 1795년의 호구단자에는 노비의 수가 57구(3구 도망)로 오히려 감소하고 있다. 그 원인에 대해서는 정확하지 않지만 호구단자에 의하면 婢 5명이 사망한 것으로 나타남을 통해 볼 때 생산보다 사망이 많았던 것과 깊은 관련이 있을 것으로 생각된다. 특히 노상추가의 소유 노비가 50구 이상이었던 시기는 1786~1795년 사이였는데, 이때는 노상추의 삼형제 가족이 모두 함께 호구단자에 올라 있던 시기였다. 따라서 호구단자에는 이들 삼형제 소유의 노비가 모두 기재되었기 때문에 노비수가 많았을 것으로 생각된다.[22]

1798년(정조 22) 이후의 호구단자에서는 노상추가의 가족과 노비의 수가 모두 급감하고 있다. 이는 노상추의 형과 동생의 가족이 모두 분가하고 그들 소유의 노비도 함께 가지고 간 결과로 보인다. 다만 1798~1804년의 경우 호구단자에 노비 1~2명만 기재되고 있는데, 이는 사실과 다른 것으로 생각된다. 왜냐하면 형과 동생의 가족이 분가하면서 대부분의 노비들을 모두 가지고 갈 가능성이 낮으며, 또한 해당 시기의 일기에서 34명 정도의 노비가 보이고 있기 때문이다. 한편, 1807년(순조 7)의 경우는 호구단자와 일기 모두 누락되어 노비수의 변동을 알 수 없다. 이처럼 1798~1804년의 경우 호구단자에 노비를 적게 기재된 것은 이때가 노상추의 관직 생활에서 가장 바쁘고 변화가 많았던 시기였기 때문에 소유 노비에 대해 크게 신경을 쓰지 못했던 사정과 관련된 것은 아닌가 여겨진다.

---

22) 최승희, 앞의 논문, 1988, 374쪽.

1810~1828년의 경우 호구단자 노비의 수가 적게는 15명에서 많게는 23명(도망노비 제외)으로 큰 변화를 보이지 않고 있다. 다만 일기의 경우는 호구단자 보다 훨씬 많은 노비가 확인되고 있었는데, 일기의 1816년 시기에 46구의 노비가 보이고 있다. 다만, 일기에 보이는 노비 46구의 경우 노상추 소유의 노비뿐 아니라 그 집안의 노비도 포함된 것으로 생각된다. 이 시기는 일부 기간을 제외하고는 노상추가 중앙의 관직에서 은퇴해서 고향에서 조상의 위선 사업과 가계 경영에 전념하던 때였다. 따라서 이 시기 노비의 증감은 출산과 사망, 그리고 1822년 庶子 부부의 분가에 따른 몇 구의 분재가 주요한 요인이었을 것으로 생각된다.

위의 사실을 통해 노상추가의 노비는 18세기 말까지는 대체로 30~70구 정도로 제법 많은 수를 소유했지만 19세기 이후로는 20구 전후로 점차 감소하였음을 볼 수 있다. 노상추가 소유 노비의 증감은 형제간의 분가와 합가, 출산과 사망, 그리고 노비 도망 등의 여러 측면이 복합적으로 작용한 것으로 보인다. 노상추가 소유 노비의 증감 현상은 조선후기 노비제 변동 추이를 잘 반영하고 있지만 다른 재지양반가의 경우와 비교해 볼 때 약간의 차별성을 볼 수 있다. 우선, 노비수 감소의 양과 속도에 있어 노상추가의 경우 다른 재지양반가에 비해 감소의 양이 적고 감소의 속도도 완만함을 볼 수 있다. 다음으로, 노비수 감소의 원인에 있어 다른 재지양반가의 경우 도망이나 방매가 가장 큰 이유인데[23] 반해 노상추가의 경우 노비의 도망이 19세

---

23) 최승희, 앞의 논문, 1988. 문숙자, 앞의 논문, 2009. 전형택, 「전라도 어느 양반가의 노비 소유와 사역」 『조선 양반사회와 노비』, 문현, 2010.

기 이후 증가하기는 하였지만 상대적으로 많지 않으며 노비의 방매도 거의 보이지 않고 있다. 또한 노와 비의 소유에 있어서 18세기 후반 이후 일반 양반가의 경우 노의 비율이 대체로 급감하였는데 반해 노상추가의 경우는 1774년 이래 노와 비의 보유 비율이 일관되게 비슷하고 오히려 일기의 경우는 노가 많은 것으로 나타난다.

이러한 노상추가 소유 노비의 증감에서 보이는 특징은 다른 재지 양반가와 달리 무반이지만 노상추의 조부와 그 자신, 아들까지 무과에 급제하여 중앙의 고위직까지 역임한 관계로 인해 노비의 관리와 운영에 있어 상대적으로 용이했기 때문으로 생각된다. 그리고 노비를 농업경영이나 가내사역 등에 적극 활용했던 측면도 작용했을 것으로 보인다.

III
노상추가 노비의 역할

조선시대의 양반은 노비 없이 생활할 수 없었다는 사실은 이미 잘 알려져 있다. 노비는 양반의 수족과 같이 양반가의 농경, 부엌일, 심부름, 묘지관리 등 각종 사역을 대부분 담당하였기 때문이다.[24]

---

24) 양반가 노비의 역할과 관련해서는 근래 전라도 부안김씨가의 사례를 구체적으로 분석한 전경목의 연구가 참조된다(전경목, 앞의 논문, 2012).

특히 양반가의 가장 중요한 경제적 기반이라 할 수 있는 농업경영에 있어 노비의 역할은 매우 컸다. 여기서는 노상추의 일기를 통해서 그 집안 노비들이 수행한 역할에 대해 구체적으로 살펴보고자 한다.

1. 농업경영에 동원

조선시대의 어느 양반가와 마찬가지로 노상추가의 경우도 가계의 주 수입원은 농사를 통해 획득하였다. 노상추가 관직에 입문하기 이전에는 나라에서 녹봉을 받는 것도 아니었기에 더 말할 나위 없다. 하지만 노상추나 그의 아우·아들이 무과에 합격하여 관직에 임명된 후에도 당시 관직자에 주어진 녹봉은 그다지 넉넉한 편이 아니었기 때문에 여전히 노상추가의 주 수입원은 농업일 수밖에 없었다.

조선후기 양반가의 농업경영은 일반적으로 직영지경영과 병작경영으로 나눌 수 있다. 직영의 경우 주로 노비나 고공 등이 주요 노동력으로 활용되었는데, 특히 노비의 비중이 18세기 말 이전까지는 상대적으로 높았을 것으로 생각된다. 노상추가의 농업경영에서도 다른 양반가의 경우와 비슷하게 초기에는 노비 사역을 통한 경영을 주로 행하다가 노년기로 갈수록 고공을 고용하여 활용하는 경우가 많아지고 있었다.[25]

노상추가의 논밭의 양과 위치, 그리고 주요 노동력인 노비 등은 노상추 부친의 가산 분재 내역과 일기에 자주 등장하는 영농 기록,

---

25) 이정수, 앞의 논문, 2011.

그리고 호구단자와 준호구 등을 통해 유추해 볼 수 있다. 노상추 부친의 가산 분재 내역을 통해 노상추가의 논밭의 양과 위치에 대해 살펴 보자.

인하여 하교하여 이르시기를, 家事는 불가불 구분하여 처리하여야 하니 金山·開寧 두 곳의 논인 즉은 別所로 지정하라. 너희 등 4명의 叔姪은 이 논의 소출 곡식으로서 先祀 및 각처의 墓祀를 모시어 闕享함이 없도록 하여라. 完福은 내가 평소에 생각한바 일용의 잉여로서 따로 區處하여 보호할 계획이었다. 내가 지금 이에 이르러 가히 어찌할 수가 없으니 桃開의 朴性宅에서 매입할 綿田과 公需浦 30두락 밭을 분급한다. 喜俊의 母는 新基 立石 30두락 밭과 日先의 所作하는 논 7두락, 夫貴의 所作하는 논 5두락을 합친 12두락, 그리고 萬善의 所作하는 綿田을 함께 분급한다. 庶祖母는 綿田이 없으니 日萬에게서 受稅하는 밭을 生前에 한하여 차지하되 死後에는 大宅에 환급하도록 한다. 黃澗의 숙부는 본래 조금의 토지도 없어 생활이 가히 어려우니 奈字畓 1.5두락을 庶祖母의 生前 동안은 갈아 먹고 死後에는 完福에게 환급하도록 한다. 그 나머지는 述曾의 차지로 한다. 그런데 너의 경우는 操弓(무과 준비)에 드는 비용은 적지 않고 분급한 것은 본디 적지만 달리 더 분급할 방도가 없으니 또한 어찌하겠는가. 너가 추구해야 할 바는 이미 크지만 사용할 수 있는 것은 아주 작으니 이는 소위 英雄이 用武의 地가 없다 함이니 그것을 어찌하겠는가. 부득이 夫貴의 所作 綿田을 너가 차지하라. 桃開의 垈址 및 田畓은 내가 자손들이 거처할 기초로 삼은 것이라고 말하고 장래에 만약 가히 거처할 자가 있으면 그곳에 거처하라. 그리고 지금은 留所에 그것을 붙인다. 너가 무과 준비하고 있는데 나는 이 지경에 이르렀으니 비록 居喪 중이라도 연습을 폐하지 말고 성취함이 가하다.[26]

이처럼 노상추의 부친 노철은 사망하기 사흘 전에 식솔들을 모두 불러놓고 유언을 남겼다. 그의 유언에는 조상에 대한 제사와 앞으로의 가족들 생활, 그리고 후손 양육 등에 대한 내용과 부탁을 담고 있으며, 또한 재산의 분배에 대해서도 구체적으로 지시하고 있다. 재산 분배의 내용을 정리해 보면 다음과 같다.

〈표 2〉 노상추가의 재산 분배 내역(1772년)

상속자	장소	地種	두락	기 타
別所 (祭位用)	金山 開寧	畓 畓	45두락 40두락	
노상추	桃開	垈地 畓 綿田+田	4두락 (?) 29斗落 90여 두락	綿田은 夫貴 所作
完福	桃開 公需浦	綿田+田	30여 두락	
喜俊母	新基 立石	田 綿田 畓	30두락 ? 12두락	萬善 所作 日先(7두락), 夫貴(5두락) 所作
庶祖母		田	?	日萬 所作
黃澗叔		畓	1.5두락	
종손 述曾			?	그 나머지
합 계		畓 田	127.5+∝ 120+∝	

---

26) 『盧尙樞日記』 1772년 6월 29일.
27) 『盧尙樞日記』 1815년 1월 17일.
28) 『盧尙樞日記』 1782년 5월 7일.

우선, 재산 분배에 대한 유언에서 善山과 멀리 떨어져 있던 금산(現 김천)과 개령(現 김천) 두 곳에 있는 논을 묘위답으로 정하여 그 소출은 조상 제사용으로만 쓸 것을 당부하였다. 다만 유언에서는 금산과 개령 두 곳의 논이 구체적으로 몇 두락인지는 알 수가 없다. 하지만 그것은 1815년(순조 15) 1월의 일기에서 노상추는 아버지로부터 개령의 논 40두락과 금산의 논 45두락을 祭位田으로 상속 받았다고 구체적으로 언급하고[27] 있음을 통해서 개령과 금산의 논은 각 40두락과 45두락이었음을 알 수 있다.

또한, 유언에서는 노상추의 경우도 논밭의 구체적인 수량 언급 없이 다만 桃開의 垈地와 田畓, 그리고 夫貴 경작의 綿田을 상속한다고 하고 있다. 하지만 뒷날 노상추 자신이 선대로부터 논 1석 9두락과 밭 90여 두락을 상속받았다고 술회하면서, 그는 이를 500냥에 채 못 미치는 재산이었다고 하였다.[28] 이를 통해 노상추가 아버지로부터 상속한 논밭의 수량을 정확히 알 수 있다. 하지만 상속한 垈地의 두락 수는 정확히 알 수 없지만 이후 화림으로 이사한 후의 화림 대지가 5두락이었음을[29] 통해 볼 때 그보다 조금 적은 4두락 정도는 되었을 것으로 추정된다. 또한 喜俊의 母에게는 新基 立石의 밭 30두락과 萬善 경작의 목화밭, 그리고 논 12두락을 분재하고 있다. 나아가 아직 보살핌이 필요한 동생 완복과 생계가 염려되는 서조모와 황간에 사는 숙부, 종손 술증 등에 대해서도 특별히 재산을 상속하고 있다.

이를 통해 볼 때 노상추가의 재산 규모는 정확히 알 수 없지만

---

29) 『盧尙樞日記』 1782년 5월 7일.

확인할 수 있는 것만으로도 최소한 논 127.5두락, 밭 120두락 이상이다. 이 정도의 田畓은 당시로 볼 때 꽤 큰 규모였다고 할 수 있다. 게다가 집에서 사역하고 농경에 부릴 수 있는 노비도 적지 않았을 것으로 보인다. 1782년의 일기에서 食率로 奴 4명, 婢 6명이라는 것을[30] 통해 볼 때 이들도 상속으로 얻은 것으로 생각된다. 그리고 노상추가의 논밭의 위치는 위의 재산 분배 내역과 일기의 영농 기록을 통해 볼 때 開寧(現 김천)·金山(現 김천)·板山(現 고령)을 제외하면 古南을 비롯해 舞來·塔洞, 竹岑·新基 등 善山 내로 거주지와 가까이 분포하고 있었다.

일기에는 농사 일정과 수확량, 경작에 동원된 인원 등에 대한 내용을 자세히 기록하고 있다.[31] 이를 통해 노상추가의 농업경영의 구체적 모습을 살펴볼 수 있다.

노상추가의 농경은 벼와 보리, 목화, 삼, 뽕 등을 경작하여 수확하는 것이 중심이었다. 그의 청년기 일기를 통해 보면 농사가 본격 시작되는 것은 매년 거의 3월 중순경이었다. 3월 중순경부터 村前과 白峴 등의 綿田 경작을 시작으로[32] 4월부터 고남을 비롯한 각지의 논에 이앙을 하는 것으로 한 해의 농사가 본격화되었다. 논의 이앙은 망종절 전후한 4월 중순부터 보통 시작해[33] 6월까지도[34] 지속되었다.

---

30) 『盧尙樞日記』 1782년 5월 7일.
31) 조선후기 각 지역별 농법의 특징과 발달에 대해서는 염정섭의 글이 참조된다(염정섭, 『조선시대 농법발달 연구』, 태학사, 2002).
32) 『盧尙樞日記』 1764년 3월 19일, 1766년 3월 18일, 1767년 3월 25일 등.
33) 『盧尙樞日記』 1765년 4월 14일.
34) 『盧尙樞日記』 1764년 6월 8일, 1767년 6월 16일.

5월부터 6월 사이에는 일기의 많은 부분이 打麥, 水麥, 打牟·졔麥 등의 기사로[35] 채워졌다. 보리 수확이 한창일 시기이기 때문이다. 그리고 보리 수확을 마친 6월에는 각지의 논에 김을 매고 있다. 김매기는 주로 耘畓, 鋤畓 혹은 졔草로 표현되고 있다.[36] 또한 6월 초에는 삼베를 삼고 껍질을 벗기는 작업을 주로 했다.[37]

7월부터 8월 사이에는 일기에 摘綿·摘木花의 기사가 다수 보인다.[38] 7월 중순 이후로 목화밭에서 목화를 한창 따는 시기이기 때문이다. 그리고 8월 10일 전후하여 보리 파종이 행해졌다.[39]

9월에는 벼를 본격적으로 추수하는 시기이다. 벼를 추수할 때가 되면 특히 노상추 부자는 추수 현장을 대부분 직접 방문할 정도로 관심을 많이 가졌다.[40]

그렇다면 노상추가는 여러 곳의 논밭을 어떻게 관리, 경영했는지가 궁금하다. 우선, 노상추가의 농업경영 형태는 앞의 〈표 2〉 노상추가의 재산분배 내역(1772년)을 참고하면 어느 정도 유추할 수 있다.

우선, 喜俊의 母에게 日先의 所作 7두락과 夫貴의 所作 5두락 모두 논 12두락을 상속하고, 萬善의 所作 綿田을 分給한다고 하고 있다. 그리고 노상추에게 상속한 전답에서도 夫貴의 所作 綿田을 분급한다고 하고 있다. 이들 일선과 부귀, 그리고 만선 등이 맡아서 경작

---

35) 『盧尙樞日記』 1767년 6월 10일~8월 10일.
36) 『盧尙樞日記』 1765년 6월 4일, 6월 16일.
37) 『盧尙樞日記』 1766년 6월 2일, 6월 3일, 1829년 6월 13일.
38) 『盧尙樞日記』 1766년 7월 20일, 7월 25일, 1767년 윤7월 18일~8월 13일.
39) 『盧尙樞日記』 1765년 8월 10일.
40) 『盧尙樞日記』 1765년 8월 25일, 1765년 8월 26일, 1815년 9월 10일, 1816년 8월 27일, 30일, 9월 1일, 1822년 8월 16일 등.

한 전답의 경영형태가 어떠하였는지가 의문이다. 이들 부귀와 만선
은 노상추가의 奴로 확인되고,[41] 일선의 경우도 노상추가의 奴나 婢
夫였을 것으로 추정된다. 따라서 이들이 경작한 전답은 주인가에서
私耕地와 함께 지급한 作介地이거나 아니면 주인과 수확을 半分하
는 幷作地였거나 하는 두 가지 가능성 중의 하나였을 것으로 생각된
다. 기존 연구에 의하면 작개제는 주인가에서 노비에게 작개지와 사
경지를 함께 나누어주고 작개지 수확물은 지주가 갖고 사경지 수확
물은 노비가 갖는 농업경영방식이다. 그런데 일기의 어느 곳을 통해
서도 이들이 경작한 전답 수확물의 전량을 노상추가 수취했는지, 그
리고 이들에게 사경이 주어졌는지의 여부에 대한 것을 찾을 수 없다.
또한 기존 연구에 따르면 作介制는 대체로 18세기 전반에 소멸되는
것으로 보고 있다.[42] 따라서 여러 정황을 볼 때 이들이 경작한 전답
은 작개지이기 보다는 병작지였을 가능성이 더욱 높다고 생각된다.

그렇다면 이들 외의 토지는 모두 노상추가에서 직영으로 경작했
을까. 그것은 일기의 영농 기록을 통해 어느 정도 유추할 수 있다.

우선, 거주지에서 가까운 고남과 촌전의 전답 경우는 노비들을 직
접 동원해 이앙과 김매기, 타작 등을 행하는 것을[43] 통해 볼 때 주로
노비 사역을 통한 직접 경영을 한 것으로 생각된다. 고남답은 15두
락, 촌전답은 9두락 정도의 규모였다.[44] 그리고 元堂浦나 前浦, 新基

---

41) 『盧尙樞日記』 1770년 11월 20일, 1773년 12월 25일 등.
42) 양반가의 노비를 이용한 작개제 경영에 대한 자세한 내용은 김건태의 글
    이 참조된다(김건태, 앞의 책, 2004, 63~87쪽 ; 「16세기 양반가의 '작개제」
    『역사와 현실』 9, 1993).
43) 『盧尙樞日記』 1767년 6월 9일, 1767년 6월 19일 등.

등에 있는 밭의 경우도[45] 노비 사역 등을 통해 직접 경영을 한 것으로 생각된다.

하지만 거주지에서 멀리 떨어져 있었던 개령·금산, 판산리 등의 다수 전답에 대해서는 병작이나 도지 경영을 하였을 것으로 여겨진다. 그러한 것은 아래의 일기 내용을 통해 짐작할 수 있다.

(ㄱ) 開寧에서 牙浦書堂村으로 향하여 논을 살펴본 후 板山里로 향했다. 時作의 집에서 잠시 쉬었다가 식후에 논의 작황을 두루 둘러보고 집에 돌아왔다.[46]

(ㄴ) 어제 開寧의 秋收를 마친 연유로 지금 金山의 君明里로 향했는데 郭再方과 白尙曄 두 사람이 打租하기 때문이다. 이런 까닭으로 백상엽의 집에 머물렀다.[47]

(ㄷ) 밤을 타 開寧으로 갔는데 福成이 9두락의 租를 타작하기 때문이다. 有福의 집에 머물렀다.[48]

(ㄹ) 이 날 必琥가 白峴과 曹介洞 두 곳의 畓租를 가서 보고 睹地를 정하고 와서 別業에 머물렀다.[49]

위의 (ㄱ)~(ㄹ)의 기사를 통해 개령, 금산, 판산리, 백현, 조개동 등의 논들은 作人에 의해서 경작되고 있음을 알 수 있다. 여기서 개

---

44) 『盧尙樞日記』 1766년 6월 13일, 1767년 5월 4일, 6월 9일, 1768년 7월 4일.
45) 『盧尙樞日記』 1767년 6월 12일~15일 등.
46) 『盧尙樞日記』 1767년 8월 23일.
47) 『盧尙樞日記』 1768년 9월 27일.
48) 『盧尙樞日記』 1770년 9월 12일.
49) 『盧尙樞日記』 1816년 9월 1일.

령·금산, 판산리의 논은 타작 때에 노상추가 직접 감독하는 것을 통해 볼 때 이들 논은 打租로 운영되고 있음을 알 수 있다. 반면 白峴과 軍威 조개동의 논은 賭地를 주고 있었음을 확인할 수 있다. 다만 이들 논의 賭地를 執租로 하였는지 아니면 定賭地로 하였는지가 의문인데, 이들 두 곳 논의 작황을 미리 보고 賭地를 정한 것으로 보아 집조로 소작료를 징수하였음을 알 수 있다.

이처럼 노상추가의 경우 거주지와 비교적 가까운 곳의 논은 주로 노비 노동력에 의한 직접 경영을, 조금 먼 곳의 전답은 노비나 作人에 의한 병작이나 도지 경영을 주로 행하였을 것으로 생각된다.

이러한 논농사 외에도 노상추가는 목화나 삼, 뽕 등 상품작물 재배에도 많은 노력을 기울였다. 밭농사와 면포나 삼베, 비단 등의 직조에는 婢의 노동력이 주로 활용되었던 것으로 보인다. 그것은 아래의 기사를 통해 짐작할 수 있다.

(ㄱ) 삼을 찌는 일로 밤을 지새웠다.[50]

(ㄴ) 금년의 繭絲는 3斤인데 1근은 직조하고 2근은 판매해 13냥을 얻어서 놋그릇과 반상기를 구매했다. 부녀자의 手工이 가히 좋다.[51]

한편, 노상추가의 奴들은 기존 전답의 경영뿐 아니라 험한 땅을 개간하거나 보나 제언의 수축 등에도 많은 활동을 하였다.

---

50) 『盧尙樞日記』 1766년 6월 2일, "使蒸麻達夜."
51) 『盧尙樞日記』 1828년 7월 2일, "以今年繭絲三 一斤則成疋 二斤則決價十三兩 買得鍮器一盤床器 婦女手功 可佳."
52) 『盧尙樞日記』 1763년 4월 12일. "是日率三四奴往遁谷 鑿礎作畓而還."

㈀ 이 날 서너 명의 노를 이끌고 둔곡에 가서 돌을 뚫어 作畓하고 돌아
왔다.[52]

㈁ 고남 논을 이앙해야 하는데 논물이 거의 말랐기 때문에 노로 하여금 구
덩이를 파게 한즉 물이 솟아나서 위급함을 벗어날 수 있었다고 한다.[53]

㈂ 세원과 학득에게 집 앞의 川渠를 수축하도록 시켰다.[54]

㈃ 별장 아래 川邊의 석축을 바로잡고 제방을 막도록 했다. 15일의 비로
인해 거의 제방이 범람했기 때문이다.[55]

위와 같이 노상추의 일기 곳곳에 奴를 동원하여 作畓하거나 灌
漑한 기록이 보인다. 그리고 洑를 굴착하거나 제언을 수축하는 공사
등과 관련된 기사도[56] 자주 보이는데, 이 시기의 잦은 旱災와[57] 이앙
법의 일반화와 관련이 있는 듯하다.

2. 묘소 관리, 건축, 물품 매매에 동원

노상추가의 노비들은 농경에 동원될 뿐 아니라 묘소 관리, 건축,
물품 매매 등 각종 사역을 담당함으로써 주인가에 큰 도움을 주고 있

---

53) 『盧尙樞日記』 1768년 4월 7일. "古南注秧 畓水幾乾 故使奴鑿坎 則湧水可以救
急云."
54) 『盧尙樞日記』 1815년 7월 19일. "使世元學得 修築堂前川渠."
55) 『盧尙樞日記』 1814년 6월 18일. "命治窩下川邊石築防隄 十五日之雨水 幾濫
築隄故."
56) 『盧尙樞日記』 1814년 6월 18일, 1822년 6월 3일, 1823년 7월 14일~17일,
1828년 7월 26일, 8월 3일 등.
57) 『盧尙樞日記』 1814년 3월 30일, 1814년 5월 15일, 1815년 4월 29일, 1822년 5월
28일~6월 2일, 1823년 7월 7일, 14일, 1825년 3월 30일, 1828년 5월 20일 등.

었다.

조선시대 양반의 일상 가운데 가장 중요한 일로 주로 거론되는 것은 '奉祭祀 接賓客'을 들 수 있다. 특히 제사를 지내고 선산을 관리하는 등의 조상을 받드는 일은 더욱 중요한 일상이었다. 노상추가의 경우도 예외는 아니었다. 이처럼 정기적으로 선산을 관리하고 수시로 벌초하며 실제 제사를 지내는 것에 이르기까지 조상을 받드는 일은 상당한 노력이 소용되었다. 이 일에 노비가 수시로 동원되었다.

(ㄱ) 이날 해 질 무렵에 옥양동에 가서 고조부 승지공의 묘를 살펴보았다. 강나루를 건너 가좌산의 6대조 할머니 문소 김씨묘와 八局 안의 선대 여러 할머니의 묘, 그리고 10대 이하 여러 조상묘를 살펴보았다. 먼저 사당을 찾아 절하고 재실에 묵었다.[58]

(ㄴ) 월돌과 점삼을 거느리고 선영 영역 내의 잡목 뿌리를 모두 파냈다. 내가 몸소 감시하였는데 잡목 뿌리가 무성하였다.[59]

(ㄷ) 이 날 법화산의 산직노 명업이 그의 집 왼쪽에 그의 처를 매장하였다.[60]

(ㄹ) 백연산의 산직 남손이 와서 도개·월동·신곡·신평 등 各洞 富民들이 무뢰배들과 연계하여 백연산 局內에 난입하여 소나무 껍질을 함부로 벗겨갔다고 했다.[61]

---

58)『盧尙樞日記』1763년 4월 12일. "是晚 往省沃陽洞高祖考承旨公 渡江倉津 省佳佐山生六代祖妣聞韶金氏墓 及先妣諸位墓八局內 省十代以下諸位墓 瞻拜先社 因宿齋室."
59)『盧尙樞日記』1773년 8월 14일. "率元乭占三 盡掘先塋塋內雜木根 余躬自監視 雜根之盛."
60)『盧尙樞日記』1814년 5월 24일. "是日法華山直奴命業 埋葬其妻於渠家左."
61)『盧尙樞日記』1814년 4월 26일. "白蓮山直南孫來現 聞桃開月洞新谷新坪各洞

위의 (ㄱ) 기사와 같이 노상추가의 선대 묘소는 고조부모의 경우 옥양동, 증조모가 법화동, 아버지가 수월산 등 여러 곳에 다수 흩어져 있었다. 이런 묘소들에 대해 (ㄴ)과 같이 월돌과 절삼 등의 노비들을 거느리고 가서 수시로 벌초와 잡목 제거 등을 하였으며, (ㄷ)·(ㄹ)과 같이 명업, 남손, 세귀, 정용, 금남 등 노비들이 묘지기 역할을 하면서 상시로 관리하고 있었다.

또한 노상추는 양반가문으로서 집안의 위상을 높이기 위해 다방면으로 노력을 경주했다. 특히 조상에 대한 爲先 사업과 宗家의 기반을 다지는 일이었다. 그것은 50대 중반을 넘긴 노상추가 장남 익엽에게 당부하는 다음의 언급을 통해 알 수 있다.

> 내가 지금 생각해보니 爲先의 책임은 가장에게 달려 있다. 그런데 내가 잘 처리하지 못하면 만사가 허물어지고 말 것이다. 하나는 竹月軒 重建 및 竹月公 墓碣이고, 하나는 宗家의 補益이다. 珽燁에게 別所의 租 4석을 출연하게 해 竹月軒 重建稧라고 부르게 해라.[62]

이처럼 그는 장남에게 조부 죽월공에 대한 위선 사업으로 죽월헌 중건과 죽월공 묘갈 건립, 죽월헌 중건계 발족 등을 시행할 것과 宗家의 보익을 당부하고 있다. 그가 장남에게 이 일들을 당부하고 있지만 실제로는 그가 그것을 실행하고자 한다는 강한 의지의 표현이었고 이후에 그는 이 일들을 직접 정력적으로 수행하였다.

노상추는 가문의 격을 높이는 일환으로 종가나 가사, 묘우·별장

富民 締結無賴 亂入白蓮局內 亂剝松皮."
62) 『盧尙樞日記』 1800년 11월 14일.

등 각종 역사에 힘을 기울였다. 1802년(순조 2) 1월부터 종가의 건축이 본격적으로 시작되었다. 시작한지 보름 만에 正寢 3칸에 기둥을 세우고 상량했다.[63] 그 해 4월에는 드디어 23년 만에 집 없이 지낸 종가에서 새 집을 건축하여 입주하게 되었다.[64] 종가 건축에는 노상추가의 노비들 뿐 아니라 桃開와 白雲洞 등 여러 곳의 軍丁들이 동원되었으며,[65] 이들의 도움 없이는 불가능한 일이었다.

그 후에도 노상추는 자신의 거처와 종가 주변으로 가사를 신축하고 중건하는 역사를 계속 시행했다. 1802년 11월에 그는 4칸 규모의 松庵精舍의 營建을 계획하고[66] 다음해 정월에 그것을 宗中 회의에 부쳐[67] 논의를 시도했다. 또한 그는 1803년(순조 3)에 다시 옛 집을 헐고 가사를 신축하는 큰 역사를 시작했다. 이때도 노비들과 주변 마을의 軍丁 170명 정도를 동원하여 약 3개월의 기간을 걸려 새 집이 완성되었다.[68] 그의 건축 욕심은 계속 이어졌다. 그의 나이 63세가 되던 1808년(순조 8) 정월에 棣樂堂과 西山窩를 신축하기 시작했다.[69] 이 공사도 약 3개월의 기간이 걸렸고 노비들과 文洞 등 주변 마을의 軍丁 110명 정도를 동원시켰다.[70]

노상추의 건축 욕심은 만년에도 지속되었다. 그의 나이 69세 되

---

63) 『盧尙樞日記』 1802년 1월 28일.
64) 『盧尙樞日記』 1802년 4월 8일, 9일.
65) 『盧尙樞日記』 1802년 2월 23일, 3월 16일, 4월 12일.
66) 『盧尙樞日記』 1802년 11월 22일.
67) 『盧尙樞日記』 1803년 1월 14일.
68) 『盧尙樞日記』 1803년 1월 18일~3월 10일.
69) 『盧尙樞日記』 1808년 1월 8일.
70) 『盧尙樞日記』 1808년 1월 8일~3월 27일.

던 1814년(순조 14) 정월 白雲別業의 신축 공사를 시작했다. 이 공사는 약 2개월 반 정도 기간이 걸렸고 이전과 마찬가지로 노비들과 수십 명의 軍丁을 동원시켰다.[71] 그리고 그는 77세 되던 1822년(순조 22) 정월에는 竹月軒의 수리와 文山의 舊廟를 헐고 신축하는 공사를 시작했다. 이 두 가지 역사는 총 4개월 정도 기간이 걸렸고 노비들과 100명 이상의 軍丁과 승려들이 동원되었다.[72] 또한 1824년(순조 24) 정월부터 華林에 華棣堂의 신축을 시작하여 약 2개월 반만에 완성하였는데,[73] 이 공사에도 역시 노비와 수십 명의 軍丁이 동원되었다.

이처럼 노상추는 장년기의 오랜 관직 생활을 거친 후 노년기에 고향으로 돌아와 자신의 거처와 종가 주변으로 계속해서 가사와 별업을 신축하고 중건하는 일에 전념하였음을 볼 수 있다. 그의 건축 공사는 나이 50대 중반에서 시작해 거의 80세까지 25년 동안 꾸준히 계속되었던 것이다. 이러한 건축 공사에 집안의 노비들과 주변의 軍丁들을 다수 동원시켰는데, 이들이 없었다면 이렇게 많은 건축은 불가능했을 것이다. 특히 건축 공사에 집안의 노비 외에 다수의 軍丁들을 동원할 수 있었던 것은 노상추가 무관이지만 고위 관직을 역임했기 때문에 官權의 협조가 있었기 때문에 가능했을 것이다.

한편, 노상추가의 노비들은 묘소 관리, 건축 외에도 主家를 대신해 물품 매매나 그와 관련된 심부름도 담당하고 있었다.

---

71) 『盧尙樞日記』 1814년 1월 26일~4월 4일.
72) 『盧尙樞日記』 1822년 1월 10일~4월 11일.
73) 『盧尙樞日記』 1824년 1월 9일~3월 25일.

(ㄱ) 만선이 어물을 사서 지고 왔는데, 이는 즉 내일 별묘의 제수이다.[74]

(ㄴ) 단구역에서 말을 메어 두고 요기를 하였다. 이 날은 이곳에서 시장이 열리는 고로 집에서 부리는 삼재, 점발, 만의 등으로 하여금 보리를 가져 와서 모두 팔게 하였다. 그런데 가격은 선산의 시장보다 더함이 없었다.[75]

(ㄷ) 새벽에 노 최삼이 소를 끌고 가 안계 시장에서 팔아서 16냥을 받았다고 했다.[76]

(ㄹ) 노 세원에게 인동 장씨의 풍천 기와집 5칸의 가격인 47냥을 지고 가져다주게 했다.[77]

위의 (ㄱ) 기사는 노 만선을 시켜 제수용으로 사용하기 위해 場市에서 어물을 구입해 오고 있으며, (ㄴ)·(ㄷ) 기사는 노 삼재·점발·만의, 최삼 등을 시켜 丹丘站과 安溪 장시에 가서 보리와 소를 팔게 하고 있다. 또한 (ㄹ) 기사는 노 세원을 시켜 張氏에게서 매입한 풍천 기와집 5칸의 가격 47냥을 가져다주게 하고 있다.

3. 유모, 수행, 서신전달에 동원

노상추가의 노비는 농경이나 각종 사역에 동원될 뿐 아니라 유모

---

74) 『盧尙樞日記』 1768년 5월 4일. "貿魚負萬善來 卽明日別廟祭需也."

75) 『盧尙樞日記』 1768년 6월 18일. "而抹馬餼氣于丹丘站 是日 卽此處市也 故家伻三才占發萬儀等馱麥來到盡賣 而市直則無加於善山邑市矣."

76) 『盧尙樞日記』 1824년 7월 1일. "早奴崔三牽牛來賣之於安溪市 得十六兩云."

77) 『盧尙樞日記』 1802년 12월 2일. "使奴世遠負送仁同張豊川瓦家五間價四十七兩."

노릇이나 상전 수행, 서신 전달 등 상전가의 생활에 깊이 관여하는 조력자로서의 역할도 담당했다.

노상추가의 婢 分眞은 노상추의 증조부와 조부·아버지까지 3대를 상전으로 섬겼을 뿐 아니라 죽은 노상추의 맏형에게는 유모로서 장성할 때까지 그를 키웠다. 이후 맏형의 장남인 정엽의 집에 있다가 78세에 돌림병으로 사망할 때까지 상전을 5대째 모셨던 것이다.[78] 노상추는 일기에서 분진의 죽음에 대해 가족과 같이 슬픈 감정을 표현하고 있는 것을 볼 때 그녀는 가히 노상추 가족의 동반자라고 할 수 있다.[79] 분진 외에도 婢 目之가 노상추 아들의 유모 역할을 했던 것으로[80] 나타난다.

노상추가의 노비들은 상전이 외출할 때 동행하거나 각종 심부름에 동원되고 경향 각지로 각종 편지를 전달하는 인편으로서의 역할을 다수 수행했다.

노상추와 부친인 노철은 농사에 깊은 관심을 표명하여 특히 추수철에는 직접 노비를 거느리고 수확 현장을 둘러보았는데, 그 때마다 노비들을 미리 보내어 점검하게 하였다. 1765년(영조 41)의 경우를 보면, 노철은 추수가 막 시작될 즈음인 9월 3일에 奴 三才를 개령·금산 등의 논에 미리 파견하여 현지 상황을 살펴보고 오도록 지시하였다.[81] 奴 삼재로부터 이삼일 후에 행차하는 것이 좋겠다는 보

---

78) 『盧尙樞日記』 1776년 3월 24일.
79) 문숙자, 앞의 책, 2009, 149쪽.
80) 『盧尙樞日記』 1779년 3월 7일. "所謂婢目之爲名者 卽兄嫂氏新婢也 此婢以失母兒乳母."
81) 『盧尙樞日記』 1765년 9월 3일.

고를 받고[82] 그는 9월 10일에 무래, 개령, 금산 등처의 農幕을 직접 방문하였다.[83] 다음으로 1768년(영조 44)의 경우를 보면, 노상추는 추수가 막 시작될 즈음인 9월 23일에 奴 삼재가 개령에서 돌아와 그곳의 볏단은 이미 베었고 아직 타작은 하지 않았다는 보고를 받고는 다음 날 개령과 금산 등으로 출발했다.[84]

또한 노철은 장남이 일찍 사망한 충격으로 인해 비교적 이른 시기에 아들 노상추에게 집안을 맡기고 몇 달씩 다른 곳에서 寓居하곤 했다. 그 때마다 노비 日三·三才·萬儀·孫吾, 德吾 등은 그를 수행하거나 寓所로부터 가족들에게 소식을 전하는 역할을 했다.[85] 노상추가 무과에 뜻을 둔 후 10년 넘는 많은 科行에도 노비들이 그를 수행했다.

이후 노상추가 관직에 진출한 후 오랜 관직 생활에도 여러 노비들이 그를 수행했는데, 그 중에서도 특히 世元이 주요 동반자 역할을 했다. 노상추는 42세 되던 해에 변방인 갑산진에 부임한 이후에도 세원을 그곳으로 불러서 심부름 등 각종 역할을 시켰다.[86] 다시 훈련주부로 內遷되어 한양으로 돌아와서도 세원이 그의 동반자가 되었다.[87] 그는 고향으로 편지를 전달하고 다시 고향의 소식을 듣고 돌아오는 역할을 다수 수행하였다.[88] 그리고 세원은 상전 가족들의 漢陽

82)『盧尙樞日記』1765년 9월 7일.
83)『盧尙樞日記』1765년 9월 10일.
84)『盧尙樞日記』1768년 9월 23일~24일.
85)『盧尙樞日記』1767년 4월 22일, 1768년 1월 27일, 9월 23일, 1770년 11월 13일.
86)『盧尙樞日記』1787년 7월 26일, 8월 17일, 1788년 1월 4일, 1월 18일 등.
87)『盧尙樞日記』1790년 8월 13일.
88)『盧尙樞日記』1786년 7월 30일.

行이나 還鄕行에 배행하는 일도 도맡고 있었다.[89] 고향에서 한양으로 올라오는 노상추의 아들 익엽을 수행하는가 하면, 다음날에는 노상추의 동생 영중이 사평으로부터 한양으로 들어오는 것을 수행하였다. 이처럼 세원은 외로운 객지 생활의 벗이자 심부름꾼이며 통신수단 등 여러 역할을 수행하였던 것이다.[90]

세원 다음으로 이러한 역할을 다수 수행한 것은 奴 德르이었으며,[91] 그 외 太順,[92] 貴光,[93] 金르,[94] 卜萬,[95] 命르[96] 등의 경우도 있었다.

IV
노상추가 노비의 저항

노비의 자기성장 노력은 조선후기의 사회·경제적 변화와 함께 두드러졌다. 이는 단순하게 노비의 인구 비율이 조선전기에는

---

89) 『盧尙樞日記』 1791년 2월 1일. "送奴太順還鄕 此漢外似柔順 內實巧惡 還可悶然 送之留世元."
90) 문숙자, 앞의 책, 2009, 151~152쪽.
91) 『盧尙樞日記』 1790년 10월 25일, 1792년 2월 12일, 11월 24일, 1794년 4월 20일, 11월 6일, 1798년 5월 23일 등.
92) 『盧尙樞日記』 1791년 2월 1일, 1808년 4월 5일 등.
93) 『盧尙樞日記』 1798년 9월 9일 등.
94) 『盧尙樞日記』 1794년 4월 20일, 1799년 2월 24일 등.
95) 『盧尙樞日記』 1808년 4월 5일 등.
96) 『盧尙樞日記』 1809년 3월 26일 등.

40~50%에서, 19세기 후반에 이르러 10% 이하로 감소하였다는 사실을 통해서도 알 수 있다. 자기성장 노력은 노비계층의 의식성장과 생산 활동을 통한 부의 축적, 그리고 신분상승으로 나타났다. 조선후기에 와서 노비의 태업이나 도망, 정변 참가 등 노비의 소극적·적극적 저항이 일상화되고 있다는 사실은 호적이나 호구단자, 각종 문헌 등 여러 자료에서 구체적으로 확인할 수 있다.[97] 이러한 현상은 조선후기 노비의 의식적·경제적 성장과 상품화폐경제의 발전과 밀접한 관련이 있으며, 신분제 해체의 주요한 증거이기도 했다.

노상추가의 경우도 노비들이 경제적으로 성장하여 贖良되는 몇 가지 사례를 볼 수 있다.

(ㄱ) 점술에 따라 병자를 속량노 덕수의 집으로 옮겨 임시로 머물게 했다.[98]

(ㄴ) 이전에 평성의 친척 아저씨가 일례의 소생을 방매하려고 하는 고로 아버지께서 40냥으로 약속하였지만 아직 문기를 작성하지는 않았다. 지금 들으니 일례와 험금이 70냥을 마련하여 면천하고자 한다고 하니 이 이야기는 어찌 한심하지 않은가. 이미 40냥으로 약속했는데 어찌 능히 70냥으로 면천한다는 이야기를 전파할 수 있는가. 부득이 50냥을 주기로 하고 문기를 작성하였다.[99]

---

97) 平木實, 앞의 책, 1982. 정석종, 앞의 책, 1983. 전형택, 앞의 책, 1989 ; 앞의 책, 2010. 김용만, 앞의 책, 1997. 전경목, 앞의 논문, 2012.

98) 『盧尙樞日記』 1780년 1월 7일. "以病人卜說 出寓贖奴德守家."

99) 『盧尙樞日記』 1768년 1월 19일. "屬日坪城族叔以日禮所生放賣 故家嚴約價四十金而未修成文矣 今聞日禮與驗金自備七十金免賤云 此說豈不寒心哉 旣以決價四十 則何能以七十金免賤之說播之乎 不得已準価五十金成文."

위의 (ㄱ) 기사는 노상추가에서 질병으로 인해 점쟁이의 말을 듣고 속량한 노 덕수의 집으로 잠시 옮겨 기거하게 되었다는 내용이다. 노 덕수의 경우는 기존 노상추가의 奴로서 언제가 속량되었을 것으로 생각된다. (ㄴ) 기사는 노상추의 부친이 친척집 노비인 日禮의 자식을 40냥을 주고 구입하려고 약속했는데, 이후에 그 부모인 日禮와 驗金이 70냥을 主家에 바치고 그 자식을 면천시키고자 한다는 소식을 전해 듣고 매우 괘심하게 생각한다는 내용이다. 여기서 노상추의 친척집 노비였던 일례 부부의 경우 그 자식의 속량을 위해 주가에 70냥을 바칠 정도로 경제력을 갖추었음을 알 수 있다. 이처럼 노비의 경제적 성장은 노비 자의식을 높이는 주요한 계기가 되었을 것이다.

여기서는 노비 저항의 양상을 노상추의 일기를 통해 구체적으로 확인해 보고자 한다. 노상추가에서도 상전과 노비들은 일면 생활의 동반자로서 오랜 시간을 함께 보낸 존재였지만 奴主의 관계는 엄연히 존재하였기 때문에 늘 서로 간의 갈등은 상존하였다. 노비의 온건하고 지속적인 저항 방법으로는 태업과 도망을 들 수 있으며, 노비의 극단적인 저항으로는 殺主, 毆打士族, 訟主, 背主, 奸士族婦女, 作亂 등을 들 수 있다.[100] 노상추가 노비의 저항 형태는 노비의 태업과 도망을 중심으로 살펴보고자 한다.

---

100) 金容晩, 앞의 책, 1997의 374~385쪽에서 연대기에 보이는 16~19세기 奴婢의 殺主事件과 奴主相奸 사건을 〈표 6-3〉과 〈표 6-4〉로 잘 정리하고 있다.

1. 노비의 태업

조선후기 사회변동 속에 노비의 경제적, 의식적 성장이 지속되는 가운데 이전과 달리 노비의 저항이 빈번해지면서 노비주의 노비를 관리하는 비용이 매우 증가하였다.[101] 특히 세력이 약한 노비주의 경우 상대적으로 노비를 관리, 운영하기가 더욱 어려웠을 것으로 생각된다.

노상추가의 경우는 武班이기는 하지만 노상추의 조부와 그 자신, 아들까지 3대에 걸쳐 무과에 급제하고 중앙의 고위직까지 역임한 관계로 인해 상대적으로 세력이 약한 노비주에 비해 노비 관리와 운영에 있어 보다 용이했을 것이다. 하지만 노상추가의 경우도 시대적 추세 속에 노비 태업 등으로 인한 奴主간의 갈등을 겪고 있음을 일기의 곳곳에서 확인할 수 있다. 그 대표적인 사례 몇 가지를 살펴보고자 한다. 우선, 奴 太順의 경우이다.

(ㄱ) 노와 말을 문경에 보내어 개령에 거주하는 덕지의 아들 태순을 잡아
오게 했는데, 나이가 겨우 12세이다.[102]

(ㄴ) 노 태순이 몰래 개령에 갔다.[103]

(ㄷ) 개령에 사는 노 용악이 그 동생 태순을 데리고 아침 일찍 와서 고했다.[104]

---

101) 이정수·김희호, 「조선후기 奴婢價 변동의 원인 -생산성과 노비관리비용을 중심으로-」, 2008.
102) 『盧尙樞日記』 1773년 1월 3일. "送奴馬于聞慶 開寧居德只子太順捉來 而年纔十二矣."
103) 『盧尙樞日記』 1778년 11월 30일. "奴太順潛往開寧."
104) 『盧尙樞日記』 1778년 12월 14일. "開寧居奴用 率其弟太順早朝來現告."

(ㄹ) 태순이 어제 또 몰래 나갔다. 이 노의 간교함은 사역을 시킬 수 없을
　　지경이다.[105]

　　노 태순은 어릴 때부터 여러 차례 무단으로 태업을 함으로써 주
가와 갈등을 일으키고 있었다. 위의 (ㄱ) 기사와 같이 태순은 12세 때
이미 주가의 허락 없이 무단으로 개령(現 김천)을 왕래했는데, 그 이
유는 그의 부모와 형제가 개령에 거주하고 있었기 때문으로 생각된
다. 노 태순의 부모와 형제는 노상추가의 외거노비였던 것이다.[106]
(ㄴ)·(ㄷ)·(ㄹ)의 기사 같이 1778년 11월 30일에도 태순은 몰래 개령
으로 갔다가 약 15일 후에 그곳에 거주했던 형 용악의 손에 이끌려
다시 돌아왔지만 돌아온 지 열흘 만에 다시 몰래 개령으로 갔다. 이
러한 태순의 잦은 태업에 대해 노상추는 (ㄹ)처럼 '이 奴의 간교함은
사역을 시킬 수 없을 지경'이라고 한탄하고 있다.

(ㄱ) 이날 태득이 도주했는데 생각건대 필시 그 아버지의 집에 갔을 것이
　　다. 지금 나이가 21세로서 사역을 필히 싫어하고 이를 질책해도 듣지
　　않으니 위인이 가히 죽일만한 자이다.[107]
(ㄴ) 어린 노 강성이 감기를 나은 후에 그 어미 낙죽이 또 4일째 아프다고

---

105) 『盧尙樞日記』 1778년 12월 23일. "太順昨日又潛往 此奴之奸巧 不可使仰役
　　之後已."
106) 김건태는 단성현 호적대장의 검토를 통해 사노비의 호적에의 등재양상
　　을 밝히면서 '하나의 노비가족이 둘로 나뉘어져 부모는 독립호를 구성하
　　고 자식은 상전호의 솔하에 기재되거나 혹은 그 반대 사례가 흔히 있음'
　　을 밝혔다(김건태, 앞의 논문, 2004, 126쪽).
107) 『盧尙樞日記』 1815년 1월 5일. "是日太得逃走 想必是走去其父之家 而年今
　　二十一 而於役必厭 責之不聽 爲人則可殺者也."

하니 염려된다. 그런데 대저 앞 달에 암회가 크게 아프면서 거짓으로 감기라고 했는데 그 뒤에 연이어 아픈즉 암회는 다른 병이 없으니 가히 죽이고 싶을 정도이다.[108]

(ㄷ) 돌이가 만의와 서로 다투고는 나가서 돌아오지 않으니 가히 괴이하다.[109]

위의 (ㄱ) 기사의 경우 노 태득이 주가의 허락 없이 무단으로 도주하였는데, 노상추는 그가 필시 아버지의 집으로 갔을 것으로 생각하였다. 노상추는 태득의 경우 나이 21세로서 한참 부리기에 좋은 나이라고 생각하는데 태업을 일삼기에 여러 차례 꾸중을 하였음에도 불구하고 이번에도 도주함에 크게 화가 나서 가히 죽이고 싶을 정도라고 표현하고 있다. (ㄴ) 기사의 경우 노상추는 관개, 이앙 등으로 한참 분주한 농번기인 봄철에 암회, 강성, 낙죽 등 노비들이 질병으로 인해 번갈아 들어 눕자 이들이 꾀병을 부려 태업하는 것으로 생각하였다. 이런 노비들의 태업에 대해서 노상추는 크게 화가 나서 가히 죽이고 싶을 정도라고 표현하고 있다. (ㄷ) 기사의 경우 노 돌이가 만의와 다투고 마음대로 나간 후에 돌아오지 않자 괴이하다고 한탄하고 있다.

이처럼 노상추가 노비들의 경우도 여러 이유를 들어 태업을 일삼고 있음을 볼 수 있고, 이러한 노비들의 행태를 노상추는 제어하려 하지만 그것이 잘 되지 않자 매우 분개하고 있음을 볼 수 있다.

---

108) 『盧尙樞日記』 1815년 3월 15일. "兒奴江成落汗後 其母落竹 又痛四日云慮念 而大抵 前月岩回大痛 托以虛汗 其後輪痛 則回非他病 其心可殺也."
109) 『盧尙樞日記』 1770년 9월 6일. "乭伊漢 與萬儀口詰 出走而不還 可怪."

2. 노비의 도망

노상추가의 노비들은 수시로 태업뿐 아니라 적극적으로 도망을 시도하는 경우도 많았다. 일기의 기록에 의하면 노비들의 도망이 빈번하게 일어나고 있음을 짐작할 수 있다. 특히 노비의 도망은 노상추의 청년기에 해당하는 18세기 중반경에는 비교적 적었지만 노년기에 해당하는 19세기에 들어와 빈번히 발생하였다. 노상추가의 노비들 가운데 한번이라도 도망한 경우는 奴 孫乭, 致宗, 占發, 日三, 用岳, 崔三, 卜萬, 漢先, 太順, 太得, 太原, 用卜, 萬石, 婢 孫丹, 局占 등 노 13명, 비 2명으로 나타나고 있다. 이처럼 婢에 비해 奴의 도망이 빈번하게 발생하고 있었다. 이들은 대부분 솔거노비들로 생각된다. 특히 이 가운데 손돌, 점발, 일삼 등은 여러 번 도망을 갔다가 다시 돌아온 경우이다. 아래 기사는 손돌의 사례이다.

(ㄱ) 손돌과 목지가 서로 다투고는 도주했는데 이들의 죄는 용서할 수 없는 죄이다.[110]

(ㄴ) 어제 다시 손돌이 도망했는데, 가히 죽이고 싶다.[111]

(ㄷ) 도망노 돌이를 잡아 왔다. 다음날 불러서 보고 타이르고는 보냈다.[112]

위와 같이 奴 손돌은 1766~1778년 사이에 여러 차례 도망을 갔다가 스스로 돌아오거나 혹은 붙잡혀 돌아오거나 하고 있다. 이러한 손

---

110) 『盧尙樞日記』 1766년 6월 21일. "孫乭與目之相 因以逃 此漢之罪 罪不容罪."
111) 『盧尙樞日記』 1772년 6월 16일. "再昨孫乭逃走 可殺."
112) 『盧尙樞日記』 1778년 3월 29일. "捉逃奴乭伊而來 以明日來現爲教而送之."

돌의 행위에 대해 노상추는 가히 죽이고 싶다고 표현하고 있다. 다음 기사는 점발의 사례이다.

(ㄱ) 점발이 도망갔다. 그의 죄는 죽음으로도 용서할 수 없을 것이다.[113]

(ㄴ) 손돌과 점돌 두 노가 함께 도망하니 가히 애통하다.[114]

위와 같이 奴 점발은 약 1년 동안 2차례나 도망하고 있는데, 이러한 점발의 행위에 대해 노상추는 '그의 죄는 죽음으로도 용서할 수 없을 것'이라고 표현하고 있다. 노상추가의 도망노비들은 도망한지 짧게는 며칠이나 몇 개월 혹은 길게는 몇 년 만에 스스로 돌아오는 경우도 있었다. 도망노비들 가운데 자발적으로 돌아오는 경우는 대체로 생활의 궁핍으로 인한 것으로 생각된다.

(ㄱ) 이날 앙역노 최삼이 그 어미와 처자녀를 버리고 공연히 나갔다고 하니, 가히 애통하다.[115]

(ㄴ) 노 최삼이 도망갔다가 다시 돌아온 고로 사역을 시켰다.[116]

(ㄷ) 일전에 도망노 일삼이 돌아왔다. 25세의 얼굴과 몸이 늙고 수척해져서 이전의 면목을 알아 볼 수 없을 지경이니 가히 애통하다.[117]

(ㄹ) 도망노 태원이 돌아왔는데, 그것은 역시 궁핍으로 인한 때문이다. 금

---

113) 『盧尙樞日記』 1767년 2월 14일. "占發逃走 罪不容死者也."
114) 『盧尙樞日記』 1768년 2월 9일. "孫乭占乭兩奚奴 俱逃可痛."
115) 『盧尙樞日記』 1802년 5월 13일. "是日仰役奴崔三 棄其母及妻子女 空然出去 云 可痛."
116) 『盧尙樞日記』 1803년 1월 20일. "奴崔三在逃還現 故仰役."
117) 『盧尙樞日記』 1802년 12월 21일. "日前逃奴日三來現 二十五年形貌老而枯 不知昔日面目 可痛."

년의 생계는 아침저녁의 음식조차 어려울 지경이어서 노비가 도망
해도 먹는 것 역시 주인집보다 좋을 수 없으니 되돌아오지 않고 어찌
하겠는가.[118]

위의 (ㄱ)·(ㄴ)의 기사처럼 逃奴 최삼의 경우는 1802년 5월 13일에
도망하였다가 약 8개월이 지난 이듬해 1월 20일에 스스로 돌아오고
있음을 볼 수 있다. (ㄷ)기사에서 逃奴 日三의 경우도 스스로 돌아왔
는데 형색이 늙고 야위어서 이전의 면목을 알 수가 없을 지경이라고
하고 있다. (ㄹ)기사처럼 逃奴 太原의 경우도 스스로 돌아왔는데, 노
상추는 그 이유에 대해 생활이 궁핍하여 主家에 의지하는 것이 더욱
좋기 때문에 돌아오지 않을 수 없었을 것이라고 나름 평가하고 있다.
이처럼 도망한 노비들이 자발적으로 돌아온 것은 노상추의 평가처럼
생활의 궁핍으로 인한 것이 주요 요인으로 생각된다.

한편, 도망노비들이 자발적으로 돌아오는 경우도 있었지만 主家
의 推尋에 의해 어쩔 수 없이 붙잡혀오는 경우도 많았다. 아래의 기
사를 통해 그러한 사정을 짐작할 수 있다.

(ㄱ) 점발이 비산의 딸집에 가서 있었는데 김상화가 쇠사슬로 포박하여
　　서면의 숙부 노수 집에 통지하고 보내주자 점발을 가두었다.[119]

(ㄴ) 노 최삼이 와서 백련 승려와 함께 가서 도망비 국점을 추심하여 오도록

---

118) 『盧尙樞日記』 1815년 7월 11일. "逃奴太原還現 還現亦勢窮之致也 今年調活
　　不可謂朝夕飮食也 奴輩之逃例也 而逃而得食 亦不勝於家矣 不還何爲哉."
119) 『盧尙樞日記』 1767년 8월 7일. "占發漢來到飛山殘女家 金相華鎖縛 而通于
　　西面叔洙家 厥洙縛致占發囚之."

시켰다.[120]

(ㄷ) 함안의 선전관 이유경이 추노를 위한 행차로 저녁 무렵에 마을로 들어
왔다.[121]

(ㄹ) 이석배가 江左로 향했는데 도망노비를 쫓기 위한 행차였다. 노 1구와
비 3구가 함께 도망하였다고 한다.[122]

위의 (ㄱ) 기사처럼 노상추가의 노 점발은 1767년(영조 43) 2월 14
일 도망하였는데, 그를 잡아온 것은 그로부터 6개월 후인 동년 8월
7일이었다. 점발은 飛山의 딸집에 숨어 있었는데 노상추가의 지인
인 김상화가 그를 포박해 노상추 숙부인 노수의 집으로 보내주고 있
다. (ㄴ) 기사의 경우 비 국점이 도망하자 노상추는 노 최삼과 백련
승려를 시켜 국점을 추심하게 하고 있다. 국점은 1824년 9월 22일 도
망하였다가 일주일 남짓 지난 9월 27일에 이들에 의해 결국 붙잡혀
오게 된다.[123] 이를 통해 친척과 지인들이 모두 도망한 노비를 찾는
데 동원되고 있었음을 알 수 있다. (ㄷ)·(ㄹ) 기사는 노상추가와 관련
된 것은 아니지만 다른 집안의 推奴에 대한 사정을 일기에 기록한 내
용이다. 선전관 이유경과 이석배가 도망노비들을 추심하기 위해 동
분서주하고 있음을 볼 수 있다. 이를 통해 당시 노비들의 도망이 빈

---

120) 『盧尙樞日記』 1824년 9월 22일. "奴崔三來現 與白蓮僧共往追尋逃婢局占之
行也."
121) 『盧尙樞日記』 1811년 11월 3일. "咸安李宣傳(有暻) 以推奴行 乘昏入來."
122) 『盧尙樞日記』 1822년 4월 7일. "李錫培向江左 追蹤逃奴婢之行也 奴一口 婢
三口共謀逃走云."
123) 『盧尙樞日記』 1824년 9월 30일.

번이 발생하고 있었고 양반들의 推奴가 전국적으로 진행되었음을 알 수 있다.[124] 이처럼 노비들은 거주지를 벗어나 멀리 도망하더라도 양반의 광범위한 네트워크와 적극적인 推奴로 인해 노비주의 손에서 벗어나기란 결코 쉽지 않았을 것으로 생각된다.

한편, 노상추가 노비들의 도망이 빈번이 일어나는 가운데 이들에 대한 懲治의 구체적인 내용을 확인할 수 있다. 노상추의 청년기인 초반의 일기(18세기 중반)에는 도망노비에 대해 심한 응징을 가하고 있는 기록이 다수 보이고 있었다.

(ㄱ) 점발이 도망했는데, 그의 죄는 죽어도 용서 못할 것이다.[125]

(ㄴ) 손돌이 돌아왔는데, 이놈의 행위는 가히 죽이고 싶다.[126]

(ㄷ) 내가 노로 하여금 점발을 포박해 오도록 해서 죽을 정도로 매를 치고 그의 죄를 알도록 했다.[127]

(ㄹ) 아버지께서 내려오셨는데 치종이 잠입할 때 뜻하지 않게 그를 만나 잡아와서 매를 60대 때렸다.[128]

위의 (ㄱ)·(ㄴ) 기사처럼 노상추는 일기에서 도망노 점발에 대해 '그의 죄는 죽음을 면치 못할 것', 또한 손돌에 대해 '이놈의 행위는 가히 죽이고 싶다'라고 할 정도로 극한 표현을 썼다. 이러한 노상추

---

124) 전형택, 「조선후기 私奴婢의 推刷」『전남사학』 6, 1992 ; 「노비의 저항과 해방」『역사비평』 34, 1996.

125) 『盧尙樞日記』 1767년 2월 14일. "占發逃走 罪不容死者也."

126) 『盧尙樞日記』 1772년 6월 21일. "孫乭來現 此漢所爲 可殺可殺."

127) 『盧尙樞日記』 1767년 8월 10일. "余使奴縛致占發 限死決杖 使知其罪."

128) 『盧尙樞日記』 1767년 2월 24일. "大人下臨 致宗潛入之際 偶逢捉致 決笞六十度."

의 극한 표현에 걸맞게 (ㄷ)에서 보는 바와 같이 붙잡혀온 점발에 대해 자신의 죄를 알도록 해야 한다며 '죽을 만큼 매'를 쳤다. 그리고 (ㄹ)과 같이 노상추의 부친은 도망노 치종을 붙잡아 볼기 60대나 때렸다.

하지만 도망노비에 대한 강한 懲治에도 불구하고 노비들의 도망이 지속적으로 늘어나고 관리에 어려움을 겪자 18세기 말 이후 이들에 대한 응징의 정도는 점차 약화되고 있었다.

> (ㄱ) 비부 한선이 손단을 거느리고 도망했다. 생각건대 그 부부의 생계는 도로에서 굶어죽는 것 외에는 다른 방책이 없을 것이다. 그 도망의 형태는 가히 애통하다.[129]
>
> (ㄴ) 들으니 어린 노 용복이 도망했다고 하니, 가히 애통하다.[130]
>
> (ㄷ) 노 용악이 오늘 와서 보고했는데 어린애들을 거느리고 고향으로 돌아왔다. 떠돌아다니면서 얻은 것은 4명의 아들일 뿐이었다.[131]
>
> (ㄹ) 노 최삼이 도망했다가 돌아왔기에 사역을 시켰다.[132]

18세기 후반까지 노비들이 도망할 경우 노상추는 일기에서 '罪不容死者', '可殺', '可殺可殺'과 같이 아주 강한 표현을 썼는데, 이후에는 그 보다 매우 약화된 '可痛'이라는 표현을 주로 사용하고 있음

---

129) 『盧尙樞日記』 1779년 2월 7일. "婢夫漢先率孫丹逃走 想其夫妻之計 飢死道路之外 無他術焉 而其逃走之狀 可痛."

130) 『盧尙樞日記』 1828년 12월 18일. "聞兒用卜逃走 可痛."

131) 『盧尙樞日記』 1808년 5월 10일. "奴龍岳今日來告 率幼還鄕 流離所得 幷四男而已."

132) 『盧尙樞日記』 1803년 1월 20일. "奴崔三在逃還現, 故仰役 卜萬則願放雇食 故許之."

을 볼 수 있다. (ㄱ) 기사처럼 비부 한선이 그의 아내 비 손단을 데리고 도주한 것에 대해 노상추는 '생각건대 그 부부는 길바닥에서 굶어 죽는 외에는 다른 방도가 없을 것이다'고 애써 애통한 마음을 달래고 있다. 이들이 도망 후 소재가 파악된 것은 두 달 이상 지난 뒤였다. 노상추는 지인 장동윤을 통해 도망간 손단이 仁同에 살고 있다는 소식을 듣게 되었다.[133] 그는 바로 그곳으로 달려가서 객사의 공방에 거주하고 있던 이들을 발견하고는 손단에게 하루속히 돌아오라는 말만 남기고 집으로 즉시 돌아갔다.[134] 이전에 도망노비들을 붙잡았을 때 죽을 만큼 매를 때려 응징했던 것과는 아주 다른 행동이었다. 그리고 (ㄷ)·(ㄹ) 기사처럼 도망노 용악과 최삼이 되돌아 왔을 때도 이전과 달리 특별히 응징을 하지 않고 다시 이전처럼 사역만 시키고 있을 뿐이었다. 이처럼 奴主 관계가 점차 변화하고 있음을 좀더 구체적으로 보여주고 있는 사례로 다음의 기사가 주목된다.

(ㄱ) 복만은 방면되어 雇食하기를 원하는 고로 이를 허락했다.[135]

(ㄴ) 이날 앙역노 최삼이 그 어머니와 처자식을 버리고 부질없이 나갔다가 하니, 가히 애통하다.[136]

(ㄷ) 廊下 최삼의 둘째 아들 복대가 28일에 사망하였다고 하니, 애처롭다.[137]

---

133) 『盧尙樞日記』 1779년 4월 20일. "聞孫丹逃在仁同府底云 故欲知其眞假… 與張初心訪問逃婢所在 則住於客舍空房云 因得見孫丹及漢善."
134) 『盧尙樞日記』 1779년 4월 21일.
135) 『盧尙樞日記』 1803년 1월 20일. "奴崔三在逃還現 故仰役 卜萬則願放雇食 故許之."
136) 『盧尙樞日記』 1802년 5월 13일. "是日仰役奴崔三 棄其母及妻子女 空然出去云 可痛."

특히 (ㄱ)에서 노복만은 방면되어 스스로 고공이 되기를 원하자 아무런 조건 없이 허락하고 있다. 또한 崔三의 경우도 (ㄴ)·(ㄷ)기사처럼 처음에는 仰役奴라고 기록되다가 일기 후반부에는 행랑인 즉 雇奴로 표현되고 있음을 볼 수 있다. 이것은 주가와 노비와의 관계가 상당히 변화하고 있었음을 의미한다고 하겠다. 즉, 노비의 고공화 현상을 엿볼 수 있다.[138] 이러한 현상은 18세기의 일기 자료인 月峯 具尙德(1706~1761년)의 『勝聰明錄』의 기사에서도 확인된다.

雇奴 洪石才가 晋州 東山에서 왔다.[139]

雇奴 홍석재가 진주에서 固城으로 일을 찾아 왔다는 것이다. 노비가 더 좋은 환경이나 임금을 많이 주는 곳으로 자유롭게 옮겨 다니고 있음을 알 수 있다. 이러한 노동의 이동성 증가는 노비의 고공화를 가능하게 하는 시장기능 중의 하나이다. 노비주의 끈질긴 노력에도 불구하고 18세기 이후 양반 가문에서 노비의 수는 급속히 줄어들고 노비의 성격도 사치노비로서의 의미를 강하게 띠게 되었다고 여겨진다. 이에 노비는 노비주의 경제적·경제외적 강제를 배제하고

---

137) 『盧尙樞日記』 1828년 9월 2일. "廊下崔三之次子福大 二十八日物故云 慘矣."
138) 단성 호적대장을 통해 고공의 신분 변화를 검토한 연구에 의하면, 17세기 말까지 고공의 신분 구성에서 양인의 비중이 제법 높았으나 18세기 들어와 양인 비중은 점차 감소하다가 1780년 이후에는 양인은 급감한 반면 노비의 비율이 급증하였음을 밝혔다. 이는 고공의 노비화, 혹은 노비의 고공화 현상을 나타낸다(이정수·김희호, 「17~18세기 雇工의 노동성격에 대한 재해석」 『경제사학』 47, 2009).
139) 『勝聰明錄』 3冊, 1742년 1월 17일(365쪽).

점차 부를 축적하여 독자적인 경리를 경영하는 계층으로 성장하였던 것이다.

　이러한 노주 관계의 변화는 노상추가의 농업경영방식에도 크게 영향을 미쳤던 것으로 생각된다. 기존 연구에 의하면,[140] 노상추가의 家作地에 동원된 노동력을 보면 청년기 때는 노비 노동력을 주로 사용했지만 노년기 때는 노비 외에 고공이나 협인 등의 노동력을 적극 활용하고 있었음을 확인할 수 있다. 그리고 노상추가는 논밭의 위치나 사정에 따라 家作이나 幷作·賭地制 등 다양한 농경 방식을 채용하였는데, 노년기로 갈수록 도지제 방식을 적극 채용하고 있음을 확인할 수 있다. 이처럼 노비들의 경제적·의식적 성장과 함께 그들의 저항으로 인한 관리비용의 증가와 노동생산성이 떨어지자 노상추가에서는 농업경영방식의 변화를 적극 모색했던 것으로 보인다.

V
맺음말

　이 연구는 盧尙樞(1746~1829)라는 조선후기 武班이 쓴 일기와 그 집안의 호구단자를 통해 노상추가 노비수의 변화와 특징, 그리고 노

---

140) 이정수, 앞의 논문, 2011.

상추가 노비의 역할과 저항 등을 구체적으로 살펴보았다. 특히 조선 후기의 사회변동 속에 노비주인 노상추와 노비의 상호 관계나 인식이 어떻게 변화되고 있는지 등의 문제를 계기적·변동적 관점에서 살펴보았다. 여기서 이용한 주 자료인『盧尙樞日記』와 노상추가 호구단자는 18세기 중반에서 19세기 초반까지의 사회경제적 실태를 잘 살펴볼 수 있는 시계열을 갖춘 중요한 자료이다.

우선, 노상추가의 소유 노비에 대한 구체적 현황을 노상추의 호구단자와 일기의 두 자료를 분석하였다. 노상추가의 노비는 18세기 말까지는 대체로 30~70구 정도로 제법 많은 수를 소유했지만 19세기 이후로는 20구 전후로 점차 감소하였음을 볼 수 있다. 노상추가 소유 노비의 증감은 형제간의 분가와 합가, 출산과 사망, 그리고 노비 도망 등 여러 측면이 복합적으로 작용한 것으로 보인다. 노상추가 소유 노비의 증감 현상은 조선후기 노비제 변동 추이를 잘 반영하고 있지만 다른 재지양반가의 경우와 비교해 볼 때 약간의 차별성을 볼 수 있다.

첫째, 노비수 감소의 양과 속도에 있어 노상추가의 경우 다른 재지양반가에 비해 비교적 감소의 양이 적고 감소의 속도도 완만함을 볼 수 있다. 둘째, 노비수 감소의 원인에 있어 다른 재지양반가의 경우 도망이나 방매가 가장 큰 이유인데 반해 노상추가의 경우 노비의 도망이 19세기 이후 증가하기는 하였지만 상대적으로 많지 않으며 노비의 방매도 거의 보이지 않고 있다. 또한 노와 비의 소유에 있어서 18세기 후반 이후 일반 양반가의 경우 노의 비율이 대체로 급감하였는데 반해 노상추가의 경우는 1774년 이래 노와 비의 보유 비율이 일관되게 비슷하고 오히려 일기의 경우는 노가 많은 것으로 나타난다. 이러한 노상추가 소유 노비의 증감에서 보이는 특징은 다른 재지 양반가와 달리 무반이지만 노상추의 조부와 그 자신, 아들까지 무과에 급제하여 중앙의 고위직까지 역임한 관계로 인해 노비의 관리와 운영에 있어 상대적으로 용이했기 때문으로 생각된다. 그리고 노비를 농업경영이나 가내사역 등에 적극 활용했던 측면도 작용했을 것으로 보인다.

다음으로, 노상추가의 노비의 역할을 그의 일기를 통해 구체적으로 살펴보았다. 조선시대의 노비는 양반의 수족과 같이 양반가의 농경, 부엌일, 심부름, 묘지관리 등 각종 사역을 대부분 담당하였다는 사실은 이미 잘 알려져 있다. 노상추가 노비의 경우도 여느 다른 양반가와 비슷한 역할을 수행하고 있었다.

첫째, 노상추가의 노비는 노상추가의 중요한 경제적 기반이라 할 수 있는 농업경영에 적극 활용되었다. 조선조에 관료에게 주어지는 녹봉은 액수가 그다지 많지 않았기 때문에 노상추의 경우도 녹봉보다는 선대로부터 상속 받은 토지의 경영을 통한 재산 증식에 힘썼다. 노상추가는 미·보리 등 곡물생산뿐 아니라 면포·잠상, 담배·인삼 등 상품작물 재배에도 노비를 적극 동원하였다. 특히 노상추가는 18세기 말까지 노비 사역을 통한 직접 경영을 다수 행하다가 그 이후로 점차 고공을 적극 활용하였다.

둘째, 노상추가의 노비들은 묘소 관리, 건축, 물품 매매 등 주가의 각종 사역을 담당하였다. 그들은 정기적으로 선산을 관리하고 수시로 벌초하며 실제 제사를 지내는 일 등 노상추가의 조상을 받드는 일에 수시로 동원되었다. 노상추는 집안의 위상을 높이기 위해 노년기에 들어와 특히 종가나 가사, 묘우·별장 등 각종 역사에 힘을 기울였는데, 이러한 각종 역사에 노비를 수시로 동원하였다. 그의 건축 공사는 나이 50대 중반에 시작해서 거의 80세까지 25년 동안 꾸준히 계속되었다. 그 결과 종가와 화림·백운 별업, 송암정사·화체당, 죽월헌, 그리고 여러 채의 新舍 등 많은 건물이 신축되었다. 또한, 노상추가의 노비들은 시장에서의 물품 매매나 그와 관련된 여러 심부름에도 동원되고 있었다.

셋째, 노상추가의 노비는 유모 노릇이나 상전 수행, 서신 전달 등 상전가의 생활에 깊이 관여하는 조력자로서의 역할도 담당했다. 婢 分眞은 노상추 맏형의 유모였으며, 婢 目之는 노상추 아들의 유모 역할을 했다. 그리고 노비들은 상전이 외출할 때 동행하거나 각종 심부름에 동원되고 경향 각지로 각종 편지를 전달하는 인편으로서의 역할을 다수 수행했다. 특히 노 세원과 덕돌이 가장 많이 동원되었으며, 그 외에 태순, 귀광, 금돌, 복만, 명돌 등의 경우도 있었다.

이어서, 노상추가 노비 저항의 양상을 노상추의 일기를 통해 구체적으로 살펴보았다. 조선후기에 와서 노비의 태업이나 도망, 정변 참가 등 노비의 소극적·적극적 저항이 일상화되고 있었다. 노상추가의 경우는 중앙의 고위직까지 역임한 관계로 인해 상대적으로 세력이 약한 다른 노비주에 비해 노비 관리와 운영에 있어 보다 용이했다. 하지만 노상추가의 경우도 시대적 추세 속에 노비의 태업이나 도망 등으로 인한 奴主간의 갈등을 다수 겪고 있음을 일기의 곳곳에서 확인할 수 있다.

노상추가의 노비들은 수시로 태업뿐 아니라 적극적으로 도망을 시도하는 경우도 많았다. 노비들의 저항은 노상추의 청년기에 해당하는 18세기 중반까지는 비교적 적었지만 노년기에 해당하는 19세기에 들어와 빈번히 발생하고 있다. 노상추가의 노비들 가운데 한 번이라도 도망한 경우는 奴 손돌, 치종, 점발, 일삼, 용악, 최삼, 복만, 한선, 태순, 태득, 태원, 용복, 만석, 婢 손단, 국점 등 노13명, 비2명으로 나타나고 있다. 특히 이 가운데 노 손돌, 점발, 일삼 등은 여러 차례 도망을 갔다가 다시 돌아온 경우이다. 이처럼 婢에 비해 奴의 도망이 빈번하게 발생하고 있었다. 노상추가의 도망노비들은 도망한지 짧게는 며칠이나 몇 개월 혹은 길게는 몇 년 만에 추쇄되거나 자발적으로 돌아왔다. 이들이 자발적으로 돌아오는 경우는 대체로 생활의 궁핍으로 인한 것이었다.

노상추가 노비들의 도망이 빈번이 일어나는 가운데 이들에 대한 懲治의 구체적인 내용을 확인할 수 있다. 노상추의 청년기인 초반의 일기(18세기 중반)에는 도망노비에 대해 심한 응징을 가하고 있는 기록이 다수 보이고 있었다. 하지만 엄한 징벌에도 불구하고 노비들의 도망이 지속적으로 늘어나고 관리에 어려움을 겪자 18세기 말 이후 이들에 대한 응징의 정도는 점차 약화되고 있었다. 그리고 18세기 후반까지 노비들이 도망할 경우 노상추는 일기에서 '罪不容死者', '可殺', '可殺可殺'과 같은 아주 강한 표현을 썼지만 이후에는 그 보다 매우 약화된 '可痛'이라는 표현을 주로 사용하고 있었다. 특히 주목되는 것은 노 복만의 경우처럼 방면되어 스스로 고공이 되기를 원하자 아무런 조건 없이 허락하고 있는데, 이는 노비의 고공화 현상을 의미한다. 이처럼 18세기 말부터 노비주인 노상추가와 노비의 상호 관계나 인식이 상당히 변화하였음을 알 수 있다.

이러한 노주 관계의 변화는 노상추가의 농업경영방식에도 크게 영향을 미쳤던 것으로 생각된다. 노상추가에서는 노비들의 저항으로 인한 관리비용이 늘어나고 노동생산성이 떨어지자 농업경영방식의 변화를 적극 모색했다. 노상추가의 家作地에 동원된 노동력을 보면 청년기 때는 노비 노동력을 주로 사용했지만 노년기 때는 노비 외에 고공이나 협인 등의 노동력을 적극 활용하였다. 그리고 노상추가는 논밭의 위치나 사정에 따라 家作이나 幷作·賭地制 등 다양한 농경 방식을 채용하였는데, 노년기로 갈수록 도지제 방식을 더욱 확대하고 있었다.

이정수, 「지역과 역사」 34집(부경역사연구소, 2014) 게재 논문